사기란 무엇인가

— 인간과 권력, 인간학의 고전『사기 열전』

인간과 권력, 인간학의 고전 『사기 열전』

사기란 무엇인가

김원중

민음사

역사에 관심을 둔 독자라면, 『사기』를 떠올리는 경우가 많을 텐데, 『사기』 중에서도 특히 70편으로 이루어진 열전은 많은 사람들이 읽었을 것이다. 이는 『사기』가 동양 역사의 근간인 동시에 우리 고전과 긴밀한 유대 관계를 형성해 왔다는 이유에서만은 아닐 것이다. 시공을 초월한 인간학의 보고인 동시에 문학과 역사의 일체를 보여 주는 『사기』에 대한 외경이 자리 잡고 있다고 해도 과언이 아닐 것이다. 절대 군주였던 한무제의 역린을 건드린 죄로 궁형의 치욕을 감내하면서 사관이었던 아버지의 유언을 계승하여 역사를 집필한 사마천의 인간적 면모에도 범접하기 쉽지 않은 무언가가 존재하고 있다.

인고의 세월을 보낸 사마천은 『사기』에서 춘추필법에 충실하면서도 격변하는 사회의 정황을 직시하면서 독창적인 역사 기술에 중점을 두었으니, 자신이 중요하다고 생각하는 사건들이나 인물들에 집중했다. 『사기』보다 90여 년 늦게 나왔고 철저히 유가 중심으로 서술한 관찬官

撰 성격의 반고의 『한서漢書』 서술 방식과 근본적인 차이를 드러내는 것도 그의 삶의 역정과 무관하지 않다.

『사기』에서 사마천은 일관된 서술 체계를 구축하고 있으면서도 곳곳에서 독창적인 관점을 보여 준다. 먼저 『본기』에서는 제후왕에 머무른 항우를 제왕인 유방보다 앞에 두기도 하고 여태후의 개혁 작업을 긍정적으로 평가하기도 했으며, 왕이나 제후의 자리에 오르지 못한 공자와 모반을 행한 진섭을 '세가'에 편입시킴으로써 파격성을 드러낸다. 사마천의 이러한 시각은 '열전'에서도 예외가 아닌데, 역사의 영역에서 주목하지 못한 자객, 유협, 골계가, 점술가, 의사 등을 과감히 여타의 인물과 비등한 논조로 다루었으며, 이민족의 역사를 조선, 동월, 서남이, 흉노 등으로 세분하여 한족과 이족을 균형감 있게 다루려 했다.

필자는 『사기 열전』을 중심으로 사마천이 그려 내고자 한 세상의 면모에 주목했다. 서문 격인 「백이 열전」에서 사마천은 세상이 결코 착한 사람의 편에 서 있지 않다는 것을 냉철한 잣대를 가지고 자신의 삶의 궤적과 자연스러운 연관성을 맺도록 그려 내고 있으며, 의문문, 반어문 등을 적절히 구사해 독자들에게 공감과 자각을 불러일으키기도 한다. 마무리 격인 「화식 열전」에서는 부와 권력의 문제를 정면으로 다루면서 사농공상의 서열을 정면으로 비판하고 돈이 갖는 권력의 속성을 치밀한 논조로 파헤친다. 지역 답사를 통한 깊이 있고 섬세한 서술과 치밀한 논지 전개가 일품이어서 긴 내용인데도 읽는 재미가 쏠쏠하다. 「태사공 자서」에서는 『사기』를 집필한 동기를 말하면서 자신이 당한 궁형의 서러움을 표현한다. "이것이 내 죄인가? 이것이 내 죄인가? 몸이 망가져 쓸모없게 되었구나!"라며 자조와 한탄을 하는 대목에서는 독자들을 감동과 몰입의 경지로 끌어들이기에 충분한 필력을 보여 준다. 「노자·한비 열전」에서 공자가 노자를 만나 예를 묻는 것은 작가의 상상력이 무한 발휘된 장면으로 기록될 만하며 대화 내용도 문학의 테두리를 두르기에 손색이 없다. 사마천이 한무제의 통치 지침인 유가를 추종하지 않고 춘추필법의 역사관을 견지한 사상적 근거가 어디에 있는지, 노자, 공자 그리고 한비에 이르는 서로 다른 사상을 지닌 인물들을 한 편에 수록한 이유가 무엇인지도 이 책에서 다룬 주요 내용 가운데 하나다.

지면 관계상 면밀히 살펴보지 못했지만, 『사기』는 특히 조선 시대 대부분의 지식인들에 의해 주된 학습의 대상으로 자리 잡았으며, 「백이열전」의 경우만 보더라도 한중 지식인 사이에 보편적인 담론의 대상으로 늘 회자되고 관련된 수많은 문헌이 존재할 만큼 영향력이 크다.

이 책은 그동안 필자가 일관된 의도를 갖고 학술지에 발표한 『사기』 연구 논문들이 모태가 되었으며 추가한 내용이 있다. 물론 책으로 엮으면서 일정 부분 수정과 보완을 거쳤으나 대부분은 학술지에 발표했던 원형을 유지하고자 했다. 물론 전체 130편에서 일부만 다룬 것이 과연 어느 정도의 신빙성을 확보할 수 있을지 문제가 될 수도 있으나, 이러한 시도를 통해 『사기』의 진면목을 찾아낼 수 있고, 역사와 문학 그리고 사상의 관계를 어느 정도나마 파악할 수 있으리라는 생각을 염두에 두었다. 전반적으로 『사기』의 개괄 내용을 평이하면서도 세밀하게 짚은 1장에서는 각주를 최소화하고, 2장부터는 본격적인 논의를 전개하여 세세하게 각주를 달았다.

이 책을 출간하면서 고故 박맹호 회장님을 다시 한번 떠올린다. 『사기』 완역 작업을 독려해 주시던 회장님과 함께 나눈 고전 담론이 그립다. 1998년 『사기 열전』 완역본의 출간을 계기로 지속적인 관심을 갖고 연구한 지 어언 20년이 훌쩍 넘었다. 2011년에는 전체 130편을 완역했고 개정판도 출간했으며 적지 않은 애독자들의 사랑을 받고 있다. 완역본을 낸 지 10년 만에 모처럼 맞이한 연구년을 이용하여 학술서를 출간하게 되었다. 읽으면 읽을수록 묘미가 있는 이 위대한 고전 『사기』를 다루기에는 턱없이 부족한 분량이지만, 『사기』의 편린이나마 엿보기 위한 첫걸음으로 이해해 주면 다행이겠다.

2021년 7월
선효재宣曉齋에서
김원중

차례

인간과 권력에 관한 영원한 고전

동양 역사서의 근간, 인간학의 보고 『사기』

역사란, 역사적 진실을 추구하며 역사적 사실을 정확하게 논증하고 인과 관계를 설명하는 것이다. 그러므로 어느 한 시대의 성격을 이해하려면 그 시대를 제대로 고찰할 필요가 있으며, 그래야만 역사 발전의 일관된 법칙이나 방향도 제시할 수 있다.

동양뿐 아니라 세계의 고전으로 손꼽히는 『사기史記』는 사마천司馬遷이 아버지 사마담司馬談의 유언에 따라 완성한 역사서다.[1] 전설상의

---

1) 이 부분에 관한 사마천과 아버지 사마담의 대화는 이렇다. "太史公執遷手而泣曰: 余先周室之太史也. 自上世嘗顯功名於虞夏, 典天官事. 後世中衰, 絶於予乎? 汝復爲太史, 則續吾祖矣. 今天子接千歲之統, 封泰山, 而余不得從行, 是命也夫, 命也夫! 余死, 汝必爲太史; 爲太史, 無忘吾所欲論著矣. 且夫孝始於事親, 中於事君, 終於立身. 揚名於後世, 以顯父母, 此孝之大者. 夫天下稱

황제黃帝 시대로부터 자신이 살았던 한무제漢武帝 때까지 2000여 년을 다루면서도, 특히 주나라가 붕괴되면서 등장한 제후국 50개 가운데 최후까지 살아남은 전국칠웅戰國七雄, 즉 진秦을 비롯한 한韓·위魏·제齊·초楚·연燕·조趙 등의 흥망성쇠 과정을 주축으로 한 인물 중심의 통사다. 이러한 인물들의 이야기가 다양한 스펙트럼을 그리는 『사기』에는 백미인 『열전』 70편을 비롯하여 역사 속에 명멸해 간 제왕과 제후 그리고 수많은 인물들과 각국의 생존사가 생생하게 담겨 있다.

　『사기』는 중국 고대사를 사관에 입각해 기록한 최초의 역사서라는 의미를 넘어선다. 이는 사마천이라는 개인이 보여 준 역사가로서의 소명 의식과 통찰력, 날카로운 안목에 힘입고 있다. 『사기』는 '기전체紀傳體'라는 형식에 바탕을 둔 기술과 투철한 역사관, 행간에 숨은 작가의 숨결을 확인할 수 있는 문학서이기도 하고, 백과전서식으로 문사철을 집대성한 불가사의한 책이다. 역사상 많은 지식인들이 이 책을 인간의 본질을 가장 날카롭게 파헤친 인간학의 보고라고 평가하는 이유다. 춘추 전국 시대를 정점으로 앞서거니 뒤서거니 내려온 상고上古 시대에는 역사상 가장 치열한 생존 싸움이 서려 있고 그 아래에서 펼쳐진 개개인들의 힘겨운 삶은 『사기』 곳곳에 각인되어 있다.

　『사기』의 쉼 없는 생명력의 원천은 그것이 단순한 사료집이 아니라 처절한 인간적 고뇌를 통해 이루어진 산물이라는 데 있다. 사마천은 깊은 절망의 늪에 떨어진 자신이 건재함을 입증하기 위해 『사기』의 완성

誦周公, 言其能論歌文武之德, 宣周邵之風, 達太王王季之思慮, 爰及公劉, 以尊后稷也. 幽厲之後, 王道缺, 禮樂衰, 孔子脩舊起廢, 論詩書, 作春秋, 則學者至今則之. 自獲麟以來四百有餘歲, 而諸侯相兼, 史記放絶. 今漢興, 海內一統, 明主賢君忠臣死義之士, 余爲太史而弗論載, 廢天下之史文, 余甚懼焉, 汝其念哉! 遷俯首流涕曰: 小子不敏, 請悉論先人所次舊聞, 弗敢闕."(「태사공 자서」)

에 심혈을 기울였다. 현세에서 받은 치욕과 오명을 무릅쓰고 모든 것을
『사기』의 완성에 내걸었다. 그리하여 『사기』는 사마천이 기술하고자 하
는 시대의 권력의 속성과 그 내부의 역학 구도, 사회 구조의 관련 양상
의 발전과 변화 및 인물과 사건, 제도 등 각종 사회가 처한 상황의 역사
적 지위를 부여하는 방향에서 쓴 것이라는 측면에서 검토해야 한다. 사
마천은 중국의 역사, 아니 동양의 역사에서 상고 시대 중국의 문화 복
원을 열망하고 있었기에 그러하다.[2]

1

『사기』의 저자 사마천은 누구인가

음력 2월 8일에 태어난 사마천은 자가 자장子長이며 용문龍門(산시
성陝西省 한청시韓城市) 출신으로 그의 아버지 사마담은 한무제 때 태사
령太史令에 임명되면서 도가를 받들기도 했다. 그는 당대의 저명한 지
식인들에게 천문학과 『주역』 및 음양의 원리 등을 배웠다. 사마천은 어
려서 집에서 공부하다가 열 살 때 아버지를 따라 수도인 장안長安에 왔
다. 한무제 원삭元朔 3년(기원전 126년) 스무 살이 된 사마천은 남방을
중심으로 오늘날의 후난성, 장시성, 저장성, 장쑤성, 산둥성, 허난성 등
을 3년 가까이 두루 돌아다녔다. 이때의 유람은 훗날의 『사기』 집필에
서 현장성을 높이는 결정적인 역할을 하였으니 일례로 「굴원·가생 열

---

2) "太史公曰: 先人有言: 自周公卒五百歲而有孔子. 孔子卒後至於今五百歲, 有能紹明世, 正易傳, 繼
春秋, 本詩書禮樂之際? 意在斯乎! 意在斯乎! 小子何敢讓焉."(「태사공 자서」)

전」에서는 굴원屈原의 족적을 추적해 가면서 굴원의 인간미에 흠뻑 취해 보기도 하고 슬픈 그의 행적에 눈물을 흘리기도 하였다. 돌아오고 나서 스물일곱이나 스물여덟 살까지 경학대사인 공안국孔安國에게 고문을 배웠다. 왕궈웨이王國維의 고증에 따르면 바로 무제 원수元狩 5년(기원전 118년)에 스물여덟의 사마천은 낭중郎中이 되었다고 한다. 낭중은 한대 관료 체계에서 의랑, 중랑, 시랑 다음의 낮은 등급으로 300석급이었고 정원은 없었으며 어떤 경우에는 1000명 정도가 되는 자리였다. 그런데 한무제는 원정元鼎 4년부터 하수河水와 낙수洛水를 주유한 데서 시작해 각 군현뿐 아니라 오제에게 제사 지내거나 봉선 의식을 거행할 때도 사마천을 데리고 다녔으니 사마천은 무제의 총애를 상당히 받은 것이 분명하다. 원봉元封 원년(기원전 110년) 사마천의 나이 서른여섯이 된다. 이때 한무제는 동쪽 태산에서 봉선 의식을 거행하고자 순행했는데, 수행하던 사마천의 아버지 태사령 사마담이 낙수에서 병으로 쓰러졌다. 사마천은 무제의 사신으로 파촉 이남 지역에 새로운 군郡 설치 문제를 처리하고 돌아왔는데 마침 낙수에서 병으로 쓰러진 아버지가 위독해졌고 사마천은 아버지의 눈물 어린 유언을 듣게 된다. 유언의 핵심은 역사서 집필의 완성이었다. 사마천은 삼년상을 치르고 난 원봉 3년(기원전 108년)에 아버지의 대를 이어 태사령이 되니 이때 그의 나이 서른여덟이었다. 태사령이란 황제의 최측근 역사 고문 자리로서 중대한 제도의 개폐와 의전 등의 문제에 자문하고 토론도 벌이는 자리다. 사마천이 태사령이 된 지 5년 만인 태초太初 원년(기원전 104년)에 한무제는 태초력太初曆이라는 새로운 역법을 발표하고 연호를 바꾸고는 봉선 의식을 치른다. 이 의식에 참여한 사마천은 이때의 감동을 「태사공 자서」에서 "내가 어찌 감히 사양하겠는가?"라고 격정적으로 표현하고 있으며, 이 시기를 사마천이 『사기』 집필을 시작한 시점으로 보는 것이 일반적이다.

그런데 우리가 간과해서는 안 될 사안이 있다. 일부 학자들의 고증도 있지만 사마천이 집필할 당시 사마담이 이미 『사기』의 체제를 어느 정도 세워 둔 상태였고 일부지만 거의 완성 단계에 있던 것도 서른일곱 편이나 된다는 사실이다. 이는 『사기』 130편 전체의 거의 4분의 1에 해당되는 적지 않은 양이므로 우리는 『사기』 완성에 일정 부분 아버지 사마담의 기여가 있었다고 보아야 한다. 사마천은 『사기』의 집필을 완성하고 나서 『태사공서太史公書』라고 불렀는데 이는 태사공이 지은 책이라는 의미로 아버지의 유언을 받아들인 취지를 살리면서 태사공이 아버지에 대한 존칭임을 드러낸 것이라는 점이 그 근거다. 『사기』 전편의 말미에 붙인 '태사공왈太史公曰'이라는 표현도 사마천이 그의 아버지를 얼마나 존경했는지 알 수 있는 단서다.

훗날 다양한 의문을 남기고 죽은 사마천의 역대의 학자들이 졸년을 규명하고자 했으나 결국에는 '불상不詳'이라고 처리하였고 저명한 학자인 왕궈웨이 역시 "태사공이 죽은 해는 절대로 고증할 수 없다. …… 그러나 무제와 처음과 끝을 함께한 것으로 보면 크게 잘못된 것은 아니다."라며 기원전 145년에 태어나 기원전 86년에 사망했다는 견해를 내놓아 최근의 사기 전문가 중 한 명인 장다커張大可에 의해 지지를 받기도 했다. 그러나 그의 출생 연도가 기원전 145년이라는 데에는 대체로 동의하지만 사망 연도는 저마다 다르게 주장하고 있다.[3] 궈모뤄郭末若

---

3) 사마천의 출생 시점에 관해서는 기원전 153년, 기원전 145년, 기원전 143년, 기원전 135년, 기원전 129년, 기원전 127년 등 여섯 가지 설이 있다. 대체적으로 한 경제景帝 중원中元 5년인 기원전 145년에 태어났다고 보는 것이 신뢰할 만하고 나머지는 신빙성이 떨어진다. 그 근거는 당대唐代 장수절張守節이 『사기정의史記正義』에서 처음 주장했다.

등은 사마천이 무제 정화政和 2년 말(기원전 91년 말)에 하옥되어 죽었다고 주장했다. 궈모뤄의 견해도 일리 있다고 보는데, 이미 반고가 『한서』「사마천전」에서 사마천의 서간문인 「보임소경서」를 인용하고는 '사마천이 곧 죽었다.(遷卽死.)'라고 기록한 것을 보면 적어도 기원전 91년 말이나 그 이듬해인 기원전 90년 초에 죽었을 개연성은 대단히 높다. 이 「보임소경서」의 집필 시기가 기원전 91년이고 이때 『사기』가 완성된 것으로 본다면, 이 편지를 쓰고 얼마 후에 세상을 떠났으리라 추론하는 것이 그 근거다. 사마천의 후예는 성씨가 사司, 마馬, 풍馮, 동同 등 넷으로 나뉘었고, 오늘날 사마천의 고향 한청시의 후손들은 사마천을 한무제가 처형했다고 믿는 경우가 많아 대부분 사마라는 성씨 대신 동同씨 성을 쓴다는 이야기도 있으니 한무제가 사마천의 죽음과 관련 있을 수도 있다.

사마천의 아내는 같은 마을 출신 양씨楊氏라고 전해지며, 그는 사마천이 겪어 온 길을 함께 걸으며 동고동락한 현명한 조력자였다고 한다. 현재 한청시의 사마천 사당 내의 비문에 사마천의 시첩에 대한 묘지명이 있는데, 이를 보면 사마천에게는 아내 이외에 첩도 한 명 있었던 듯하다. 아울러 궁형을 당한 것은 늦은 나이의 일이었을 것이기에 사마림司馬臨과 사마관司馬觀이라는 아들 둘과 딸 하나가 있었다는 설도 곧잘 거론되어 왔다. 혹자는 사마림의 후예가 바로 사마휘司馬徽(제갈량의 스승)이고, 사마관의 후예가 사마광司馬光(송나라 재상으로 『자치통감』의 저자)이라고도 주장한다. 사마천의 딸이 양씨 가문으로 시집가 자식들을 낳았다고 주장하는 학자도 있다.

사마천은 『사기』 이외에도 목록만 있다시피 한 『사마천집司馬遷集』 1권과 부賦 8편도 남겼다고 하는데 그중 「비사불우悲士不遇」라는 작품은 전문이『전한문全漢文』권26에 실려 있기도 하다.

그런데 그로부터 7년 후『사기』는 초고도 완성되기 전에 의외의 사건이 발생해 사마천과 한무제의 관계에 변화가 생긴다.[4] 천한天漢 2년(기원전 99년) 전한의 명장 이광李廣의 손자 이릉李陵이 군대를 이끌고 흉노와 싸웠다가 흉노에 투항하는 일이 일어난 것이다. 그 당시 사람들은 이 투항이 이씨 가문의 명예에 먹칠을 하고 한나라 조정의 체면을 깎아내린 것이라고 비난했다. 그러나 사마천은 다른 사람들과 달리 이릉이 어쩔 수 없이 투항했다고 변호해 결국 무제의 노여움을 사 감옥에 갇혔다. 1년 후(기원전 98년) 결국 그에게 내려진 선택은 다음 세 가지 중 하나였다. 첫째, 법에 따라 주살될 것, 둘째, 돈 50만 전을 내고 죽음을 면할 것, 셋째, 궁형을 감수할 것이었다. 사마천은 두 번째 방법을 취하고 싶었으나 중인中人에 불과했던 그가 그런 거액을 내기는 불가능했으므로 결국 마지막 벌을 선택할 수밖에 없었다. 목숨만이라도 부지하여 부친의 유지를 받들고자 한 것이다. 그리고 그로부터 5년 후(기원전 93년) 그는 친구 임안任安의 추천을 받아 다시 무제의 곁에 있게 되었다. 이때『사기』는 대체적으로 마무리되고 있었으니 아버지의 유언을 받든 지 이미 20년의 세월이 흐른 시점이었다. 집필을 완성하고 난 몇 년 후에 그는 세상을 떠났다.

---

4) 이릉의 자는 소경少卿이고, 농서 성기 사람으로 이광李廣의 손자이다. 어려서 말타기와 활쏘기를 잘했으며, 무제武帝 때 기도위가 되었다. BC 99년 직접 부하 5000명을 거느리고 흉노와 싸웠으나, 돌아오는 길에 강력한 적의 대군을 만나 항복하고 말았다. 흉노 왕은 투항한 이릉을 사위로 삼고 우교왕으로 봉했으며, 이릉은 20여 년 뒤 병으로 죽었다.

사마천의 역사관과 서술 방식:
천天의 절대 권위에서 인人의 사유 세계로

사마천의 역사관은 무엇인가? 그가 『사기』 저술의 밑그림을 마련한 관점은 다름 아닌 '변화(變)'야말로 역사의 기본 틀이며 이것이 없다면 역사의 당위도 없다는 것, 즉 '변'이 인류 사회 발전의 원동력'이라는 것이다. 『사기』 130편은 3000년의 역사를 관통하는데, 오제와 3대 2000여 년간의 역사를 「오제 본기」·「하 본기」·「은 본기」·「주 본기」에 수록하고, 주로 4단계의 역사적 변천을 중심으로 서술의 방향을 설정했다.

① 서주 건국의 역사
② 전국 후기의 변화의 역사
③ 진나라와 한나라 사이의 변혁의 역사
④ 무제 건원建元과 원봉 사이의 변혁의 역사

이 가운데 ③, ④는 300년이 채 되지 않지만 『사기』 전체 편폭의 4분의 3을 차지하고 있다. 『사기』 전체 52만 6500자 중에서 정세의 급격한 변화 혹은 전환 시기의 역사에 무려 40만 자에 가까운 분량을 할애한 것이다.

우선 주목할 점은 사마천의 균형 잡힌 역사관이다. 『사기 세가』 첫 편이 「오태백 세가吳太伯世家」인데, 오나라를 창건한 오태백을 첫머리에 둔 것은 마치 「열전」의 첫 편 「백이 열전」에서 백이伯夷와 숙제叔弟가 서로 임금 자리를 양보하는 것을 연상시킨다. 「오태백 세가」 첫머리는 '양보(讓)'라는 단어를 핵심으로 서술의 방향을 정했고, 화이불분華夷不分, 즉 중원과 이족을 구분 지으려 하지 않는 열린 역사의식을 보여 준다. 태백에서 수몽壽夢에 이르는 장기간의 세월 동안 중원과 교류하지 않고도 강성해졌다는 점과 오랑캐의 땅임에도 왕이라고 칭하는 점을 사마천이 긍정적으로 평가하고 있다는 점이다. 즉 사마천은 화이불분이라는 거시적 관점에서 오나라가 태백의 후예이고 월나라는 우임금의 후예이며, 흉노의 선조가 바로 황제의 후예가 된다는 식의 사관을 가지고 우월론적 중화주의를 부정하고 있는 것이다. 우리가 알고 있듯이 춘추시대 오나라의 위상이 북방의 전통 강국 진晉나라나 동방의 강소국 노魯나라나 정鄭나라에 비해 현저히 낮은 비주류임이 분명한데, 이 편을 『사기 세가』의 첫머리에 두었다는 것은 매우 독창적인 안목이라 할 것이다.

이러한 현실적 역사관은 춘추 오패春秋五霸 중 두 번째 패주 진晉나라 문공의 이야기를 다루고 있는 「진 세가晉世家」에서도 보인다. 사마천은 이 편에서 공자의 예교보다는 패권욕이 차지하는 현실 정치에 무게를 두고 있다. 진나라 문공 이후 패자의 성격이 변하여 중원 제후가 아닌 남방의 만이蠻夷들도 패자라고 일컬어 존왕양이尊王攘夷의 성격도 희미해져 가고 주나라 천자의 권한도 축소되어 가는 시대적 분위기를 예리하게 잡아 이를 수용하는 자세를 취하고 있는 것이다. 이 역시 사마천의 진보적인 민족의식과 역사관을 보여 주니 사마천은 비주류의 문화를 인정하는 다문화적 시각을 갖고 있었던 것이다.

아울러 사마천은 덕정德政을 중시하는 통치관을 지니고 있었다. 그는 나라를 다스리는 근본은 인仁이며, 덕정을 펴고 이를 잘 다스리기 위해 기술적으로 인모人謀, 즉 인간의 지략을 사용하는 것이 바람직하다고 보고 있다. 이런 면모는 진섭陳涉을 『사기 세가』에 편입시킨 데에서 엿보인다. 일개 고용살이 신분에서 떨치고 일어난 진섭을 통해 사마천은 거대 제국 진나라가 멸망에 이르는 점을 부각시키고자 했다. 그는 진섭이 삶과 죽음의 기로에서 의로운 길을 택한 것이 결국 왕조의 교체를 이루어 냈다는 점에서 그 의미를 찾았다. 진 제국도 일개 고용살이에 의해 무너질 수 있다는 현실, 즉 보이지 않는 백성들의 힘이 대단히 무섭다는 점을 충분히 인식한 것이다. 한 고조 유방이 진섭을 위해 무덤을 만들어 주고 제사를 지냈다는 점도 이와 관련하여 주목된다. 사마천이 진섭을 『사기 세가』에 편입시킨 것은 반고가 『한서』를 집필하면서 진섭을 『세가』가 아닌 『열전』에 강등하여 배치한 것과 확연히 대비된다. 반면 사마천은 한신, 팽월, 경포, 위표 등 제후왕이 된 자들은 오히려 '열전'으로 강등시켰다. 사마천은 왕이나 제후가 되어 봉토를 받았더라도 반역 등으로 나라를 몰수당한 경우에는 과감히 서술 대상에서 제외했던 것이다.

또한 『사기』는 하늘과 사람, 즉 천인天人 관계야말로 역사의 양대 주축이라는 사관을 보여 준다. 오제로부터 무제에 이르는 2600여 년의 역사는 단순히 연대기적 흐름이 아니라 천天의 절대적 권위로부터 서서히 인人의 사유 세계로 내려오는 전환의 과정이라는 의식이 깔려 있다.

한무제 시대는 통일의 거대한 틀이 완성되던 단계였다. 주나라를 정점으로 한 분권적인 봉건 체제가 와해된 이후, 중국 사회는 500여 년에 걸친 정치적 분열을 거듭하다가 진나라 시황의 출현으로 통일을 매듭지었다. 그러나 이 새로운 통일 제국은 지리적으로 인위적인 통합을 이루는 데는 성공했으나, 중국 사회를 실질적으로 통합하는 데는 실패했다. 새로운 질서에 저항하는 농민층과 구 귀족 세력의 반란은 다시 한번 중국 사회를 거대한 혼돈과 분열로 몰아넣었으며, 이런 소용돌이를 거치고 난 뒤 한 제국이 성립한 것이다.한 제국은 결코 일반 백성들에게 우호적이지 않았다. 영토 확장에 골몰했던 무제는 한 제국의 완성에서 중심 위치에 있었다. 사마천은 무제의 영토 확장 정책에 상당히 비판적이었다. 그래서 그는 시대의 풍운아요 제왕이 되지 못한 패배자 항우를 제왕들의 전기라 할 수 있는 『사기 본기』에 넣었으며, 그 순서도 한 제국의 창립자인 고조 유방을 다룬 「고조 본기」 앞에 둘 만큼 한 제국의 성립 자체에 대해서도 비판적이었다.

물론 사마천이 항우를 『사기 본기』에 편입시킨 것은 그가 진나라를 멸망시킨 공적을 높이 평가하고, 그가 진한 혼란기에서 실질적인 통치 지위를 갖고 있었음을 확신했기 때문일 수도 있다. 당시 의제義帝가 있었지만 명목상 존재였을 뿐 모든 실권은 항우에게 있었으며, 진나라를 멸망시킨 항우가 스스로 '서초패왕'이 되어 제후왕을 임명하는 사실상의 절대 권력의 소유자였다는 사실을 사마천은 깊이 인식하고 있었다.

이러한 예는 또 있다. 사마천은 『사기 본기』에 유약하고 무능하며 꼭두각시에 불과했던 혜제惠帝는 넣지 않고, 실질적으로 천하를 장악했던 여태후는 넣었다. 이 또한 사마천의 현실적 역사관에서 비롯된 것임을 알 수 있다. 사마천은 여태후의 군주적 지위는 객관적 사실로 인정하되 그녀의 부정적 면모를 가감 없이 드러내 보여 줌으로써 권력의 장악 여부가 통치자의 중요한 면임을 부각시켰다.

그러나 전제 군주 아래에서 그 누가 통치자의 권위를 손상시킬 만한 내용을 함부로 드러낼 수 있겠는가? 애초에 사마천이 『사기』를 완성하고 「태사공 자서」를 쓸 때 한무제에 관한 편명을 「금상 본기」라고 언급했으나, 『사기 본기』에 수록된 정식 편명은 「효무 본기」다. 사마천은 한무제에 대하여 상당히 비판적인 관점에서 서술했지만, 누군가에 의해 그 내용이 삭제되고, 편명도 바뀌었던 것이다.「금상 본기」에서「효무 본기」로 바뀐 제12편은 단순히 첨삭된 것을 넘어 그 내용도 위작일 가능성이 매우 크다. 전문가들의 추정으로 무려 4만 자에 달하는 방대한 분량의 보필補筆이 드러난 것을 보면 그 심각성을 짐작할 수 있다.

역사가 본연의 임무에 충실하면서 꼼꼼하게 자료를 집대성하고 자신만의 세계를 구축한 사마천이라고 해서 그의 작업 자체에 문제가 없는 것은 아니다. 앞에서도 지적했듯이「항우 본기」가 설정된 이유는 당시의 정치가 항우에게서 나왔기 때문이고,「여태후 본기」의 경우 실질적 호령이 태후에게서 나왔다는 사마천의 현실 인식이 있었기 때문이다. 그러나 다른 편명과 달리 '항우'와 '여태후'라는 이름을 직접 제목으로 사용한 것은 아무리 항우의 공적이 유방의 그것보다 크다 하더라도 황제라고는 할 수 없고, 여태후의 경우도 마찬가지라는 작자의 현실적 역사관에서 비롯된다.

『사기』의 대담한 목차 구성은 그것이 사찬私撰 역사서임을 알게 해 주는 주요한 대목이다. 사마천의 의식은 불과 90여 년 뒤에 나온 반고의 『한서』와도 확연한 서술 방식의 차이를 보여 주면서 역대 다른 역사서들이 도저히 넘볼 수 없는 『사기』의 확고한 위상을 구축했다. 역사 속에서 현실을 움직인 실체를 중시하고 역사의 발전적 흐름을 파악하여 정확하고도 참신한 역사를 기록하기 위해 체제상의 모순조차 꺼리지 않았던 사마천의 역사 구상은 후한의 역사가 반고에 의해 송두리째 부정되었다. 반고는「항우 본기」·「여태후 본기」의 틀을 바꾸어 관제의 역사만을 인정하려는 구태의연한 사관을 보여 주었다.

사마천의 『사기』에 대한 후대의 시선은 곱지 못했다. 역사가 유지기

劉知幾는『사통史通』의 곳곳에서 반고를 기리고 사마천을 깎아내렸다. 특히 그는 「이체二體」 편에서『사기』와『좌전』을 기전체와 편년체의 비조로 삼지만 진정으로 두 문체를 대표하는 책은 반고의『한서』와 순열 荀悅의『한기漢紀』라고 했다. 그가 볼 때 사마천이 항우를 '본기'에 포함시킨 것이라든지 한나라를 배반한 제후왕인 오왕 비濞, 회남왕 유장劉長과 유안劉安, 형산왕 유사劉賜 등을『열전』에 편입시킨 것, 심지어 한나라 초기 공신들에 불과한 소하蕭何, 조삼曹參, 장량張良, 진평陳平, 주발周勃 등을『사기 세가』에 둔 것이나, 공자, 진섭, 외척外戚을『사기 세가』에 둔 것은 관찬 사가들이 결코 쉽게 보아 넘길 문제가 아니었다.

3

『사기』의 명칭 유래, 집필 과정, 목적

'사기史記'라는 글자는 「주 본기周本紀」, 「두태후 연표 서十二諸侯年表序」, 「천관 서天官書」, 「진섭 세가陳涉世家」, 「공자 세가孔子世家」, 「유림 열전儒林列傳」 등에 등장한다. 물론 여기에서 '사기'는 선진 시대 각국의 '사관의 기록'이라는 의미와 한대의 문장학文章學이라는 두 가지 의미로 쓰인 것이다. 실제로 책을 일컫는『사기』라는 명칭은 사마천이 붙인 것이 아니다.

『사기』의 서문 격에 해당하는 글이 「태사공 자서」인데, 사마천이 세상을 떠난 뒤에는『사기』를『태사공서』또는『태사공기太史公記』로 불렀다. 이『태사공기』의 약칭이 바로『사기』다. 위魏나라 건안建安 연간에 순열이 지은『한기』권30에 '태사공사마천사기太史公司馬遷史記'라는 말이 나와 정식으로 '사기'라는 말이 '태사공서'라는 명칭을 대체하게 되었으니 대략 300년의 시간이 흐른 것이다.

사마천의 『사기』를 가능하게 한 자료의 취재 범위는 어떠하며 그러한 방대한 자료들은 어떻게 얻은 것인가? 사마천이 사료를 수집하여 그의 책에 반영한 방식은 그 이전과 그 이후 대부분의 역사가들의 작업과는 달랐다. 그가 사료를 채집한 방법은 다음과 같다.

① 황가에 소장되어 있는 도서나 문서를 열람했다. 예를 들어 「오제본기 찬」에서 35개의 편목과 자신이 본 도서의 이름을 구체적으로 언급하고 있다. 통계를 내 보면 『사기 본기』뿐 아니라 『사기』에서 사마천이 열람한 책은 모두 103종이다. 그중 육경六經을 비롯한 서적이 24종, 제자백가서가 52종, 역사, 지리 및 한나라 왕실의 문서가 20종, 문학서가 7종으로, 모두 사마천이 『사기』를 쓰면서 언급한 소중한 자료다. 따라서 사마천이 문헌과 전적을 얼마나 중요시했는지 알 수 있다.

② 금석문金石文과 문물文物, 회화, 건축 등에서 자료를 찾았다. 「진시황 본기」를 보면 '태산석각泰山石刻', '낭야석각琅邪石刻', '지부석각之罘石刻' 등의 글을 모두 그대로 수록했다.

③ 돌아다니며 방문하거나 실지 조사를 했다. 「태사공 자서」에도 사마천은 스무 살에 남쪽으로 유람하는 길에 올랐다고 적혀 있다. 그는 동서남북으로 전국을 유람하면서 상고 역사에 관한 전설을 수집했고, 서주 건국 경영의 상황을 탐구했으며 학자들이 그에게 전해 준 오류도 바로잡았다. 그는 전국 시대의 이야기, 한나라 초기의 이야기, 옛 전쟁터의 형세, 역사 인물의 삽화 등에 대해서도 상세하게 기록했다. 그는 일반 백성의 말이나 전해 내려오는 이야기도 중시했는데, 이 사실은 『사기』의 모든 편에 걸쳐 나타난다. 예를 들어, 「오제 본기」와 「제태공 세

가,「회음후 열전」등을 보면 본인이 실제 답사를 통해 얻은 구체적 정보가 생동감 있게 살아 있다.[5]

그러나 사마천의 집필 방식에는 사료적 엄밀성이 부족하다는 비판도 많이 발견되는데, 서술이나 인물 설정에서 허구적 색채를 가미했다는 것이다. 예를 들면「조 세가」에 실려 있는 역사 인물의 서술이 소설 같아 그 사료적 가치를 다소 떨어뜨린다는 오해를 불러일으켰다.[6]「육국 연표六國年表」서문에 진나라가 분서를 단행하면서 모든 사료들이 소실되었다는 구절에서 보듯, 조나라의 역사가 제대로 보존되어 있지 않은 상황에서 소설적 구성은 피할 수 없는 것이었는지도 모를 일이다. 사마천이 주로 의지하고 있는『좌전左傳』이나『전국책戰國策』에는 없는 내용들이 사마천의 호기심과 맞물려 수록되어 있다. 따라서 이 편은 소설적 성격이 풍부하여 네 명의 군주가 꾼 꿈을 통해 조나라 발전사를 관통하는데 운명론적 색채도 많다.[7] 특히 너무나 널리 알려져 유명한 '조씨고아趙氏孤兒'라는 대목은 역사적 사실과는 부합되지 않지만, 이 편의 백미라고 할 만큼 상당한 비중으로 서술되어 사마천 자신의 울

---

5) 몇 편은 나열해 보면 이렇다. "余嘗西至空桐, 北過涿鹿, 東漸於海, 南浮江淮矣, 至長老皆各往往稱黃帝, 堯, 舜之處, 風敎固殊焉, 總之不離古文者近是."(「오제 본기」), "吾適齊, 自泰山屬之琅邪, 北被于海, 膏壤二千里, 其民闊達多匿知, 其天性也. 以太公之聖, 建國本, 桓公之盛, 修善政, 以爲諸侯會盟, 稱伯, 不亦宜乎? 洋洋哉, 固大國之風也!"(「제태공세가」), "吾如淮陰, 淮陰人爲余言, 韓信雖爲布衣時, 其志與衆異. 其母死, 貧無以葬, 然乃行營高敞地, 令其旁可置萬家. 余視其母冢, 良然."(「회음후 열전」)

6) 한 대목을 인용하면 다음과 같다. "他日, 王夢見處女鼓琴而歌詩曰: "美人熒熒兮, 顔若苕之榮. 命乎命乎, 曾無我嬴!"異日, 王飮酒樂, 數言所夢, 想見其狀. 吳廣聞之, 因夫人而內其女娃嬴. 孟姚也. 孟姚甚有寵於王, 是爲惠后."(「조 세가」)

7) "初, 趙盾在時, 夢見叔帶持要而哭, 甚悲; 已而笑, 拊手且歌. 盾卜之, 兆絶而後好. 趙史援占之, 曰: 「此夢甚惡, 非君之身, 乃君之子, 然亦君之咎. 至孫, 趙將世益衰."(「조 세가」)

1장 인간과 권력에 관한 영원한 고전

분의 인생관과 맞물려 흥미진진하게 그려지고 있다.

물론 '태사공왈太史公曰'이라는 부분을 보면 사마천 자신의 주관적 감정의 개입은 상당 부분 절제되어 있지 않다.[8] 이러한 사론史論 체계가 사마천의 책에만 있는 것은 아니다. 이미 『좌전』, 『국어』, 『전국책』 등에도 '군자왈'이라는 말이 있으니, '군자위君子謂', '군자이위君子以爲'라는 식의 논평이 여든네 가지나 있다. 이러한 형식의 평론은 사론의 원형임에는 틀림없고 사마천이 '태사공왈'이라고 한 것은 『좌전』의 '군자왈'을 모방한 것으로 생각된다. 『사기』의 '태사공왈'은 전체의 책을 혼연일체가 되게 만드는 매개의 구실을 하며 특정 역사의 장점과 단점을 함께 짚고 심오한 이론적인 취향을 드러내고 있다. '태사공왈'의 논의는 『사기』를 읽는 진정한 묘미를 주는데, 광활하지만 붓끝은 종횡으로 누비고 있고 문사는 정련되어 있으며 뜻은 깊고도 감추어져 있다. 어떤 경우에는 고대 역사에서 증거를 찾았고, 어떤 경우에는 사적을 유람하면서 얻어들은 것을 서술했으며, 어떤 경우에는 인물을 포폄하고, 또는 역사적 사실을 논의하거나 풍자하고 직접 서술하는 등 비교적 계통적이면서도 선명한 이론적 색채를 드러냈다.

사실상 사마천의 생애와 집필 시기는 무제의 통치 시대와 겹쳐 있음에 주목해야 한다. 따라서 황제와 신하라는 종적 관계로 일관된 봉건

---

8) 세가의 몇몇 기록만 보아도 그러하다. "嗚呼, 又何其閎覽博物君子也!"(「오태백 세가」), "洋洋哉, 固大國之風也!"(「제 태공 세가」), "甚矣魯道之衰也! 洙泗之閒齗齗如也."(「노 주공 세가」), "召公奭可謂仁矣!"(「연 소공 세가」), "舜之德可謂至矣!"(「진·기 세가」), "余讀世家言, 至於宣公之太子以婦見誅, 弟壽爭死以相讓, 此與晉太子申生不敢明驪姬之過同, 俱惡傷父之志. 然卒死亡, 何其悲也! 或父子相殺, 兄弟相滅, 亦獨何哉?"(「위 강숙 세가」), "君道之御其臣下, 固不易哉!"(「진 세가」), "操行之不得, 悲夫! 勢之於人也, 可不慎與? 棄疾以亂立, 嬖淫秦女, 甚乎哉, 幾再亡國!"(「초 세가」)

시대에서 무제가 한 사람의 역사가에게 끼친 힘은 클 수밖에 없다. 그런데도 『사기』는 당시로는 현대사라고 말할 수 있는 무제 시대의 사건과 인물을 상당히 자세하게 기록하고 있다. 역사를 기록하는 일 자체가 무제의 실책을 비판적으로 그려 내는 일과 연관되었으며, 여기에는 사마천의 무제에 대한 사적인 감정도 개입되어 있다는 점을 부인할 수 없다.

그렇다면 사마천이 『사기』를 쓴 목적은 무엇인가? 이에 대한 답은 「태사공 자서」에 있는데 정리하면 이러하다.

첫째, 발분發憤 의식의 소산이다. 궁형을 당한 그가 자기 목숨을 이어 가기 위해 했던 구차한 행위가 아니라 발분하여 글을 지어 후세에 이름을 남기기 위한 피할 수 없는 선택이었던 것이다. 「백이 열전」에서 '천도시비天道是非(하늘의 도는 옳은가 그른가)'론을 제시한 것은 백이와 숙제의 입장이 자신의 입장과 비슷하다는 데서 오는 동류 의식을 반영한다. 또한 치욕을 견뎌 내고 세인들에게 이름을 떨친 관중管仲이나 오자서伍子胥, 경포黥布 등에게 특별한 의미를 부여하여 그들의 전기를 따로 마련한 것도 그들이 사마천 자신의 처지와 무관하지 않다는 의식에서 비롯된다.

둘째, 역사적 사실의 포폄褒貶(기리거나 폄하하는 것)과 직서直書(솔직한 글쓰기)다. 이는 그의 「태사공 자서」에서도 드러나지만 공자가 『춘추』를 서술한 방식에 바탕을 두고 후세 사람들에게 어떤 도덕적 규범을 제시하여 미언대의微言大義(작은 말 속의 큰 의미)를 느낄 수 있도록 하기 위한 것이다. 물론 사마천은 『춘추』의 문장을 모방하여 『사기』를 지은 것이 아니라 『춘추』의 정신을 계승하려 했다. 사마천의 생각은 부친 사마담의 견해와 일치되는데, 이는 공자가 세상을 떠난 지 500년이 지난 그 당시에 공자의 사상을 누군가가 계승해야 한다는 당위에서 비롯되었다.

셋째, 태사령이라는 직분에 충실하면서 순수하게 개인의 자격으로 저술에 임한 점이다.[9] 태사령이란 본래 궁중의 예의 제도를 관장하고, 천문 역법에 따라 해가 끝나면 새 역법을 바치고, 나라에 큰 행사가 있으면 길일과 기일忌日을 가려 올리는 직책이다. 따져 보면 이 직책은 역사 기록과 직접적으로 관계되는 것이 별로 없으며 따라서 이 직책이 저술의 직접적인 동기는 아니라고 볼 수도 있다. 그렇지만 사마천은 태사령으로 있으면서 궁궐에 소장된 모든 자료를 쉽게 접할 수 있었고, 또 마음만 먹으면 자료 수집을 위해 유적을 답사할 수도 있었으며, 어떤 분야에 대해서는 그에 대해 잘 아는 지역 사람들에게서 이야기를 전해 들을 기회도 적지 않았을 것이다.

4

『사기』의 구성: 『본기』, 『표』, 『서』, 『세가』, 『열전』

『사기』는 『본기』 12편, 『표』 10편, 『서』 8편, 『세가』 30편, 『열전』 70편 등 모두 130편 52만 6500자로 이루어져 있다. 현재 중화서국에서 간행한 표점본 『사기』는 55만 5660자로 여기에는 저소손褚少孫 등이 보필한 3만여 자가 더 수록되었다. 이 다섯 부분은 서로 긴밀하게 연계되어 있어 비슷한 내용이 중복되는 경우도 적지 않다. 『본기』는 오제부터 한무

---

9) "余從巡祭天地諸神名山川而封禪焉. 入壽宮侍祠神語, 究觀方士祠官之言, 於是退而論次自古以來用事於鬼神者, 具見其表裏. 後有君子, 得以覽焉."(「효무본기」) 이 내용은 「봉선서」에서도 중복된다.

제에 이르기까지 천하에 권력을 행사하던 왕조나 군주들의 사적을 연대순으로 엮어 기록한 것이고, 『표』는 각 시대의 역사에 대한 연표로 역사 발전의 다섯 단계를 나타내고 있다. 각 편에는 서序가 있는데 그 『표』에서 다루어진 역사에 대한 논평을 간략하게 싣고 있어 그 시대의 세계관을 한눈에 볼 수 있다. 『서』는 정치, 사회, 문화, 과학, 천문학 등과 같은 전장 제도典章制度를 이론적·역사적으로 기록하고 있어 한 편의 문화사나 제도사의 성격을 갖는다. 『세가』는 제후들이 다스린 역사라고 할 수 있으니 제왕보다는 지위가 낮은 봉건 제후들의 나라별 역사 기록이다. 『열전』은 제왕과 제후를 위해 일했던 인물들의 전기를 주로 수록하고 있지만 결코 그들에 한정된 것은 아니다.

　『사기』의 이런 분류 방법은 일반적으로 천지자연의 원리에서 나온 것이라고 볼 수 있다. 먼저 12본기는 『문심조룡文心雕龍』「사전史傳」편에서 말한 것과 같이 『여씨춘추』의 12기十二紀에 바탕을 두고 있으며, 역법으로는 12간지와 관련되었다고 보인다.[10] 10표는 사마천이 스스로 만든 것으로 『주보周譜』에 바탕을 두고 있다. 물론 이 역시 10간幹과 관련된다. 8서는 『삼례三禮』를 모방한 데서 나온 것이며, 사방四方·팔방八方 등 방위 개념과 관련이 있다. 30세가는 사마천의 독창성이 엿보이는 것으로 이 가운데 열전에 넣어도 무리가 없는 「공자 세가」와 「진섭 세가」를 뺀다면 28편으로 28수宿와 일치한다고 볼 수도 있다. 70열전은 맨 마지막의 「태사공 자서」를 「태사공 열전」으로 볼 수 있고, 「공자 세가」와 「진섭 세가」를 합치면 72열전이 되어 천지와 음양의 성수成數 관념에서 생각하면 역법에 기초한 것으로 볼 수 있다. 이는 천문에 정통한

---

10) "取式呂覽, 通號日紀."(『문심조룡』「사전史傳」)

사마천의 가계家系상의 이유도 있겠지만, 고대 중국인의 우주관과 세계관에서 비롯된 것이기도 하다.

1) 『사기 본기』: 제왕들의 역사

12본기의 서술 방식은 시간적 순서와 인물의 비중에 따라 안배하여 왕조를 체계로 하면서 역사를 세 단락으로 구분했다. 상고사上古史에는 「오제 본기五帝本紀」, 「하 본기夏本紀」, 「은 본기殷本紀」, 「주 본기周本紀」가 있고, 근고사近古史에는 「진 본기秦本紀」, 「진시황 본기秦始皇本紀」, 「항우 본기項羽本紀」가 있으며, 금세사今世史에는 「고조 본기高祖本紀」, 「여태후 본기呂太後本紀」, 「효문 본기孝文本紀」, 「효경 본기孝景本紀」, 「효무 본기孝武本紀」가 있다.

'본기本紀'의 '기紀'는 기록한다는 의미의 '기記'와 같으며, '역사적 사실에 근거하여 기록한다', 즉 '사실의 기록'이란 뜻이다.

『사기 본기』는 「오제 본기」로 시작한다. 오제란 중국 고대의 전설에 나오는 다섯 명의 제왕으로 황제黃帝, 전욱顯項(高陽), 제곡帝嚳(高辛), 요堯, 순舜을 말한다. 오제에 관한 이야기는 아주 오래되었고 사료의 제한으로 사실상 신화나 전설에 가까웠다. 오제로 대변되는 중국 역사의 시조들은 한결같이 어떤 이유로든 그들의 성왕으로서의 지위를 계속 이어져 내려오게 한 힘을 지니고 있었으며, 역사의 시원을 이들로까지 끌어올리고자 한 사마천의 의도는 다른 역사서와는 확연히 구분된다. 실제로 「오제 본기」의 시대는 19세기 말까지 그 실재성이 의문시되어 왔다.

「오제 본기」에서 드러나듯이 황제를 중심으로 한 신들의 계보는 역사의 신화화요, 신화의 역사화로서 인간의 계보로 신들을 편입시키고자 한 사마천의 의도라는 점을 상기할 필요가 있다.

「하 본기」의 경우 사마천은 『상서』의 「우공」 편과 「고요모」 편의 글을 주요 자료로 삼아 기술했다. 우임금을 위주로 하면서도 열일곱 명의 다른 전기적 인물들의 활약상을 덧붙여 역사적 사실성을 강조하고 있다. 그러나 분명한 사실은 「하 본기」가 없다면 하나라의 존재 자체는 부정될 수밖에 없다는 것이다. 최근 중국 고고학계에서는 하 왕조의 실재를 의심할 나위 없는 것으로 받아들이고 있으나, 일본의 역사학계처럼 그 실재를 의심하는 경향도 현존하고 있다.

또한 「은 본기」에서 사마천은 주로 『상서』와 『시경』에 근거하여 은 왕조의 발전사를 완전하게 기술하고, 『국어』와 『좌전』으로 자료 보완을 거치면서 상고의 역사를 단순한 연대기적 서술이나 신화적 색채의 나열에 머무르지 않게 했다. 왕궈웨이는 은허의 갑골문에 있는 문자를 통해 그동안 가려져 왔던 은 왕조의 세계를 검토한 바 있는데, 이것으로 사마천이 기록한 「은 본기」의 연대기에 상당하는 역사가 실재했다는 사실이 밝혀졌고, 따라서 「은 본기」의 서술 순서대로 역사가 전개되었다는 사실을 유추할 수 있다. 사마천은 단순한 역사적 사실만을 부각시키지 않았으니, 전반부에서는 탕으로부터 주에 이르기까지 각 제왕의 정치 사적을 나타내는 동시에, 덕을 닦은 사람의 흥성을 부각시키고 덕을 닦지 않은 사람의 쇠락과 패망을 기술하면서, 「은 본기」가 「오제 본기」 및 「하 본기」와 서로 일맥상통하는 흐름이 있다는 것을 제대로 짚어 냈다.

「주 본기」는 주나라의 역사를 정리한 것으로, 천하 대세가 명백히 '덕치'로부터 '무력'으로 전환되면서 천명론이 쇠락하고 인간의 존재 자

　　　　　1장 인간과 권력에 관한 영원한 고전

체에 대한 자각이 커져 나가는 과정을 그리고 있다. 「주 본기」에서 주나라 600년의 역사를 재현한 탁월함은 사마천이 역사가의 집안에서 태어나 사가史家로서의 자질을 갖추었기 때문이기도 하지만, 무엇보다 고금의 자료를 완벽하게 확보하고서 집필에 착수했기 때문에 가능했다.

사마천의 『사기 본기』에는 역사적 사실의 포폄과 직서의 방식이 두드러지게 나타난다. 예를 들면, 「진시황 본기」는 진나라의 강성함, 그리고 진나라가 천하를 통일하는 과정을 서술하는 동시에 진나라 역사 그 자체라고 할 수 있는 진시황의 사람됨을 묘사하는데, 내면에 짙게 드리워진 그의 탐욕과 교만 등에 서술의 초점을 맞추고 있다.[11] 진시황은 자신감과 자만에 빠져 끊임없는 정복욕에 죄 없는 백성들을 죽음으로 내몰았으며 자신에게 대항하는 자들은 가혹하게 다스려 범법자로 만들었다. 「진시황 본기」에는 40여 년 동안의 중대한 정치적 사건, 특히 천하를 통일하는 이면의 복잡다단한 과정이 비교적 명쾌한 어조로 서술되어 있다. 그리고 그 서술의 방식은 진시황 자신의 삶만큼이나 격동적이고 활기가 넘친다.

「항우 본기」는 주로 항우의 몰락 과정을 그려 나가는데, 사마천은 항우에 대해 아주 깊이 동정하는 모습을 보이면서도 그의 잘못에 대해서는 냉정하고 분명하게 비평한다.[12] 오만한 항우는 전쟁의 승리에 도

---

11) "齊人徐市等上書, 言海中有三神山, 名曰蓬萊, 方丈, 瀛洲, 僊人居之. 請得齋戒, 與童男女求之. 於是遣徐市發童男女數千人, 入海求僊人 …… 湘君神? 博士對曰: 聞之, 堯女, 舜之妻, 而葬此. 於是始皇大怒, 使刑徒三千人皆伐湘山樹, 赭其山."(「진시황 본기」)
12) "羽非有尺寸乘埶, 起隴畝之中, 三年, 遂將五諸侯滅秦, 分裂天下, 而封王侯, 政由羽出, 號爲霸王, 位雖不終, 近古以來未嘗有也. 及羽背關懷楚, 放逐義帝而自立, 怨王侯叛己, 難矣. 自矜功伐, 奮其私智而不師古, 謂霸王之業, 欲以力征經營天下, 五年卒亡其國, 身死東城, 尚不覺寤而不自責, 過矣. 乃引天亡我, 非用兵之罪也, 豈不謬哉!"(「항우 본기」)

취하여 옛 현인의 말과 옛 역사의 사례를 배우지 않았으니, 오로지 무력으로 천하를 경영하다 사면초가에 이르게 되었는데도 자신의 파멸을 하늘의 뜻이라고 생각한 것 자체가 치명적인 오류였다고 사마천은 꾸짖고 있다.

「항우 본기」에 냉혹하고 비정한 유방의 일면이 묘사되어 있는 것도 눈여겨보아야 하는 대목이다.[13] 유방은 항우 군대의 추격을 뿌리치기 위해 마차에 태워 가던 사랑하는 자식을 둘이나 수레에서 떨어뜨려 수레의 무게를 줄이려 했는데, 그 잔인함이 선명하다. 『사기』가 사마천 스스로 남기고자 했던 역사서가 아니라, 한나라 왕조의 공적인 역사 편찬 계획에 따라 의도적으로 집필된 것이라면, 일그러진 유방의 면모를 보여 주는 이러한 구상 자체도 힘겨웠을 것이다.

이 편은 다음 편인 「고조 본기」와 밀접한 관계를 이루고 있지만 그 인물의 묘사 방향은 선명하게 대조된다. 사마천은 초나라와 한나라가 한쪽은 성공하고, 다른 한쪽은 패배한 원인을 독자들에게 사실감 있게 보여 주고 있기 때문이다. 그러면서도 「항우 본기」는 『사기』 130편 중에서 가장 뛰어난 편명의 하나이고, 문학사적으로도 빼어난 전기 문학으로 평가된다. 특히 항우 자신의 입지를 확고히 구축한 거록巨鹿의 전투, 삶과 죽음의 길목을 사이에 둔 '홍문연鴻門宴'의 상황에는 저마다의 개성을 가진 사람들이 갖가지 생각을 품고서 임기응변하며 일으키는 갈등이 극적으로 구성되어 있다. 더구나 천하 통일의 성패가 걸려 있어 무대는 더욱 긴박하다. 그리고 해하 전투에서 항우의 심리적 갈등 묘사

---

13) "漢王道逢得孝惠, 魯元, 乃載行. 楚騎追漢王, 漢王急, 推墮孝惠, 魯元車下, 滕公常下收載之. 如是者三."(「항우 본기」)

등의 명장면[14]은 더욱 빼어나다.

『사기 본기』에 등장하는 인물들을 살펴보면 대부분 제왕들과 주위의 인물들로 사상가, 모사, 장수, 반역자, 자객, 점쟁이, 의사 등 다양한 인물을 주로 다룬 「열전」과는 분위기나 묘사의 기법이 다르며, 제후들을 다룬 『사기 세가』에 비해 서술의 방식 역시 상당히 엄격하고 문체는 건조한 결을 유지하고 있다. 그러나 「여태후 본기」에서 여후의 표독스러움을 표현한 것이나,[15] 「고조 본기」에서 고조의 넓적다리에 점이 일흔두 개가 있다는 것까지 기록한 점[16] 등을 보면, 사마천이 개인의 알려지지 않은 이야기나 행적 등을 자주 등장시켜 권위의 허상을 보이며 그 사람 자체에 대한 이해의 실마리를 제공하고자 노력했다는 사실을 알 수 있다.

2) 『사기 표』: 연대학과 계보학의 산물

사마천이 황제로부터 당대까지 고금의 변화에 통달한다는 통변通變의 역사 인식에 따라 2500여 년의 역사를 일목요연하게 정리한 『사기』의 『표』는 흔히 십표十表라고도 불리듯, 모두 열 편으로 이루어져 있다.

『사기 표』는 '세표世表', '연표年表', '월표月表'로 구성되어 있다. 그중 가장 많은 것은 연표로 제1편 「삼대 세표」와 제4편 「진초지제 월표」를 제외하면 여덟 편이 해당된다. 이러한 차이는 다루는 시대와 주제에 따

---

14) "項王乃悲歌慷慨, 自爲詩曰: '力拔山兮氣蓋世, 時不利兮騅不逝. 騅不逝兮可奈何, 虞兮虞兮奈若何!' 歌數闋, 美人和之. 項王泣數行下, 左右皆泣, 莫能仰視."(「항우 본기」)

15) "太后遂斷戚夫人手足, 去眼, 煇耳, 飲瘖藥, 使居廁中, 命曰人彘."(「여태후 본기」)

16) "高祖爲人, 隆準而龍顔, 美須髯, 左股有七十二黑子."(「고조 본기」)

라 생겨나는데, 하夏·상商·주周 삼대와 오제를 다룬 「삼대 세표」의 경우, 제왕의 세대이니 세표라고 한 것이고, 진한 교체기를 다룬 「진초지제 월표」의 경우에는 짧은 기간에 비해 기록할 사건이 많아 월표라는 방식을 취하여 기술한 것이다. 제6편 「고조 공신후자 연표」부터 제9편 「건원 이래 왕자후자 연표」에 이르는 네 편의 경우도 독특한 형식을 취했는데, 나라 이름을 횡에 두고 각 열에 후국侯國의 세계世系를 나열하여 각 제후들의 공적과 책봉 이유를 수록했다. 다른 편과 달리 여기에서는 후국과 연계하여 고조, 효혜제, 고후, 효문제, 효경제, 효무제 등의 치세를 구체적으로 기록해 구체적이고 입체적으로 당시의 상황을 이해할 수 있게 했다.

인물을 중심으로 역사를 구성해 나가는 기전체라는 역사 서술 체제를 탄생시킨 『사기』이지만 이 『표』는 다른 성격을 지니고 있다. 사마천은 『사기』의 「태사공 자서」에서 『표』를 지은 목적과 관련해 "12본기를 모두 조례를 나누어 기록했다. 그러나 시대를 같이하는 것도 있고 달리하는 것도 있어서 연대가 확실치 않으므로 '10표'를 만들었다."라고 밝혔다. 유지기도 『표』는 "기전체의 결점을 보완하기 위해 지은 것"(『사통史通』「표력表歷」)이라고 말하면서 사마천의 의견에 동조했다. 다른 한편으로 청대의 고증사학자인 조익趙翼은 "무릇 열후장상과 삼공구경 가운데 공이 현저한 자들은 이미 전을 만들었는데, 이 밖에 공과가 없는 대신들도 다시 전을 만들어 기록했으며 때로는 그 나머지 사안들을 표에 만들어 실었다."(『이십이사차기二十二史箚記』권1)라고도 했다.

『사기』 전체의 사건과 인물을 일목요연하게 기록한 이 『표』는 보는 시각에 따라 다른 부문의 보충 자료에 불과한 사료라고 여겨질 수도 있다. 그러나 마지막 편인 「한흥 이래 장상명신 연표」를 제외한 아홉 편의 서문에서 사마천이 밝힌 각 편의 의미를 통해 우리는 『사기 표』의 가치를 충분히 유추할 수 있다. 사마천은 역사의 뒤안길로 사라져 묻힌 사건들도 이 『표』를 통해 드러냄으로써 『사기 본기』와 『사기 열전』의 기록 범위를 더욱 확장한다. 또한 『사기 본기』와 『사기 열전』의 상관관계를 밝혀 이 둘 사이의 교량 역할을 하기도 한다.

특히 사마천은 『표』를 통해 역사적인 전환점이 사회의 윤리 변화와 그 맥을 같이한다는 점을 드러내려 했다. 이에 사마천은 '변變', 즉 변화에 초점을 맞추어 공화정, 공자의 죽음, 진나라 멸망, 진섭의 봉기, 고조 유방의 칭제 등 굵직한 사변을 그 중심에 두고 기술했다.

물론 이러한 사마천의 시각은 전국 시대 백가쟁명의 시대 속에서 피어난 것이지, 그만의 독창적인 것은 아니다. 『예기』 「예운禮運」 편에서도 이미 공자의 유가 학설에 근거를 두면서 요순 시대 대동大同의 세상, 삼대三代 소강小康의 세상, 춘추 이래의 난세 등을 역사 발전의 연속성의 시각에서 다루었다. 그리고 『한비자韓非子』의 「오두五蠹」 편에서도 한비는 법가의 진화론적 시간관을 기록하면서 상고와 중고 및 근고의 개념 문제를 드러내고 있다. 특히 서한 시대에 유행한 오덕종시설이나 삼통설三通說 등은 모두 순환론적 역사론이라고 할 수 있으니 이 관점들이 사마천에 의해 재확인된 것이다. 단 다른 사람들의 시각이 비교적 단선적이고 사변적인 데 비해 사마천은 역사의 발전 규율에 관한 확고한 인식을 보여 주었는데, 그는 「고조 공신후자 연표高祖功臣侯者年表」의 서문에서 다음과 같이 밝힌다.

오늘날 세상에 처해 있으면서 옛날의 이치를 기록하는 것은 스스로 거울로 삼으려는 까닭이지만 반드시 〔옛날과〕 일치하는 것은 아니다. 제왕들이 저마다 예법을 달리하고 정무를 달리하지만 성공하는 것으로써 계통과 벼리로 삼은 것이니 어찌 같은 것만을 요구할 수 있겠는가?

여기에서 사마천은 역사를 성공의 잣대로만 평가하지 말라고 말한다. 황제로부터 진시황을 거쳐 한무제의 대통일에 이르는 역사의 발전 과정에서 제왕의 덕이 어떠한 영향을 끼쳤는지를 보여 주는 것이 사마천의 의도이니, 거기에는 제왕의 업을 행하는 자는 분명 흥하고 그렇지 못한 자는 망한다는 논지가 짙게 깔려 있다.

3) 『사기 서』: 전장 제도의 이론과 역사 평준서

『서』는 『사기』 중에서도 어렵기로 정평이 난 부분으로 제도, 과학, 민생, 치수 등과 같은 전장 제도를 이론적·역사적으로 기록하고 있어 제도사의 성격을 갖는다. 즉 『사기 서』 여덟 편은 사마천의 학문적 입장과 사마천이 주목한 제도와 사상, 이상과 현실, 그리고 변혁과 민생 문제 등을 보여 주는 명편들로서 상당히 중요한 학술적 의미를 갖는다.

『사기 서』는 모두 여덟 편인데 각기 두 편씩 짝을 이루고 있다. 우선 첫 부분인 「예서禮書」와 「악서樂書」는 사마천이 추구하는 이상적인 정치 제도를 다룬 것이고, 「율서律書」와 「역서曆書」는 한무제의 전쟁관을 풍자하고 역법 개혁에 대해 비판한 것으로 전쟁을 둘러싸고 벌어지는 정치 현실을 거론한 것이며, 「천관서天官書」와 「봉선서封禪書」는 사마천이 추구하는 변화와 개혁의 문제를 하늘의 형상을 빌려 짚어 낸 것이고, 「하거서河渠書」와 「평준서平準書」는 치수와 경제라는 민생 문제가 제국의 진정한 기반이 된다는 점을 거론한 것이다. 이런 구분의 근저에는 위로는 사계절과 여덟 방위라는 천하의 기강에 부합되고 아래로는 옛날과 오늘의 시대적 변용에 맞추고자 한 의도가 담겨 있다.

(1) 「예서」와 「악서」

중대한 문화 권력이라고 해도 과언이 아닌 예악禮樂은 유가 정치 윤리 사상의 핵심이다. 예가 인간의 성정을 융합하는 데 중점을 두었다면, 악은 엄숙한 종법과 등급에 중점을 두었다. 이 둘은 상보적인 관계로 모두 상하의 관계를 조율하고 종법 사회를 유지하는 초석이다.

사마천은 "예는 사람의 자질에 근거하여 수식을 더하고 대략 고금의 변화에 어울리게 하는 것(禮因人質爲節文, 略協古今之變)"(「태사공 자서」)이라 밝히고 「예서」를 썼다. 여기에서도 드러나듯이 사마천은 기본적으로 자신의 사상의 핵심인 황로 사상에 입각한 무위無爲의 다스림을 강조했다. 이는 한무제의 대통일 정책의 일환으로 제왕 중심의 통치 질서 체계를 확립하려는 현실적 측면과 관련되며 유가에서 말하는 예악의 개념과는 상당히 차이가 있다. 사마천은 예란 왕도와 통하며 인륜의 버팀목이 된다고 생각했으니, 예가 인간의 행위를 인도하는 모든 사회 활동의 공동 규범이며 아울러 나라를 다스리고 천하를 평정하는 수단이 된다는 것이다.

사마천은 예의 질서 체계로 회복하는 것을 중요하게 여겼다. 백성들을 강제된 법으로 다스리는 자는 그 예의 제도를 벗어난 행위로 인해 스스로 멸망에 이르게 될 것임을 경고했다. 사마천은 황로 사상을 숭상한 반면 법가에 대해서는 인륜의 질서를 어그러뜨린다고 보았다. 즉, 엄격하기만 하고 은혜가 결핍된 것이라 한때의 계책으로는 쓸 만하지만 오랫동안 사용할 수는 없다고 본 것이다. 진 왕조가 수립 이후에도 여전히 법가에 의존하고 예로 다스리지 않아 13년 만에 멸망한 것은 물론 『사기 열전』에서 한비韓非에 대해 각박하고 정이 없다고 표현한 것이나, 효공을 도와 변법을 단행한 상앙商鞅에 대해서도 각박하다는 평가를 내린 것, 「혹리 열전」에서 노자의 말을 인용해 상덕上德의 개념을 동원하여 특별히 『주례』의 시대를 숭상하고 인성에 바탕을 둔 예의 문제를 중시한 것도 동일한 맥락이다. 그들의 공을 일정 부분 인정하면서도 인간적인 면을 홀시한 점을 비판하고 있는 것이다.

(2) 「율서」와 「역서」

사마천은 전쟁이란 폭력을 제압하고 선량함을 구축하는 도구로서 나라를 일으키게 할 수도 있고 나라를 멸망하게 할 수도 있다고 보았다. 중요한 점은, 전쟁이란 명분이 있어야 하는 것이니 정의에 입각해야 하며 부도덕하거나 하늘의 이치를 거스르는 전쟁을 해서는 안 된다는 것이다. 그 당시 한무제는 대외적으로 전쟁에 온 힘을 기울인 탓에 국가와 백성에게 폐해를 끼쳐, 국고는 피폐해지고 호구 수는 절반으로 감소한 상태였다. 사마천이 보기에 강성했던 전한 시대가 한무제 때부터 쇠퇴의 길로 접어든 것은 바로 무분별한 군사력 확장 때문이었다.

이런 문제를 다루고자 지은 「율서」는 중국 고대 군사학의 성취를 다루고 있는 중요한 편이다. 이 편의 전반부에서 사마천이 한문제가 문치를 중시하고 무위의 다스림을 국가 정책으로 삼은 것에 빗대 한무제의 무치를 비판하고자 한 의도를 충분히 엿볼 수 있다.[17]

17) "非兵不彊, 非德不昌, 黃帝, 湯, 武以興, 桀, 紂, 二世以崩, 可不慎歟? 司馬法所從來尚矣, 太公, 孫, 吳, 王子能紹而明之, 切近世, 極人變. 作律書第三."(「태자공 자서」)

1장 인간과 권력에 관한 영원한 고전

(3) 「천관서」와 「봉선서」

중국에서 가장 이른 천문의 역사인 「천관서」는 사마천의 역학易學과 황로 사상을 유기적으로 반영한 것이다. 이 편에서 사마천은 변혁을 추구하려는 의도를 드러내면서 천도天道와 덕정德政이라는 개념을 논의의 핵심으로 다룬다. 즉 덕을 닦고 형벌을 줄여야 한다는 것이 그의 기본적 생각인데, '수덕修德'이 최상이고 '수정修政'은 그 아래 단계에 속한다는 것이다.

『사기』 전체에서 가장 긴 편에 속하는 「천관서」는 전체 8700자 중 논찬 부분이 1111자이고 점술에 관한 내용이 6896자이다. 이 편의 중반부에서 사마천은 "무릇 천운은 30년에 한 번 작게 변하고, 100년이 지나면 중간쯤 변하며 500년에 한 번 큰 변화가 있다."라면서, '변화[變]'의 문제를 추적했음을 밝혔는데, 바로 주공이 죽은 다음 공자에게 이르는 기간과 다시 공자에서 사마천 자신에게 이르는 기간이 거의 500년이라는 계산법이다. 이 시기는 예악이 붕괴하고 왕도가 쇠락하면서 다양한 자연재해가 일어나고 천하의 패권을 위해 군웅들이 다투던 시대였다.

「봉선서」는 하늘과 인간의 관계에 주목하고 국가 제사의 의미를 정치와 군사, 천문, 지리 등과 함께 국가의 대전大典으로 본 것이다. 사마천은 자신이 직접 한무제의 봉선 대전에 참여한 경험으로 다른 어떤 문제보다도 봉선에 관해 제대로 다룰 수 있었던 것으로 보인다.[18] 그는 「봉선서」를 통해 성덕聖德, 수덕修德, 무덕無德의 사례를 정치와 긴밀하

---

18) "余從巡祭天地諸神名山川而封禪焉. 入壽宮侍祠神語, 究觀方士祠官之意, 於是退而論次自古以來用事於鬼神者, 具見其表裏. 後有君子, 得以覽焉."(「봉선서」)

게 연관시켜, 순임금이 천하를 다스리면서 오악을 순행하고 태산에 제사를 지내는 일을 추존했고 우임금과 주나라 성왕 등 삼대에 걸친 성대한 봉선을 찬양했다.

반면 진시황이 폭정을 하면서 덕을 잃어버린 이후에는 봉선을 거행했음에도 마침내 멸망했으니, 시황제가 태산에 올라갔을 때 폭풍우가 들이닥친 것은 그에게 봉선할 자격이 없음을 의미한 것으로 이는 무덕無德의 필연적 결과임을 드러낸다. 결국 사마천은 이 편의 후반부에서 한무제 시대를 다루면서는 무제가 봉선을 좋아하고 귀신에게 제사를 지내고 소인들과 방사方士들을 가까이 하고 신선을 찾는 등 민폐 끼치는 행위를 한 것만을 열거하면서 무제를 한낱 방사에 빠진 인물로 폄하해 버린다.

(4)「하거서」와「평준서」

「하거서」는 중국 고대의 역대 수리 사업에 대해 서술하면서 치수의 상황 및 한무제 때의 수리와 수해의 상황을 다루고 있다. 이 편은 "하천을 소통시키자 구주가 안정"된(「태사공 자서」) 우임금의 치수에서 시작하여 우임금으로 끝맺는다. 이는 물을 잘 다스린 최초의 위대한 황제인 우임금의 공적에 대한 찬사로서 사마천은 조운漕運과 관개灌漑라는 국가 사업이 바로 민생과 직결된 중대한 사업임을 밝히는 데 이 편의 주안점을 둔 것이다.

8서의 마지막 편「평준서」는「화식 열전」과 자매편의 성격인데 민생이라는 실제적인 문제와 관련되며, 영토 확장에서 야기된 백성들의 경제난 등을 거론하면서 한무제를 비판했다. 한나라 건립 때부터 무제 초기까지 70여 년 동안은 금고에 보관된 돈이 억만금이나 되었고 돈을 묶은 줄이 낡아서 셀 수조차 없었다. 조정의 창고에는 묵은 곡식이 넘쳐 노천에 모아 두었다가 썩는 바람에 먹지 못할 지경이었는데, 이러한 풍족함이 무제 시대의 폐단으로 다 사라져 버렸다는 것이다.

'평준平準'이란 물가 조절 정책을 말하는데, 상홍양桑弘羊이 원봉 원년(기원전 110년)에 만든 것으로 그 목적은 물가를 억제하여 안정시키게 하기 위한 것이었다. 그런데 국가가 장악하면서 대량의 물품을 낮은 가격에 사 높은 가격에 되파는 매점매석 행위로 발전되는 폐단도 적지 않았다. 사마천은 당시 권력화된 거대 상인들의 모습을 간접적으로 다뤄 나가면서 농업, 공업, 상업 등의 분업은 사회 경제 생활에서 중요한 작용을 하는 필연적인 것임을 피력하며, 상업 또한 농업, 공업과 함께 중시하려는 유연성을 보인다.

(5)『사기 서』를 둘러싼 위작 시비

『사기 서』는 분명 사마천의 사상을 집약적으로 보여 주는 중요한 기록으로 그 위상과 의미는 확고하다. 그런데 장중한 내용을 담다 보니 사마천도 이 편명에서는 자신의 날카로운 필치를 제대로 발휘하지 않고 기존의 문헌들을 통해 얻은 내용들을 일정 부분 취사선택하여 수정, 재가공한 것들이 적지 않다. 예를 들어 진晉나라 장안張晏은『사기 서』의 첫 편인 「예서」가 목록만 남아 있고 내용은 없는 편명 가운데 하나에 속한다고 지적했는데, 「예서」에는 순자의 「예론禮論」과 「의병議兵」편에서 내용을 취해 온 부분이 적지 않아 그의 주장을 뒷받침한다. 「악서」도 마찬가지로, 『사기지의史記志疑』에 따르면 이 편 역시 후인이『예기』의 「악기樂記」를 취하여 보충한 것이라고 하며, 장안은『사기 서』열편 중에서 목록만 있고 내용은 없는 것 중의 하나라고 언급했다. 어디

이뿐인가? 제3편인 「율서」 역시 「태사공 자서」에 밝힌 집필 취지와 달리 후반부는 음률 문제를 다루고 있어, 서문을 포함한 전반부를 제외하면 위작의 소지가 있다. 이 편은 앞의 두 편인 「예서」와 「악서」의 내용과도 관련이 깊으며 후반부의 내용은 「천관서」의 내용과 연관성을 갖는다. 또한 「봉선서」는 후반부의 한무제 시기를 설명한 부분부터 『사기』 「효무 본기」의 해당 부분과 내용이 모두 똑같아 위작 시비를 남겼다.

그럼에도 「천관서」는 완벽한 성관星官 체계를 구축한 것으로 평가되며 고대 천문학 연구에 중요한 자료가 된다. 그리고 민생의 중요한 부분을 차지하는 치수 사업을 다룬 「하거서」와 사마천의 경제 사관이 집약되어 있는 「평준서」는 시대와 역사를 꿰뚫는 사마천의 문제의식을 제대로 보여 준다는 점에서 그 의의를 찾을 수 있다.

이렇듯 많은 위작 논란에도 불구하고 『사기 서』는 천문과 역사, 제도와 율법, 치수와 경제 등 사회의 제반 문제에 대한 포괄적이고 체계적인 기록이다.

4) 『사기 세가』: 제후왕들의 역사

『사기 세가』는 30편으로 이루어져 있는데, 사마천은 『사기 세가』 30편 역시 『본기』 12편과 마찬가지로 시대 순서와 의도에 따라 배열했다. 사마천은 "이십팔수二十八宿는 북극성을 돌고, 서른 개의 바큇살은 한 개의 바퀴통을 향하여 끝없이 돈다. 보필하는 팔다리 같은 신하들을 이에 비유하여 충신으로서 도를 행하여 군주를 받드는 모습을 30세가로 지었다."라면서 다른 말을 덧붙이지 않아 후세인의 추측과 적지 않은 혼란을 야기했다.

30편은 춘추 전국 시대 18편, 한대 12편으로 춘추 전국 시대에 치중되어 있다. 사마천은 대체로 30여 명의 인물들을 각 나라별로 선정하거나 때로는 인물의 위상에 따라 선정하여 그들의 행적을 사건과 연계하면서 나라를 다스리는 기본적인 원칙을 논했고, 행간에 당시의 사회상이나 부조리도 더하거나 빼지 않고 샅샅이 밝히고 있다. 『사기 세가』 30편은 시대와 인물별로 다음과 같이 대체로 일곱 부류로 나누어 정리할 수 있다.

춘추 시대 인물들은 「오태백 세가吳太伯世家」·「제 태공 세가齊太公世家」·「노 주공 세가魯周公世家」·「연 소공 세가燕召公世家」·「관·채 세가管蔡世家」·「진·기 세가陳杞世家」·「위 강숙 세가衛康叔世家」·「송 미자 세가宋微子世家」·「진 세가晉世家」·「초 세가楚世家」·「월왕 구천 세가越王句踐世家」·「정 세가鄭世家」 등 12편에서 다루며, 전국 시대 인물들은 「조 세가趙世家」·「위 세가魏世家」·「한 세가韓世家」·「전경 중완 세가田敬仲完世家」 등 4편에서 다룬다. 한나라 황제들의 외가를 다룬 「외척 세가外戚世家」도 있고, 한나라 황실의 자제들을 다룬 「초 원왕 세가楚元王世家」·「형·연 세가荊燕世家」·「제 도혜왕 세가齊悼惠王世家」 등 3편도 있다. 여기에 한나라 개국 공신이나 영향력이 있는 인물들을 다룬 「소 상국 세가蕭相國世家」·「조 상국 세가曹相國世家」·「유후 세가留侯世家」·「진 승상 세가陳丞相世家」·「강후 주발 세가絳侯周勃世家」 등 5편도 있다. 여기에 한나라 문제, 경제, 무제 시기의 제후를 다룬 「양 효왕 세가梁孝王世家」·「오종 세가五宗世家」·「삼왕 세가三王世家」 각 3편이 있다. 제후나 제후가 아님에도 불구하고 인물의 영향력과 기여도에 따라 지은 것이 「공자 세가」·「진섭 세가」 2편인데 이 두 편이 들어간 이유는 앞에서 밝혔다.

이 가운데 제후국 왕의 이야기를 주로 다루고 있는『사기 세가』는 본기와 열전 사이에 놓여 있어, 이 양자 간의 매개 역할을 한다.『사기 본기』에 모습을 비친 인물들이『사기 세가』에 다시 나오고,『사기 세가』에서 다루어진 인물들이『사기 열전』에서 더 자세하게 나오기도 하니, 이 세 부분은 사실은 한 세트다. 진섭이나 장량 등도『사기 세가』에 중요 인물로 등장하는데 이런 인물 유형은『사기 열전』에도 그대로 드러난다.『사기 본기』에서 다루는 열두 명의 제왕들 못지않게『사기 세가』에서 다루는 인물들이 소중한 이유는 이들이 품었던 이상이 때로는 현실의 벽에 부딪쳐 좌절하고 때로는 성취의 즐거움을 맛보며 한 계단씩 올라가는 과정을 보여 줌으로써 감동을 느끼게 하기 때문이다.

그러면서도 우리는 이『사기 세가』의 곳곳에 스며 있는 인간 본능의 가학성과 그 음흉함에 놀라지 않을 수 없다. 역사를 구성하는 인물들은 늘 상대의 공격에 대비해야 했고 먼저 공격하지 않으면 자신이 죽음을 맞이하게 되는 경우도 적지 않았다. 절대 권력자들의 뒤에서 강력한 힘을 발휘한 외척들이 있어 이들이 황후나 후비의 힘에 호가호위하면서 절대적인 영향력을 행사하기도 했으니 사마천이「외척 세가」를 지은 이유가 여기에 있다. 그는「외척 세가」에 유방의 황후 여치, 박태후, 두 황후, 위 황후, 위자부, 위청 및 윤 부인, 구익 부인 등의 사적을 적어 이러한 양상을 잘 보여 주고 있다.

절대 권력자들, 특히 우리에게 인자한 인상의 고조 유방에 의해 자의 반 타의 반으로 축출당한 인물들이「강후 주발 세가」에 등장한다. 주발은 유방을 도와 진나라를 멸망시키고 또 항우도 멸망시켜 공을 이루고 다시 유방이 한나라를 세운 뒤, 정권 공고화에 적지 않은 공헌을 세운다. 그러나 그는 만년에 유방에 의해 비극적인 운명을 맞이한다. 그의 아들 주아부 역시 황실을 위협하는 반란을 진압하는 등 많은 공적을 세우지만 결국 한 경제에게 죽임을 당한다. 한나라를 세운 유방은 점차 자리가 잡혀 가자 자신과 함께 나라를 세운 여러 공신들을 하나씩 숙청했다. 유방이 그토록 아꼈던 소하도 겪은 일이고, 장량 역시 그런 위험을 벗어나려 나름대로 은둔이라는 길을 택했다. 이런 인물들의 이야기를 통해 사마천은 어제와 오늘이 다르고 창업할 때와 수성할 때가 다른 인간의 마음을 분명하게 지적하고 있다.

『사기 세가』30편은 중국 역사에서 대단히 큰 의미를 지닌다. 일인지하 만인지상의 권력을 지닌 제후들은 위로는 천자를 모시고, 옆으로는 여러 제후국들과 경쟁하며, 아래로는 신하를 거느리며 한 시대를 이끌어 나가는 막중한 위치에 있는 자들로서 이들의 일거수일투족이 국가의 운명과 함께하기 때문이다.

『사기 세가』의 수많은 제후들은 사마천이 몇 개의 유형으로 나누고 이를 표본으로 그려 낸 것이라 할 수 있다. 어떤 제후는 자신의 힘이 커지면 중원을 제패하고 마침내 천자를 무너뜨리고 패주가 되길 꿈꾸기도 하고, 어떤 제후는 약소국으로 멸망하지 않고 살아남기 위해 발버둥치기도 했다. 사마천은 이를 통해 나라를 운영하는 이들이 지녀야 할 역사관, 세계관, 인생관의 '일가지언一家之言'을 보여 주었다. 이는 역사의 형식을 빌려 자신을 이야기하고자 한 것이기도 하다.

5) 『사기 열전』: 자신을 딛고 일어선 자들의 이야기

『사기 열전』의 독특한 인물들과 그들이 보여 주는 사상의 면모는 권력은 결코 지배하는 자의 몫이 아니라는 시각에서 출발한다.

우선 열전의 첫머리를 장식하는 「백이 열전伯夷列傳」은 지조와 소신의 문제를 다루고 있는데, 이 글을 통해 사마천은 "착한 이가 곤경에 빠지는 것이 하늘의 도인가?"라는 근본적인 물음을 제기한다. 두 번째 편인 「관 안 열전管晏列傳」에는 진한 우정의 세계인 관포지교管鮑之交 고사가 담겨 있고, 창고가 차야 예절을 안다는 관중의 정치관이 배어 있다. 명재상 안영과 마부 이야기는 남편에게 당당히 충고하는 여인의 모습과 안영의 안목을 보여 준다. 병법가를 다룬 「사마양저 열전司馬穰苴列傳」, 「손자 오기 열전孫子吳起列傳」, 「오자서 열전伍子胥列傳」 등도 있다. 「상군 열전商君列傳」에서 우리는 법과 원칙의 소유자인 상군, 즉 상앙을 통해 진정한 개혁가의 모습을 엿볼 수 있다. 이뿐만이 아니다. 「소진 열전蘇秦列傳」과 「장의 열전張儀列傳」은 합종과 연횡이라는 전략을 가지고 천하를 빼앗으려는 자와 지키려는 자 사이의 처절한 두뇌 싸움을 보여 주는 명편이다. 두 사람은 정치적 라이벌 관계지만, 같은 문하에서 배운 동학이다. 지혜 주머니라고 불린 저리자樗裏子와 어린 나이에 이미 천재성을 발휘한 감무甘茂 이야기도 있고, 외척이면서 정치에 참여한 양후穰侯도 한 그 자리를 확보하고 있다. 「맹상군 열전孟嘗君列傳」에서 우리는 제후급 정치가들인 전국 4공자의 독특한 면모를 알 수 있으니, 맹상군 전문을 비롯해 평원군平原君 조승, 위공자魏公子 무기, 춘신군春申君 황헐이 그들이다. 피를 뿌려서라도 군주의 위엄을 지킨 염파廉頗 · 인상여藺相如의 기개를 다룬 제21권 「염파 인상여 열전」은 의리의 화신을 보여 주며, 이 글에는 큰 나라끼리의 사귐에는 법도가 있다는 대의명분과 피를 뿌려서라도 군주의 위엄을 지키는 선비의 자세와 나라의 위급을 먼저 생각하는 지식인의 자세가 드러난다. 「전단 열전田單列傳」은 두 임금을 섬기지 않는 충신의 모습을 담고 있고, 「노중련 추양 열전魯仲連鄒陽列傳」에서는 천하에서 선비가 귀하게 여겨지는 까닭을 보여 준다. 청빈한 지식인의 모습을 담은 「굴원 가생 열전屈原賈生列傳」에서는 혼탁한 세상에서 살아가기 어려운 청렴하고도 나약한 지식인의 모습을 그려 냈다. 「여불위 열전呂不韋列傳」은 진귀한 재물은 사 둘 가치가 있다고 한 투자가 여불위가 진시황의 생부일지 모른다는 기록이 가미되면서 열전의 주요 편으로 자리 잡았다. 선비는 자신을 알아주는 자를 위해 죽는다는 의리파 인물의 충절이 담긴 「자객 열전刺客列傳」은 조말을 비롯하여 형가까지 다섯 명의 자객을 다루고 있는데, 나라를 위해 몸을 바치는 협객의 소신을 생동감 있게 그려 나가고 있다. 「이사 열전李斯列傳」은 사람이 잘나고 못남은 자신의 위치에 달려 있다고 주장한 냉혹한 현실주의자 이사의 이야기다. 그는 진시황의 통치 기반의 핵심 인물이면서 동시에 제위 계승의 농간을 부리다가 자결하게 되는 비운의 인물이다. 「회음후 열전淮陰侯列傳」에서는 들짐승이 다 없어지면 사냥개는 삶아 먹힌다는 토사구팽과 다다익선 고사의 주인공 한신이 지위가 올라갈 만큼 올라갔으나 역시 자신의 능력을 모두 펼치지 못하고 비운의 주인공이 되고 마는 역사적 사실을 밀도 있게 그려 냈다.

과욕을 부리거나 화를 당한 자, 말하자면 반역을 도모한 자들도 있다. 한초 이성왕의 비극적 사례가 그렇다. 예를 들면 「항우 본기」와 나란히 놓고 읽어야 전후 맥락을 이해할 수 있는 「위표 팽월 열전魏豹彭越列傳」은 여러 차례 항왕에 반기를 들어 초나라의 식량 보급로를 차단함으로써 항왕을 불안하게 했던 자들의 이야기다. 이들은 결국 왕이 되었다가 한 시대의 호걸답게 죽었다. 죽음을 맞이한 방식도 특별했다. 원앙은 자객에게 죽었고 조조는 저잣거리에서 죽었다. 그리고 위공자 무기는 술 중독으로 죽었다.

국가에 공헌했으나 과욕으로 인해 비극을 초래한 자들 중에서 진시황에게 결정적인 공을 세웠거나 고조 유방의 천하 통일에 기여한 자들이다. 진시황 때 이사는 큰 공을 세웠으나 오형을 받고 죽었으며 가족도 무사하지 못했다.

춘신군 황헐은 합종으로 진나라에 맞선 20년간 재상 노릇을 하다 간사한 음모에 휘말려 비참하게 살해된 자다. 이와 반대로 오왕 유비는 모반의 상이 있었던 자다. 「노자 한비 열전」에서 한비는 절대 군주의 심기를 건드리는 역린의 우를 범하지 말 것을 경고했지만, 그 자신 이를 피하지 못하고 비운의 죽음을 맞이하고 말았다.

다리가 잘린 병법가 손빈은 제 몸을 돌보지 않으면서도 군사들에게는 잘 대해 준 장수지만, 일족이 몰살당하고 말았다. 와신상담의 주인공 부차는 오자서의 도움을 받아 원수를 갚지만 정작 오자서는 자살하게 된다. 원한은 결국 화로 돌아온다는 말처럼, 죽은 아버지와 형의 원수를 갚고자 했으나 결국 자신도 화를 면하지 못한 오자서의 불운을 사마천은 이야기하고 있다.

열전의 제53권 「남월 열전南越列傳」부터 순서대로 「동월 열전東越列傳」, 「조선 열전朝鮮列傳」, 「서남이 열전西南夷列傳」 등에는 한나라와 변방 민족들 간의 충돌과 화해의 문제가 고스란히 담겨 있다.

이뿐인가? 『사기 열전』에는 청렴했던 자들, 법 집행을 엄격히 했던 자들 등 조정에서 중핵을 담당한 관리들의 이야기도 있다. 이를테면 「혹리 열전酷吏列傳」에서는 혹리 열두 명의 행적과 한무제의 무모한 정책을 비판하는데, 사마천은 법령이 늘수록 도둑이 늘며, 나라를 다스리는 근본이 혹독한 법령에 있지 않다고 하면서 법의 가혹함과 백성들의 피폐함을 지적했다. 또한 「유협 열전遊俠列傳」에서는 춘추 전국 시대를 주름잡은 '유협'의 세계를 다루고 있다. 유협의 존재가 사회의 필요악인 가라는 시각에서 출발하여 유협은 개인의 이익을 취하는 자와 정의의 편에 서는 자로 나눌 수 있다고 보았다. 이와 비슷하게 「영행 열전佞幸列傳」에서는 여색이나 남색을 통해 황제의 총애를 얻은 부류를 다루고, 「골계 열전滑稽列傳」에서는 기지와 해학의 만담가요 풍자가인 인물들을 다루는데, 그들의 외모와 지위는 별것 없지만 날카로운 안목은 결코 예사롭지 않다.

사마천은 이러한 가지각색의 이야기를 다양한 그릇에 담았다. 「이사 열전」이나 「골계 열전」 등에서 볼 수 있는 주제에 대한 다양한 접근 방식, 「자객 열전」에서 보이는 구도의 설정 능력, 「여불위 열전」에서 볼 수 있는 구성 방식이나 희극적 효과의 운용은 중국인의 '문사일체文史一體' 관념을 보여 주는 구체적 실례들이다.

『사기 열전』은 '어떻게 살아가야 할까?'라는 물음에 대해 다양한 해답을 제시한다. 사마천은 우리가 살아가면서, 그리고 보다 나은 삶을 살아가기 위해 겪는 고충을 거의 모든 인물이 똑같이 겪었음을 역사적 사실을 통해 구체적으로 말해 준다. 시대에 맞선 자, 시대에 순응한 자, 그리고 시대를 비껴간 자들의 이야기가 주는 교훈이 적지 않다.

「몽염 열전蒙恬列傳」에서는 한 사람의 지혜로는 군주의 자리를 지키지 못한다는 교훈을 얻게 되고, 「장이 진여 열전張耳陳餘列傳」에서는 이익 앞에서는 친구도 원수가 된다는 냉혹한 현실 인식을 느낄 수 있다. 「위표 팽월 열전」에는 용 두 마리가 싸우면 기다려야 한다는 어부지리의 원리를 터득하게 된다. 「경포 열전黥布列傳」에서는 왕이 되는 자의 조건을 알 수 있고, 「회음후 열전」에서는 굴욕을 참고 견디면서 천하제일의 모사가 된 한 사내의 성공담과 실패담이 펼쳐진다. 「한신 노관 열전韓信盧綰列傳」에서는 한나라 조정에 반기를 든 한신과 배반과 투항을 일삼은 노관과 그의 족속들 이야기가 흥미진진하게 펼쳐진다. 그리고 용맹과 기개의 소유자 번쾌는 "죽음도 사양하지 않는데 어찌 술 한잔을 사양하겠습니까?"라고 말했던 시대의 풍운아로서 반역으로 몰려 위기에 처하기도 했다. 황금 100근보다 계포季布의 말 한마디가 더 낫다는 말의 주인공 계포 등 눈길이 가지 않는 인물이 없다.

이러한 열전을 구성함에 있어서 사마천은 권력을 축으로 삼고 인간 사회에서 흔히 있을 수 있는 대립과 갈등, 배반과 충정, 이익과 손실, 물질과 정신, 도덕과 본능, 탐욕과 베풂 등 양자택일의 기로에 선 인간을 선택적 갈등에 직면하게 하고, 그러한 갈등 자체가 인간이 사는 모습임을 강조한다. 『사기 열전』을 생명력이 꿈틀거리는 산 역사로 인식하게 만든 것은 바로 현재를 살아가는 '인간' 본위의 역사를 읽게 만든 작가의 각고의 노력이다.

열전과 관련하여 빼놓을 수 없는 것이 유학이 국교였던 그 시대에 큰돈을 버는 방법을 실례를 들며 구체적으로 언급한 「화식 열전貨殖列傳」이다. 이 편은 현대판 경영학의 원론으로 삼아도 좋을 만큼 탁견으로 넘쳐 난다. 입고 먹는 것이 다스림의 근원이라는 관점 아래 물건과 돈은 흐르는 물처럼 유통시켜야 한다는 원칙을 세우고 있고, 시세의 변동에 따라 새처럼 민첩하게 사고 팔라는 방법도 가르쳐 준다. 물론 기본적인 맥락은 부를 얻는 데는 상업만이 최상이며, 부유해지는 데는 정해진 직업이 없다는 것으로 유가의 공허한 가르침을 눈에 띄게 거부하고 있다.

한의학의 역사와 임상 과정까지 자세히 기록한 「편작 창공 열전扁鵲倉公列傳」은 한의학도라면 필독해야 할 명편이기도 하다. 즉 이 편에는 의사로서 갖추어야 할 자세, 병 고칠 시기, 고칠 수 없는 여섯 가지 질병, 병에 따라 처방이 다른 이유 등 정연한 한의학의 역사가 서술되어 있다. 편작의 저 유명한 말 "죽은 사람을 살려 내지는 못한다. 이는 내가 스스로 살 수 있는 사람을 일어날 수 있도록 한 것 뿐이다."라든지 "질병은 징후가 나타날 때 고쳐야 한다." 혹은 "사람들이 걱정하는 것은 병이 많은 것이고, 의사들이 걱정하는 것은 병을 치료할 방법이 적은 것이다." 등은 오늘날에도 지침이 된다. 경맥經脈과 낙맥絡脈, 중양重陽, 산증疝症, 한열병寒熱病, 풍궐흉만風蹶胸滿, 산기疝氣, 열궐熱蹶 등의 임상 처치 상황을 적절하게 그려 낸 것도 이 편의 장점이다.

그 외에 「일자 열전日者列傳」이나 「귀책 열전龜策列傳」에서는 고대 중국의 점술에 대해 알 수 있다. 「일자 열전」에는 점치는 자에 관한 내용이 있고, 「귀책 열전」에는 복서의 역사와 효험, 시초와 명귀의 조건, 점을 금하는 날, 점을 치는 원칙, 징조를 보고 판단하는 법 등이 자세하게 묘사되어 있다. 「사마상여 열전司馬相如列傳」을 읽지 않고는 한부漢賦 연구가 불가능할 정도다. 이처럼 사마천의 역사 서술은 다방면에서 깊이를 갖추고 있다.

5

역사가의 빼어난 노래, 『사기』

사마천의 우려대로 이미 이 책이 탄생한 전한 시대 때부터 『사기』는 오랫동안 왕실과 역사가들에게 소외된 채 몇 세기를 보내야 했다. 더구나 한무제는 사마천이 『사기』에서 아버지 경제景帝와 자신의 치부를 드러내 신랄하게 비판한 것을 보고 매우 노여워하며 이 두 '본기'를 폐기하도록 했다고 한다. 무제에 대한 신랄한 비판은 『사기』의 「봉선서封禪書」, 「평준서平準書」 등을 비롯해 열전 곳곳에 생생하게 드러나 있다.

이러한 비판의 근저에는 반고의 『한서』와 달리 제자백가를 두루 다루려는 학문적 균형 감각이 배어 있다. 즉 사마천은 유가보다 황로 사상에 무게를 두었고 사회 계층을 이루는 부류는 유가와 왕·제후 등 지도층 인사와 지식인에 한정되지 않는다는 개방적 사고를 가지고 역사를 서술했기에 그가 자객·광대·점술가·의사와 상인 들도 과감하게 전傳을 설정하여 다룬 것이 통치권자들에겐 못마땅했을 것이다. 예컨대 사마천은 「자객 열전」, 「골계 열전」, 「일자 열전」, 「귀책 열전」에서 9류流 3교教 등 당시 사회의 세세한 부분까지 담아내려고 애썼다. 그런데 반고는 『한서』에서 「동방삭전東方朔傳」을 제외하고는 비정통파나 하류 문화에 대해서는 전혀 언급하지 않았다. 형가荊軻가 연나라에서 거문고와 비슷한 악기인 축築의 명수 고점리高漸離와 비파를 타면서 술 마시고 노래하다가, 눈물을 흘리며 마치 근처에 아무도 없는 것처럼 행동했다는 『사기』 속의 이야기는 전통적 시각에서 보면 비판받을 수밖에 없다.

반고 역시 『한서』 「사마천전司馬遷傳」에서 "그(사마천)가 시비를 가리느라 성인의 모습을 왜곡했으며, 대도大道를 논할 때에도 황로 사상을 앞에 두고 육경을 뒤에 놓았으며, 유협을 서술할 때에는 처사處士들을 제치고 간웅奸雄들을 부각시켰다. 또 화식貨殖을 서술할 때에는 세력과 이익을 높이고 천하고 가난한 것을 수치로 생각했는데, 이 모든 것이 그가 만든 폐단이다."라며 사마천을 호되게 비판했다.

그러나 『사기』는 당대唐代부터 관리 임용 과목에 들어가면서 중시되어 송대까지 관심의 대상이었다. 당송 팔대가인 한유韓愈는 사마천에 대해 비판적이었으나 유종원柳宗元은 『사기』를 '웅심아건雄深雅健'이라고 평가하면서 문장 학습의 기본 틀로 삼았고, 구양수歐陽脩는 『사기』 애호가로서 『사기』를 즐겨 읽으면서 작문에 활용하고자 했다. 『사기』에 대한 평가는 원대에는 잠시 주춤했으나, 청대에 기윤紀昀과 조익趙翼 등이 재평가했고 량치차오梁啓超는 사마천을 '역사계의 조물주'라고 떠받들었다. 장빙린章炳麟도 『사기』와 『한서』를 같은 대열에 두었다.

사마천의 역사 기술 방식이나 자료 선정 방법 등이 전혀 문제가 없는 것은 아니다. 그러나 2000여 년 전이라는 시간을 염두에 두면, 이 정도로 완벽한 체제를 갖춘 역사서가 어떻게 가능했는가 하는 탄성이 저절로 터져 나오게 된다. 그러므로 근대 중국의 위대한 문학가 루쉰魯迅에 의해 "역사가의 빼어난 노래요, 운율 없는 『이소』(史家之絶唱, 無韻之離騷)"(『한문학사강요漢文學史綱要』)라고 호평을 받은 것이 아닐까?

요컨대, 사마천이 개인적으로 기록한 『사기』가 후대에 24사史의 필두로 거론되게 된 이유는 우선 이 책이 중국 전설 시대부터 춘추 전국 시대를 거쳐 한무제 대까지 아우르는 유일한 통사이기 때문이다. 또 기전체라는 형식에 바탕을 둔 기술의 정확도와 투철한 역사관 및 변화무쌍한 흥미로움 등 다른 역사서와는 전혀 다른 차원, 즉 문학서로서의 색채를 갖추고 있기 때문이다.

2장

사마천은 전통보다 변화에 초점을 두었다

전통보다 혁신이다

1

전통의 계승보다 변혁인가

『사기』는 24사史 정사의 원형인 동시에 빼어난 문학서이자 사상서로서 높은 평가를 받는 고전으로, 고전으로서『사기』의 위상이 구축된이유를 탐색하는 것이 이 장의 핵심이다.

역사 서술의 관점을 어떤 시각에서 정하는가 하는 문제는 매우 중요하다. 사마천은 다른 역사가들과 상당 부분 다른 서술 시각을 구축하는데, 그것은 바로 통변론通變論으로 귀착된다. 물론 이 통변이란 말은 중국 고대 문학사뿐 아니라, 사상사 전반에 걸쳐 상당한 영향력을 발휘하는 핵심 용어이기도 하다.

사마천은 복합적인 사고를 바탕으로 기전체를 주축으로 삼아 인물과 사건을 총망라하여 치밀한 구성력으로『사기』를 탄생시켰다.『사기』의 체제를 구체적으로 살펴보면, 우선『본기』12편 중에서 첫 편은 오제를 한 편에 다루었다. 하·은·주는 각기 한 편으로 다루어 「오제 본기」보다 상세하게 편명을 설정했다. 진나라는 「진 본기」에서 다루었지만 「진시황 본기」를 한 편 더 두어 그 중요성에 의미를 부여했다. 한나라는 황제 한 명당 한 편으로 서술했고 여후 역시 한 편을 설정했다. 표는 삼대를 한 표로 만들어 세계世系를 기록하고 연대를 수록하지 않았다. 12제후는 연표로 다루고 육국도 연표로 다루었는데, 진·초의 격변기는 월표로 다루었다. 한나라 이후의 표는 모두 여섯 개나 된다. 후대로 갈수록 상세한 이유는 사마천의 "통고금지변通古今之變"의 문제에서 볼 때, '변'을 중시하고자 하는 관점을 극명하게 드러낸 것이기 때문이다. 이러한 독특한 필법과 구성 방식의 핵심에 "통"과 "변"이란 말이 자리 잡고 있는 것이다.

사마천이 이런 생각을 하게 된 동기는 바로 세상을 떠나기 직전에 지은 글인 「보임소경서」에서 "구천인지제究天人之際, 통고금지변通古今之變, 성일가지언成一家之言(하늘과 인간의 관계를 탐구하고 고금의 변화에 통달하여 일가一家의 말을 이루고자 했습니다.)"[1]이라고 한 문장에서 기인된다. 사마천의 이 열다섯 글자야말로 그가 이 책 『사기』를 지은 근본 동기이자, 그의 핵심 사관이다.

사마천은 아버지 사마담의 유언을 계승하여 지은 『사기』를 통해 사

---

1) 이 말은 뒷부분에서 살펴보겠지만, 바로 「태사공 자서」의 "개략적인 것을 「자서」로 지어 본문에 빠진 부분을 보충하여 일가의 말을 이루었다. 육경에 대한 서로 다른 견해들을 정리하고 백가의 잡다한 학설을 정리했다. 〔정본은〕 명산에 깊이 간직하고 부본은 수도에 두어 후세 성인군자들의 열람을 기다린다.(序略, 以拾遺補闕, 成一家之言, 厥協六經異傳, 整齊百家雜語, 藏之名山, 副在京師, 俟後世聖人君子.)"라는 문장과 거의 부합된다.

마담의 학문 역정을 계승하려는 의지를 분명히 했다.[2] 사마천은 『사기』를 지으면서 역사서의 전범으로 손꼽히는 『춘추』의 필법을 계승했고,[3] 「태사공 자서」에서도 동중서가 공자의 말을 인용한 말을 수록하면서 자신의 이상은 백성을 깨우치고 세상을 구제하는 데 뜻이 있다며 공허한 담론에 의지하여 논의하지 않겠다[4]고 다짐했다. 여기에서 알 수 있

---

2) "태사공(사마담)은 당도(천문학자)에게 천문에 관한 것을 배우고, 양하에게 『역』을 전수받고, 황자(황생)에게 도가의 이론을 배웠다. 태사공은 건원과 원봉 사이에 벼슬을 하였다. 〔그는〕 학자들이 학문의 참뜻에 통달하지도 못하면서 스승을 배척하는 것을 우려하여 곧 육가의 핵심이 되는 가르침을 다음과 같이 논의했다. 『역』「대전(계사전)」에서 '천하 사람들의 학설은 하나이건만 〔거기에 이르기 위해〕 온갖 생각을 다 하고, 같은 길로 귀착되면서 〔일부러〕 다르게 가려고 한다.'라고 하였듯이 …… 100년 동안 천하에 있던 서적과 고사들이 태사공의 손에 모이지 않은 것이 없었다. 태사공의 관직은 아버지와 아들이 이어서 맡았다.(太史公學天官於唐都, 受易於楊何, 習道論於黃子. 太史公仕於建元元封之間, 潛學者之不達其意而師悖, 乃論六家之要指曰: 易大傳: '天下一致而百慮, 同歸而殊塗.' …… 百年之間, 天下遺文古事靡不畢集太史公. 太史公仍父子相續纂其職.)"

3) 사마천이 매우 높이 평가한 역사서 『춘추』는 공자가 지은 것으로 242년간의 역사를 기록했지만 그 이면에는 무수한 "미언대의微言大義"를 포함하고 있어 단순한 역사서가 아닌 경서로 일컬어졌다. 그의 이런 시각은 이 책의 서문에 해당되는 「태사공 자서」의 다음 글에서 확인된다. "상대부 호수가 말했다. '옛날 공자는 무엇 때문에 『춘추』를 지었습니까?' 태사공이 말했다. '나는 동생(동중서)이 하는 말을 들었습니다. '주나라의 도가 쇠미해지고 폐지되자 공자가 노나라 사구가 되었다. 〔그러나〕 제후들은 공자를 해치고 대부들은 공자를 방해했다. 공자는 자기 주장이 쓰이지 못하고 도가 행해지지 못할 것을 알자 〔노나라〕 242년 동안의 일들에 대해서 옳고 그름을 따져 천하의 본보기로 삼았다. 천자라도 〔착하지 않은 일을 했으면〕 깎아내리고, 제후라도 〔무도하면〕 배격하며, 대부라도 〔의롭지 못하면〕 성토하여 왕이 할 일을 달성하려고 했다."(上大夫壺遂曰: '昔孔子何爲而作春秋哉?' 太史公曰: '余聞董生曰: '周道衰廢, 孔子爲魯司寇, 諸侯害之, 大夫壅之. 孔子知言之不用, 道之不行也, 是非二百四十二年之中, 以爲天下儀表, 貶天子, 退諸侯, 討大夫, 以達王事而已矣."")"

4) "子曰: '我欲載之空言, 不如見之於行事之深切著明也.' 夫春秋, 上明三王之道, 下辨人事之紀, 別嫌疑, 明是非, 定猶豫, 善善惡惡, 賢賢賤不肖, 存亡國, 繼絶世, 補敝起廢, 王道之大者也." 그러면

　2장 사마천은 전통보다 변화에 초점을 두었다

듯이 사마천은 전통에 대한 계승인 단순한 역사의 기록서를 남기려는 의도가 아니라 '통변'이라는 시각을 가지고 고금의 변화라는 새로운 역사서로서의 영역을 개척해 일가를 이루려는 의도를 가지고 이 거작을 집필했다. 물론 사마천이 이 책을 집필한 주된 동기로서 「태사공 자서」에서 밝힌 발분지작發憤之作을 꼽지 않을 수 없지만 말이다. 사마천은 자신의 집필 동기를 궁형과 연관 짓고는 이렇게 밝힌다.

> 〔그로부터〕 7년 뒤에 태사공은 이릉의 화를 입고 감옥에 갇히고 말았다. 그는 한숨을 쉬고 탄식하며 말했다.
> "이것이 내 죄인가? 이것이 내 죄인가? 몸이 망가져 쓸모없게 되었구나."
> 〔그는〕 물러나 깊이 생각한 끝에 말했다. "대체로 『시』와 『서』의 〔뜻이〕 은미하고 〔말이〕 간략한 것은 마음속으로 생각하는 바를 펼쳐 보이려 했기 때문이다. 옛날 서백은 유리에 갇혀 있으므로 『주역』을 풀이했고, 공자는 진나라와 채나라에서 고난을 겪었기 때문에 『춘추』를 지었으며, 굴원은 쫓겨나는 신세가 되어 「이소」를 지었고, 좌구명은 눈이 멀어 『국어』를 남겼다. 손자는 다리를 잘림으로써 『병법』을 논했고, 여불위는 촉나라로 좌천되어 세상에 『여람』을 전했으며, 한비는 진나라에 갇혀 「세난」과 「고분」 두 편을 남겼다. 『시』 300편은 대체로 현인과 성인이 발분하여 지은 것이다. 이런 사람들은 모두 마음속에 울분이 맺혀 있는데 그것을 발산시킬 수 없기 때문에 지나간 일을 서술하여 앞으로 다가올 일을 생각한 것이다."

서도 우리는 사마천이 공자의 출생 과정을 야합의 산물로 규정하여 신화적 소재를 역사의 영역으로 끌어들였다는 점에 주목할 필요가 있다. 이로 보아 분명 그가 어떤 과거의 틀에 구속되지 않고 새로운 관점을 충분히 제시할 수 있는 담대함을 가졌다고 평가할 수 있다.

이리하여 마침내 도당부터 인지에 이르기까지의 일을 서술하였으니, 황제부터 시작된다.[5]

사마천이 자신이 겪은 궁형의 치욕이 위대한 작품을 남긴 자들의 행적과 비교됨을 서술하면서 자신의 한을 글로 승화시키려는 강력한 뜻을 표출한 것으로 이해되는 명문이다.

"통고금지변"이라는 말이야말로 사마천 사상을 관통하는 주제[6]이므로 「태사공 자서」의 "승폐통변承敝通變", "시이세변時異世變"이라는 구절과 연관되는 시각을 견지하면서 사마천의 사상적 배경과 그에 따른 사관 및 통변론의 구체적인 서술 사례 등을 거시적 관점에서 살펴보고자 한다.

---

5) "七年而太史公遭李陵之禍, 幽於縲絏. 乃喟然而歎曰: '是余之罪也夫! 是余之罪也夫! 身毁不用矣.' 退而深惟曰: '夫詩書隱約者, 欲遂其志之思也. 昔西伯拘羑里, 演周易; 孔子厄陳蔡作春秋; 屈原放逐, 著離騷; 左丘失明, 厥有國語; 孫子臏腳, 而論兵法; 不韋遷蜀, 世傳呂覽; 韓非囚秦, 說難·孤憤; 詩三百篇, 大抵賢聖發憤之所爲作也. 此人皆意有所鬱結, 不得通其道也, 故述往事, 思來者.'於是卒述陶唐以來, 至于麟止, 自黃帝始." 우리가 주목해야 하는 점은 바로 맨 마지막 부분 "술왕사述往事, 사래자思來者"라는 구절이 사마천 통변론의 핵심을 반영하고 있다는 사실인데, 여기에서 "술述"은 공자가 말한 "서술하되 짓지는 않고, 믿어서 옛것을 좋아한다.(述而不作, 信而好古)"(『논어』)에서 나온 것임이 분명하며 사마천이 겸허히 자신의 입장을 피력한 것이지 자신의 작업에서 창작성이 없다고 한 말로 해석해서는 곤란하다. 즉 의례적인 겸사에 불과하다는 뜻이다.

6) 바이수이白壽彝, 「사마천과 반고司馬遷與班固」, 『漢書硏究』(北京: 中國大百科全書出版社, 2009), 436쪽). 바이 교수는 사마천과 반고의 근본적 차이에 대해 사마천은 역사 변화와 사회 발전을 같은 맥락으로 본 반면, 반고는 오경五經을 통해 역사의 진행 과정을 설정하려 했다는 점에 있다고 했다. 이는 청대 역사가 장학성이 "사마천의 책은 변화에 통한다.(遷書通變化)"라고 한 말의 연장선으로 볼 수 있겠다.

2장 사마천은 전통보다 변화에 초점을 두었다

전통과 변혁, 시대의 흥망, 세상의 변화를 보다

먼저 사마천의 통변론을 알아보기 위해 「태사공 자서」[7]에 나오는 다음과 같은 말을 통해 기본 취지를 추적해 보기로 하자.

도가는 (억지로) 하는 것이 없음을 주장하면서 '하지 않음이 없음'을 말하는데, 그 실질은 쉽게 시행할 수 있지만 그 말은 알기 어렵다. 그들의 학술은 '텅 비고 없음虛無'을 근본으로 삼고 '자연에 순응함因循'을 작용으로 삼는다. 고정된 형세도 없고 일정한 형상도 없으므로 만물의 실정을 규명할 수 있는 것이다. 만물보다 앞서지 않고 만물보다 뒤처지지도 않으므로 만물의 주인이 될 수 있다. 물론 법도가 있지만 (자연에 순응하므로) 법도로 삼지 않고 시대에 따라서 일을 이루며, 제도가 있으나 제도로 삼지 않고 만물에 따라 합쳐진다. 그러므로 **"성인이 사라지지 않는 것은 시대의 변화를 준수하기 때문이다. 비움은 도의 영원함이며, 순응은 군주의 강령이다."**라고 말한 것이다.[8]

---

7) 「태사공 자서」는 열전의 마지막 편으로 들어가 있지만, 사실은『사기』전체의 머리말에 해당한다. 「태사공 자서」에는『사기』130편에 대한 간단한 해제가 붙어 있어, 이것만 읽어 보아도『사기』전체 내용의 대강을 일목요연하게 알 수 있다. 전문은 7812자로 이루어졌는데 순서대로 보면 사마천의 가계, 사마씨 부자의 「육가요지」, 사마천의 청년 시절과 부친의 죽음 및 태사령이 된 자신, 사마천이 아버지의 유언을 받는 과정, 사마천과 호수의『춘추』논쟁, 사마천이 궁형을 받고 발분해서 글을 쓰게 된 동기,『사기』전편의 해제 등으로 구성되어 있다.

8) "道家無爲, 又曰無不爲, 其實易行, 其辭難知. 其術以虛無爲本, 以因循爲用. 無成勢, 無常形, 故能究萬物之情. 不爲物先, 不爲物後, 故能爲萬物主. 有法無法, 因時爲業; 有度無度, 因物與合. 故

이 인용문에서 알 수 있듯이 사마천의 사상은 기본 축이 정통 유가에서 상당히 벗어나 있음을 알 수 있다. 반고의 지적처럼[9] 황로 사상[10]을 우선시하고 육경을 뒤에 두는 것도 일정 부분 사실이므로 전통적인 유가의 가치 관념에 대한 비판적 시각, 말하자면 이른바 성인이라고 하는 부분에 대한 기존의 절대적 가치 부여 그 자체를 상당 부분 부정하는 데서 출발하고 있다. 그러기에 사마천이 말하는 '왕도王道', 즉 제왕의 '도'는 「소상국 세가」에도 나온 바와 같이, 국가는 아무 일도 없이 편안하며 백성은 편안하게 살면서 일을 즐거워하는 그러한 다스림을 말한다. 사마천이 말하는 무위의 정치관은 곧 그의 사상이며 '무불위無不爲', 즉 '하지 않음이 없는' 정치 이상은 바로 진나라 말기부터 한나라 초기에 유행한 하나의 사상 조류이기도 하다. 사마천은 한나라 초기에 사회 발전을 주도하는 데에는 황로가 유리하다고 보았고, 사회가 요구하는 것도 이러한 사상임을 입증하고자 했으며 이런 시각에서 출발

日: "聖人不朽, 時變是守. 虛者道之常也, 因者君之綱也."(강조는 필자)

9) "至於采經摭傳, 分散數家之事, 甚多疏略, 或有抵梧. 亦其所涉獵者廣博, 貫穿經傳, 馳騁古今, 上下數千載間, 斯已勤矣. 又其是非頗謬於聖人, 論大道則先黃老而後六經, 序遊俠則退處士而進姦雄, 述貨殖則崇勢利而羞賤貧, 此其所蔽也."(『한서』 권62 「사마천전」) 「사마천전」 내용의 전반부와 중반부는 「태사공 자서」, 「보임소경서」와 문맥이나 자구 등이 상당 부분 일치되어 반고가 거의 참조하여 쓴 것이 확실한데, 사마천이 당한 궁형의 치욕 부분의 역사적 사실을 상세하게 다룬 것이 특징이다.

10) 황로 사상에 대한 실체 문제는 매우 중요한데, 황로가 바로 황제와 노자의 합성어임은 널리 알려져 있고 노자 사상에 편중된 사상이라는 점에는 이견이 없다. 그러나 중국의 철학자 가운데 일부가 황로 사상을 '도가와 법가의 통일', 혹은 '도법을 위주로 하되 법치를 더욱 중시'한 것으로 전혀 다른 시각에서 말하기도 하는 등 그 핵심적 측면에서 적지 않은 논란이 지속되고 있다. 분명한 것은 황로 사상이 노장 사상의 동의어 혹은 유사어는 절대 아니라는 점이다.

하여 이 책을 지은 것이다. 그러면서도 그는 『주역』과 『예기』를 존중하여 유가적 가치관을 완전히 무시하거나 거스르려 하지 않았는데, 이런 시각의 확립에는 가학家學이 그 근저에 자리 잡고 있다. 아버지 사마담과 마찬가지로 사마천 역시 부친의 뜻을 그대로 계승했다. 「논육가요지論六家要志」라는 글에서도 음양가를 첫머리에 두고 도가로써 끝맺은 데서[11] 그의 가학의 밑바닥에 자리한 도가적 성향을 충분히 알 수 있다.

이런 학문 배경과 사상성을 바탕으로 한 사마천이 「태사공 자서」에서 말한 "승폐통변承敝通變"은 바로 "원시찰종原始察終, 견성관쇠見盛觀衰"라는 문장과 연계되어 그의 통변론의 핵심으로 작용한다. 사마천 스스로 자신이 역사 서술을 "정제整齊"라는 말로 겸허하게 표현했지만, 다음과 같은 그의 서문에서 알 수 있듯이, 그는 단순히 역사를 기록하는 것이 아니라, 자신이 공부하고 답사하며 얻은 견문 등 모든 능력을 총동원하여 역사 흥망의 단서들을 거시적인 시각에서 가감 없이 기록하여 후세의 군자들에게 일독할 기회를 제공하고자 한 것이었다.

천하에 흩어져 있는 구문을 망라하여 왕업이 일어난 처음과 끝을 살피고 흥성하고 쇠망한 것을 살펴보았으며, 사실에 입각하여 논하고 고찰했다. 대략 삼대를 추정하여 기술하고, 진나라와 한나라를 기록하되 위로는

---

11) "**夫陰陽**·儒·墨·名·法·道德, 此務爲治者也, 直所從言之異路, 有省不省耳. 嘗竊觀陰陽之術, 大祥而衆忌諱, 使人拘而多所畏; 然其序四時之大順, 不可失也. 儒者博而寡要, 勞而少功, 是以其事難盡從; 然其序君臣父子之禮, 列夫婦長幼之別, 不可易也. 墨者儉而難遵, 是以其事不可徧循; 然其彊本節用, 不可廢也. 法家嚴而少恩; 然其正君臣上下之分, 不可改矣. 名家使人儉而善失眞; 然其正名實, 不可不察也. 道家使人精神專一, 動合無形, 贍足萬物. 其爲術也, 因陰陽之大順, 采儒墨之善, 撮名法之要, 與時遷移, 應物變化, 立俗施事, 無所不宜, 指約而易操, 事少而功多."(강조는 필자)

헌원으로부터 시작하여 아래로는 지금에 이르기까지 12본기를 지었으니 모두 조례를 나누어 기록했다. 그러나 시대를 같이하는 것도 있고 달리 하는 것도 있어서 연대가 확실치 않으므로 10표를 만들었다. 또 〔시대에 따라〕 예악의 증감, 법률과 역법의 개정, 병권, 산천, 귀신, 천인天人, 시세 변화에 따라 폐해지는 것을 살피고 세상의 변화에 적응해 나가는 내용으로 8서를 만들었다. 이십팔수는 북극성을 돌고, 서른 개의 바큇살은 한 개의 바퀴통을 향하여 끝없이 돈다. 보필하는 팔다리 같은 신하들을 이에 비유하여 충신으로서 도를 행하여 군주를 받드는 모습을 30세가로 지었다. 정의를 따르고 재능이 뛰어나서 스스로 시기를 놓치지 않고 천하에 공명을 세운 사람들에 대해서는 70열전을 지었다. 무릇 130편에 52만 6500자이니 『태사공서』라고 한다. 개략적인 것을 「자서」로 지어 본문에 빠진 부분을 보충하여 일가의 말을 이루었다. 육경에 대한 서로 다른 견해들을 정리하고 백가의 잡다한 학설을 정리했다. 〔정본은〕 명산에 깊이 간직하고 부본은 수도에 두어 후세 성인군자들의 열람을 기다린다. 「태사공 자서」 제70을 지었다.[12]

우선 위 인용문의 강조한 부분에서, "원시찰종, 견성관쇠"는 역사의 시원을 거슬러 올라가 그 시대의 성함과 쇠함의 양상을 모두 보고자

---

12) "罔羅天下放失舊聞, 王迹所興, **原始察終, 見盛觀衰**, 論考之行事, 略推三代, 錄秦漢, 上記軒轅, 下至于茲, 著十二本紀, 旣科條之矣. **並時異世**, 年差不明, 作十表. 禮樂損益, 律曆改易, 兵權山川 鬼神, **天人之際, 承敝通變**, 作八書. 二十八宿環北辰, 三十輻共一轂, 運行無窮, 輔拂股肱之臣配焉, 忠信行道, 以奉主上, 作三十世家. 扶義俶儻, 不令己失時, 立功名於天下, 作七十列傳. 凡百三十篇, 五十二萬六千五百字, 爲太史公書. 序略, **以拾遺補藝, 成一家之言, 厥協六經異傳, 整齊百家雜語**, 藏 之名山, 副在京師, 俟後世聖人君子. 第七十."(강조는 필자)

한 것이다. 사마천이 살다 간 시대는 한무제의 통치 시기와 대부분 겹친다. 사마천의 주장은 이 시대야말로 역설적으로 사회 전반에서 쇠락의 징조를 상당히 많이 드러낸다는 것이다. 물론 이 문장에 쉽게 드러나 있지는 않지만, 사마천은 한무제가 흉노와 전쟁하느라 경제 문제를 야기했고, 군신들에게 고통을 주었으며, 영토 확장 전쟁에 골몰하느라 오히려 진秦나라 말기 위기 상황의 싹을 틔웠다는 점을 피력하고 있다.

이러한 시각의 형성에는 사마천 자신이 친구 이릉을 변호하다가 궁형이란 치욕을 당한 일도 영향을 주었으며, 역사의 흥쇠를 함께 보겠다는 서술 의도는 관찬官撰의 역사라면 도저히 불가능할 대담한 역사 기술의 한 축이 될 만하다. 바로 이런 서술 의지와 시각의 대담성은 "성일가지언"이라는 말 속에서 역사 저작의 새로운 길을 개척하겠다는 목표 의식으로 이어진다. "승폐통변"이란 말은 "시대가 다르면 사안도 다르다.時異則事異"(「골계 열전」)라는 관점으로 확장되어 『사기』 집필에 있어 고대사보다는 당대사, 즉 한대와 한무제에 집중된 서술 시각을 보여 주려는 의지로 표출된다. 이러한 역사관을 가지고 사마천은 평가 작업을 해 나갈 수 있었는데, 그 한 예로 사마천은 상앙의 변법과 그에 따른 성과에 상당히 긍정적인 평가를 내렸다.[13] 그러기에 비슷한 시각에서 사마천은 비정한 인물로 평가받는 진시황에 대해서도 "세상이 다르게 변했으니 성공은 크다.(世異變, 成功大.)"(「진시황 본기」)라고 상당히 높은 평

---

13) 사마천은 "宣王元年, 秦用商鞅, 周致伯於秦孝公"(「주 본기秦本紀」)라고 하여 그 의미를 부여하고, 노중련의 말을 인용하면서 "至夫秦用商鞅之法, 東弱韓魏, 兵彊天下"(「노중련 추양 열전魯仲連鄒陽列傳」)이라고 하거나, 이사의 문장을 이용하여 "孝公用商鞅之法, 移風易俗, 民以殷盛, 國以富彊, 百姓樂用, 諸侯親服, 獲楚魏之師, 擧地千裏, 至今治彊"(「이사 열전李斯列傳」)이라고 하는 등 나름의 시각을 철저히 견지했다.

가를 내렸다.

"시이세변"이라는 입장에서 출발한 사마천은 『사기』 130편에서 중국 역사 서술의 방향을 크게 네 단계의 역사적 변천을 중심으로 하여 설정했다. 서주 건국의 역사, 전국 시대의 변화의 역사, 진나라와 한나라 사이의 변혁의 역사, 무제 건원과 원봉 사이의 변혁의 역사 등이다. 이 중에서 무제 시대를 전후로 한 한대의 역사가 『사기』 전체 편폭의 4분의 3을 차지하고 있다. 『사기』 56만여 자 중에서 변화 혹은 전환 시기의 역사를 다룬 것이 40만여 자에 달해 사마천이 "고금지변"을 서술하는 데 상당한 편폭을 할애했음을 보여 준다.

사마천이 『사기』 저술의 밑그림을 마련한 관점은 역사의 본질에서 변화(變)야말로 역사의 기본 틀이며 이것이 없다면 역사란 존재의 당위도 없다는 것, 즉 '변'이 인류 사회 발전의 원동력이라는 것을 인식했기에 가능했다. 사마천은 「보임소경서」[14]에서 이렇게 말한다.

제가 곰곰이 생각해 보니 겸손하지 못하게도 가까이로는 무능한 문사에 스스로를 맡기려고 했는데, 천하에 내팽개쳐진 옛 구문을 두루 수집하여 그 행해진 일을 개략적으로 고찰하고 그 처음과 끝을 종합하고 그 성패와 흥망의 벼리를 깊이 고찰하여 위로는 헌원을 계상하고 아래로는 이 한무제에 이르기까지 10표를 만들고, 본기 12편, 서 8장, 세가 30편, 열전

---

14) 그 집필 시기와 연대 등에 관한 이설이 분분하지만, 대체적으로 한무제 정화 2년(기원전 91년) 임소경, 즉 임안이 여戾태자의 반란 음모 사건에 연루, 투옥되어 요참형을 판결받고 형 집행 날이 얼마 남지 않은 상황에서 사마천이 임안에게 답장한 편지다. 당시 중서령이었던 사마천이 자신의 소회를 서간문으로 지은 것으로 『사기』에 실린 글이 아니고 『한서』 「사마천전」에 실린 것이다.

2장 사마천은 전통보다 변화에 초점을 두었다

70편 모두 130편을 저술했습니다. 또한 하늘과 인간의 관계를 탐구하고 고금의 변화에 통달하여 일가의 말을 이루고자 했습니다.[15]

「보임안서報任安書」라고도 하는 이 글은, 이 인용문에서 알 수 있듯이 집필 동기를 말하는 부분은 「태사공 자서」와 일정 부분 겹치고 유사한 문장으로 구성된 곳도 있는데, 우선 하늘과 사람, 즉 천인 관계야말로 역사의 양대 주축이라는 의미를 함축하고 있다. 사마천은 「오제 본기」를 기술함에 있어 세 황제인 황제, 전욱, 제곡은 전적으로 『오제덕五帝德』·『대대례기大戴禮記』에 의거하고, 다시 자신이 『제계성帝繫姓』이라고 일컬은 『제계』에 의하여 보충했으며, 뒤의 두 임금인 당요, 우순은 전적으로 『상서』 「요전」에 의거하고 다시 『제계』와 『오제덕』의 견해 및 『세본世本』에 의거해 보완했다. 이에서 알 수 있듯이 사마천은 역사 서술의 문헌적 근거를 기존의 고전에서 찾았으며 특히 자신의 시각에 의해 재단하기 어려운 상고사의 경우에는 철저하게 선현들의 입장을 정리하는 방향을 택했다.

태사공(사마천 자신)은 말한다.

"학자들이 대부분 오제五帝를 일컬은 지 오래되었다. 이에 『상서尙書』에도 단지 요 이후의 일만 실려 있게 되었다. 그리고 백가들이 황제에 대해 말했지만, 그들의 문장은 아름답지도 믿을 만하지도 않아 학자나 사관들

---

15) "僕竊不遜, 近自託於無能之辭, 網羅天下放失舊聞, 略考其行事, **綜其終始**, **稽其成敗興壞之紀**, 上計軒轅, 下至於茲, 爲十表, 本紀十二, 書八章, 世家三十, 列傳七十, 凡百三十篇. 亦欲以**究天人之際**, **通古今之變**, **成一家之言**."(강조는 필자) 여기에서 "망라網羅"란 말은 "정제"라는 말과 유사어임을 알 수 있다.

은 말하기를 꺼린다. 유학자 중에 어떤 이는 공자가 전한 「재여문오제덕」
과 「제계성」을 전하지 않기도 한다.

나는 일찍이 서쪽으로는 공동에 이르렀고 북쪽으로는 탁록을 지나왔으
며, 동쪽으로는 바닷가까지 가고 남쪽으로는 장강과 회수를 건넌 적이 있
는데, 때때로 장로들이 황제, 요, 순을 칭송하는 곳에 가 보면 풍속과 교
화가 〔다른 곳과는〕 확연히 달라, 이것들을 총괄해 보면 옛글의 내용에 어
긋남이 없고 사실에 가깝다. 내가 『춘추』와 『국어』를 살펴보았는데, 그 내
용에 「오제덕」과 「제계성」을 뚜렷하게 밝혀 놓은 것이 명백하니, 다만 깊이
고찰하지 않은 것에 불과할 뿐, 거기에 기술된 내용이 전부 허황한 것은
아니다. 『서』에는 누락되어 〔연도의〕 간격이 있는데, 그 누락된 부분들은 때
때로 다른 책에서 발견된다. 배우기를 좋아하고 생각을 깊이 해서 마음으
로 그 뜻을 깨달은 사람이 아니라 본 것이 별로 없고 들은 바가 적은 사람
에게 이 이야기를 한다는 것은 진실로 어렵다. 나는 자료를 수집하고 순
서에 맞게 편집하여, 그 말 가운데 특별히 전아한 것을 골랐으므로 「본
기」를 저술하여 이 책의 첫머리로 삼는다."[16]

강조한 부분을 통해 알 수 있듯이 사마천은 기존의 역사서 가운데
서 취사선택하고 최종적으로 자신이 "저술"하여 「본기」를 지었다. 그러

---

16) "太史公曰: 學者多稱五帝, 尙矣. 然尙書獨載堯以來; 而百家言黃帝, 其文不雅馴, 薦紳先生難
言之. 孔子所傳宰予問五帝德及帝繫姓, 儒者或不傳. 余嘗西至空桐, 北過涿鹿, 東漸於海, 南浮江淮
矣, 至長老皆各往往稱黃帝堯舜之處, 風敎固殊焉, 總之不離古文者近是. 予觀春秋國語, 其發明五
帝德帝繫姓章矣, 顧弟弗深考, 其所表見皆不虛. 書缺有閒矣, 其軼乃時時見於他說. 非好學深思, 心
知其意, 固難爲淺見寡聞道也. **余幷論次, 擇其言尤雅者, 故著爲本紀書首.**"(「오제 본기」)(강조는
필자)

면서도 그는 오제의 이야기로부터 시작되는 중국 역사야말로 질박하고 진실한 인류의 모습을 담은 것이지 허황된 것이 결코 아니라는 점을 강조한다. 이 「오제 본기」의 태사공왈 부분은 바로 십표의 첫 편인 「삼대세표」의 서문과 긴밀한 연계를 맺고 있으니, 「삼대 세표」가 다루고 있는 부분은 황제로부터 공화정에 이르는 시기까지로서 사마천의 시각은 과거의 권위에 대한 맹목적인 신봉보다는 자신이 고찰해 보아 그 타당성이 부족하다고 생각하면 "의칙전의疑則傳疑"하는 태도로 그대로 남겨두겠다는 것이다.

　　태사공(사마천 자신)은 말한다.

　　오제와 삼대의 기록은 오래전의 일이다. 은나라 이전의 제후에 관한 일은 〔자료가 없어〕 보첩으로 만들 수 없고, 주나라 이래의 역사도 겨우 기록할 수 있을 뿐이다. 공자는 역사적 문헌에 의거하여 『춘추』를 편찬하였는데, 〔노공의〕 기원 연수를 벼리로 삼아 시간과 일월을 바로잡았으니, 대체로 상세하다고 할 것이다. 그러나 순서에 따라 엮은 『상서』는 간략하여 연월이 없는데, 간혹 나타나 있는 곳도 있으나 빠뜨린 데가 많아 기록할 수 없다. 그래서 의심스러운 것은 의심이 나는 대로 전하였으니 아마도 신중하다고 할 것이다.[17]

　사마천은 『춘추』에 대해서는 상당한 평가를 내렸으나, 『상서』에 대해서는 기록의 정확성에 의문을 제기하면서 신중한 역사 서술을 위해

---

17) "太史公曰: 五帝三代之記, 尚矣. 自殷以前諸侯不可得而譜, 周以來乃頗可著. 孔子因史文次春秋, 紀元年, 正時日月, 蓋其詳哉. 至於序尚書, 則略無年月; 或頗有, 然多闕, 不可錄. 故**疑則傳疑**, 蓋其愼也."(「삼대 세표 서三代世表序」)(강조는 필자)

의심나는 부분은 그대로 두고자 했다고 했다. 이 말의 의미를 좀 더 부연하면 이렇다. 3대가 왕이라고 한 평균 연수는 하대가 34년이고 상대가 29년이며 주대가 27년이다. 오제의 시대는 대단히 오래되어 그 연월일을 표시할 수는 없었으므로 황제 이래 공화정에 이르기까지의 시간을 세대별로 표시하여 적어 나가고 있다. 사실상 사마천이 황제 이래의 연수를 배제하고 세계만을 기록하여 상고사의 발전 궤적을 보여 준 것은 의심나는 것은 의심나는 대로 내버려 둔다는 객관적 입장에 근거를 둔다.[18]

이런 관점에서 사마천은 십표를 통해 "통고금지변"의 의미를 구현하고 있는데, 사마천이 자신의 불행을 딛고 시대의 변화에 능동적으로 대처하겠다는 의식 아래 과거보다 현재에 중점을 두고 작성한 것이 바로 『사기』의 십표다. 이 표를 통해 사마천은 역사적인 분기 문제가 사회의 윤리 변화와 그 맥을 같이한다는 점을 10편의 서문(마지막 편은 서문이 없다.)에 분명하게 수록했다.

이런 입장에서 출발한 사마천은 '변'이라는 시각에 의거해 역사의 대사변으로 공화정, 공자의 죽음, 진나라 멸망, 진섭의 봉기, 유방의 칭제 등을 그 중심에 두고 서술하고 있다. 우선 구성 면에서 '세표'와 '연표' 그리고 '월표'로 나눌 수 있는데, 가장 많은 것이 연표다. 1편 「삼대

---

18) 사마천은 참조할 자료가 없는 이 연표를 작성하기 위해 수많은 장애를 겪었을 것이고, 설령 자료를 구했다 해도 판본마다 상이하여 힘겨운 작업이 될 수밖에 없었을 것이다. 다만 「삼대 세표」를 보면 오제뿐 아니라 뒤의 사제는 모두 황제의 후손이며 또한 하, 상, 주 삼대의 왕 또한 황제로부터 비롯되었으니, 이러한 오제 삼왕이 같은 원류에서 나왔다는 설에 의거해 「삼대 세표」가 작성되었다는 점에 주의해야 하는데, 이러한 견해는 전국 시대에 이미 형성된 것으로 사마천이 계승한 것이다.

세표三代世表」와 4편인 「진초지제 월표秦楚之際月表」를 제외하면 8편이 이에 해당된다. 형식적인 측면에서의 이러한 차이는 시대와 다루는 주제에 따른 분류인 셈인데, 사마천은 하, 상, 주 삼대와 오제의 경우, 제왕의 세대이니 세표라고 한 것이다. 특히 4편의 진한 교체기의 경우에는 기록할 사건이 많아 월표라는 방식을 취해 기술했는데, 6편의 「고조 공신후자 연표高祖功臣侯者年表」부터 9편인 「건원 이래 왕자후자 연표建元以來王子侯者年表」에 이르는 네 편의 경우 상당히 독특한 형식을 취하고 있다.

사마천의 이런 변화 중시 시각은 「진초지제 월표」에서 극명하게 드러난다.[19] 이 연표는 진섭이 난을 일으킨 시기로부터 유방이 제위를 얻기까지 8년 동안의 역사를 다룬 것으로, 거기에는 진섭과 유방 그리고 항우로 이어지는 정권 교체 과정이 나타나 있는데 시간이 월별로 기록되어 있다. 사마천은 진나라와 초나라의 5년간의 상황을 다음과 같이 말한다.

〔나〕태사공은 진나라와 초나라 사이의 기록을 읽고 말한다.

처음에 난을 일으킨 것은 진섭에게서 시작되었고 잔인하고 포악스럽게 진나라를 멸망시킨 것은 항씨(항우)로부터 시작된다. 그러나 어지러움을 바로잡고 포악한 자를 주살하고 천하를 평정하여 마침내 제위에 오른 것

---

19) 표의 앞부분은 「육국 연표」를 이어받아 진섭의 난을 묘사하는 것으로 시작되며, 두 번째 부분은 초나라의 표로 항우가 분봉한 열여덟 명의 왕 및 초한 쟁패 과정을 기술하고 있다. 특히 두 번째 부분은 칸을 스무 개로 나누어 열여덟 명의 왕과 함께 의제와 항우를 덧붙여 기록했는데, 이 시기 천하에 두 명의 주인이 있었음을 밝힌 것이다. 그러나 의제가 죽고 난 뒤에도 첫 번째 칸은 공란으로 남겨 두었다.

은 한가漢家(한왕조)에서 이루어진 것이다. 5년 사이[20]에 호령이 세 번이나 바뀌었으니, 백성이 생겨난 이래 천명을 받은 것이 이처럼 급박한 적은 한 번도 없었다.[21]

이런 논조는 사마천이 중시한 것이 "변"으로서 진, 초 사이의 긴박한 상황, 즉 변화하는 양상을 그가 표로 만들었다는 것이다. 그러므로 이 월표는 사건을 상당히 번잡하게 기록하고 긴박감이 넘친다.[22] 이 표의 서문에서 대략적인 것을 밝히기는 했지만, 사마천은 굳이 왜 '진초'라고 하고 '진한'이라고 하지 않았는가? 그 이유는 진승, 회왕, 항량, 항우와 같은 초나라 사람들이 진나라를 멸망시킨 공적을 사마천이 긍정적으로 평가했다는 데에서 찾을 수 있겠다. 사실상 반고는 『한서』에서 진한이라고 썼으니 사마천과는 확연히 다른 관점임을 알 수 있는데, 이는 사마천이 '변'에 치중한 역사 서술 관점을 갖고 있다는 논지로 해석해야 한다. 이 표의 서문에서 사마천은 육국 이래 진승이 난을 일으킨 이후, 유방이 제위를 칭하게 된 8년간의 급변하는 정치적 상황을 감개무량한 어조로 서술하는데, 당시 객관적 형세가 유방에게 유리한 조건을 제공했고 유방이 받아들인 정책과 전략, 전술이 당시의 시대적 상황과 맞아

---

20) 진섭이 왕이라고 한 때(기원전 209년)로부터 한나라 5년(기원전 202년)으로 유방이 황제라고 한 것은 8년간이다. 그런데 사마천이 5년이라고 한 것은 기원전 207년부터 기원전 202년까지를 말한다.

21) "太史公讀秦楚之際, 曰: 初作難, 發於陳涉; 虐戾滅秦, 自項氏; 撥亂誅暴, 平定海內, 卒踐帝祚, 成於漢家. **五年之間, 號令三嬗, 自生民以來, 未始有受命若斯之亟也**."(「진초지제 월표 서」)(강조는 필자)

22) 그 긴박성은 월표月表라는 형식으로 확인되고, 회왕, 항우, 유방 이 세 사람 사이의 특수한 관계를 통해 드러난다.

2장 사마천은 전통보다 변화에 초점을 두었다

떨어졌다고 보았다. 사마천이 고조의 공을 인정하지 않은 것은 아니다. 그는 이 서문의 끝에서 이렇게 말한다.

그러므로 [고조는] 분을 일으켜 천하의 영웅이 되었으니 어찌 봉토가 없다고 왕이 아니라고 할 수 있겠는가? 이래서 곧 그를 [책에서] 전하여 위대한 성인이라고 하는 것인가! 어찌 하늘의 뜻이 아니겠는가? 어찌 하늘의 뜻이 아니겠는가? 위대한 성인이 아니라면 누가 이때를 만나 천명을 받고 제왕이 될 수 있겠는가?[23]

이러한 그의 시각은 "진나라가 정도를 잃자 진섭이 세상에 나타났다. …… 천하의 실마리는 진섭에서 비롯되었다."(「태사공 자서」)라고 한 데서도 거듭 확인된다. 특히 진나라에 반기를 들어 나라를 세우는 전 과정이 처음부터 기술되고 있는데, 사마천은 신분을 초월한 하극상의 당위성을 긍정하면서 민심의 중요성을 함께 시사하고 있다. 물론 그 전제는 도를 잃은 그 이후에야 가능한 것이라는 논점이다. 어쨌든 『사기』가 불과 90여 년 뒤에 나온 『한서』와도 확연한 서술 방식의 차이를 보여 주면서 역대 다른 역사서들이 도저히 넘볼 수 없는 확고한 위상을 구축했다는 것은 분명하다. 특히 역사 속에서 현실을 움직인 실체를 중시하고 역사의 발전적 흐름을 파악하여 정확하고도 참신한 역사를 기록하기 위해 체제상의 모순조차 꺼리지 않았던 사마천의 역사 구상이 반고에 의해 송두리째 부정되었으니 말이다. 적어도 반고는 항우를 제왕으로 보

---

23) "故憤發其所爲天下雄, 安在無土不王? 此乃傳之所謂大聖乎? 豈非天哉, 豈非天哉! 非大聖孰能當此受命而帝者乎?"(「진초지제 월표 서」)

지 않고 그저 패배한 왕으로 보았다. 30세가를 보면 서주 이후에 존재한 것인데, 서주로부터 비롯된 세가가 12개가 있고, 전국 시대가 4개가 있다. 춘추 시대에는 「공자 세가」가 있으며 진한 사이에 「진섭 세가」[24]가 있다. 한나라가 흥성한 이후가 12개가 있다. 「팔서」[25] 역시 이런 "고금지변"을 확실하게 보여 주었으니, 예와 악, 군사와 역법, 천문과 봉선, 치수와 경제 등에 관한 이론의 역사를 담고 있는데, 특히 사회 제도에 주목하여 이상과 현실 사이에 존재하는 변혁과 민생의 문제를 확실한 문제의식을 갖고 보여 준다.

3
"천도天道"와 "법도 따르기〔循法〕", "옛것 본받기〔法古〕"의 문제

사마천이 사상적인 면에서 황로 사상뿐 아니라 도가와 유가, 법가와 병가 등에 대해서도 상당 부분의 편폭을 할애하여 서술했다는 점을 볼 때 그의 사상 상당 부분은 절충적·복합적임을 우리는 분명히 알 수 있다. 물론 이 말이 사마천 사상의 이중성을 지칭하거나, 사마천이 유가와 황로를 동시에 중시했다는 애매한 절충론으로 가자는 뜻은 아니다. 사

24) 이 말의 근거는 사마천이 진섭을 『사기 세가』에 편입시킨 독창성이, 근본적으로 반고가 『한서』를 집필하면서 진섭을 『사기 세가』가 아닌 '열전'에 강등하여 배치한 것과 확실하게 대비되는 항목이라는 점이다.
25) 「팔서」는 『사기』 중에서도 난해하기로 정평이 난 부분이다. 제도, 과학, 민생, 치수 등과 같은 전장 제도典章制度를 이론적·역사적으로 기록한 제도사로서, 사마천의 학문적 입장과 제도와 사상, 이상과 현실, 그리고 변혁과 민생 문제 등을 보여 준다.

2장 사마천은 전통보다 변화에 초점을 두었다

마천은 분명 한대 유학의 위상을 인정하고 있었다. 만일 그렇지 않았다면 「공자 세가」, 「맹자 순경 열전」, 「중니 제자 열전」, 「유림 열전」 등을 설정할 이유가 없다. 그러나 기존에 그 누구도 거론하지 않았던 공자의 출생을 사마천은 야합野合으로 규정하여 "공자는 노나라 창평향 추읍에서 태어났다. 그의 조상은 송나라 사람으로 공방숙이라고 한다. 방숙이 백하를 낳았고 백하는 숙양흘을 낳았다. 흘은 안씨 딸과 야합하여 공자를 낳았으니, 이구에서 기도를 하여 공자를 얻은 것이다. 노나라 양공 22년, 공자가 태어났다. 공자는 태어나면서부터 머리 정수리가 〔중간이〕 낮고 〔사방이〕 높아 이로 인하여 이름을 구丘라고 했다고 한다. 그의 자는 중니이고 성은 공씨이다."[26]라고 썼다. 아무리 역사적 사실에 충실한다고 해도, 이러한 언급은 해당 사실에 대한 문헌 근거가 없었다는 당시의 현실에 비추어 볼 때 공자를 세가에 편입시킨 이유의 또 다른 측면으로 성현으로 추앙받는 공자의 존엄성을 일정 부분 훼손할 수 있는 근거를 제시했다는 논란에서 자유롭지 못하다 하겠다. 「공자 세가」 외 다른 세 편은 한대의 독존유술獨尊儒術의 시대적 분위기를 외면할 수 없어 설정했을 것이라는 재반론도 있기는 하다. 그렇다고 해서 사마천의 시각이 완전히 과거를 철저히 부정하겠다는 의미는 아니다. 제가를 두루 겸하려고 노력했으나 그의 주된 사상의 흐름이 '변화'라는 것은 일관된 관점이다.

사마천이 변화를 중시한 것은 열전의 구성 체계만 보아도 분명히 드러나는데, 춘추 시기에 「관안 열전」 등 6편이 있고, 전국 시대가 22편이

---

26) "孔子生魯昌平鄉陬邑. 其先宋人也, 曰孔防叔. 防叔生伯夏, 伯夏生叔梁紇. 紇與顏氏女野合而生孔子, 禱於尼丘得孔子. 魯襄公二十二年而孔子生. 生而首上圩頂, 故因名曰丘云. 字仲尼, 姓孔氏."(「공자 세가」)

고, 한나라 흥기 이후가 42편이나 된다. 물론 드문 경우이긴 한데, 춘추 시대와 전국 시대, 그리고 서한 시대의 전기가 서로 교차되고 종합되는 경우도 있으니 굴원과 가의賈誼를 합전으로 둔 「굴원 가생 열전」이 바로 그러하다. 이뿐 아니라 「자객 열전」·「유협 열전」·「골계 열전」 등에서는 역사의 뒤안길로 사라져 갈 뻔한 인물군을 한데 묶어 그들의 삶을 당당히 역사의 영역에 넣은 것도 바로 변혁 혹은 혁신을 중시한 태도로 보아야 마땅하다. 그렇기에 우리는 사마천이 왜 한신, 위 표, 팽월, 경포 등 제후왕이 된 자들은 오히려 열전으로 강등했는지 의문을 품을 수도 있겠으나, 사마천은 왕이나 제후가 되어 봉토를 받았더라도 반역 등으로 몰수당한 경우 등은 과감히 제외했다. 이 점 역시 그 당시 역사적 사실에 충실하고 당대의 흐름을 인정하려는 의도에서 비롯된 것으로 보아야 한다.

그의 이런 시각의 형성은 『세가』에서도 찾아볼 수 있으니 맹목적인 상고주의나 복고주의보다는 현재의 변화된 양상을 선입견 없이 받아들이려는 현실주의적 입장이 강한데, 이런 면모는 다음 문장에서도 드러난다.

선왕과도 습속이 같지 않은데 어떻게 옛날 방법대로 할 것인가? 제왕들이 서로 답습하지 않는데 어떤 예절을 따를 것인가? 복희와 신농은 교화를 실행하고 벌주지 않았으며, 황제와 요, 순은 벌을 주되 난폭하지 않았소. 삼왕에 이르러 시대에 따라서 법을 만들었으며 사안에 따라 예법을 만들었소. 법도와 제도가 저마다 그 마땅함을 따랐고, 의복과 기계는 저마다 그 쓰임에 편리하였소. 따라서 예법 또한 반드시 한 가지 길만 있었던 것이 아니며 나라의 편리함을 추구하는 데 반드시 옛것에만 의거한 것은 아니오. 흥성함도 서로 답습하지 않고도 왕 노릇을 하게 되었으며, 하왕조

2장 사마천은 전통보다 변화에 초점을 두었다

와 은나라가 쇠락할 때는 예법을 바꾸지 않았는데도 멸망하였소. 그렇다면 옛날의 제도를 어긴다고 해서 비난할 필요는 없으며, 옛날의 예법을 따랐다고 해서 칭찬할 만한 것도 없소. 또 괴이한 의복을 입는 자는 마음이 음란하다고 한다면 추鄒나라와 노나라에는 기이한 행실이 없을 것이며, 풍속이 괴이한 곳에서 백성이 경망스러워진다면 오나라, 월나라에는 빼어난 인물이 없어질 것이오. 또한 성인께서는 몸에 편리한 것을 의복이라고 하셨고, 일에 편리한 것을 예라고 하셨소. 물러가고 나아가는 예절과 의복의 제도는 일반 백성을 다스리기 위한 것이지, 어진 자를 논의하기 위한 까닭이 아니오. 따라서 백성들을 다스리려면 습속과 함께 흘러가야 하며 어진 자는 변화와 함께해야 하오. 따라서 속담에 말하기를 "책 속의 지식으로 말을 모는 자는 말의 본성을 다할 수 없고, 옛것으로써 지금을 만들려 하는 자는 일의 변화에 통달할 수 없다."라고 하였으니, 옛 법도를 따르는 공은 세속보다 높은 데 있기에는 충분하지 않고, 옛것만을 법도로 삼는 학문은 지금을 다스리기에는 충분하지 못하오. 그대들은 [이 점에] 이해가 미치지 못하는 것이오.[27]

강조한 부분을 중심으로 살펴보면, 사마천은 무조건적인 "순법"과 "법고"에 대해 비판적 시각을 분명히 드러내고 있으니, 여기에 바로 그

---

27) "先王不同俗, 何古之法? 帝王不相襲, 何禮之循? 虞戲, 神農教而不誅, 黃帝帝堯舜誅而不怒. 及至三王, 隨時制法, 因事制禮. 法度制令各順其宜, 衣服器械各便其用. 故禮也不必一道, 而便國不必古. 聖人之興也不相襲而王, 夏殷之衰也不易禮而滅. 然則反古未可非, 而循禮未足多也. 且服奇者志淫, 則是鄒魯無奇行也; 俗僻者民易, 則是吳越無秀士也. 且聖人利身謂之服, 便事謂之禮. 夫進退之節, 衣服之制者, 所以齊常民也, 非所以論賢者也. 故齊民與俗流, 賢者與變俱. 故諺曰: '以書御者不盡馬之情, 以古制今者不達事之變.' **循法之功, 不足以高世, 法古之學, 不足以制今.** 子不及也." (「조 세가」)(강조는 필자)

의 통변론의 핵심 사안이 배어 있다. 사마천은 과거 성현의 말씀을 무조건 신봉하는 것이야말로 오늘을 제대로 바라보지 못하게 하는 걸림돌이라고 본 것이며, 이런 점에서 사마천 시각의 진보적인 측면을 알 수 있다. 바로 이러한 『사기』의 서술 방식을 통해 우리는 사마천이 옛것〔古〕보다는 지금〔今〕, 즉 과거보다는 현재를 중시하여 고대는 간략하게, 근현대는 상세하게 집필했고, 『사기』를 집필하는 데 있어서 파격으로 나아갔다는 점을 알 수 있다. 『사기 세가』 첫 편이 「오태백 세가」인데, 12제후 가운데 가장 늦게 등장한 나라인 오나라의 오태백을 맨 앞에 둔 것은 바로 화이불분華夷不分, 즉 중원과 이족을 구분 짓지 않는 열린 역사의식에서 비롯된다고 보아야 한다. 즉 '화'로 대변되는 중원 중심의 중화주의적 시각을 벗어나 변방의 가능성을 결코 무시하지 않은 사마천의 시각을 우리는 분명히 엿볼 수 있다. 우리가 염두에 두어야 할 점은 태백에서 수몽에 이르는 장기간의 세월 동안 이족이 중원과 교류하지 않고도 강성해졌다는 점과 오랑캐의 땅에서도 권력자가 스스로를 왕이라고 일컫는 점을 사마천이 긍정적으로 평가하고 있다. 즉 사마천은 화이불분이라는 거시적 관점에서 오나라가 태백의 후예이고 월나라는 우임금의 후예이며, 흉노의 선조가 바로 황제의 후예가 된다는 식의 사관을 유지하고 있다. 이러한 진보적인 민족의식과 역사관은 춘추 오패 중두 번째 패주 진나라 문공이 건국한 진나라의 이야기를 다루는 「진 세가」에서도 보인다. 사마천은 이 편을 통해 공자의 예교보다는 패권욕이차지하는 현실 정치적 의미에 무게를 두고 있어 "변"을 강조하려는 그의의도를 엿볼 수 있다.[28] 즉 진나라 문공 이후 패자의 성격이 변하여 중

---

28) 그는 진나라 역사를 세 방면에서 서술하고 있는데, 첫째는 진문공 이전 내외부의 갈

원 제후가 아닌 남방의 만이들도 스스로 패자라고 일컬어 존왕양이의 성격도 희미해져 가고 주나라 천자의 권한도 축소되어 가던 시대적 분위기를 예리하게 간파해 이를 수용하는 자세를 취하고 있는 것이다.[29] 여기서도 역시 사마천의 진보적인 민족의식과 역사관을 살펴볼 수 있으니 사마천이 비주류의 문화도 상당 부분 인정하고 포괄하는 것으로서 화이관과는 근본적인 시각의 차이를 드러내고 있다.

4

『사기 표』에 역사적 격변기의 변화를 담다

1) 『사기』 「표」의 구성 방식과 체제

역사 기록의 엄밀성과 흥미를 동시에 간직한 『사기』에서 이 연표는 흔히 십표十表라고 하며 모두 열 편으로 이루어져 있다. 사마천이 기록한 『사기』 전체의 일을 일목요연하게 기록한 이 표는 보는 시각에 따라 따분하기 그지없는 사료에 불과할 수도 있겠다.

사마천이 『사기』 전체 사건과 인물을 일목요연하게 기록한 표는 본기와 열전의 기록 범위를 확장하고[30] 본기와 열전의 상관관계를 밝히

등, 둘째는 공실과 경대부 사이에 존재하는 정권 쟁탈 과정, 셋째는 공실이 이미 꼭두각시가 되어 버린 평공 이후 마지막 국면이다. 사마천은 이 편에서 서사를 매우 상세한 방식으로 전개했고 분량 역시 다른 편에 비해 가장 많이 할애했다.

29) 그렇기에 사마천은 이족을 열전에 다뤄 「동월 열전」, 「남월 열전」, 「서남이 열전」, 「조선 열전」 등을 설정했던 것이다.

는 교량 역할을 한다.[31] 우선 구성 면에서 '세표世表', '연표年表' 그리고 '월표月表'로 나눌 수 있는데, 가장 많은 것이 연표로, 제1편 「삼대 세표」와 제4편 「진초지제 월표」를 제외하면 8편이 이에 해당된다. 형식적인 측면에서의 이러한 차이는 시대와 다루는 주제에 따른 분류인 셈인데, 사마천은 하, 상, 주 3대와 오제의 경우, 제왕의 세대이니 세표라고 한 것[32]이다. 특히 제4편의 진한 교체기의 경우에는 기록할 사건이 많아 월표라는 방식을 취하여 기술했는데 제6편의 「고조 공신후자 연표」부터 제9편인 「건원 이래 왕자후자 연표」[33]에 이르는 네 편의 경우에서

---

30) 예를 들어 「삼대 세표三代世表」는, 주로 『국어國語』, 『오제덕五帝德』 「제계帝繫」에 의거하여 쓴 것으로 「제계」 편은 일찌감치 중국 고대의 천하의 군주가 모두 황제에게 귀속된다는 하나의 체계 속에서 집필된 것이다. 중요한 점은 『사기 본기』에서는 당당히 「오제본기」를 전면에 내세웠는데, 여기에서는 그렇게 하지 않고 하, 상, 주 삼대를 제목으로 삼고 그 속에서 오제를 부차적으로 다루었다는 것이다. 이 표와 「오제 본기」를 함께 보는 호견법으로 살펴보면 그 의미가 확장됨을 충분히 알 수 있다.

31) 표는 사마천이 중국 역사에 있어서 대단한 공을 들인 부분으로 청대의 학자 정초鄭樵는 심지어 "『사기』라는 책은 그 공이 십표에 있다."라고 했다. 사마천이 자신이 쓴 역사적 사건과 인물 및 국가의 다양한 사건과 편차를 모두 기록했는데 상당히 완비된 것이다.

32) 사마천이 「삼대 세표」 서문 끝부분에서 한 발언을 읽어 볼 필요가 있다. "내가 「첩기諜記」를 읽어 보니 황제黃帝 이래 모두 〔재위한〕 연수年數가 기록되어 있었다. 역대의 『보첩』과 음양가의 『오덕전五德傳』을 비교하여 그 기록을 고찰해 보았더니, 고대의 문헌들은 모두 일치하지 않았으며, 어그러지거나 차이가 있었다. 공부자孔夫子(공자를 존칭한 말)께서 그 연월을 논하여 순서를 매기지 않았던 것이 어찌 헛된 일이었겠는가? 그래서 『오제계첩五帝系諜』과 『상서尙書』에 의거하여, 황제黃帝 이래 공화共和 시대까지의 세계世系를 시대적 순서에 따라 엮어 세표로 만들었다.(余讀諜記, 黃帝以來皆有年數. 稽其曆譜諜終始五德之傳, 古文咸不同, 乖異. 夫子之弗論次其年月, 豈虛哉! 於是以五帝系諜尙書集世紀黃帝以來訖共和爲世表.)"

33) 이 표는 한무제 건원 원년(기원전 140년)으로부터 태초 연간(기원전 104~기원전 101년)에 이르는 시기에 분봉된 공신들의 상황을 수록한 것이다. 표의 형식은 「고조 공신후자 연표」, 「혜경 간 후자 연표」와 기본적으로 같아서 나라를 날줄로 하고 연도를 씨

알 수 있듯이 사마천은 근대에 비중을 상당 부분 할애하여[34] 나름 독특한 형식으로 연표를 상세히 작성했다.

이런 점에서 표의 독창성은 3000년 이래 역사적 궤적을 일목요연하게 서술해 놓았다는 것이다. 흔히 공간과 시간은 움직이고 있는 물질세계의 두 가지 기본 축인데 사기의 십표는 대체로 날줄과 씨줄처럼 국가의 여러 모습을 역사적 사건에 따라 서로 다른 시공간에서 교직한다. 구성 및 체제는 오른쪽의 표와 같이 도표화된다.

앞의 두 표가 상고사라면 뒤의 두 연표는 근고사에 속한다. 「삼대세표」는 오제와 하나라·은나라 두 왕조를 다루며 뒷부분에 주나라 왕조의 세계를 정리한 것으로 황제로부터 공화정에 이르는 시기의 제후들의 약사를 정리하면서 황제를 그 귀착점으로 두고 있다. 「두태후 연표」는 춘추 시대 열국의 대세를 계보화한 것으로 공화정부터 공자가 세상을 떠난 시점까지 다루면서 공자의 춘추필법에 의거하여 제후국의 성쇠의 전말과 변화의 문제를 상세하게 그리고 있는데, 그 인과관계와

줄로 했다. 그리고 씨줄란의 후공 아래에 원광元光, 원삭元朔, 원정元鼎, 원봉元封, 태초太初, 이후 등 여섯 개의 칸으로 나누어 앞의 두 표에 비해 좀 더 상세하게 나누었다. 이는 근대사를 중시하는 사마천의 편천 원칙을 말하고 있는 것이다.

34) 제7편인 「혜경 간 후자 연표」는 혜제 원년(기원전 194년) 이래 중간에 여후와 문제를 거쳐 경제 말년(기원전 141년)에 이르는 54년 동안 분봉된 제후들이 분봉된 무제 원봉 6년(기원전 105년)의 몇십 년 사이의 변천 과정을 수록한 것으로, 그렇게 된 이유와 식읍의 크기 및 폐위된 원인을 기록하고 있다. 이때 분봉된 90여 명은 대략 다섯 부류로 나눌 수 있는데 첫 번째는 유방의 공신들 중 과거에 후로 봉해지지 않은 자, 둘째는 문제를 따라 대통을 계승하여 문제를 보위하는 데에 공을 세운 자들이다. 세 번째로는 경제 때 5초 7국의 난을 평정한 공신들, 네 번째로는 제후왕의 자제들로서 후로 봉해진 자들, 마지막으로는 이족이면서 한나라에 투항하여 봉상을 받은 자들이다. 물론 이 외에 몇몇 외척과 순수하게 군신 관계임에도 불구하고 수봉된 자들도 있다.

상고사 표 上古史表	삼대 세표三代世表	年表第一 …… 卷十三
	십이 제후 연표十二諸侯年表	年表第二 …… 卷十四
근고사 표 近古史表	육국 연표六國年表	年表第三 …… 卷十五
	진초지제 월표秦楚之際月表	年表第四 …… 卷十六
금세사 표 今世史表	한흥 이래 제후왕 연표漢興以來諸侯王年表	年表第五 …… 卷十七
	고조 공신후자 연표高祖功臣侯者年表	年表第六 …… 卷十八
	혜경 간 후자 연표惠景閒侯者年表	年表第七 …… 卷十九
	건원 이래 후자 연표建元以來侯者年表	年表第八 …… 卷二十
	건원 이래 왕자후자 연표建元以來王子諸侯年表	年表第九 …… 卷二十一
	한흥 이래 장상명신 연표漢興以來將相名臣年表	年表第十 …… 卷二十二

규율이 무엇인지 되짚어 보자는 사마천의 의도가 확연히 드러난다. 「육국 연표」는 주나라 원왕 원년부터 진 이세의 멸망에 이르기까지, 즉 전국 시대와 진 통일 제국을 다룬다. 특이한 점은 육국이 아니라 팔국으로 분할한다는 점으로 그 이유는 전국 육국의 종주국 격인 주나라와 진나라를 넣었기 때문이다. 이 세 연표의 구성 방식이 주목할 만한데, 「두태후 연표」에서 주 왕실이 가장 상단이고 이어서 노나라, 제나라, 진晉나라, 진秦나라, 초나라, 송나라, 위衛나라, 채나라, 조나라, 정나라, 연나라, 오나라의 순서로 13제후국이 거론되었다. 「진초지제 월표」는 진섭이 난을 일으킨 시기부터 유방이 제위를 얻기까지 8년 동안의 역사를 다룬 것으로 진섭, 유방과 항우의 쟁패 과정 등 정권 교체기의 변화의 문제에 초점을 맞추고 있다. 「한흥 이래 제후왕 연표」부터 「한흥 이래

장상명신 연표」[35]까지 후반 여섯 편은 무제 당시의 역사적 변천을 인물 중심으로 분류하고 분석한 인물 표의 성격이 강하며, 특히 앞의 네 표가 『사기 본기』와 긴밀한 상관관계를 이루고 있다고 본다면, 뒤의 이 여섯 편은 『사기 열전』에 수록하기에 다소 부담스러운 인물도 과감히 넣어 다루었다는 데 그 의미가 있다. 특히 사마천의 이러한 분류법의 기준은 '변'이라는 글자 한마디로 압축되며 그것은 이 연표에서도 확인되듯 당대의 역사에 의미를 부여한 것으로 평가할 수 있을 것이다. 특히 주목할 점은 사마천이 과거의 역사보다는 한대 역사를 상세하게 다루고 있다는 점이다. 특히 사마천은 역사 서술에 있어서 춘추와 전국, 진초, 초한의 동란이야말로 역사의 진보를 의미한다는 변동기적 성격을 중요한 대상으로 삼았다. 하, 은, 주 삼대를 정리하면서 도덕과 의리를 말했고, 춘추 전국 시대 무력 정벌의 혼란 속에서 진나라의 천하 통일과 그 쇠망 과정을 그려 내면서 역사란 한 개인의 능력만으로 지속될

---

35) 반고는 『한서』를 쓸 때 『사기』에는 10편 중에 항목만 있고 문장은 없는 곳이 있다고 했는데, 바로 이 편이 그에 해당된다. 명청 이후에는 이 표가 사마천의 작품이 아니라고 부정하는 사람들이 많지 않았다. 예컨대 양옥승梁玉繩은 『사기지의史記志疑』에서 '천한天漢' 이전 부분이 사마천이 지은 것이라고 생각했다. 최근까지 대체적으로 양옥승의 견해가 받아들여졌는데 무제 이전의 구분이 사마천의 것인 셈이다. 단지 무제 이전 부분으로 말하자면 문제가 매우 많은데, 예컨대 '대사기大史記'라는 난에는 중대한 사건도 없으며 자질구레한 사건을 비교적 상세하게 기록해 두었다. 그렇다면 무제 때의 대사기란 부분을 공란으로 비워 둔 것은 아마도 사마천이 풍자하고 비꼬기 위한 것이리라는 논법도 가능하다. 이 표는 다른 아홉 표와는 다른 점이 있다. 이미 이전의 사람들이 다양한 해석을 제시했다. 요컨대 여기에 보이는 모습은 후인이 완전히 다시 지은 것인가, 아니면 후인이 사마천의 원래 표에 대대적인 정리 작업을 하고 보충하여 새롭게 만든 것인가 하는 문제가 남는데, 대체로 사마천이 지을 것이 아니라 저소손 등에 의해 보충된 것이라고 보는 관점이 좀 더 설득력을 얻고 있지만 여전한 논란거리다.

수 없는 것임을 분명히 기술했다. 사마천은 공간과 시간을 함께 역사의 흐름에 두면서 날줄과 씨줄처럼 엮어 역사적 시공간을 직조한다.

2) 표를 통해 드러난 사마천의 시각은 격변기의 변화 양상인가

십표 가운데 춘추 전국의 상황을 다룬 주목할 편명으로 거론되는 두 편으로는 「두태후 연표」와 「육국 연표」를 거론할 수 있다. 먼저 「두태후 연표」를 보자. 이 표는 열네 제후국을 다룬 것이다. 주나라가 주인국이고 그 나머지가 제후 열셋인데, 왜 사마천은 두태후라고 하였는가? 학자들은 오랫동안 논쟁해 왔고 다양한 해법을 내놓았다. 『사기색은史記索隱』에서는 사마천이 오나라를 이적이라고 천시하여 함께 셈하지 않았다고 했는데 일리 있는 말이다.[36] 좀 더 설득력 있는 견해는 이 표에서 노나라의 역사는 『춘추』로서 벼리로 삼고 대부분의 자료를 『좌씨춘추전』에서 취하였으며 노나라를 위주로 하여 열두 제후를 표로 나타냈으니, 따라서 노나라를 제외하고 두태후라고 했다는 것이다. 이는 마치 「육국 연표」에서 본래는 일곱 나라를 다루고 있으나 『진기秦記』에 의거하여 육국의 일을 다루기 때문에 진나라를 빼고 육국이라고 한 것과 유사한 맥락이다. 바로 이 표의 서문 첫머리에서 사마천은 춘추 시대 형세에 대한 감회를 밝히며 역사의 격변기에 대한 감회를 이렇게 말하고 있다.

〔나〕 태사공은 춘추 시대의 역보첩曆譜諜[37]을 읽다가 주나라 여왕厲王

---

36) "篇言十二, 實敍十三者, 賤夷狄不數吳, 又霸在後故也. 不數而敍之者, 闔閭霸盟上國故也."
37) 기년체로 된 역사서와 제왕의 세계와 시호를 기록한 보첩류 저작의 총칭이다.

2장 사마천은 전통보다 변화에 초점을 두었다

에 이르면 책을 덮고 탄식하지 않은 적이 없었다. 〔그러고는〕 말했다. 아
아! 지(摯: 노魯나라의 태사太師로 악관樂官임)가 이 점을 현명하게 보았구
나. 주왕紂王이 상아 젓가락을 만드니 기자箕子[38]가 탄식하였다. 주周왕조
의 도가 이지러지자, 『시경』의 시인들은 그 근본이 부부의 도에 있다고 하
여 「관저關雎」를 지었다. 〔또한〕 인의仁義가 점차 무너지고 쇠락해지자 「녹
명鹿鳴으로 풍자하였다. 여왕에 이르렀을 때 〔여왕은〕 자기의 잘못을 듣기
싫어하였으므로 공경公卿들은 주살될까 두려워하여 화가 일어나게 되었
다. 여왕은 마침내 체彘 땅으로 달아났고 반란은 수도로부터 시작되었으니
공화로 정치가 이루어지게 되었다. 이 이후, 어떤 제후가 무력으로 정벌하
기도 하고 강대국이 약소국을 능멸하였으며, 군대를 일으킬 때에도 천자에
게 허락을 청하지 않았다. 그러나 〔그들은〕 왕실의 명의에 기대어 다른 나
라를 토벌하여 맹주 자리를 놓고 다투었다. 〔또한〕 정사는 오패五霸로부터
나왔는데, 제후들은 제멋대로 행동하고 음란하고 사치스럽고 법도도 없었
으며 난을 일으킨 신하와 권세를 찬탈하는 자식이 점점 일어나기 시작했
다. 제齊나라, 진晉나라, 초楚나라는 성주成周[39] 시대 때에는 세력이 대단
히 미약하여, 〔그들의〕 봉토가 어떤 경우에는 백 리이고 어떤 경우에는 오
십 리였다. 진晉나라는 삼하(三河: 황하, 회하, 낙하)로 막혀 있고, 제나라는
동해를 등졌으며 초나라는 장강長江과 회하淮河 사이에 있었고 진秦나라

---

38) 은나라 주왕의 숙부로 이상적인 현인이라고 한다. 이름은 서여敍余 또는 수유須臾
다. 기자와 주왕은 같은 집안이고 주왕의 배다른 형이라는 설도 있다. 기국箕國에 봉해
졌으므로 기자로 불렸다. 기자는 나라가 망하자, 조선에 와서 예의禮儀, 전잠田蠶, 직작
織作, 팔조지교八條之敎를 가르쳤다. 주왕이 무도하자 기자는 힘껏 간언했다가 나중에는
미친 척하며 노예가 되기도 했다.
39) 서주 초기에 제후들을 분봉하던 시기를 말한다. 한편 성주는 서주의 동쪽 도읍인
낙읍을 일컫는 말로서, 흔히 서주를 지칭하는 말이기도 하다.

는 옹주雍州의 험준함에 기대어 있었다. 천하의 제후들이 번갈아 일어나 바꾸어 가며 패주가 되었다.[40)]

위의 인용문을 읽으면 여조겸呂祖謙이 『대사기해제大史記解題』에서 이 표의 위상에 대해 "연도가 날줄이고 나라가 씨줄이므로 천하의 대세를 볼 수 있다."라고 한 발언의 단면을 유추할 수 있다. 사마천은 제나라, 진晉나라, 진秦나라, 초나라를 패주로 삼는 그 당시의 상황이 정치는 오패가 주도하고 제후들은 방자한 행동을 일삼은 그야말로 주나라 왕실의 권위가 쇠락된 시점이라는 점에 주목했다. 사마천은 정도를 잃은 데서 혼란이 시작되고 결국 혼돈의 와중에 진시황이 천하를 통일하면서 패주가 되는 과정을 담담한 어조로 기록한 것이다.

「육국 연표」는 위로 주나라 원왕 원년(기원전 476년), 통상 말하는 전국 시대의 기점부터, 아래로 진秦 이세 3년(기원전 207년) 유방이 진秦나라를 멸망시킨 시점까지를 기록한 것이다.

이 표에는 270년이라는 시간 동안 칠웅이 쟁패하며 마지막에 진나라가 중국을 통일하는 과정 및 진섭이 반란을 일으키고 유방과 항우가 진나라를 멸망시키는 전 과정이 들어 있다. 이 표는 모두 여덟 개의 칸으로 나뉘어 있다. 첫 번째 칸은 주나라의 세계世系를 기록한 것으로, 주나라가 이름만 남아 있을 뿐 실제로는 멸망했다 해도 명의상 각 제후

---

40) "太史公讀春秋曆譜諜, 至周厲王, 未嘗不廢書而歎也. 曰: 嗚呼, 師摯見之矣! 紂爲象箸而箕子唏. 周道缺, 詩人本之衽席, 關雎作. 仁義陵遲, 鹿鳴刺焉. 及至厲王, 以惡聞其過, 公卿懼誅而禍作, 厲王遂奔於彘, 亂自京師始, 而共和行政焉. 是後或力政, 彊乘弱, 興師不請天子. 然挾王室之義, 以討伐爲會盟主, 政由五伯, 諸侯恣行, 淫侈不軌, 賊臣簒子滋起矣. 齊晉秦楚其在成周微甚, 封或百里, 或五十里. 晉阻三河, 齊負東海, 楚介江淮, 秦因雍州之固, 四海迭興, 更爲伯主."

국의 맹주로 자리 잡고 있으니 이를 육국에 포함시킬 수는 없는 노릇이라는 판단이 작용한 것이다. 두 번째 칸에는 진秦나라의 세계를 배열하는데 여기에는 진나라가 동방 육국을 병탄해 나가는 과정이 표현되어 있으며 이 표의 자료 역시 기본적으로는 『진기』의 것이다. 여기에서 진나라의 지위 또한 동방의 육국과는 서로 다르므로 제목에 '육국'이라고 표시했지만 진나라 역시 여기에 포함되지 않는다. 그 아래로 여섯 개의 칸에 위나라, 한나라, 초나라, 연나라와 제나라의 세계를 각각 기록하고 있다. 이 표에는 또 진晉나라, 위나라, 정나라, 노나라, 채나라, 송나라 등이 있는데, 왜냐하면 그들은 각기 위나라, 한나라, 초나라, 제나라에 의해 멸망당했기 때문이다. 이것이 진晉나라와 위衛나라 두 나라를 위魏나라의 표에 붙여 놓은 까닭이며, 정나라는 한나라의 표에 붙여 놓았다. 노나라, 채나라 또한 초나라 표에 붙여 놓았고, 송나라는 제나라 표에 붙여 놓았다. 이 표를 통해 독자들은 전국 시대 200여 년간의 큰 사건을 일목요연하게 파악할 수 있어 이 표는 십표 중에서 가장 주목할 편 가운데 하나로 꼽힌다.

이 표 앞에 짤막하게 붙인 사마천의 서문은 진나라 양공이 서주 말년에 나라를 세우고 진나라 문공과 목공이 춘추 시대에 동방으로 진출하게 된 배경을 설명하고 그 이후 다시 전국 시대 이래 진나라가 강성해지고 동방 육국을 모두 차지하고 중앙 집권적 통일 국가를 세우는 과정을 다루고 있다. 사마천은 혹자의 말을 인용하여 「육국 연표」 서문에서 이렇게 쓰고 있다.

혹자는 말한다.
"동방은 사물이 처음 시작되는 곳이며 서방은 사물이 성숙되는 곳"이다.

무릇 난을 일으키는 자는 반드시 동남쪽에서 시작하며 실질적인 공을 거두어들이는 자는 늘 서북쪽에 있다. 그러므로 우는 서강에서 일어났으며 탕은 박에서 일어났으며 주나라는 풍과 호의 땅에 의지하여 은나라를 정벌함으로써 왕 노릇 하였고 진나라는 옹주에 의지하여 일어나 제업을 이루었으며, 한나라의 흥성함도 촉한에서 비롯되었다."[41]

이 인용문에 내재된 맥락을 짚어 보면, 사마천은 진나라 통일을 역사적 필연으로 보면서도 그 통일 과정에 문제가 있다고 생각한다는 것인데, 다음 예문에서 보듯 진나라가 통일 과정에서 권력을 이용하여 잔학한 수단을 동원한 것이라든지 분서갱유로 대변되는 우민 정책을 취한 것에 대해 분명히 지적한 것이다.

진나라는 이미 뜻을 이루자 천하의 『시』와 『서』를 불살랐는데 제후들의 역사적 기록에 대해서는 더욱 심하게 하였으니 왜냐하면 〔진나라를〕 풍자하고 헐뜯는 곳이 있었기 때문이다. 『시』와 『서』가 다시 세상에 나타나게 된 까닭은 대부분이 민간에 감추어 두었기 때문인데, 역사적 기록은 유독 주나라 왕실에 소장되어 있었기 때문에 없어진 것이다. 애석하구나! 애석하구나! 오직 『진기秦記』만 남아 있지만 여기에는 해와 달이 기록되어 있지 않고 그 문장도 간략하고 완전하지도 못하다.[42]

---

41) "或曰: '東方物所始生, 西方物之成孰.' 夫作事者必於東南, 收功實者常於西北. 故禹興於西羌, 湯起於亳, 周之王也以豐鎬伐殷, 秦之帝用雍州興, 漢之興自蜀漢."(「육국 연표」)

42) "秦既得意, 燒天下詩書, 諸侯史記尤甚, 爲其有所刺譏也. 詩書所以復見者, 多藏人家, 而史記獨藏周室, 以故滅. 惜哉, 惜哉! 獨有秦記, 又不載日月, 其文略不具."(「육국 연표」)

확실히 진 왕조의 멸망이 단서를 제공했다는 점에서 교훈을 얻으라는 시각도 내재되어 있다. 다만 사마천은 진 왕조의 정책적인 측면 몇 가지에 긍정적인 평가를 내리는데, 이는 한나라 유생들이 진나라와 관련된 문제를 배척하고 부정하는 것과는 다른, 현실주의적인 평가 의식이 작용한 것으로 보아야 한다.

즉, 사마천은 진 제국의 흥망을 그리면서 그 역사적 위상에 대해서는 일부 긍정하는 듯도 하기 때문이다. 물론 사마천은 「육국 연표」 서문의 끝부분에서도 진나라를 혹평하여 "진나라는 천하를 취하려고 매우 난폭하였으나 세상이 바뀌고 변하면서 변법을 단행하여 공을 이룬 것이 크다."[43]라고 하여 그 의미를 복합적으로 서술했다.[44]

그러나 이 표에서도 착오는 적지 않은데 특히 위나라와 제나라 제후의 세계에 관한 문제가 가장 심각하다. 조나라와 한나라의 세계도 부분적인 문제를 안고 있다. 이는 사마천 자신의 문제가 아니고 전란으로 인해 전국 시대의 자료가 많이 소실되어 사료 수집에 한계가 있었기 때문이다. 여기에서 "존한"은 한무제의 그 시점을 의미하는 것이 아니고 4대째 내려오는 발전의 의미를 띠고 있다고 보는 것이 더 유의미하다.

이런 맥락에서 「진초지제 월표」 서문에서 포괄적으로 사마천이 한 발언에 주목할 필요가 있다. 바로 "제際"라는 글자가 전환의 시대임을 드러내기 때문이다.

---

43) "秦取天下多暴, 然世異變, 成功大."(「육국 연표」)
44) 이런 맥락에서 사마천이 이 책을 쓴 세 가지 목적, 즉 "억진抑秦(진나라를 억누르고)", "존한尊漢(한나라를 존중하고)", "기실記實(사실을 기록한다)"이 『사기』의 기본 축이라는 청대 학자 전대흔錢大昕의 발언의 타당성 문제는 여러 면에서 검토할 만한 점이 있다.

〔나〕태사공은 진秦나라와 초楚나라 사이의 기록을 읽고 말한다.

처음에 난을 일으킨 것은 진섭에게서 시작되었고 잔인하고 포악스럽게 진나라를 멸망시킨 것은 항씨項氏(항우)로부터 시작된다. 그러나 어지러움을 바로잡고 포악한 자를 주살하고 천하를 평정하여 마침내 제위에 오른 것은 한가漢家(한 왕조)에서 이루어진 것이다. 5년 사이[45]에 호령이 세 번이나 바뀌었으니, 백성이 생겨난 이래 천명을 받은 것이 이처럼 급박한 적은 한 번도 없었다.

옛날에 우 왕조와 하 왕조의 흥성함은 수십 년 동안 선정을 쌓고 공적을 세워 그 은덕이 백성들에게 두루 미치고, 정사를 대행하며 하늘에게서 시험을 거친 이후에 자리에 있게 된 것이다. 탕과 무왕이 왕 노릇 하게 된 것은 설과 후직이 인을 닦고 의를 행하기 시작하여 10여 대代를 거치면서 기약하지도 않았는데 맹진孟津(황하의 나루터 이름)에 800명의 제후가 회맹하여 그들은 오히려 조대를 바꾸는 시기가 오지 않았다고 생각하고는 후에 비로소 〔걸을〕 추방하고 〔주왕을〕 죽인 데에서 비롯된 것이다. 진나라는 양공 때부터 일어나 문공과 목공 때 명성을 드러냈고 헌공과 효공 이후 점차 육국을 잠식하기 시작하여, 100여 년이 지나 시황始皇에 이르러 비로소 육국의 제후를 병합할 수 있었다. 은덕을 베푸는 것이 저들(우나라, 하나라, 상나라)과 같았고 무력을 사용하는 것이 이(진秦나라)와 같았으니 모두 천하를 통일하는 것이 이처럼 어려웠던 것이다. …… 그러므로 〔고조는〕 분을 일으켜 천하의 영웅이 되었으니 어찌 봉토가 없다고 왕이 아니라고 할 수 있겠는가? 이래서 곧 그를 〔책에서〕 전하여 위대한 성인이라고 하는 것인가!

---

45) 진섭이 왕이라고 한 때(기원전 209년)로부터 유방이 황제라고 한 한나라 5년(기원전 202년)으로 구체적으로 따져 보면 8년간이다. 그런데 사마천이 5년이라고 한 것은 기원전 207년부터 기원전 202년까지를 말한다.

2장 사마천은 전통보다 변화에 초점을 두었다

어찌 하늘의 뜻이 아니겠는가? 어찌 하늘의 뜻이 아니겠는가? 위대한 성인이 아니라면 누가 이때를 만나 천명을 받고 제왕이 될 수 있겠는가?[46]

　　보충 설명을 하면 이렇다. 「진초지제 월표」는 사건을 기록한 것이 대단히 번잡하고 또한 급변하는 상황 또한 긴박하다. 사마천은 이 표의 서문에서 대략적인 것을 밝혔는데 왜 '진초秦楚'라고 하고 '진한秦漢'이라고 하지 않았는가? 우선 생각해 볼 수 있는 것이 진승, 회왕, 항량, 항우 같은 초나라 사람들이 진나라를 멸망시킨 공적을 사마천이 긍정적으로 평가했다는 점이다. 반고는 『한서』에서 진한이라고 썼으니 사마천과는 확연히 다른 관점이다. 여기에서 '월표'는 회왕, 항우, 유방 세 사람 사이의 특수한 지위를 드러내기 위해 만든 것인데, 오예, 경포, 장한, 장도, 장이, 한나라 왕(韓王) 신 같은 사람들에 대해서는 연월을 꼭 같이 쓸 필요가 없었던 것 같다.

　　사마천은 육국 이래 진승이 난을 일으킨 이후, 유방이 제위를 칭하게 된 8년간의 급변하는 정치적 상황을 감개무량한 어조로 서술하는데, 당시 객관적 형세가 유방에게 유리한 조건을 제공했고 유방이 받아들인 정책과 전략, 전술이 당시의 시대적 상황과 맞아떨어졌다고 보았다. 고조 유방은 확실히 천부적인 재능을 갖춘 영웅이며 항우가 유방에

---

46) "太史公讀秦楚之際, 曰: 初作難, 發於陳涉; 虐戾滅秦, 自項氏; 撥亂誅暴, 平定海內, 卒踐帝祚, 成於漢家. 五年之間, 號令三嬗, 自生民以來, 未始有受命若斯之亟也. 昔虞夏之興, 積善累功數十年, 德洽百姓, 攝行政事, 考之於天, 然後在位. 湯武之王, 乃由契后稷脩仁行義十餘世, 不期而會孟津八百諸侯, 猶以爲未可, 其後乃放弑. 秦起襄公, 章於文繆, 獻孝之後, 稍以蠶食六國, 百有餘載, 至始皇乃能並冠帶之倫. 以德若彼, 用力如此, 蓋一統若斯之難也. …… 故憤發其所爲天下雄, 安在無土不王? 此乃傳之所謂大聖乎? 豈非天哉, 豈非天哉! 非大聖孰能當此受命而帝者乎?"

게 진 데에는 인격적인 면모도 매우 중요하게 작용했다고 할 수 있다는 취지의 말로도 읽힌다.

다시 「고조 공신후자 연표」의 서문 말미를 읽어 보자. 사마천이 연표를 작성하는 이유에 대해 말하고 있다.

태초(한무제의 연호로서 기원전 104년부터 기원전 101년까지의 기간인데 한나라가 건립된 때로부터 태초까지가 꼭 100년이다.) 100년 사이에 후작을 보존한 자는 다섯뿐이고 나머지들은 법에 연루되어 목숨을 잃거나 나라를 멸망하게 하고 말았다. 법망이 또한 덜 촘촘해진 까닭도 있지만, 모두가 당시의 금령에 삼가고 조심하지 않았기 때문이다.

오늘날의 세상에 처해 있으면서 옛날의 이치를 기록하는 것은 스스로 거울로 삼으려는 까닭이지만 반드시 [옛날과] 일치하는 것은 아니다. 제왕들이 저마다 예법을 달리하고 정무를 달리하지만 성공하는 것으로써 계통과 벼리로 삼은 것이니 어찌 같은 것만을 요구할 수 있겠는가? [제후왕이] 존중되고 총애를 받을 수 있는 까닭과 버림받고 모욕을 받는 까닭 또한 당대에도 얻거나 잃을 만한 사례가 숲처럼 많거늘 어찌 반드시 옛 견문에서만 보아야 하는가? 그래서 그들이 처음과 끝을 삼가 기록하고 그들의 문사를 표로써 정리하였는데 자못 상당히 본말을 다 설명할 수 없는 곳도 있다. 그 분명한 것은 드러내어 기록하고 의심나는 것은 빈칸으로 두었다. 훗날 군자가 있어서 추론하여 그들을 배열하려고 한다면 [이 표를] 열람할 수 있을 것이다.[47]

---

47) "至太初百年之間, 見侯五, 餘皆坐法隕命亡國, 秏矣. 罔亦少密焉, 然皆身無兢兢於當世之禁云. 居今之世, 志古之道, 所以自鏡也, 未必盡同. 帝王者各殊禮而異務, 要以成功爲統紀, 豈可緄乎? 觀所以得尊寵及所以廢辱, 亦當世得失之林也, 何必舊聞? 於是謹其始終, 表見其文, 頗有所不盡本末; 著其明, 疑者闕之. 後有君子, 欲推而列之, 得以覽焉."(고조 공신후자 연표)

2장 사마천은 전통보다 변화에 초점을 두었다

「고조 본기」에서 견지한 일관된 시각이기도 한데, 사마천은 한 제국의 창업자요 최후의 승자가 된 권력자 고조 유방에 대해서는 신격화하지도 않았고 찬양하지도 않았다. 단지 성공한 유방의 면모를 덕이라는 측면에서 다루면서 진나라의 무법성과 폭력성에 대해 경종을 울리는 데 중점을 두고 있다. 사실상 민심을 얻는 자가 천하를 얻고 그 반대의 경우 천하를 잃는 것이 세상 이치다. 즉 천하의 왕 노릇 하는 기본 원리는 유가인 맹자의 핵심 가치이기도 한 "여민동락"인데 진나라는 이와 반대로 폭력으로 치달아 민심을 잃고 망했다는 주장이다.

사마천은 춘추필법에 따라 흥망의 단서를 가감 없이 기록한 집필 태도에서 알 수 있듯이 역사의 전환점이 사회의 윤리 변화와 그 맥을 같이한다는 점을 드러내고자 했다.[48] 특히 주목할 점은 "변變", 즉 변화에 초점을 맞추어 공화정, 공자의 죽음, 진나라 멸망, 진섭의 봉기와 항우와 유방의 쟁패 과정 등의 사변을 중점적으로 다룬 것이다.

5

전통보다는 변화다

_____

이상에서 고찰한 바와 같이 "변"을 주축으로 하는 "통"의 문제가 바로 사마천의 통변론의 핵심임을 알 수 있다. 사마천의 사상은 '변'이 "통"에 비해 좀 더 역사의 진면목을 담고 있다는 데서 출발한다. 사마천에게 "변"은 전통이라는 영원성·항구성과는 상대적인 개념으로 해석된

_____

48) 사마천, 김원중 옮김, 『사기 표』(민음사, 2011), 10쪽.

다. 이는 역사를 재단하는 자신만의 열린 시각, 혹은 확장된 시각의 문제라고 볼 수 있다. 이는 사마천이 추구한 역사 서술에 있어서 주로 왕조와 시대의 변환기 혹은 격변기에 중점을 두고자 하는 십표뿐만 아니라 전체 130편을 관통하는 거대한 흐름임을 알 수 있다. 그것을 요약하면 다음과 같다.

첫째, 시대의 변화를 주축으로 역사를 바라보는 사마천의 관점은 기본적으로 황로 사상과의 연관성을 부인할 수 없으나, 이 못지않게 유가, 도가, 법가 등 제자백가의 사상을 두루 융합하려는 시각 역시 강하다. 이는 음양학과 천문학 등에 정통했던 부친 사마담의 영향 등 가학의 수용 등과도 함께 검토해야 한다.

둘째, "고금지변"이란 말이 상징하듯 사마천은 중국 역사를 거대한 변화의 문제로 보았으며, 그것은 고금이라는 시대성을 상징하면서 변화를 축으로 움직인다는 것으로 전통적인 유가적 복고 의식과 상고주의와는 근본적으로 맥을 달리한다.

셋째, 변화를 중시한 사마천의 시각은 "천도시비"론을 제기한 「백이열전」과 화이불분을 견지한 「오태백 세가」를 각각 열전과 세가의 첫머리에 둔 것으로 이어졌으니, 이런 시각의 참신성은 그의 역사 집필 방식으로 이어져 전설상의 오제를 비롯하여 수양산에서 굶어 죽은 백이·숙제 등 시대의 비주류로 볼 수도 있는 인물들을 과감하게 역사의 전면에 내세워 그들의 존재 의의를 충분히 부각시키려 했다. 이 이외에 자객, 유협, 골계가, 의사 등을 '열전'으로 다루어 그들의 존재 의의도 살리려 했으며, 흔히 이족으로 분류되는 이민족의 역사를 동이, 동월, 서남이, 흉노 등으로 세분하여 균형감 있게 다루려 했다. 이런 서술 시각의 차이가 기전체를 핵심으로 하는 『사기』의 인물론으로 이어지면서 그만의 독창적인 역사 서술 방법론으로 구축되었다.

결론적으로, 사마천은 공자니 요순 시대니 하는 상고적 혹은 복고적 관점으로 회귀해서 역사를 바라보지 않았고, 단순히 그들의 사상에 절대적 권위를 부여해서는 곤란하다는 시각을 일관되게 견지하면서 철저히 시대와 현실에 바탕을 둔 살아 있는 역사를 서술하고자 했다. 역사는 시대의 흐름에 따라 변하는 것이 기본이며 그런 변화하는 양상을 있는 그대로 독자들에게 보여 주는 것이 역사가 본연의 자세라는 인식이 자리 잡고 있는 것이다.

세상은 공정한가 불공정한가

사마천이 세상에 던진 질문

1

하늘의 도는 옳은가 그른가

『사기 열전』 70편의 총서總序 격인 「백이 열전」은 『사기』 130편 가운데 가장 자수가 적은 788자이고 백이의 행적을 다룬 부분도 215자에 불과하다. 그런데 「백이 열전」에는 행간의 함의가 적지 않아, 사마천의 서술 시각이 무엇인지 파악하기 힘들기도 하지만, 다른 열전에서 보기 힘든 절묘한 필법[1]이 드러나 있다. 사마천은 궁형의 치욕을 감내하면서

---

1) 특징적으로 반어 의문문이 많고, 『논어』의 구절을 비롯하여 노자와 가의 등의 말을

자신의 처지를 백이와 숙제의 상황에 대비시키며 세상의 원칙에 대해 고뇌했고, 서사와 의론이 혼용된 논쟁적인 「백이 열전」을 탄생시켰다.

공자에 의해 절의의 상징으로 칭송되었던 백이가 시간이 흐르면서 긍정적인 평가와 부정적인 평가를 받게 된 것은, 사마천이 자신의 의도를 철저히 행간에 감추어 둔 데서 촉발된 것이다. 백이를 표제로 내세우고 있지만, 「백이 열전」의 주인공이 백이와 숙제인지, 공자인지, 사마천인지[2] 헷갈릴 정도로 주객전도 현상이 짙은 것도 이 때문이다. 「백이

인용한 곳도 있으며, 인용 방식도 "기전왈其傳曰", "기사왈其辭曰", "혹왈或曰", "자왈子曰", "고왈故曰", "가자왈賈子曰" 등으로 다양하다. 그래서 당순지는 "이 열전은 교룡과 같아 붙잡을 수도 없고, 또 형세는 지극히 곡절이 있고, 문사는 지극히 세밀히 다듬어 마치 끊어졌다가 마치 이어지는 듯하고 초연히 현묘함에 들어섰다.(此傳如蛟龍不可捕捉. 又曰, 勢極曲折, 詞極工緻, 若斷若續, 超玄入妙.)"라고 했다. 동빈도 "현묘한 곳은 잡다하게 경전을 인용하고 비교하여 자신에게서 나온 듯하고 종횡으로 변화하여 그 끝을 예측할 수 없다.(妙處在雜引經傳, 較若出諸己, 而縱橫變化, 莫測其端.)"라고 평가했다. 종성은 「백이전」이 현묘하니 현묘함은 옛사람의 정신을 기탄하여 사람으로 하여금 마치 찾아 들어가 얻을 수 없게 한다. 독자들이 반드시 억지로 문사의 뜻을 서로 붙여 가며 읽으려 들면 곧 잃어버린다. 그러나 또한 어찌 일찍이 붙여 가며 읽을 수 있으리오! 단지 붓이 신묘하여 깨닫지 못할 뿐이다.(伯夷傳之妙, 妙在誕古人精神, 使人於若不可尋處得之. 讀者必欲強令辭義相屬, 便失之矣. 然亦何嘗不相屬! 特筆妙不覺耳.)"라고 말했다. 조선 시대의 김득신金得臣이 1억 2만 8000번이나 읽었지만 그것을 다 외우지 못했다는 일화는 이 열전의 난독성을 의미한다고도 볼 수 있다. 원문을 보면, "모든 것을 잊어버리고 독서를 좋아하여 문득 1000만 번으로 암송을 세었는데 더욱이 『사기』의 「백이전」을 좋아하여 읽는 것이 1억 2만 8000번이나 되었다.(一切茫昧, 好讀書, 輒以千萬遍爲誦數. 尤喜史記伯夷傳, 讀至一億二萬八千遍)(이의현李宜顯, 「잡저雜著」, 『도곡집陶穀集』卷27, 『한국문집총간韓國文集叢刊』181집)라는 말이 전해진다. 김득신 스스로도 「백이전해伯夷傳解」라는 글의 첫머리에서 「백이전」의 많은 부분에 이해되지 못하는 것이 있어 학사들과 대부들이 그것을 병통으로 여겼다. 나는 책의 여러 주해들을 추려서 그 의문 나는 곳을 해석했다.(伯夷傳多有未解處, 學士大夫病之, 餘抄書諸註解其疑.)"라고 말한 것도 이런 이유다.
2) 양하오이우楊昊鷗, 「사기·백이 열전 경전 형태 연구『史記·伯夷列傳』經傳形態硏究」, 《광

열전」은 독창적인 장법으로 인해 정통을 벗어난 문체라는 의미의 변체라고 불리기도 하고,[3] 심지어 잡문[4]으로 폄하되기도 한다. 그러나 「백이 열전」이 높은 위상을 유지할 수 있었던 이유는 그 서술 기법이 "문약의원文約義遠",[5] 즉 문장은 간략하나 뜻은 심원하다는 의미를 담고 있기 때문이다. 사마천은 당대의 통념과 관습적 인식에서 탈피하여 자신의 시각으로 경전의 권위에 대한 도전적인 질문을 던지면서 역사 해석

동제이사범학원학보廣東第二師範學院學報』제34권 제6기, 2014, 51쪽. 사실상 명대明代의 서사증徐師曾이 『문체명변文體明辨·서설序說』에서 "사마천이 사기를 지은 것으로부터 한 사람의 시종(일생)을 가지고 '열전'이 창작된 것을 후세 역사가가 바꿀 수 없었다.(自司馬遷作史記, 創爲'列傳'以紀一人之始終, 而後世史家莫能易.)"라고 했고, 조익도 『입이사차기廿二史劄記』에서 "사기 열전으로 말한다면, 그 오로지 한 사람을 기록하여 하나의 전傳으로 삼은 것은 사마천으로부터 시작되었다.(史記列傳言: 其專記一人爲一傳者, 則自遷始.)"라고 하여 사마천 '전'체의 가치를 분명하게 인식했다.

3) 모곤은 "의론으로 서사함으로써 열전의 변체다.(以議論敍事, 傳之變體也.)"라고 말했고, 진인석陳仁錫은 "자못 논론 같기는 하고 전傳 같지는 않으니 이는 태사공이 지극히 뜻을 얻은 문장이며 또한 지극한 변체의 문장이다.(頗似論不似傳, 是太史公極得意之文, 亦極變體之文.)"라고 말했다.

4) 러우홍런劉洪仁(1997)은 논문 「열전이라 명명했으나 실제로는 잡문이다名雖"列傳", 實乃雜文──讀『史記伯夷列傳』」(《四川敎育學院學報》)에서 「백이 열전」이 '열전'이라는 명칭을 내세우고 있지만 실제로는 잡문雜文의 형식을 취하고 있다는 전제 아래, 「백이 열전」을 "비교적 특수한 문장이요(比較特殊的文章)", "한 편의 의론문(一篇議論文)"(59쪽)이라고 했다.

5) 이 말의 의미는 "그 글은 간결하고 그 문장은 미묘하며, 그 뜻은 고결하고 그 행동은 청렴하다. 그 문장은 사소한 것을 적었지만 담은 뜻은 지극히 크며, 가까운 곳에 흔히 보이는 사물을 거론했지만, 뜻이 심원하다고 볼 수 있다.(其文約, 其辭微, 其志潔, 其行廉, 其稱文小而其指極大, 擧類邇而見義遠.)"(「굴원 가생 열전」)에 바탕을 두고 있다. 「태사공 자서」의 "대체로 『시』와 『서』의 뜻이 은미하고 〔말이〕 간략한 것은 마음속으로 생각하는 바를 펼쳐 보이려 했기 때문이다.(夫詩書隱約者, 欲遂其志之思也.)"라는 말과 동일 선상에서 거론되는 문제다.

의 새로운 실마리를 던지고자 했다. 이 장에서는 루쉰의 말처럼 『사기』가 문·사 일체의 전형을 보여 주고 있다는[6] 점을 염두에 두고 사마천이 세상에 던진 질문에 대해 알아보기로 한다.

아울러 사마천이 자신의 관점을 드러내는 것을 최소화하면서도 중의적 층위를 구축하고자 한 서술 시각이 어디에 있는지 검토해 보고자한다. 특히, 「백이 열전」에서 주로 "원야비야怨邪非邪"와 "시야비야是邪非邪"를 중심으로 살펴보고자 하는데, 이 두 구에 「백이 열전」이 열전의 총서로서의 지위를 획득할 만한 핵심 이유가 내포되었기 때문이다.

2

역사는 해석하는 자의 몫이다

1) 육경의 권위에 대한 선택적 의미 부여

「백이 열전」은 여타 열전에서 보이는 전형적인 인물 서술 방식인 '아무개는 어디 사람이고 성은 무엇이며 자는 무엇이다'라는 형식[7]을 취하

6) 루쉰의 "역사가의 빼어난 노래요, 운율 없는 이소(史家之絕唱, 無韻之離騷)."(『한문학사강요』)라는 말이다. 주둥룬朱東潤도 " 전기는 역사이고 동시에 문학이다. 역사이기 때문에 따라서 반드시 사료의 운용에 주의해야 하고, 문학이기 때문에 반드시 인물의 형상 소조에 주의해야 한다.(傳記是史, 同時也是文學. 因爲是史, 所以必須 注意到史料的運用; 因爲是文學, 所以也. 必須注意到人物形象的塑造.)"(천란춘陳蘭村 주편主編, 『중국전기문학발전사中國傳記文學發展史』(어문출판사語文出版社, 1999), 477쪽)라고 했다.
7) 「백이 열전」의 첫 문장은 "夫學者載籍極博, 猶考信於六藝. 詩書雖缺, 然虞夏之文可知也."(본문에 인용하므로 번역문은 생략함)로 시작된다. 그러나 이 열전의 뒤를 이은 다음 편

지 않는다. 첫 번째 단락을 분석해 보기로 한다.

대체로 학자들이 기록한 서적[8]은 매우 광범위하나 믿을 만한 것은 오히려 육예에서 찾을 수 있다. 『시』와 『서』에도 없어진 곳이 있기는 하나, 우虞나라와 하夏나라 때의 글로 알 수 있다.

요는 우순에게 제위를 물려주었고, 〔순은 우에게 물려주었는데〕 순과 우 사이에 사악四嶽과 12주의 목牧들이 다 함께 〔우를〕 추천하였으므로 시험삼아 자리를 주고 수십 년 동안 정치를 맡겨 공적이 이루어진 다음에 제위를 넘겨주었다. 〔이러한 절차를 밟는 까닭은〕 천하는 소중한 그릇이고 왕은 위대한 통치자이므로 천하를 전해 주는 일이 이처럼 어려움을 보여 주기 위해서이다. 그러나 말하는 자들은 말한다.

"요가 허유에게 천하를 물려주려고 하자, 허유는 받지 않고 〔그러한 말을 들은 것을〕 부끄러워하며 달아나 숨어 버렸다. 하나라 때에는 변수와 무광

들은 다음과 같은 서술 방식을 대부분 취하고 있다. "관중 이오는 영수 사람이다.(管仲夷吾者, 潁上人也.)"(「관안 열전」), "노자는 초나라 고현 여향 곡인리 사람으로 성은 이씨, 이름은 이, 자는 담이며, 주나라의 장서실을 지키는 사관이었다.(老子者, 楚苦縣厲鄉曲仁里人也. 姓李氏, 名耳, 字耼, 周守藏室之史也.)"(「노자 한비 열전」), "장자는 몽현 사람으로 이름은 주이다.(莊子者, 蒙人也, 名周.)"(「노자 한비 열전」), "사마양저는 전완의 후예다. 제나라 경공 때 진나라가 아읍과 견읍을 치고 연나라가 하수를 침략했는데, 제나라 군대가 완패했다.(司馬穰苴者, 田完之苗裔也. 齊景公時, 晉伐阿甄, 而燕侵河上, 齊師敗績.)"(「사마 양저 열전」) 등이다.

8) 원문의 "재적"에 대한 번역이다. 이 두 글자의 해석에 관해서는 논란거리가 있다는 이인호(2000)의 논문에서는 "재載"의 의미를 "승乘"으로 보아야 한다는 등 제반의 논의를 논제로 삼았다. "기록한 책"(331쪽)이라고 결론을 내렸는데, 그 근거는 왕수민의 『사기각증』의 백화 번역에 있다고 했다.

3장 세상은 공정한가 불공정한가

같은 인물이 있었다. 이러한 사람들은 무엇 때문에 칭송을 받을까?"[9]

이처럼 사마천은 「백이 열전」의 첫머리에 백이를 드러내지 않고, 요순의 선양의 의의를 드러내, 덕정이 치민治民의 바탕임을 강조하고 있다. 또한, "천하중기天下重器, 왕자대통王者大統" 여덟 글자를 통해 천하를 전수하는 것이 얼마나 어려운 일인지 구체적 사례를 통해 입증하면서 천하를 받지 않은 자들의 이름이 칭송되는 현실에 의문을 품었다.

요임금이 순임금에게 자리를 양보하는 과정은 「오제 본기」에서 상세히 기록하고 있다. 요임금이 치적을 세우고 나서 신하들에게 후임을 물어보자 맏아들 단주를 추천하는 신하도 있었지만 "아! 그놈은 고집이 세고 말싸움을 좋아하니 기용할 수 없네.(籲頑凶不用)"라고 했고, 치수 담당관이었던 공공共工을 추천하자, "공공은 말은 잘하지만 마음 쓰는 것이 한쪽으로 치우쳤고 공손한 듯하지만 하늘을 기만하니 안 되네.(共工善言, 其用僻, 似恭漫天, 不可)"라고 비판하면서 거부했고, 우임금의 아버지 곤鯀을 추천했으나, "곤은 명령을 어기고 동족 사이를 어그러뜨렸으니 안 되오!(鯀負命毁族, 不可)"라고 반대 의사를 분명히 했다. 그러나 사악四嶽의 재추천에 따라 9년 동안 임용했으나 공적을 세우지 못했다. 그러자 요임금은 "아, 사악이여! 내가 재위한 지 70년이 되었으니, 그대들 중 누가 천명에 순응하여 나의 자리에 오를 수 있겠소?(嗟四嶽, 朕在位七十載, 汝能庸命, 踐朕位?)"라고 절박함을 토로하면서 "고귀한 친족에서, 멀리 떨어져 홀로 숨어 사는 자에 이르기까지 모두 천거해 주시

---

9) "夫學者載籍極博, 猶考信於六藝. 詩書雖缺, 然虞夏之文可知也. 堯將遜位, 讓於虞舜, 舜禹之間, 岳牧咸薦, 乃試之於位, 典職數十年, 功用旣興, 然後授政. 示天下重器, 王者大統, 傳天下若斯之難也. 而說者曰, '堯讓天下於許由, 許由不受, 恥之逃隱. 及夏之時, 有卞隨務光者. 此何以稱焉?'"

오.(悉擧貴戚及疏遠隱匿者)"라고 말했다. 그러자 모든 사람들이 "백성들 사이에 아내도 없이 혼자 사는 사람이 있는데 우순이라고 합니다.(有矜 在民間, 曰虞舜.)"라고 말했고, 사악이 "장님의 아들입니다. 아버지는 완고하고 어머니는 거짓말을 잘하며 동생은 오만한데도 우순은 화목하게 효를 행하고 후덕함으로 다스려 마침내 그들이 간악한 일을 하는 데 이르지 않게 되었습니다.(盲者子, 父頑, 母嚚, 弟傲, 能和以孝, 烝烝治, 不至 姦.)"라고 하니 요임금이 두 딸 아황娥皇과 여영女英을 그에게 시집보내 두 딸에게 하는 그의 덕행을 관찰했고 결국 우순은 시험에 통과했다. 그러나 막상 순임금은 자신은 백성들을 기쁘게 하기에 부족하다며 임금 자리를 사양했다. 그러나 정월 초하루에 문묘의 묘당에서 제위를 순임금에게 선양했다는 것이 사마천의 기록이다.

인용문의 처리 방법도 꽤 독특한데, 위 단락 마지막 부분의 "설자왈 說者曰"이 그렇다. 변수와 무광 같은 현사[10]들이 거론되는 현실에 대해 사마천은 쉽게 수용적인 태도를 취하지 않았다. 사마천이 거론한 변수와 무광은 결국 백이와 숙제로 환치될 수 있는 정치적 이력을 갖고 있기에 여기서 거론한 것은 분명 백이와 숙제의 행적을 중점적으로 다루기 위한 의도적 장치로 판단된다. 그래서 이 단락의 맨 아래에서 반어 의문문의 방식[11]으로 "차하이칭언此何以稱焉?"이라고 매듭지으며 그 해석

---

10) 허유許由는 육경에는 보이지 않으며 『장자莊子』에 보이는 은자로서 유가 계열이 아니고 노장 계열인 셈이다.(이홍식, 「삼연 김창흡의 「백이전」 이해와 그 의미」, 《한국실학연구》 25집, 2013, 313쪽)

11) 좀 더 예를 들면 이렇다. "其文辭不少槪見, 何哉?", "父死不葬, 爰及干戈, 可謂孝乎?", "以臣弑君, 可謂仁乎?", "由此觀之, 怨邪非邪?", "儻所謂天道, 是邪非邪?", "豈以其重若彼, 其輕若此哉?", "非附靑雲之士, 惡能施于後世哉?"(강조는 필자, 본문에 인용하므로 번역문은 생략함) 한편, 이승수(2014)는 논문 「공자에 대한 사마천의 의문과 반어적 확신 ─「백이 열

3장 세상은 공정한가 불공정한가

의 확장 가능성을 남겨 두었다. 그런데, 이 단락은 다음과 같은 「오제 본기」의 '태사공왈' 부분과 문장 구조와 행간의 맥락이 매우 유사하다는 점을 염두에 두어야 한다.

학자들이 대부분 오제를 일컬은 지 오래되었다. 이에 『상서』에도 단지 요堯 이후의 일만 실려 있게 되었다. 그리고 백가들이 황제에 대해 말했지만, 그들의 문장은 아름답지도 믿을 만하지도 않아 학자나 사관들은 말하기를 꺼린다. 유학자 중에 어떤 이는 공자가 전한 「재여문오제덕宰予問五帝德」과 「제계성帝繫姓」을 전하지 않기도 한다.[12]

하대夏代 이전의 역사는 사료가 제한되어 전설적 색채가 짙은데도 이 시대의 주요 인물인 요순을 역사의 주인공으로 끌어들여 논의하고 있다.[13] 사마천은 세인들이 어떤 인물이나 사실 등의 근거를 찾을 때 유

전」의 독법산론讀法散論」에서 이런 의문을 "순수한 의문"(75쪽)이라고 명명하면서 "사마천 자신에게 질문을 던진 것이다."(75쪽)라고 주장했으나 필자는 독자에게 던지는 메시지의 성격이 강하다고 본다. 이러한 점은 「태사공 자서」에 사마천이 자신이 책을 완성하고 나서 후세의 성인군자를 기다린다고 한 부분 "藏之名山, 副在京師, 俟後世聖人君子"에서의 군자, 즉 일급 독자들에게 던지는 문장과도 연계해 보아야 할 것으로 판단한다. 말하자면 '나도 이런 의문이 드는데, 이 문제를 독자들과 함께 고민해 보자.'라는 취지가 강하다. 이는 사마천 특유의 글쓰기 전략이기도 한데, 사마천 특유의 반어적 표현 방식은 「여불위 열전」의 "태사공왈"의 맨 마지막에서 여불위에 관한 추문을 비유하며 "공자가 말한 '소문'이라는 것은 아마 여불위 같은 사람을 두고 한 말이 아닐까?(孔子之所謂聞者, 其呂子乎.)"라고 한 문장에서도 확인할 수 있다.

12) "學者多稱五帝, 尚矣. 然尚書獨載堯以來; 而百家言黃帝, 其文不雅馴, 薦紳先生難言之. 孔子所傳宰予問五帝德及帝繫姓, 儒者或不傳."(「오제 본기」)

13) 사마천이 『사기 본기』 첫머리에 「오제 본기」를 둔 것이 그 예다. 오제五帝란 황제黃帝, 전욱顓頊 고양高陽, 제곡帝嚳 고신高辛, 요堯, 순舜 등 중국 고대의 전설에 나오는 다섯

가 경전인 육예, 즉 육경에서 논거를 찾으려 하는 것을 긍정하면서도, 다른 한편으로는 『상서』에도 누락된 부분이 있다고 본 것이다.

같은 맥락에서 사마천은 "하이칭언"이라고 한 자신의 의문에 대한 논거를 입증하고자 노력하고 있다는 점을 거론하면서 철저한 관련 사료의 발굴과 답사를 통해 근거를 찾아내고 싶으나 현실이 녹록지 않음을 토로한다. 사마천은 "태사공왈"이라는 인용 방식으로 이렇게 강조한다.

태사공은 말한다.

내가 기산에 올랐을 때, 그 위에 아마도 허유의 무덤이 있을 것이라고들 했다. 공자는 옛 인자, 성인, 현인들을 차례로 열거하면서 오태백, 백이 같은 무리들을 자세히 언급하고 있다. 나는 허유와 무광이 의리가 지극히 고결하다고 들었다. 그러나 〔『시』와 『서』의〕 문장에는 〔그들에 관한〕 대략적인 기록조차 보이지 않으니 무슨 까닭인가?[14]

이 단락 역시 「오제 본기」의 "태사공왈" 부분의 문장 구조와 맥락이 꽤 유사하다.

나는 일찍이 서쪽으로는 공동에 이르렀고 북쪽으로는 탁록을 지나왔으며, 동쪽으로는 바닷가까지 가고 남쪽으로는 강수와 회수를 건넌 적이 있는데, 때때로 장로들이 황제, 요, 순을 칭송하는 곳에 가 보면 풍속과 교화가

제왕이다.

14) "太史公曰, 余登箕山, 其上蓋有許由冢云. 孔子序列古之仁聖賢人, 如吳太伯伯夷之倫詳矣. 余以所聞由光義至高, 其文辭不少槪見. 何哉?"(「백이 열전」)

3장 세상은 공정한가 불공정한가

〔다른 곳과는〕확연히 달라, 이것들을 총괄해 보면 옛글의 내용에 어긋남이 없고 사실에 가깝다. 내가 『춘추』와 『국어』를 살펴보았는데, 그 내용에 「오제덕」과 「제계성」을 뚜렷하게 밝혀 놓은 것이 명백하니, 다만 깊이 고찰하지 않은 것에 불과할 뿐, 거기에 기술된 내용이 전부 허황한 것은 아니다. 『서』에는 누락되어 〔연도의〕간격이 있는데, 그 누락된 부분들은 때때로 다른 책에서 발견된다. 배우기를 좋아하고 생각을 깊이 해서 마음으로 그 뜻을 깨달은 사람이 아니라 본 것이 별로 없고 들은 바가 적은 사람에게 이이야기를 한다는 것은 진실로 어렵다.[15]

이는 사마천이 역사적 문헌에만 의존하지 않고 직접 수소문해 얻은 내용도 역사 기술의 주요한 실마리로 삼았다는 점을 알려 준다. 사마천은 오태백, 백이와 같은 현인들을 절개와 의리의 표상으로 언급한 공자의 말을 거론하면서 그들에 관한 사적이 적은 것에 의문을 제기한다. 그러면서 다양한 문헌과 답사에 입각[16]한 고증의 필요성을 제기한다. 이들에 관한 문헌이 개략적인 것에 불과하다는 점에 의문점이 많은 까닭이다. "하재何哉"는 도발적이고 논쟁적인 강한 반문투다. 이는 절대적인 위상을 구축한 공자의 인물평에 대해 새로운 의문을 표시하는 동시에 이들 인물에 대한 기존의 고착된 시각에 의문을 표하는 것이다.

시야를 좀 더 확장하면, 사마천이 유가보다 황로를 앞에 두었다는

---

15) 2장 각주 16) 참조.
16) 통계를 내 보면 『사기 본기』뿐 아니라 『사기』에서 사마천이 열람한 책은 모두 103종이며, 그중에서 육경을 비롯한 서적이 24종이고, 제자백가서가 52종이며, 역사·지리 및 한나라 왕실의 문서가 20종, 문학서가 7종으로, 이것은 모두 사마천이 『사기』를 쓰면서 근거로 삼은 자료다. 이를 보면 사마천이 문헌과 전적을 얼마나 중요시했는지 알 수 있다.

반고의 비판[17]에서 보이듯 입론의 근거를 유가에 한정하지 않으려는 사마천 사상의 복합성[18]을 염두에 둔다면, 적어도 우리는 사마천이 공자를 입론의 근거로 삼으면서 공자의 발언에 의구심을 갖는 식의 이중 화법을 취하고 있음을 알아야 한다. 이는 단순한 의문 제기가 아니고, 공자의 권위에 대해 의문을 던지는 것임을 어렵지 않게 유추할 수 있다. 그런데, 「태사공 자서」에서 쉽게 알 수 있듯이, 아버지의 유언을 따라 『사기』 저술 의지를 밝히고 공자의 후임을 자처하는[19] 사마천에게는

---

17) 반고는 『한서』 「사마천전」에서 "그(사마천)가 시비를 가리느라 성인의 모습을 왜곡했으며, 대도大道를 논할 때도 황로를 앞에 두고 육경을 뒤에 놓았다.(又其是非頗繆於聖人, 論大道則先黃老而後六經.)"라며 비판했다. 이렇게 비판한 점에서 보면 사마천이 항우를 본기에 포함시킨 것이라든지 한나라를 배반한 제후왕인 오왕 유비, 회남왕 유장과 유안, 형산왕 유사 등을 열전에 편입한 것, 심지어 한나라 초기 공신들에 불과한 소하, 조차, 장량, 진평, 주발 등을 세가에 둔 것이나, 공자, 진섭, 외척 등을 세가에 둔 것 등은 관찬官撰 사가史家들이 결코 쉽게 보아 넘길 문제가 아니었다. 남송南宋의 주희朱熹가 사마천의 "처음과 끝이 모두 원망하는 문사로 백이를 망가뜨렸다.(首尾皆是怨辭, 盡說壞了伯夷.)"(『주자어류朱子語類』卷122)라고 비판한 것도 이런 맥락이라고 본다. 한편 이한조(1971)는 논문 「백이와 사마천 — 사기 총서로서의 백이 열전」을 통해 사마천의 사상이 유가儒家에 속한다고 보았으며, 반고의 부자父子가 『한서』 「사마천전」 찬贊에서 황로를 숭상한다고 언급한 것을 학자들이 반론한 것에 대해 서술하기도 했다.
18) 왕핑王萍은 논문 「사마천의 도가 사상을 간략히 논함(略論司馬遷的道家思想)」에서 "사마천이 유가인 동중서를 스승으로 삼아 금문 경학 이론에 깊었고 천인감응설도 잘 알고 있어 자각하든 하지 못하든 유가 경학 사상을 적지 않게 흡수했다.(司馬遷曾以被尊爲儒者宗的董仲舒爲師, 深諳今文經學理論, 熟悉天人感應之說. 在'究天人之際'時, 司馬遷還是自覺不自覺地吸收了不少儒家經學思想.)"라고 했다. "사마천의 기본 사상은 유가나 도가로 단정 짓기에는 잡가적인 요소가 짙기 때문에 사마천의 사상을 유가로 단정하고 이에 근거하여 이학가를 반박하는 것은 「백이 열전」을 사상적으로 이해하는 데 별 도움이 되지 않는다."(이인호, 「문사철론『사기 백이 열전』」,《중국어문논총》24집, 10쪽)라는 한 연구자의 발언도 사마천 사유의 중의적 단서를 엿볼 수 있게 하는 말이다.
19) "태사공(사마천)은 말한다. 선친께서 '주공이 세상을 떠난 지 500년이 지나 공자가

3장 세상은 공정한가 불공정한가

공자 추존과 공자 극복이라는 강박 관념도 자리하고 있으며 이는 「백이열전」을 관통하는 주된 흐름이기도 하다. 백이는 성인의 모습보다는 인간적인 면모를 강하게 보여 준다는 것이 사마천의 시각이다. 백이와 숙제는 왕이 된 것도 아니고, 고고한 삶을 견지하며 살다 죽었지만, 그것은 자신들의 명예를 위해서도 아니었다.[20] 그러나 「채미가」라는 시구를 읽어 보니, 그들이 원망을 품고 죽었는지는 공자의 단언과 달리 판단하기 쉽지 않다는 것이 사마천의 관점이다.

2) "원야비야怨邪非邪": 공자의 발언에 대한 반문

사실상 사마천이 백이와 숙제를 거론한 이유는 무엇인가? 공자가 그토록 칭찬했던 인물들에 대해 의문을 제기해 자신의 역사적 안목을 세상에 한번 보여 주고자 하는 의도와 무관하지 않다. 다음 문장을 분석해 보자.

공자는 "백이와 숙제는 지나간 원한을 생각하지 않았으므로 원망하는 마음이 이 때문에 거의 없었다."라고 했고, "〔그들은〕 인을 구하여 인을 얻었는데 또 무엇을 원망하였겠는가?"라고 했다. 〔그러나〕 나는 백이의 심경

있고, 공자가 죽은 뒤 지금에 이르기까지 500년이 되었으니 다시 밝은 세상을 이어받고 『역전』을 바로잡고 『춘추』를 이어받고 『시』, 『서』, 『예』, 『악』의 근본을 밝히는 자가 있을 것이다.'라고 말씀하셨으니 〔선친의〕 뜻이 여기에 있지 않았는가! 뜻이 여기에 있지 않았는가! 내가 어찌 감히 사양하겠는가?(太史公曰 先人有言: '自周公卒五百歲而有孔子. 孔子卒後至於今五百歲, 有能紹明世, 正易傳, 繼春秋, 本詩書禮樂之際?' 意在斯乎! 意在斯乎! 小子何敢讓焉.)"

20) 왕샤오뤼王小磊, 「探『史記·伯夷列傳』中的名與怨」, 《重慶科技學院學報》, 2013, 120쪽.

이 슬펐으니 일시軼詩(『시경』에 실려 있지 않은 시)를 보매 〔공자의 말과는〕 다른 데가 있어서이다.[21]

위 인용문의 두 인용은 모두 『논어』의 문장들[22]인데, 원문의 '구오舊惡'는 무왕이 주왕을 무찌르러 가는 것을 보고 말고삐를 부여잡고 간언한 것을 듣지 않은 일을 의미한다. 이 일로 백이와 숙제는 수양산에서 굶어 죽었으나, 지조를 지키고 운명으로 받아들였다는 것이 공자의 핵심 논지다. 즉, 위에 인용된 공자의 발언 "원시용희怨是用希"에서 알 수 있듯이 공자는 백이와 숙제의 절의를 확신한다.[23] 그들의 삶에 한 치의 원망도 없다는 시각, 즉 백이 형제가 '양보(讓)'의 미덕으로 수양산으로 달아나 굶어 죽은 것을 공자는 "구인득인求仁得仁"한 것으로 보았으

---

21) "孔子曰, '伯夷叔齊不念舊惡, 怨是用希.' '求仁得仁, 又何怨乎?' 餘悲伯夷之意, 睹軼詩可異焉." (「백이 열전」)

22) 앞 문장은 「공야장」 편의 "子曰: '伯夷叔齊不念舊惡, 怨是用希.'"이고, 뒤 문장은 「술이」 편의 다음 대화에서 따온 것이다. "염유가 말했다. '선생님께서 위나라 임금을 위해 〔벼슬을〕 하실까요?' 자공이 말했다. '좋습니다, 내가 여쭤 보도록 하지요.' 들어가서 여쭈었다. '백이와 숙제는 어떤 사람입니까?' 〔공자께서〕 말씀하셨다. '옛날의 현인이시다.' '원망했습니까?' 〔공자께서〕 말씀하셨다. '인을 추구하여 인을 얻었는데, 또 무엇을 원망했겠느냐?' 〔자공이〕 나와서 말했다. '선생님께서는 〔위나라 임금을 위해 벼슬〕하지 않으실 겁니다.(冉有曰: '夫子爲衛君乎.' 子貢曰: '諾, 吾將問之.' 入, 曰: '伯夷叔齊何人也.' 曰: '古之賢人也.' 曰: '怨乎.' 曰: '求仁而得仁, 又何怨.' 出, 曰: '夫子不爲也.')"(강조는 필자)(김원중 옮김, 『논어』(휴머니스트, 2017), 177~178쪽)

23) 맹자도 공자의 관점을 이어받아 "백이는 성현 중에서 청렴한 자다.(伯夷, 聖之淸者也.)"(『맹자』「만장하萬章下」), "성인은 백세의 스승인데 백이와 유하혜가 이러하다.(聖人, 百世之師也, 伯夷 柳下惠是也.)"(『맹자』「진심하盡心下」)라면서 상당히 긍정적으로 평가했다. 이러한 평가는 훗날 백이에 대한 제가들의 긍정적인 평가의 주요한 근거로 작용했다.

니, 당연히 그들의 속내는 원망이 없다는 확신이다.[24] 그러나 사마천이 반문하고 자답하는 형식인 위 인용을 보면, 독자들은 백이와 숙제가 원망한 것인지 아닌지 헷갈리는 문맥임을 알 수 있다.

사마천은 "원시용희怨是用希", "우하원호又何怨乎"라고 단언한 공자의 발언을 무비판적으로 수용하는 기존 시각에 의문을 제기하면서 애써 외면하거나 미처 생각하지 못했던 부분에 잠재된 새로운 사고의 가능성을 열어 두었다. 그러면서도 사마천은 백이를 중심에 두고 서술하면서도 그 대척점에 서 있는 무왕에 대해 어떤 비판적 언사도 하지 않는 고도화된 전략적 서술 방식을 보여 준다.

사마천은 공자가 대단한 인물로 평가한 백이와 숙제의 행적을 세세하게 기술하고 있다.

전해 오는 것은 이러하다.

백이와 숙제는 고죽국 군주의 두 아들인데, 그들의 아버지는 아우인 숙제에게 뒤를 잇게 할 작정이었다. 그러나 아버지가 죽자 숙제는 〔왕위를〕 형 백이에게 양보하려고 했다. 〔그러자〕 백이는 '아버지의 명령'이라면서 달아나 버렸고 숙제도 〔왕위에〕 오르려 하지 않고 달아나 버렸다. 고죽국 사람들은 〔할 수 없이〕 중간의 아들이며 숙제의 형을 왕으로 세웠다. 이때 백이와 숙제는 서백창이 노인을 잘 모신다는 소문을 듣고 〔그를〕 찾아가서 몸을 의탁하려고 했다. 〔그런데 그들이 주나라에〕 이르렀을 때 서백창은 죽었고, 〔그의 아들〕 무왕은 나무로 만든 아버지의 위패를 수레에 싣고 〔선왕

---

24) 이런 시각은 『논어』 「술이」 편에서 공자와 자공이 대화하는 장면에서도 분명히 나온다.(주 22 참조) 대화를 통해 확인되듯이 공자는 백이와 숙제가 추구한 삶의 경지에는 보통 사람들이 생각하는 방식과 확실히 다른 지점이 있다고 확신한 것이다.

의) 시호를 문왕文王이라고 일컬으며 동쪽으로 가서 주왕을 치려 했다. 백이와 숙제는 〔무왕의〕 말고삐를 붙잡고 간언했다.

"아버지가 돌아가셨는데 장례도 치르지 않고 바로 전쟁을 일으키는 것을 효라고 할 수 있습니까? 신하 신분으로 군주를 죽이는 것을 인仁이라고 할 수 있습니까?"

〔그러자 무왕〕 곁에 있던 신하들이 무기로 베려고 했다. 〔이때〕 태공(여상)이 〔그들을 두둔하여〕 말했다.

"이들은 의로운 사람들이다."

〔이에 그들을〕 일으켜서 가게 했다. 〔그 뒤〕 무왕이 은나라의 어지러움을 평정하자 천하는 주나라를 종주宗主로 삼았다. 그러나 백이와 숙제는 이를 부끄럽게 여기고 의롭게 주나라 곡식을 먹지 않고, 수양산으로 들어가 고사리를 뜯어 먹었다. 〔그들은〕 굶주려서 죽을 지경에 이르러 노래를 지었는데, 그 가사는 이렇다.

"저 서산에 올라 고사리를 캤네. 폭력으로 폭력을 바꾸었건만 그 잘못을 모르는구나. 신농, 우, 하나라 때는 홀연히 사라졌으니 우리는 앞으로 어디로 돌아가야 하나? 아아! 〔이제는〕 죽음뿐, 운명도 다했구나! 마침내 수양산에서 굶어 죽는다."

이 가사로 본다면 원망한 것인가? 〔원망하지〕 않은 것인가?[25]

---

25) "其傳曰: 伯夷叔齊, 孤竹君之二子也. 父欲立叔齊, 及父卒, 叔齊讓伯夷. 伯夷曰, '父命也.' 遂逃去. 叔齊亦不肯立而逃之. 國人立其中子. 於是伯夷叔齊聞西伯昌善養老, 盍往歸焉. 及至, 西伯卒, 武王載木主, 號爲文王, 東伐紂. 伯夷叔齊叩馬而諫曰, '父死不葬, 爰及干戈, 可謂孝乎? 以臣弑君, 可謂仁乎?' 左右欲兵之. 太公曰, '此義人也.' 扶而去之. 武王已平殷亂, 天下宗周, 而伯夷叔齊恥之, 義不食周粟, 隱於首陽山. 采薇而食之, 及餓且死, 作歌. 其辭曰, '登彼西山兮, 采其薇矣. 以暴易暴兮, 不知其非矣. 神農虞夏忽焉沒兮, 我安適歸矣? 于嗟徂兮, 命之衰矣.' 遂餓死於首陽山. 由此觀之, 怨邪非邪?"(「백이 열전」)

첫머리에서 사마천은 "기전왈其傳曰"이라는 형식을 빌려 다음과 같은 『장자』의 문장을 거의 통째로 인용하여 행적을 상세히 기록했다.

옛날 주나라가 일어날 적에 두 사람의 선비가 고죽에 살고 있었는데, 백이와 숙제이다. 두 사람이 서로 일러 말했다. "내가 듣건대 서쪽에 사람이 있는데, 도를 터득한 사람인 듯하니 시험 삼아 가 보기로 합시다." 기산의 남쪽에 이르렀을 때, 무왕이 이들에 관한 얘기를 듣고서 아우 숙단을 시켜 그들을 마중 나가 만나 보게 하였다. 숙단은 그들에게 맹세하여 "녹은 이등을 더해 주고 벼슬은 일등을 주겠다."고 말하면서, 짐승의 피를 빨고 이 맹세를 쓴 글을 땅에 묻음으로써 맹세를 굳혔다. 두 사람은 서로 쳐다보고 웃으면서 말하였다. "아아! 이상하구나! 이건 우리가 생각하는 도가 아닙니다. 옛날 신농씨가 천하를 다스리고 있을 때는, 철에 따른 제사를 공경히 정성을 다해 지내기는 하였지만, 기쁨을 빌지는 않았습니다. 백성들에 대하여는 충실하고 신실하게 정성을 다하여 다스리기는 하였지만, 기쁨을 빌지는 않았습니다. 즐겁게 정치를 맡으면 정치를 하였고, 즐겁게 다스리게 되면 다스리기만 하였습니다. 남의 손실을 근거로 하여 자신의 성공을 바라지 않았고, 남을 낮추면서 자신이 높아지려 하지 않았으며, 시세를 만났다 하여 자기 이익만을 추구하지 않았습니다. 지금 주나라는 은나라가 혼란함을 보고서 갑자기 좋은 정치를 하려 하고 있습니다. 윗사람은 계책을 써서 신하들을 모으고 아랫사람들은 뇌물을 쓰며 벼슬을 구하고 있습니다. 군대를 의지하여 위세를 보존하고, 짐승의 피를 내어 맹세함으로써 믿음을 표시하며, 훌륭한 행동을 표창함으로써 민중들을 기쁘게 해 주고, 사람들을 죽이면서 남을 공격하여 이익을 추구하고 있습니다. 이것은 혼란을 밀어내고 그것을 난폭함으로 대체하는 것에 불과합니다. 제가 듣건대 옛날의 선비들은 잘 다스려지는 세상을 만나면 그에게 맡겨진 일을 피하지 않고, 어지러운 세상을 만나면 구차히 살아가려 들지 않았다 하였습니다. 지금 천하가 혼미하고 주나라의 덕이 쇠하고 있습니다. 주나라와 함께 살아감으로써 내 몸을 더럽히느니보다는 차라리 주나라를 피하여 나의 행동을 깨끗이 해야겠습니다." 두 사람은 북쪽 수양산으로 가서 마침내 굶어 죽었다. 백이와 숙제 같은 사람들은 부귀를 구차한 방법으로 얻을 수 있다 해도 절대로 얻지 않는 사람들이다. 고매한 절조나 남과 다른 행동으로 홀로 그의 뜻을 즐기고 세상에서 일도 하지 않은 사람들이었다. 이것이 두 선비의 절의인 것이다.[26]

『장자』의 글을 거의 그대로 인용했음에도 문장의 출전을 밝히지 않는 방식을 통해 사마천은 육예 이외의 문헌에서 근거를 찾으려 시도하는 의도를 암묵적으로 보여 준다. 그것도 공자를 가장 비판적으로 보는

---

26) "昔周之興, 有士二人處於孤竹, 曰伯夷叔齊. 二人相謂曰: '吾聞西方有人, 似有道者, 試往觀焉.' 至於岐陽, 武王聞之, 使叔旦往見之, 與盟曰: '加富二等, 就官一列.' 血牲而埋之. 二人相視而笑曰: '嘻, 異哉! 此非吾所謂道也. 昔者神農之有天下也, 時祀盡敬而不祈喜; 其於人也, 忠信盡治而無求焉. 樂與政爲政, 樂與治爲治, 不以人之壞自成也, 不以人之卑自高也. 不以遭時自利也. 今周見殷之亂而遽爲政, 上謀而下行貨, 阻兵而保威, 割牲而盟以爲信, 揚行以說眾, 殺伐以要利, 是推亂以易暴也. 吾聞古之士, 遭治世不避其任, 遇亂世不爲苟存. 今天下闇, 〔周〕〔殷〕德衰, 其並乎周以塗吾身也, 不如避之以絜吾行.' 二子北至於首陽之山, 遂餓而死焉. 若伯夷叔齊者, 其於富貴也, 苟可得已, 則必不賴. 高節戾行, 獨樂其志, 不事於世, 此二士之節也."(『장자莊子』「양왕讓王」) 김학주 옮김, 『장자』(연암서가, 2014), 703~704쪽 참조. 여기에서 장자는 이 두 사람의 절의를 높이 평가했다. 이렇듯 백이는 청렴과 절개의 상징으로 인식되었다. 한자오치韓兆琦는 위 문장에 대해『사기 통론史記通論』(광서사범대학출판사廣西師範大學出版社, 1996, 44쪽)에서『장자』속에 인용된 인물과 고사의 신빙성에 의문을 제기하면서 사마천의 입론의 근거에 문제가 있음을 간접적으로 지적했다.

장자의 문장에서 그 근거를 찾아 왔다는 데서 육경 위주의 논의에서 벗어나고자 한 것을 충분히 알 수 있다.

좀 더 구체적으로 분석해 보자. 대화체 문장을 통한 생동감 있는 상황 묘사가 일품인 위의 단락에서 사마천은 아버지의 상을 치르지도 않고 상복을 입은 채 명분에 어긋난 전쟁을 일으킨 무왕의 비정함과 난폭함이 정벌의 대상인 주왕보다 더 비인륜적임을 암시하고 있다.[27] 사마천은 이런 행위에 대해 죽음을 무릅쓰고 간언하는 백이·숙제의 기백, 중간자적인 강태공의 의로움을 효과적으로 서술한다. 그러면서 백이·숙제의 행동을 통해 현실 정치 참여와 은둔이라는 모순된 갈등 양상을 그려 낸다. 수양산에서 굶어 죽은 백이와 숙제의 행적을 단순히 쓴 것이 아니라 명분과 현실 사이에서 고뇌하는 그들의 복잡한 심경을 잘 그려낸 것이다.

사마천이 이들의 행적을 상세히 거론한 이유는 어디에 있을까? 유가에서 이들에 대해 지나치게 호평하는 것에 의문을 제기하면서 새로운 관점에서 한번 따져 보자는 의도다. 즉, 이들은 "의"에 의거하여 무왕

---

27) 조선 시대 김시습金時習은 「백이숙제찬伯夷叔齊贊」이란 글을 통해 「채미가采薇歌」의 "登彼西山兮, 采其薇矣, 以暴易暴兮, 不知其非矣." 구절을 인용하고는 자신의 생각을 분명하게 밝혔다. 원문은 다음과 같다. "愚謂夷齊之所以言如此者, 蓋周武王雖伐罪弔民, 其時父喪在殯, 尙不葬其屍, 而於衰絰之中, 以臣伐君, 則武王之暴, 尤甚於紂, 且紂之暴, 則身衰老死, 尙或可悛, 有亡而爲後世之懲惡. 周武之暴, 則莫甚於當日, 而傳臭於萬世者甚大. 何以言之, 蓋不葬從戎, 爲後世不孝者之源, 以臣弑君, 爲後世簒位者之本." 김시습의 긴 논평은 의리론의 관점에서 공맹孔孟이 성인의 반열에 둔 무왕을 은나라 주紂보다 폭력적인 인물로 규정하면서 그것이 「채미가」의 본의라고 본 것이다. 이러한 반혁명적 사유가 바로 의리론의 차원이며, 사마천이 말하고자 하는 행간적 맥락 고려와도 연관되는 점이다. 좀 더 상세한 분석은 이홍식, 「매월당 김시습의 백이 이해와 그 의미」, 《한국고전연구》 27집, 2013, 269~277쪽을 참조하기 바란다.

을 힐난한 것이고, 그래서 주나라의 봉록을 사양한 것이다. 그러나 그들은 왜 군이 주나라에 가서 노인 대접을 받고자 했을까. 또한 왜 무왕 앞에서 바로 자살 등의 방식을 취해 죽지 않고 수양산으로 들어가 삶을 유지하다가 완만한 죽음을 선택하는 정치적 행위를 했을까. 독자들은 이러한 의문을 품지 않을 수 없으며, 바로 이 점이 공자와 사마천의 시각이 다른 지점이다.

맨 마지막 '원야비야'라는 반어 의문문을 통해 그 복합적인 심경을 알 수 있다. 네 글자에 불과하지만, 그 행간의 의미가 깊고도 넓어 독자들은 이 구절에 스며 있는 언외지의를 느낄 것이다. 사마천은 아버지의 장례도 치르지 않고 정벌에 나선 무왕의 행동이 대의도 아니고 단지 "이포역포以暴易暴"하려고 한 그릇된 행동임을 지적한 점[28]을 거론한 고사와 「채미가」의 상관관계를 따져 보면서 다시 읽어야 한다고 판단한 것이다. 즉, "어차조혜於嗟徂兮, 명지쇠의命之衰矣"라는 구절에 보이는 그들의 한탄과 내적 원망의 층차와 깊이를 독자들과 함께 판단해 보자는 것이다. 사마천은 역사적 추세는 예나 지금이나 변하지 않고, 설령 하늘에 호소해 봤자 아무런 답이 없다는 점을 백이·숙제의 한탄을 통해 말하고 있으니, 이는 "(허리띠를) 훔친 사람은 처형되고, 나라를 훔친 사람은 제후가 되며, 제후의 순하에는 인의가 있다.(竊鉤者誅, 竊國者侯, 侯之門仁義存)(『사기·유협 열전遊俠列傳』)"[29]라는 정치 현실과도 무관하지 않

---

28) 쉬저우虛舟(2000)는 논문 「從堯舜禪讓到"以暴易暴"—讀『史記·伯夷列傳』」(《南京理工大學學報》第13卷 第1期)에서 "폭력으로 폭력을 바꾸려 하는(以暴易暴)' 것은, 첫 번째 잘못은 수단에 있고, 두 번째 잘못은 결과에 있다.(一錯在手段上, 二錯在結果上)"(7쪽)라고 지적했다.

29) 이 문장은 본래 『장자』 「거협胠篋」 편에 나온다. "저 띠쇠를 훔친 자는 주살되지만,

음을 말하고 있다.

「채미가」의 내용을 통해 사마천은 공자의 단언이 무리한 추론이요 단정이라는 논지를 드러내면서, 공자의 평에 의문을 품는다. 그리고 나서 마지막에 "원망한 것인가, 원망하지 않은 것인가?"라며 확언이나 판단으로 자신의 견해를 분명하게 드러내지 않고 반문 형식으로 문장을 매듭짓는다. 따라서 독자들은 사마천의 의도를 파악하기 위해 행간의 단절을 극복하는 독서를 해야 한다.

'원'과 '불원'에 대한 시비의 판별 여부는 「백이 열전」의 핵심 쟁점이며, 사마천이 던지고자 하는 궁극적인 의문인 "천도시비"와 연계되는 문제다. 사마천은 백이와 숙제가 선하고 의로운 사람인데도 하늘의 보답을 받기는커녕 굶어 죽고, 오히려 도척 같은 악인이 천수를 누리는 현실적 문제점에 주목했기 때문이다. 그러므로 "원"이란 단어에는 긍정과 부정과 그 중간 지점의 공간을 확보하고자 하는 사마천의 인식이 배어 있고, 중의적 맥락이 내재되어 있다. 사마천은 백이의 "양讓"을 거론하면서도 현실에서는 오히려 "쟁爭"의 방식을 택했으나, 궁극적으로는 "원怨"의 마음을 품고 생을 마감한 데 대해 안타까운 마음을 이중적으로 가진 것이다.

나라를 훔친 자는 제후가 되니, 제후의 가문에서 인의가 존재한다.(彼竊鉤者誅, 竊國者為諸侯; 諸侯之門而仁義存焉)"

천도에 대한 의혹의 확장과 시비 선악에 대한 판단 유보

1) "시야비야是邪非邪": 선악과 시비의 혼돈에 대한 의문 제기

사마천은 「태사공 자서」에서 "말세에는 모두 이익을 다투지만, 오직 저들만은 의를 지키느라 바빴으며 나라를 양보하고 굶어 죽으니 천하가 그들을 칭송했다. 「백이 열전」 제1편을 지었다.(末世爭利, 維彼奔義, 讓國餓死, 天下稱之. 作伯夷列傳第一.)"라면서 "분의"와 "양국"이라는 도덕적 기준에 의해 백이와 숙제가 높이 평가받고 있음을 적시했다. 사마천은 백이와 숙제의 삶과 죽음의 문제를 다각도로 다루어, "천도天道"라는 문제에 비판적인 시각과 회의적 입장을 견지하고, 궁형의 치욕을 당한 자신의 삶을 "태산보다 무거운 죽음(死重於泰山)"(「보임안서」)이라고 언급하면서 역사가로서의 남다른 의지를 피력한다. 이는 사마천의 궁극적 삶의 목표가 "일가의 말을 이룬다.(成一家之言.)"(「태사공 자서」)라는 데서 알 수 있듯이, 역사 서술을 입신과 양명에 둔 점과 무관하지 않다.

그러나 「태사공 자서」에서 밝힌 서술 동기와 달리, 사마천은 "쟁리爭利", "사권死權"이라는 전반적인 시대 사조 속에서 양보의 미덕과 의리를 보여 준 백이·숙제의 삶의 역정을 통해 천도의 편파성을 역사의 전면에 드러내고자 했다. 백이와 숙제의 행위를 긍정하면서도 이들의 죽음이 던지는 의미에 대해 울분과 감개를 드러낸 것이다.[30] 그러므로 "천

---

30) 조선 시대 차천로가 「백이사명설」에서 사마천이 백이와 도척의 사례를 거론한 이유에 대해 "바로 그가 세상을 바로잡고 싶은 울분에 격앙되어 나온 말이다.(是乃矯世憤激之言)"라고 주장하기도 한 것을 염두에 두자.

도시야비야天道是邪非邪"라는 구절이 나오는 다음 문장을 분석해 보면서 사마천의 내면으로 들어가 보자.

어떤 사람은 말했다.

"하늘의 도는 사사로움이 없어 늘 착한 사람과 함께한다."

백이와 숙제는 착한 사람이라고 할 수 있으니 그렇지 않은가? (그러나 그들은) 이처럼 인을 쌓고 행실을 깨끗하게 했어도 굶어 죽었다.

또한 (제자) 일흔 명 중에서 공자는 안연만이 학문을 좋아한다고 (노나라 제후에게) 추천하였으나 안연은 (밥그릇이) 자주 텅 비었고 술지게미와 쌀겨 같은 거친 음식조차 배불리 먹지 못하고 끝내 젊은 나이에 죽고 말았다. 하늘이 착한 사람에게 보답으로 베풀어 준다면 어찌 이런 일이 있을 수 있는가? 도척[31]은 날마다 죄 없는 사람을 죽이고 그들의 고기를 잘게 썰어 (육포로) 먹었다. 잔인한 짓을 하며 수천 명의 무리를 모아 제멋대로 천하를 돌아다녔지만 끝내 하늘에서 내려 준 자신의 수명을 다 누리고 죽었다. 이는 어떠한 덕을 따르는 것인가? 이러한 것들은 그러한 사례 중에서도 가장 두드러진다.

---

31) 춘추 시대 노나라 사람으로 이름이 척蹠이며 현인 유하혜의 아우다. 9000명의 무리를 거느리고 악행을 저지르며 제후들까지 공격하여 역대 통치자들은 그를 대도大盜라고 헐뜯었고, 역사에서는 도척이라고 했다. 그런데 장자는 "백이는 수양산 아래에서 이름을 위해 죽었고 도척은 동릉의 위에서 이익을 위해 죽었으니 두 사람은 죽은 바는 달랐으나 그들이 자신의 삶을 해치고 자신의 본성을 손상시킨 점에 있어서는 같은 것이다. 어찌 반드시 백이만 옳고 도척만이 그른 것인가?(伯夷死名於首陽之下, 盜蹠死利於東陵之上, 二人者, 所死不同, 其於殘生傷性均也, 奚必伯夷之是而盜蹠之非乎?)"(『장자』「변무騈拇」)라면서 백이가 옳고 도척이 그르다는 시각은 문제가 있으며 큰 범주에서 보면 매한가지라는 시각을 견지하고 있다.

요즘 시대에 들어서면서 하는 행동은 규범을 따르지 않고 오로지 법령이 금지하는 일만을 일삼으면서도 한평생을 편안하게 즐거워하며 대대로 부귀가 이어지는 사람이 있다. 그런가 하면 걸음 한 번 내딛는 데도 땅을 가려서 딛고, 말을 할 때도 알맞은 때를 기다려 하며, 길을 갈 때는 작은 길로 가지 않고, 공평하고 바른 일이 아니면 떨쳐 일어나서 하지 않는데도 재앙을 만나는 사람은 그 수를 헤아릴 수 없을 만큼 많다. 나는 매우 당혹스럽다. 만일 〔이러한 것이〕 하늘의 도라면 옳은가, 그른가?[32]

위 인용문의 첫 문장 "천도무친天道無親, 상여선인常與善人."은 노자의 『도덕경』 79장에 나오는 구절로서 소철이 『노자해』에서 지적했듯이 "하늘과 땅은 사사로움이 없다.(天地無私.)"라는 의미다. 노자가 말하는 "친"이란 일반 사회 통념과는 다른 그저 사사로운 친소 관계일 뿐이니 편애의 차원에 속하며, 오직 "천도"만이 그런 차원을 벗어나 있다는 뜻이다. 친소에 따른 감정적 혼돈이야말로 노자가 가장 경계하는 것이기 때문이다. 그리고 "선인"이란 단어는 『도덕경』 8장의 "마음〔가짐〕은 연못〔처럼 고요한 것〕과 선한 사람을 최상으로 여기며(心善淵與善人)"라든지, 27장의 "선한 사람은 선하지 못한 사람의 스승이며(善人者, 不善人之師)"라는 문장과 비교해 보면, 노자가 말하는 이상적인 인간상과 맞닿아 있

---

32) "或曰, '天道無親, 常與善人.' 若伯夷叔齊, 可謂善人者非邪? 積仁絜行如此而餓死! 且七十子之徒, 仲尼獨薦顏淵爲好學, 然回也屢空, 糟糠不厭, 而卒蚤夭, 天之報施善人, 其何如哉? 盜跖日殺不辜, 肝人之肉, 暴戾恣睢, 聚黨數千人橫行天下, 竟以壽終. 是遵何德哉? 此其尤大彰明較著者也. 若至近世, 操行不軌, 專犯忌諱, 而終身逸樂, 富厚累世不絶. 或擇地而蹈之, 時然後出言, 行不由徑, 非公正不發憤, 而遇禍災者, 不可勝數也. 余甚惑焉, 儻所謂天道, 是邪非邪?"(「백이 열전」)

음을 알 수 있겠다.[33] 그런데 사마천은 "혹왈或曰"이라고 하면서 그 출처를 밝히지 않고 논지를 전개한다. 백이와 숙제를 "가위선인자비사可謂善人者非邪"라고 하면서 자신의 판단이 맞는지 안 맞는지 의문을 제기한다. 사마천은 대비적이면서도 점층적인 반박 형식의 문체를 통해 문장의 기세를 점점 고조시키고, 어쩔 수 없는 현실에 대해 맨 마지막에 "시야비야"라고 마무리하고 있다. 사마천의 이러한 대비는 '의'와 '이'의 문제가 원칙과 실제를 따로 볼 수 없으며, 그 혼융 현상도 시대적 변화에 따라 제기된 것임을 은연중에 제시한다. 그러면서 안연과 도척이 정반대의 보상을 받은 데에 강한 의문을 표출하여 결론 부분에서 "심혹甚惑"이란 말을 통해 자신의 힘으로 어쩔 수 없는 세상사에 절망과 아쉬움을 드러냈다. 사마천은 먼저 노자의 말을 인용한 다음에 백이와 숙제의 비극을 언급하고 다시 안회와 도척의 예를 들고는 천도를 믿을 수 없다는 점을 입증한 것이다. 위 문장의 "근세"란 단어는 사마천 당대의 개념으로서, 선한 사람에게 상을 내리고 포악한 자에게 벌을 내린다는 천도의 위상이 이미 돌이킬 수 없는 지경으로 떨어진 현실을 보여 준다.

즉, "혹"이란 글자에서 드러나듯 사마천은 세상의 모든 일에 의혹을 품었고, 그 의혹은 모호한 서술 방식으로 표출되었다. 이는 세상사에 관한 강력한 외침이요 항변이라 하겠다.

'자왈'을 고의로 생략하고 노자의 말을 인용한 것을 보면, 사마천은 공자의 권위에 도전함과 동시에 황로 사상의 태두 격인 노자를 은연중에 거론하여 그 둘을 모두 논의 선상에 두는 구도를 펼치고 있다. 사마천은 공자의 제자 안연과 극악무도한 도척이 대비적 삶을 살다 간 사실

---

33) 김원중 옮김, 『노자 도덕경』(휴머니스트, 2018), 278~279쪽 참조.

에 주목하면서 마지막에 "당소위천도儻所謂天道, 시야비야是邪非邪?"라고 강하게 반문하며 의문을 남겼다. "시야비야"라는 말을 통해 우리는 사마천이 삶의 문제에 대해 얼마나 고민했는지를 알 수 있다. "천도"라는 개념으로 해결될 수 없는 예측 불가한 삶 속에서, 인간의 힘으로는 어찌할 수 없는 세상의 이치에 대해 그가 고민한 흔적을 충분히 유추할 수 있다. 이 역시 독자의 판단을 요구하지만, 현명한 독자라면 이미 사마천이 요구하는 답변이 무엇인지 유추할 수 있다.

요컨대, 사마천은 공자에 의해 가장 추앙을 받고 안빈낙도의 삶을 살았으나 요절한 안연과, 극악무도했으면서도 천수를 누린 도척을 대비하면서, 자신이 생각하는 '혹'의 세태에 다시 한번 의문을 표하고, 왜 세상은 공정하지 못한가에 대해 답을 구하고자 했다. 이것이 "천도시비"론의 요지다.

2) 현실에 대한 선택적 갈등과 '명성'의 추구에 대한 반어적 확신

사마천이 수양산에서 굶어 죽은 백이와 숙제가 칭송되는 현실에 의문을 제기하고 있다는 점은 이미 앞 장에서 살펴보았다. 공자의 극찬과 달리 그들에게는 원망의 감정이 있었음이 분명했고, 수양산에서의 그들의 완만한 죽음은 대의명분을 지키면서 꼿꼿한 죽음을 택한 의인들의 삶의 태도와도 상당한 괴리가 있다고 보는 것이 사마천의 시각이다.

다음 글에서 확인되듯, 사마천의 고뇌는 공자의 다음과 같은 발언들로 인해 스스로 어떤 판단도 쉽게 할 수 없다는 한계 의식을 드러낸다.

공자가 말한 "길이 같지 않으면 서로 도모하지 않는다."라는 것은 또한 저마다 자기의 뜻을 좇는다는 말이다. 그래서 〔공자는 또한〕 말했다.

"부귀가 찾아서 얻을 수 있는 것이라면 말채찍을 잡는 천한 일자리라도 나는 하겠다. 또 만일 찾아서 얻을 수 없다면 나는 내가 좋아하는 것을 좇겠다."

"추운 계절이 되고 나서야 비로소 소나무와 잣나무가 나중에 시든다는 것을 안다."

온 세상이 혼탁하면 청렴한 선비가 비로소 드러난다. 어찌하여 그 무겁기가 저와 같고 그 가볍기가 이와 같은 것인가?[34]

『논어』의 문장을 세 군데에 걸쳐 인용[35]한 이 단락은 유가에서 매우 중요시하는 명분론이요 군자라면 누구나 행해야 할 삶의 지향이기도 하다. 그런데 사마천이 말하고자 하는 바는 맨 마지막 문장인 "기이기중약피豈以其重若彼, 기경약차재其輕若此哉[36]에 담겨 있다. 앞의 세 문장에서 공자의 말을 극진히 받드는 듯한 것처럼 착각할 만한 소지를 남기고 마지막 문장을 통해 반전의 묘미를 보여 준다. "기이기중약피, 기경약차재"라는 강한 반문의 어투에서 쓰인 "기豈", "재哉" 자는 그들의 죽음이 던지는 의미가 결코 긍정적이지 않다는 것을 보여 주는데, 거기에는 동시에 동중서의 천인 관념에 관한 의문을 제기한 사마천 사

---

34) "子曰: '道不同不相爲謀', 亦各從其志也. 故曰: '富貴如可求, 雖執鞭之士, 吾亦爲之. 如不可求, 從吾所好.' 歲寒, 然後知松柏之後凋.' 擧世混濁, 淸士乃見, 豈以其重若彼, 其輕若此哉."(「백이열전」)

35) 순서대로 「위령공」, 「술이」, 「자한」 편이다.

36) 이 문장에서 "其重若彼, 其輕若此"의 해석의 다양성에 관한 논의는 이인호(1998)에 상세하므로(265~285쪽) 여기서는 중복하여 거론하지 않는다.

상의 복합적 맥락도 들어 있다.

사마천은 공자의 존재를 부정하지 않고, 그 위상에 상당한 의미를 부여하면서 자신의 논지를 피력한다.

"군자는 죽고 나서도 이름이 일컬어지지 않는 것을 싫어한다."

가의는 말했다.

"탐욕스러운 자는 재물을 구하고, 열사는 이름을 추구하며, 뽐내기 좋아하는 사람은 권세 때문에 죽고, 뭇 서민은 〔그날그날의〕 생계에 매달린다."

"같은 종류의 빛은 서로 비추어 주고, 같은 부류들은 서로 어울린다."

"구름은 용을 따라 생기고 바람은 범을 따라 일어난다. 성인이 나타나야 만물도 다 뚜렷해진다."

백이와 숙제가 비록 어질기는 했지만, 공자의 칭찬이 있고 나서부터 그 명성이 더욱더 드러나게 되었다. 안연이 학문을 돈독히 했지만 천리마의 꼬리에 붙었기에 행적이 더욱 두드러지게 되었다. 바위나 동굴 속에 '숨어 사는' 선비들은 때를 보아 나아가고 물러나지만 이와 같은 훌륭한 명성이 묻혀 거론되지 않는 것이 슬프구나! 시골에 묻혀 사는 사람 중에 덕행을 닦아 명성을 세우고자 하는 사람이라도 지고한 선비를 만나지 못한다면 어찌 후세에 〔이름을〕 남길 수 있겠는가.[37]

첫 문장은 『논어』 「위령공」 편에서 인용한 것인데, 공자는 '칭稱', 즉

---

37) "'君子疾沒世而名不稱焉.' 賈子曰: '貪夫徇財, 烈士徇名, 夸者死權, 衆庶馮生.' '同明相照, 同類相求.' '雲從龍, 風從虎, 聖人作而萬物覩.' 伯夷叔齊雖賢, 得夫子而名益彰. 顔淵雖篤學, 附驥尾而行益顯. 巖穴之士, 趣舍有時若此, 類名堙滅而不稱, 悲夫! 閭巷之人, 欲砥行立名者, 非附靑雲之士, 惡能施于後世哉."(「백이 열전」)

세상 사람들에 의해 평가받는 것을 대단히 중시했다. 이 문장과 관련된 『논어』의 구절들을 살펴보면 이렇다. 「자한」 편에서 "뒤에 태어난 자들이 무섭다. 오는 자들이 지금 사람만 못하리라는 것을 어찌 알겠는가? 〔그러나〕 40세나 50세가 되어도 〔이름이〕 알려지지 않으면 이 또한 두려워할 만한 사람이 못 된다.(後生可畏, 焉知來者之不如今也, 四十五十而無聞焉, 斯亦不足畏也已.)"라는 문장을 보더라도 공자는 현세에 이름이 나는 일을 중요시했다. 그러나 천하에 도가 없어 자기를 알아주는 이가 없었기에, 공자는 「헌문」 편에서 "나를 알아주는 자는 아마도 하늘일 것이다.(知我者其天乎.)"라고 탄식했고, 죽고 나서는 이름이 알려지리라는 바람을 갖고 있었다. 심지어 「계씨」 편의 "제나라 경공은 말 4000필을 가지고 있었는데, 그가 죽던 날 백성들 중 그의 덕에 대해 일컫는 자가 없었다. 백이와 숙제는 수양산 아래서 굶어 죽었지만, 백성들은 오늘에 이르기까지 그들을 칭송하고 있다.(齊景公有馬千駟, 死之日, 民無德而稱焉, 伯夷叔齊餓於首陽之下, 民到於今稱之.)"라는 문장에서 드러나듯 이름이 알려지는 것에 대한 공자의 집념은 상당하다고 볼 수 있다. 이런 모습은 사마천에게 그대로 각인되어 그는 삶의 의미를 명성의 유무와 관련된 것으로 인식하게 된 것이다. 다시 「백이 열전」 원문으로 돌아가면, 두 번째 인용문의 근거인 가자賈子는 가생賈生을 가리키는데, 가생은 부류에 따라 사는 방식이 다르듯이, 열사烈士는 명성을 추구한다는 명제를 분명히 지적하고 있다. "동명상조同明相照, 동류상구同類相求"라는 구절은 『주역』을 인용한 것으로[38] 유유상종이란 성어를 떠오르게 하며, 바로

---

38) 이 부분에 대해 공자가 『주역』의 건괘와 곤괘에 대해 해설한 『주역』 「문언전文言傳」에 보면 이렇게 기술되어 있다. "구오가 말한다. '용이 하늘에 있으니 대인을 만나 보는 것이 이롭다.'라는 것은 무엇을 말하는가?' 공자께서 말씀하셨다. '같은 소리는 서로 응

뒤의 "운종룡雲從龍, 풍종호風從虎, 성인작이만물도聖人作而萬物睹"라는 문장도 『주역』을 인용하고 나서 구름과 용, 바람과 범의 상호 의존적 관계처럼 서로 의지해서 빛을 보는 엄연한 현실에 주목한다. 특히 파리가 천 리를 가기 위해서는 혼자 날아갈 수 없고, 천리마의 꼬리에 붙어야 가능하듯, 세상에서 이름을 날리기 위해서는 성인의 도움이 절실하다는 사실을 사마천은 직시한다. 백이와 숙제가 후세에 알려진 것이 공자의 칭찬 때문이라는 현실을 직시한 사마천은 본인 역시 그 정도의 위상을 구축한 공자 같은 권위를 빌려 이름을 내고 싶다는 의지를 표출한다.

　"비부悲夫"라는 단어는 맨 마지막의 "어찌 후세에 남길 수 있겠는가.(惡能施於後世哉)"라는 반어 의문문과 호응한다. 사마천은 공자의 관점에 대해 회의를 품고 논지를 전개했으면서도 결국 그의 도움을 받아야 한다는 이율배반적인 현실을 받아들일 수밖에 없고, 그런 차원에서 어쩔 수 없이 공자의 절대적 위상을 인정하는 것으로 마무리하고자 한다. 이러한 '명'에 대한 절실한 의지의 표출은, 사마천이 궁형을 겪으면서 느낀 절대 권력에 대한 두려움과 현실적인 상황에 대한 한계의 직면 등에서 나왔으리라는 추측도 배제할 수 없을 것이다.

하고 같은 기운은 서로 구하며, 물은 습한 곳으로 흐르고 불은 건조한 곳으로 나아가며 구름은 용을 따라 생기고 바람은 범을 따라 일어난다. 성인이 나타나야 만물도 다 뚜렷해진다. 하늘에 근본을 둔 것은 위를 가까이하고, 땅에 근본을 둔 것은 아래를 친하게 여기니, 각기 그 부류를 따르는 것이다.'(九五曰: "飛龍在天, 利見大人, 何謂也?' 子曰: '同聲相應, 同氣相求.水流濕, 火就燥, 雲從龍, 風從虎, 聖人作而萬物睹.本乎天者親上, 本乎地者親下, 則各從其類也.')"

　　　　　　　　　3장 세상은 공정한가 불공정한가

왜 선악과 시비에 대한 판단 유보인가

「백이 열전」을 읽기 어렵게 만드는 근본 원인 가운데 하나는 문장 구성이 복합적이고, 의문문과 반문이 연속되어 구와 구, 행과 행 사이의 맥락 파악이 어려워 사마천의 의도가 어디에 있는지 종잡을 수 없다는 점이다. 「백이 열전」에 대해 중국의 학자들뿐 아니라, 조선 시대의 학자들도 행간의 의미를 유추하기 위해 많은 기록을 남겼고, 이와 관련해 많은 논쟁도 벌였다. 중국에서는 당대唐代 한유의 「백이송伯夷頌」과 송대宋代 왕안석의 「백이론伯夷論」이 나왔고, 우리나라에서도 고려 말 조선 초에 본격적으로 백이 담론이 전개되었으며 특히 왕조 교체나 정권 찬탈에 반대하는 이들이 자신의 처지를 백이에 빗대어 표현하는 일이 비일비재했다. 조선 중후기부터는 논의가 백이 담론으로 확대되어 그 차원이 심화되고 다각적인 시각의 등장과 함께 쟁론도 늘어났다. 더 보충하면, 조선 시대 백이 담론의 효시로 평가받는 김시습의 「백이숙제찬伯夷叔齊贊」을 비롯하여 김창흡의 「백이론」, 오재순의 「백이론」, 박제가의 「백이태공불상패론伯夷太公不相悖論」 등이 있다.[39]

"원야비야"와 "시야비야"의 반어 의문문을 통해, 사마천은 선악 관념에 대한 판단 유보, 천도의 문제에 대한 내면적 혼돈의 총체를 드러내

---

39) 이들에 대해서는 이홍식(2013)의 「조선 시대 백이 담론의 사적 흐름과 제 양상」,《고전문학과 교육》 26집, 259~290쪽에서 자세히 논의되었는데, 조선 시대 백이 담론을 마흔일곱 개의 텍스트 표로 만들어, 조선 시대에 백이는 절의節義와 일민逸民뿐 아니라, 정치적 사건 및 사회적 현상에 대한 사대부들의 인식과 태도를 보여 주는 중요한 창구 역할을 했다(286쪽)고 결론지었다.

는 의론을 매우 복합적이면서도 미묘한 서술 방식으로 전개했다. 특히 「백이 열전」에서 다양한 방식의 인용 기법과 공자와 노자, 가의 등 상이한 사상가들을 두루 끌어들여 육경으로 대변되는 경전의 권위에 도전하기도 했으니, 유가 경전이나 공자의 발언에서 출발하되, 그 권위에 함몰되지 않고 비판적이면서 소신 있는 서술 방식이 「백이 열전」이 『사기』 130편 중에서 가장 난해한 편으로 꼽히게 된 근거가 된 것이다. 말하자면, 사마천은 춘추필법의 냉철함보다는 반문의 방식과 선택 의문문의 적극적 활용을 통해 본인의 판단을 감추고 독자들에게 그 행간에 담긴 의미를 파악하거나, 문장과 문장, 단락과 단락 사이의 격절된 공간을 채워 넣도록 유도하는 서술 기법을 구사한 것이다.

편명이 시사하듯, 사마천은 『논어』 등 유가 경전에서 주요하게 다룬 백이·숙제의 고사를 비교적 상세하게 소개하면서도, 다른 한편으로는 그가 겪은 궁형으로 인한 깊은 원망의 속내도 드러내어 「백이 열전」의 중의적 층위를 구축하고자 했다. 물론 복고적 관점에 의한 회귀적 역사의식으로 구축한 것이 아니고, 치밀한 장법으로 무장하여 시대의 흐름을 반영해 살아 있는 당대의 역사를 서술하려는 자신의 의도를 충분히 입증했다고[40] 볼 수 있겠다. "의義"와 "명名" 사이에서 갈등했던 백이와 숙제의 이야기를 중심축으로 삼으면서 사마천은 이분법적 사유보다는 복합적이고 다중적인 사유의 폭을 보여 주고자 한 것이다. 역사가이

---

40) 필자는 「사마천의 통변론에 관한 몇 가지 검토」, 《중국인문과학》 49집, 2011, 231~249쪽에서 사마천의 역사 서술의 방법론을 비교적 상세히 다루었다. 결론 부분에서 "역사는 시대의 흐름에 따라 변하는 것이 기본이며 그런 변화는 양상을 있는 그대로 독자들에게 보여 주는 것이 역사가 본연의 자세라는 인식이 자리 잡고 있는 것이다."라고 사마천의 서술 시각을 집약했다.

면서도 역사가로서의 직접적인 해석의 개입을 억제하면서 판단의 주체로서 독자를 염두에 두는 서술 방식을 활용한 것이 그 요체다. 물론 사마천의 이런 서술 방식을 부정적으로 볼 수도 있다. 결미를 선택 의문문과 반문 투의 형태로 마무리하는 방식에 익숙하지 못한 독자들은 사마천의 의도가 어디에 있는지 혼란스럽기 때문이다. 그러므로 혹자가 「백이 열전」을 변체라든지 잡문이라고 폄하하는 것은 그 행간의 의미를 제대로 파악하지 못한 데 기인하는 것이기에 설득력이 떨어진다.

요컨대, 사마천은 경전의 문장을 천술하는 방식에서 벗어나 의론문의 신유형을 개척했다. 「백이 열전」에서 사마천 특유의 언외지의의 감각이 돋보이는 이유는 그가 이 글에서 역사와 문학의 일체를 보여 주는 동시에 언어미를 통한 울림의 미학을 구축하려 하기 때문이다. 『사기 열전』의 총서 격인 「백이 열전」과 이어지는 열전들을 탐독해 보면, 사마천이 「백이 열전」에서 제시한 고도화된 서술 기법이, 『사기』를 역사가 사마천의 영역에만 머물게 하는 것이 아니라, 독자와 작자가 함께 호흡하는 살아 있는 텍스트로 재확장시켜 생산적인 논의를 끊임없이 만들어 내는 원동력으로 작동한다는 것을 알 수 있을 것이다.

공자와 노자의 만남은 사실인가

유가와 도가의 회통 가능성

1

공자와 노자는 과연 만났을까

「노자 한비 열전」은 「백이 열전」, 「관안 열전」에 이은 『사기 열전』의 한 편이다. 이 열전에는 사마천의 역사 서술 시각을 엿볼 수 있는 주요 단서가 적지 않다. 이 편도 제목과 달리 노자와 한비가 주인공이 아니고 장자와 신불해에 관한 내용도 구체적으로 기록되어 있다. 장자나 신불해는 도가를 연원으로 하므로, 「노자 한비 열전」은 도가와 법가를 다루고 있다고 할 수 있다. 사마천은 노자의 뒤를 이어 장자와 신불해, 한비자라는 인물을 다루면서 그들의 사상이 기본적으로 도가에 바탕을 두고 있다고 말한다. 이런 바탕에서 사마천은 공자와 노자의 만남 문제를 거론했을 것으로 추론된다.

이 장에서는 이 이야기의 역사적 사실성의 문제와 함께 시빗거리가 제기된 근거 등을 살펴보고, 이 세기적 장면을 사마천이 『사기 열전』에 굳이 넣은 사상사적 이유가 무엇인지 밝혀 보고자 한다. 또한 '사마천이 왜 이런 기술을 하였는가'를 논의의 시발점으로 삼아 유·도 양가의 회통 가능성에 대해서도 검토하고자 한다.

사마천은 「노자 한비 열전」의 전반부에서 노자의 행적과 출신 등에 대해서는 비교적 소략하게 기술하면서 신비적인 요소를 덧붙였다. 그런데 특이하게도 공자가 노자를 찾아가 예를 물었고 노자가 해법을 제시하여 공자를 훈계했다는 내용을 비교적 상세하게 다루고 있다.

사마천은 공자가 노자에게 예를 묻는 상황을 설정하여 그것을 흥미로운 논쟁거리로 만들었다. 물론 이런 글을 사마천이 최초로 쓴 것은 아니다. 도가와 유가의 창시자인 노자와 공자 사이의 직접적 교류 혹은 그들이 사제 관계임을 밝히는 글들은 『예기』, 『장자』, 『여씨춘추』, 『공자가어』, 『한시외전』 등의 문헌에 다양한 시각으로 나와 있다. 예를 들어 『예기』 「증자문曾子問」에는 공자가 노자에게 예를 묻는 이야기가 나오는데, 이런 고사의 연원 관계를 따져 보면 『장자』에 나오는 문장과도 상통한다. 물론 궁극적인 목적은 유가를 폄하하기 위한 것으로, 그래서 공자가 노자를 스승으로 섬기는 형상을 각인시킨 것이다. 사마천 사상의 본류가 황로를 추존했다는 반고의 기본 학설에 주목하는데,[1] 사마천의 사상적 계보를 추적해 보면 그가 진나라의 법체계를

---

1) '도가'라는 개념은 사마담이 최초로 명명한 것이고 '황로'라는 개념은 사마천이 처음

이어받으면서 독존유술의 사상적 분위기와 다른 황로 사상을 추존하는 시대적 분위기를 반영하고자 했다는 것과 무관하지 않을 것이다. 만일 사마천이 유가보다 도가 사상으로 기울지 않았다면 구태여 공자가 사상적 성향이 전혀 다른 노자를 만나 예를 묻는 장면을 설정할 필요가 없었을 것이다. 물론 둘 사이의 만남의 가능성에 대해 많은 학자가 이의를 제기했다. 그 기본적인 맥락으로 유가와 도가의 사상적 선후 관계와 주체 설정을 거론할 수 있겠으나, 이 둘 사이의 회통 가능성에 대해서도 시야를 확장하는 것이 이 장면을 읽는 또 다른 방법일 것이다.

2

"공자가 노자에게 예를 묻다"라는 구절의 신빙성 여부

노자의 출신, 이름 그리고 자字를 설정하면서 그를 실존 인물로 규정한 사마천은 노자가 그 당시 주 왕실 장서각의 사관이었다고[2] 그의 직책까지 명기했다. 그런데 노자에 관한 기술 방식에 석연치 않은 점이 적지 않다. 따라서 이 부분에 대한 규명이 "공자문예어노자孔子問禮於

으로 적용했다. 사마담의 '도가'와 사마천의 '황로' 개념을 탐구하는 것이 바로 '황로에게로 귀착된다.'라는 말이다. 필자는 「사마천의 통변론에 관한 몇 가지 검토」(《중국인문과학》 49집, 2011, 231~235쪽)에서, '황로'가 바로 황제와 노자의 합성어임은 널리 알려져 있고 노자 사상에 편중된 사상이라는 점에는 이견이 없으나, 황로 사상이 노장 사상과 동의어 혹은 유사어의 개념은 아니라고 주장했다.

2) "老子者, 楚苦縣厲鄉曲仁里人也. 姓李氏, 名耳, 字聃, 周守藏室之史也."(「노자 한비 열전」)

老子"라는 구절의 문제를 이해하는 데 도움이 될 것이다. 사마천은 노자라는 호칭의 연원이나 이유에 대한 설명도 하지 않고 심지어 "개" 자나 "혹" 자 등 불확실한 단어로 노자가 160살 또는 200세까지 살았다고 추정하는[3] 방식을 취하고 있다. 이는 사료의 엄밀성에 충실한 사마천의 기존 기술 방식과는 사뭇 다른 양상이다. 예를 들어 공자의 제자 일흔일곱 명의 행적을 기록한 「중니 제자 열전」을 보면 『논어』에 근거하여 그들의 어록을 빠짐없이 기록하고 의심 나는 대로 남겨 두면서도[4] 생졸년이나 이름, 자 등을 확실하게 명기하는 방식을 취하고 있다. 이를테면, 「중니 제자 열전」의 첫머리는 이렇게 시작된다.

공자는 "(내 문하에서) 학업에 힘써 (육예에) 통달한 사람은 일흔일곱 명이다."라고 말했는데, (그들은) 모두 재능이 뛰어난 사람들이었다. (이 가운데) 덕행으로는 안연과 민자건과 염백우와 중궁이 있고, 정치로는 염유와 계로가 있으며, 언변으로는 재아와 자공이 있고, 문학으로는 자유와 자하가 있다. (그러나) 전손사는 생각이 치우친 데가 있었고, 증삼은 노둔했으며, 고시는 우직하고, 중유는 거친 데가 있었고, 안회는 가난했다. 단목사는 운명을 받아들이지 않고 재물을 불려 나갔는데, (그가 시세를) 예측하면 자주 적중했다.[5]

---

3) "蓋老子百有六十餘歲, 或言二百餘歲, 以其脩道而養壽也."(「노자 한비 열전」)

4) "論言弟子籍, 出孔氏古文近是. 餘以弟子名姓文字悉取論語弟子問並次爲篇, 疑者闕焉."(「중니 제자 열전」)

5) "孔子曰: '受業身通者七十有七人', 皆異能之士也. 德行: 顏淵, 閔子騫, 冉伯牛, 仲弓. 政事: 冉有, 季路. 言語: 宰我, 子貢. 文學: 子遊, 子夏. 師也辟, 參也魯, 柴也愚, 由也喭, 回也屢空. 賜不受命而貨殖焉, 億則屢中."이라는 이 부분은 『논어』에 근거한 것이다. 또 공자의 제1제자인 안회에 대해 "顏回者, 魯人也, 字子淵. 少孔子三十歲."라고 그의 행적을 기술했는데 기본적인 맥

『논어』에는 해당하는 내용이 없지만, 자공의 경우 그가 외교적으로 활약한 상황을 매우 자세하게 기록한 것[6]에 비춰 보면 상당히 의외다. 앞에서는 자공의 언변과 외교 감각을 높이 평가한 공자가 자공을 외교관으로 인정하는 장면, 중간에서는 자공이 조국인 노나라를 위해 주변 국가를 찾아가 뛰어난 언변으로 설득을 하는 구체적 장면과 성과를 기술한 내용이다. 마지막에는 자공의 뛰어난 역량으로 각국 형세에 균열이 생겨 10년 동안 각 제후국의 형세에 심각한 변화가 있었음을 구체적으로 서술했다. 이는 사마천이 자료 선정이나 그 기술에 얼마나 엄밀했는지를 잘 보여 주는 대목이다. 물론 자공의 이런 외교술은 『논어』에는 실려 있지 않아 일정 부분 허구일 가능성도 부인할 수 없다. 심지어 '노자라는 인물이 실제로 존재했는가?'라는 의문마저 들게 하는, 사마천의 개인 관점이 투영된 서술 방식이기 때문이다. 특히 눈여겨볼 점은 『논어』에 노자라는 이름이 보이지 않는다는 것이다. 이는 『논어』가 공자를 위시한 공문孔門의 어록이 제자들에 의해 편집된 책임을 감안하더라도 공자와 정치적 혹은 사상적 대립각을 세운 그 당시 인사들을 거의 빠짐없이 거론하고 있음을 생각해 보면 더욱 그러하다. 즉, 공자에 대해 냉소적이었던 '접여', '장저', '걸익' 등도 공자와 구체적으로 대화한 사례가

락이 『논어』를 벗어나지 않는다.

6) "田常欲作亂於齊, 憚高國鮑晏, 故移其兵欲以伐魯. 孔子聞之, 謂門弟子曰 "夫魯, 墳墓所處, 父母之國, 國危如此, 二三子何爲莫出?" 子路請出, 孔子止之. 子張, 子石請行, 孔子弗許. 子貢請行, 孔許之. …… 子貢去而之魯. 吳王果與齊人戰於艾陵, 大破齊師, 獲七將軍之兵而不歸, 果以兵臨晉, 與晉人相遇黃池之上. 吳晉爭彊. 晉人擊之, 大敗吳師. 越王聞之, 涉江襲吳, 去城七里而軍. 吳王聞之, 去晉而歸, 與越戰於五湖. 三戰不勝, 城門不守, 越遂圍王宮, 殺夫差而戮其相. 破吳三年, 東向而霸. 故子貢一出, 存魯, 亂齊, 破吳, 彊晉而霸越. 子貢一使, 使勢相破, 十年之中, 五國各有變."(「중니 제자 열전」)

　　　　　　　　　4장 공자와 노자의 만남은 사실인가

있는데, 유독 노자라는 이름만은 발견되지 않는 것이다.

그렇다면 공자에 대한 사마천의 시각은 어떤가? 『사기』「공자 세가」에서 사마천은 공자가 어려서부터 제기를 진설하는 놀이를 했을 정도로 예에 관심이 많았다는[7] 점을 거론한다. 「노자 한비 열전」에서는 공자가 자신과 전혀 시각이 다른 노자에게 예를 물으려 찾아간 이유를 설명하지 않고 있다.[8] 이 점을 보충할 수 있는 자료는 바로 『공자가어』「관주觀周」의 다음과 같은 글이다.

> 공자에게 수레 한 승과 말 두 필과 마부까지 주어 공자를 모시도록 하니, 경숙도 공자를 따라 함께 주나라로 가게 되었다. 이리하여 노담에게 예를 묻고, 장홍에게 음악에 대해 물었다. 교사를 지내는 곳을 두루 돌아 명당의 제도를 상고하고 종묘와 조정 법도까지도 관찰하였다. 이에 공자는 한숨 쉬며 말하기를 "내가 이제야 비로소 주공의 성스러움과 주나라가 왕 노릇 한 까닭을 알게 되었다."라고 하였다.[9]

위의 문장은 「공자 세가」에서 보이는 내용과 흡사하며, 강조한 부분에서 알 수 있듯이 주나라에 이르러 노담, 즉 노자에게 예를 물으면서 다른 한편으로는 장홍이란 자에게 음악도 물었다는 것이다. 말하자

---

7) "子爲兒嬉戯, 常陳俎豆, 設禮容."(「공자 세가」)
8) 멘쉬코프 V. N.은 「노자老子와 공자孔子」,《퇴계학보》68집, 퇴계학연구원, 1990, 375~378쪽에서 이 둘의 만남을 기정사실화했다.
9) "與孔子車一乘, 馬二匹, 堅其侍禦. 敬叔與俱至周, 問禮於老聃, 訪樂於萇弘, 歷郊社之所, 考明堂之則, 察廟朝之度, 宗廟朝廷之法度也. 於是喟然曰, "吾乃今知周公之聖, 與周之所以王也." 왕숙王肅 찬, 임동석林東錫 역주, 『공자가어孔子家語』(동서문화사, 2009), 339쪽(강조는 필자)

면 노자를 특정해서 찾아간 것이 아니고 장홍이란 음악 전문가도 만나
들어 보니 왜 주나라가 천하의 왕 노릇 하는지 그 이유를 충분히 알 수
있었다는 것이다.

　사마천은 「노자 한비 열전」[10]에서 거론하고 있는 '이담', 즉 노자의
간단한 행적 소개에서 공자가 주로 가서 노자에게 장차 예를 물으려 했
다는 가정을 하고 있다.[11] 물론 여기에서도 사마천은 "장" 자를 써서 '공
자문예'의 행동에 대한 확정성을 유보하는 듯한 인상을 주는 서술 기법
을 활용했다. 『공자가어』 「관주」 편과 달리, 또한 사마천은 공자가 주나
라에 갔을 때 노자와 만났다고 주장한 내용을 다루면서 단정적 의미의
"왈" 자가 아니라 불확실한 점이 있다는 의미의 "운" 자를 써서 불확실
함을 은연중에 드러내는 서술 기법을 쓰고 있다.

　주목할 점이 또 하나 있다. 공자의 제자 일흔일곱 명을 다룬 「중니

---

10) 사마천이 이 편을 지은 이유에 대해 「태사공 자서」에서 "李耳無爲自化, 淸靜自正; 韓非
揣事情, 循勢理. 作『老子韓非列傳』第三"이라고 했으나 실제로는 노자와 한비 두 사람이
아니고 장자와 신불해도 들어 있다. 이 편을 논찬하면서 "老子所貴道, 虛無, 因應變化於無
爲, 故著書辭稱微妙難識, 莊子散道德, 放論, 要亦歸之自然, 申子卑卑, 施之於名實, 韓子引繩墨,
切事情, 明是非, 其極慘礉少恩. 皆原於道德之意, 而老子深遠矣"라고 했던 데서 알 수 있듯이
이 네 사람을 한 편에 둔 것은 바로 모두 노자를 연원에 두고 있기 때문이다.

11) 러우윈즈劉蘊之는 「司馬遷列孔子於『世家』而列老子於『列傳』思想扶微」(《人文雜志》第1期,
1997)라는 논문에서 "關於老子, 『史記·老子韓非列傳』有一段有趣的記載."(76쪽)이라고 하면
서 바로 공자가 노자를 찾아가 만난 장면과 구체적으로 훈계를 듣고 제자들에게 그가
용과 같은 존재임을 말하는 장면을 인용하고 나서 "這說明司馬遷將上述一段話納入『老子列
傳』是他自己的用意的. 這段話中老子用來告訴孔子的話, 確實道出了孔, 老之間的差別."(76쪽)
이라고 하여 공자와 노자의 차별성을 강조하기 위한 목적이 있다고 단언했다. 물론 사마
천이 공자를 세가에, 노자를 열전에 배치한 의도도 당연히 서로 다른 길을 가는 두 사
람을 고려한 것이라고 부연 설명을 했다. "在這裏, 似乎並不存在所謂的褒貶高低, 而只存在著
風格和途徑的異尙."(76쪽)

　　　　　　　　　　4장 공자와 노자의 만남은 사실인가

제자 열전」의 앞부분에서는 공자가 엄격히 사사한 자들을 예로 들었는데,[12] 사마천은 그 첫 번째로 노자라는 인물을 들면서 "주나라의 노자(於周則老子)"라고 적시했다. 이는 "공자문예"라는 구절과 긴밀한 상호 관계를 맺고 있다.

물론 이 "공자문예"의 문제는 「공자 세가」에 나오는 내용과 어감상 차이가 적지 않다. 「노자 한비 열전」에서는 공자가 자발적 의지로 찾아간 듯한 반면, 여기에서는 군주의 명, 즉 타의에 의해 찾아간 것으로 되어 있어 두 편 사이에 존재하는 기술 방식과 어떤 상관관계가 성립되는지를 검토할 여지가 있다. 「공자 세가」의 기록을 구체적으로 살펴보자.

노나라 대부 맹리자가 임종을 앞두고 후계자인 맹의자에게 "지금 공구는 나이는 어려도 예를 좋아하니 이 사람이 아마도 통달한 자인 것인저! 내가 곧 죽게 되면 너는 반드시 그를 스승으로 모셔라."[13]라고 말할 정도였다. 이는 공자의 예에 대한 이해력이 상당했음을 보여 주는 기록으로 맹리자가 죽자, 맹의자는 노나라 사람 남궁경숙南宮敬叔과 함께 공자에게 가서 예를 배웠다고 사마천은 부연하여 기록하고 있다. 예에 정통하다고 평가받은 공자가 다시 군주의 명에 의해 노자를 만나러 갔다는 것인데, 신빙성은 꽤 높아 보인다.

그렇다면 「노자 한비 열전」에서 구체적으로 묘사된 해당 부분을 보자.

공자가 주나라에 가 머무를 때 노자에게 예를 묻자 노자는 대답했다.

당신이 말하는 사람들은 뼈가 모두 이미 썩어 없어지고 오직 그들의 말

---

12) "孔子之所嚴事: 於周則老子; 於衛, 蘧伯玉; 於齊, 晏平仲; 於楚, 老萊子; 於鄭, 子產; 於魯, 孟公綽. 數稱臧文仲, 柳下惠, 銅鞮伯華, 介山子然, 孔子皆後之, 不並世."
13) "今孔丘年少好禮, 其達者歟? 吾即沒, 若必師之."(「공자 세가」)

만이 남아 있을 뿐이오. 또 군자는 때를 만나면 달려가지만, 그 때를 만나지 못하면 쑥처럼 이리저리 떠도는 모습이오. 내가 듣건대 훌륭한 상인은 [물건을] 깊숙이 숨겨 두어 텅 빈 것처럼 보이게 하고, 군자는 아름다운 덕을 지니고 있지만 모양새는 어리석은 것처럼 보인다고 하였소. 그대의 교만과 지나친 욕망, 위선적인 모습과 지나친 야심을 버리시오. 이러한 것들은 그대 자신에게 아무런 도움도 되지 않소. 내가 그대에게 알려 주는 까닭은 이와 같기 때문이오.[14]

위의 글을 좀 더 분석해 보자. "공자적주孔子適周, 장문예어노자將問禮於老子"라는 문장에서는 공자가 주나라에 들어가 노자에게 예를 물었는가 아닌가 하는 점이 문제다.[15] 노자가 말하는 어리석은 행동의 주체는 군자다. 노자는 무위자연의 시각으로 공자가 묻고자 하는 예의 한계를 지적하면서, 공자의 교만과 욕망 그리고 주제넘은 의지[16]를 공격하며 이런 것이 공자가 추구하는 삶에 전혀 도움이 안 된다고 일침을

---

14) "孔子適周, 將問禮於老子. 老子曰, 子所言者, 其人與骨皆已朽矣, 獨其言在耳. 且君子得其時則駕, 不得其時則蓬累而行. 吾聞之, 良賈深藏若虛, 君子盛德, 容貌若愚. 去子之驕氣與多欲, 態色與淫志, 是皆無益於子之身. 吾所以告子, 若是而已."

15) 이 1열 글자의 의미에 대해 리웨이李巍는 논문 「故事演義與學派關系 —— 孔子問禮於老子的再考察」에서 "『史記』的敍述, 很可能是出於道家系統對上述兩種故事素材的整合, 而這正與先秦·秦漢時期儒道關系從 "內外" 格局到 "六家" 格局的變化有關."(41쪽)이라고 지적했다.

16) 노자의 이런 질책은 공자가 관직을 얻고자 제후국을 돌아다닌 상황과 결부된다. 사마천도 「유림 열전」에서 공자가 세상을 떠난 후에 그의 제자 70명은 은둔한 경우도 더러 있겠지만 대부분 활약상을 보였다는 점을 "自孔子卒後, 七十子之徒散遊諸侯, 大者爲師傅卿相, 小者友教士大夫, 或隱而不見. 故子路居衛, 子張居陳, 澹臺子羽居楚, 子夏居西河, 子貢終於齊. 如田子方, 段干木, 吳起, 禽滑釐之屬, 皆受業於子夏之倫, 爲王者師."라고 구체적으로 적시했다.

4장 공자와 노자의 만남은 사실인가

놓는다.[17] 그런데 "용모약우"라는 말에는 둘 사이의 만남에서 의미심장한 함축적 의미가 있다. 그 의미를 추적해 가면 공자가 어리석다고 비판하면서도 궁극적으로는 최고의 제자로 평가한 안회의 어리석음(愚)과 공통분모가 존재하는 것을 알 수 있기 때문이다. 노자가 세상을 떠나 은둔하면서 도덕의 길을 발견하여 『도덕경』을 완성했듯이,[18] 공자 또한 안회라는 제자를 통해 군자의 길을 발견한 것이다. 물론 위 글의 논조는 노자가 일방적으로 공자에게 충고하는 방식으로, 상호 존중이라든지 상호 배려의 화법은 보이지 않는다. 문맥 그대로 공자가 일방적으로 노자의 훈계를 듣는 장면으로 여기에서 둘 사이의 공통분모를 찾아내려는 시도는 무의미할 수도 있겠으나, 둘의 공통분모로서 '우愚'의 문제는 단순한 차원 이상의 것이다.

다시 노자의 시각으로 돌아가 보자. 노자에 따르면 예란 감정을 겉으로 드러내는 방법이고 꾸미는 수단이다. 예는 마음으로만 통하는 것이 아니고 행동으로 드러난다. 더구나 노자는 '도'와 '덕'을 최상으로 여겨 '예'에 있어서 분별된 관점으로 공자가 중시해 온 '예'와는 또 다른 가

---

17) 이런 일침은 『장자』「외물外物」에도 다음과 같이 노래자老萊子의 입을 빌려 나타난다. "老萊子之弟子出薪, 遇仲尼, 反以告曰: '有人於彼, 修上而趨下, 末僂而後耳, 視若營四海, 不知其誰氏之子.' 老萊子曰: '是丘也, 召而來!' 仲尼至則: '丘!' 去汝躬矜與汝容知, 斯爲君子矣.' 仲尼揖而退, 蹵然改容而問曰: '業可得進乎?' 老萊子曰: '夫不忍一世之傷, 而驁萬世之患, 抑固窶邪? 亡其略弗及邪?' 惠以歡爲驁, 終身之醜, 中民之行進焉耳, 相引以名, 相結以隱.'"

18) 사마천은 이 과정을 나름 정확성을 기해 기술하기를 "老子修道德, 其學以自隱無名爲務. 居周久之, 見周之衰, 乃遂去. 至關, 關令尹喜曰: '子將隱矣, 彊爲我著書.' 於是老子乃著書上下篇, 言道德之意五千餘言而去, 莫知其所終."(강조는 필자)이라고 하였는데, 이 문장에서도 노자가 주나라에 오랫동안 머물다가 주나라가 쇠락하는 것을 보고 떠났다고 기록한 것을 보아, 공자가 주나라에 있는 노자를 만나 예를 물었다는 자신의 말을 입증하기 위한 서술로 보인다.

치의 변별을 보인다. 공자가 예에 입각하여 행동의 존재를 파악하고자 했다면, 노자는 예의 가식성에 주목한다. 공자는 예를 현실과 제도에서 추구하고자 하지만, 노자는 그런 공자의 자세를 덧없고 무의미한 것이라 평가절하한다. 최상의 예는 내심을 거짓 없이 표현하는 것이지만 일반 사람들은 겉을 포장하기에 그러한 예의 경지에 이르지 못한다. 노자 사상의 가치 서열에서 볼 때, 예는 가장 낮은 단계다. 가장 상위의 것은 도다. 그렇기에 노자가 볼 때 예를 추구하는 공자의 삶 자체는 허황한 것일 수밖에 없다.

여기에서 다시 「공자 세가」에 묘사된 "공자문예어노자" 구절을 분석해 보기로 한다. 그 내용은 다음과 같다.

노나라의 남궁경숙이 노나라 군주에게 말했다.

"청하건대 공자와 함께 주나라에 가고자 합니다."

이 말을 듣고 노나라 군주는 그에게 수레 한 대와 말 두 마리 그리고 어린 시종 한 명을 갖추어 주고 주나라에 가서 예를 물어보게 했는데, 아마도 이때 노자를 만났을 것이라고 한다. 〔공자가〕 떠나간다고 하자, 노자가 그를 배웅하며 말했다.

"내가 듣건대 돈 많고 신분이 귀한 자는 사람을 배웅할 때 재물로 하고, 어진 자는 사람을 배웅할 때 말로써 한다고 하오. 나는 돈 많고 신분이 귀하지는 못하나 마음속으로 어진 사람이라고 부르고자 하니 다음과 같은 말로써 그대를 배웅하겠소. '귀 밝고 눈 밝아 깊이 관찰하는 사람에게는 죽음에 다가설 수 있으니 이는 다른 사람을 잘 거론하기 때문이요, 널리 익히고 변론을 잘하고 재능이 깊고 큰 사람은 그 자신을 위태롭게 할 수 있으니 이는 다른 사람의 잘못된 점을 잘 끄집어내기 때문입니다. 다른 사람의 자식이 된 자는 자신의 존재를 내세우지 말고, 다른 사람의 신하된 자는 자신을 드러내지 않아야 합니다.'"[19]

그 당시 노나라에서의 공자의 상황을 추적해 보자. 가난하고 지위가 낮았던 공자는 계씨, 즉 노나라 애공 때 작은 벼슬아치로 있으면서 사공의 자리까지 올라갔다. 그런데 그가 "얼마 후 노나라를 떠나 제나라에서 내쳐지고, 송나라와 위나라에는 쫓겨나고, 진나라와 채나라 사이에서는 곤궁하게 되자 이에 노나라로 되돌아왔다.(已而去魯, 斥乎齊, 逐乎宋衛, 困於陳蔡之閒, 於是反魯.)"(「공자 세가」)라고 한 사마천의 기록이 있고, 이런 사실은 『논어』에도 구체적으로 나와 있으며 『장자』「천운」에서도 확인할 수 있다.[20] 물론 노나라에서 공자에게 예우를 잘해 주었으며 공자는 당시 남궁경숙과 잘 지냈는데, 남궁경숙이 먼저 "청하건대 공자와 함께 주나라에 가고자 합니다."라고 했으며, 노나라 군주가 수레 한대와 말 두 마리, 어린 시종 한 명을 주어 가게 했다는 것이 사마천의 구체적인 기술 내용이다.

공자가 노나라 군주의 명에 의해 간 것으로 되어 있어, 자발적으로 찾아가 만난 듯한 뉘앙스를 주는 「노자 한비 열전」과는 확연히 다르며, 일방적으로 훈계를 듣는 장면과 달리 여기에서는 꽤 우호적이다. 그리

---

19) "魯南宮敬叔言魯君曰: '請與孔子適周' 魯君與之一乘車, 兩馬, 一豎子俱. 適周問禮, 蓋見老子云. 辭去, 而老子送之曰: 吾聞富貴者送人以財, 仁人者送人以言, 吾不能富貴, 竊仁人之號, 送子以言, 曰: '聰明深察而近於死者, 好議人者也. 博辯廣大危其身者, 發人之惡者也. 爲人子者毋以有己, 爲人臣者毋以有己.'"

20) "孔子西遊於衛. 顏淵問師金, 曰: '以夫子之行爲奚如?' 師金曰: '惜乎, 而夫子其窮哉!' 顏淵曰: '何也?' 師金曰: '夫芻狗之未陳也, 盛以篋衍, 巾以文繡, 尸祝齊戒以將之; 及其已陳也, 行者踐其首脊, 蘇者取而爨之而已.'"

고 둘 사이의 만남을 기정사실화하더라도 두 편의 서술 시각의 편차가 매우 커서 사마천의 기술 방식에 의문을 던지기에 충분하다. 과연 "공자문예어노자"라는 구절은 이 두 편 가운데 어느 쪽에서 더 신빙성이 있는가. 결론적으로 「노자 한비 열전」의 내용이 더 신빙성이 있는데, 그 이유는 분량상 상당히 많은 비중을 차지하며, 노자가 공자를 배웅하면서 한 말을 기록했을 뿐인 「공자 세가」와 달리 「노자 한비 열전」에는 공자가 다시 돌아와 제자들에게 노자를 만나고 온 느낌을 서술한 내용도 수록되어 있기 때문이다. 공자는 이렇게 말한다.

> 공자는 돌아와서 제자들에게 일러 말했다.
> "새가 잘 난다는 것을 나는 알고, 물고기가 헤엄을 잘 친다는 것을 나는 알며, 짐승은 잘 달린다는 것을 나는 안다. 달리는 것은 그물을 쳐서 잡을 수 있고, 헤엄치는 것은 낚시질로 잡을 수 있으며, 나는 것은 화살을 쏘아 잡을 수 있다. 〔그러나〕 용이라면 그것이 어떻게 바람과 구름을 타고 하늘로 올라가는지 나는 알 수 없다. 내가 오늘 만났던 노자는 아마도 용 같은 존재구나!"[21]

이러한 극찬은 『논어』에서도 거의 보이지 않는다는 점을 감안하면, 위의 공자의 발언은 매우 유별나다고 할 수 있다. 노자를 영험한 존재로 칭송하는 것까지는 몰라도 용 같은 존재로 그의 위상을 드높인 것은

---

21) "孔子去, 謂弟子曰, '鳥, 吾知其能飛. 魚, 吾知其能游. 獸, 吾知其能走. 走者可以爲罔, 游者可以爲綸, 飛者可以爲矰. 至於龍吾不能知, 其乘風雲而上天. 吾今日見老子, 其猶龍邪!'"(「노자 한비 열전」)

상식으로 받아들이기 쉽지 않다.[22]

물론 「공자 세가」의 위 문장 바로 뒤에 "공자가 주나라에서 노나라로 돌아오니 제자들이 더욱 늘어나기 시작했다.(孔子自周反於魯, 弟子稍益進焉.)"라고 노자를 만난 이후의 일을 기록하고 있기는 하다.

그런데 「중니 제자 열전」을 보면 알 수 있듯이, 일흔일곱 명의 제자를 둔 공자와 달리 노자는 신빙할 수 있는 제자가 없어 그에 관한 내용은 거의 다 신비스러운 자취만 남아 있다. 이것이 「노자 한비 열전」의 문헌학적 한계이고, 사마천 기술의 맹점이어서, 이 점이 공자의 노자 방문의 신빙성을 의심하는 근거로 작동할 소지가 있는 것이다. 즉 사마천이 노자의 행적에 관해 기술한 부분이 모호하고 신뢰성을 저해할 만한 문장이 적지 않은 것이 문제다. 또한 사마천의 사유에 도가적 성향이 강한 점도 고려하지 않을 수 없다.

『논어』 「미자」 편을 보면 초나라의 미치광이 접여가 공자를 '봉'에 비유하는데,[23] 비슷하게 노자를 용에 비유한 것이라고 볼 수도 있겠다. 공자가 노자의 신비스러움에 대해 "나는 알 수 없다."라고 분명히 말한 점에서, 우리는 노자에 대한 공자의 의미 부여가 얼마나 과한지 짐작할

---

22) "예라는 것은 충심과 믿음이 옅어진 연후에 생긴 것이며 혼란의 시작이 된다.(夫禮者, 忠信之薄而亂之首.)"(『도덕경』 38장)라고 주창하는 노자를 '문예問禮'의 대상으로 삼은 것이 사리에 맞지 않는다는 의문을 제기하는 것은 상식적인 차원에서 볼 때 그렇다는 의미다. 한편으로는 용과 같은 존재라고 노자를 극찬한 공자의 말에는 노자를 숨어 있는 군자로 본 의도도 있을 것이다.

23) "초나라 미치광이 접여가 노래를 부르며 공자가 있는 곳을 지나가다 말했다. '봉황이여, 봉황이여! 어찌 그토록 (당신의) 덕이 쇠락했는가? 지나간 것은 (도리어) 간언할 수 없고, 오는 것은 오히려 좇아갈 수 있네. 그만두시게, 그만두시게! 지금 정치를 따르는 자들은 위태롭다네.'(楚狂接輿, 歌而過孔子曰, 鳳兮, 鳳兮, 何德之衰. 往者不可諫, 來者猶可追. 已而, 已而, 今之從政者殆而.)"(『논어』 「미자微子」)

수 있으니 말이다.

이러한 과도한 노자 추존에 대해 유가의 입장을 견지하고 있는 당대 한유는 「원도」라는 글에서 근본적인 의문을 제기한다. 즉 공자가 노자에게 예를 물었다는 것에 대해 황당하고 괴이한 가설이라고 비판한 것이다.

> 아! 후세 사람이 인의와 도덕의 이야기를 들으려 해도 누구를 따라 그것을 들을 수 있겠는가? 노자의 사람이 말하기를 "공자는 내 스승의 제자다."라고 하고, 부처의 사람들이 말하기를 "공자는 내 스승의 제자다."라고 하였다. 공자의 도를 행하는 사람들은 그 말을 익히 듣고 그 거짓을 즐거워하고 스스로를 작게 여기면서 또 말하기를 "나의 스승도 또한 일찍이 말했을 뿐이다."라고 하면서 단지 그들의 입에서 그 일을 거론할 뿐 아니라 또 그것을 책에 써 두기도 하니, 아! 후세 사람들이 인의와 도덕의 학설을 들으려 하더라도 그 누구를 따라서 그것을 구하겠는가? 심하구나. 사람들이 괴이함을 좋아함이여! 그 실마리를 구하지 않으며 그 끝을 묻지도 않고 오직 괴이한 것만을 들으려 함이여![24]

위의 글은 유가의 도통의 확립을 천명하고 자신의 정치적 이념을 성인의 도에 비유하면서 유가를 수호하고 불교와 도교를 배척하고자 하는 의지를 분명히 보여 준다.

---

24) "嘻, 後之人其欲聞仁義道德之說, 孰從而聽之? 老者曰, '孔子, 吾師之弟子也.' 佛者曰, '孔子, 吾師之弟子也.' 爲孔子者, 習聞其說, 樂其誕而自小也, 亦曰, '吾師亦嘗師之云爾.' 不惟舉之於其口, 而又筆之於其書, 嘻! 後之人雖欲聞仁義道德之說, 其孰從而求之? 甚矣, 人之好怪也, 不求其端, 不訊其末, 惟怪之欲聞."

한유의 시각에서 보면, 「백이 열전」에서 백이와 숙제에 대한 공자의 평가를 비판적으로 본 사마천이 여기에서도 노자에 비해 다소 부족한 존재로 공자를 설정함으로써 노자의 존재를 부각하려 한 것이 아닐까 싶다.

3

공자보다 노자를 우위에 둔 사마천

사마천이 노자를 중심에 두고, 우호적인 입장을 견지하고 있다는 점은 앞에서 이미 거론했다. 그러나 다음 글에서 사마천은 유가와 도가의 가는 길이 다르다는 취지의 이야기를 하고 있다.

세상에서 노자의 학문을 배우는 이들은 유가 학문을 내치고, 유가 학문을 배우는 이들은 역시 노자를 내쳤다. "길이 다르면 서로 도모하지 않는다."라는 말은 아마도 이러한 것을 두고 한 말일 것이다. 이이李耳는 하지 않는 것으로써 저절로 교화되게 하고, 맑고 고요하게 있으면서 저절로 올바르게 되도록 했다.[25]

위 글에서 사마천은 노자의 학문과 도道는 유가의 학문과 확연하게 대립된 관계임을 말하고 있다. 노자는 "무위無爲"와 "청정淸靜"을 통해 스스로 "화化"와 "정正"으로 된다는 점을 피력하면서 사마천은 양자

---

25) "世之學老子者則絀儒學, 儒學亦絀老子. '道不同不相爲謀', 豈謂是邪? 李耳無爲自化, 淸靜自正."(「노자 한비 열전」)

사이의 회통 가능성을 확실히 부정하는 듯한 논조를 취한다. 사마천이 "길이 다르면 서로 도모하지 않는다."라고 한 것은 이들을 두고 한 말인 듯하며, 이렇게 보면 이들의 회통 가능성은 없어 보인다. 사마천이 기술한 장자에 관한 내용도 유가와는 근본적으로 길을 달리한다는 취지로 일관되어 있다.

> 그의 학문은 [넓어] 통하지 않은 것이 없었는데, 그 학문의 요체는 근본적으로 노자의 학설로 돌아간다.
>
> 그러므로 그가 지은 책 10여 만 자는 대부분 모두 우언들이다. [그는] 「어부」, 「도척」, 「거협」 편을 지어서 공자 무리를 호되게 비판하고 노자의 가르침을 밝혔다. …… 책을 지음에 빼어난 문사로 세상일을 살피고 인간의 마음에 어울리는 비유를 들어 유가와 묵가를 예리하게 공격했다.[26]

노자의 학문을 근원으로 한 장자의 사유는 노자의 관점과 접맥되어 있고 공자의 무리와는 근본적인 궤를 달리한다는 입장을 확연히 드러내는 대목이다. 도가에 대한 사마천의 이런 경도적 서술 시각은 신불해에 대한 짧은 기록에서도 비슷하게 확인할 수 있다. 그는 법가의 학술을 배운 신불해의 명성과 재능의 근본 역시 황로에 바탕을 두고 형명刑名을 내세웠다고 기술했다.[27] 사마천은 황로 사상을 숭상하여 무위의 다스림을 찬양했다. 법가에 대해서는 인륜의 질서를 어그러뜨린다고

---

26) "其學無所不闚, 然其要本歸於老子之言. 故其著書十餘萬言, 大抵率寓言也. 作漁父盜跖胠篋, 以詆訿孔子之徒, 以明老子之術. …… 然善屬書離辭, 指事類情, 用剽剝儒墨."(「노자 한비 열전」)
27) "學術以干韓昭侯, 昭侯用爲相. 內脩政教, 外應諸侯, 十五年. 終申子之身, 國治兵彊, 無侵韓者. 申子之學本於黃老而主刑名."

4장 공자와 노자의 만남은 사실인가

보아 결과적으로 엄격하기만 하고 은혜가 결핍되었다고 비판했으니 한 때의 계책으로는 쓸 만하지만 오랫동안 사용할 수는 없다면서 정치적 시각을 드러냈다. 진 왕조가 수립 이후 법가에 의해 나라를 다스리고 예로 다스리지 않아 결과적으로 불과 13년 만에 멸망했던 것도 한 예다. 이러한 시각은 열전 기술에서도 그대로 드러난다. 예컨대 효공을 도와 변법을 단행한 상앙에 대해서도 각박하다는 식의 평가를 내리거나, 한무제 시기의 혹리들을 부정적으로 평가한 점이 그러하다. 즉 「혹리열전」에서 노자의 말을 인용하고 상덕의 개념을 동원하여 특별히 『주례』의 시대를 숭상하고 인성에 바탕을 둔 예의의 문제를 중시한 것이다. 이는 사마천의 역사 서술 시각의 도가적 성향을 드러내는 주요한 단서로 삼기에 충분하며, 유가와 도가의 회통 가능성에 관한 확연한 경계를 설정한다고 할 수 있다.

열전의 맨 마지막 편이면서도 전서의 서문 격인 「태사공 자서」에서 사마천은 자신의 세계世系도 거론하는데 태사공인 아버지 사마담의 학문 내력과 「논육가요지」[28]를 소개했다. 사마천은 사마담의 설을 그대로 인용하면서 육가를 '음양陰陽', '유儒', '묵墨', '명名', '법法', '도덕道德'으

---

28) 이 「논육가요지」를 통해 사마담은 백가쟁명 이후 선진 제자에 대한 총체적인 평가를 한다. 비교적 객관적이고 공정한 평가를 내리고 있어 후대 학술 비평의 한 사례로 충분히 거론될 만하다. 사마담은 이 글의 첫머리에서 '가家'의 문제를 거론하면서 육가를 음양·유·묵·명·법·도덕 등으로 분류했다. 문제가 되는 것이 바로 명가名家라는 명칭인데 이것을 두고 후스胡適는 근본적으로 명가라는 개념 규정에 대한 사마담의 방식을 비판하기도 했으며(『胡適學術文集』(中華書局, 1991), 130쪽) 이런 호적의 논지는 량치차오梁啓超에 의해 호응을 얻어 사마천 이전에 존재하지 않았음을 거론했다. 또한 이 글의 창작 시기는 학계의 논쟁거리인데, 어떤 학자는 건원建元 원봉元封의 시기와 한무제가 "파출백가罷黜百家, 독존유술獨尊儒術"의 기치를 내건 시기라고 보고, 또 다른 학자는 그 기치를 내걸기 이전의 시기라고 보는데, 전자의 입장이 더 설득력 있다.

로 세분했다. 이 가운데에서 '도덕'이라고 말한 도가에 대해 "그 학술은 음양의 대순大順을 따랐고, 유가와 묵가의 장점을 취하였으며, 명가와 법가의 요지를 취했다."[29]라고 높이 평가했다. 반고는 『한서』「예문지」에서 이런 사상을 '잡가'라고 명명했다.[30] 사마천은 사마담이 '논육가요지'에서 제시한 논점을 그대로 계승하고 있는데, 사마담은 배워야 할 것은 많으나 요점이 적고 배우기 힘드나 공은 적다고[31] 유가를 비판한다. 이에 비해 도가는 시대와 대상에 따라 변화하면서 풍속을 세우고 일을 시행함에 모두 알맞으며, 가르침은 간략하면서도 실행하기 쉽고 할 일은 적으나 공은 많다고[32] 칭찬한다.

사마천이 『주역』과 『예기』를 존중하여 유가적 가치관을 완전히 무

---

29) "道家使人精神專一, 動合無形, 贍足萬物. 其爲術也, 因陰陽之大順, 采儒墨之善, 撮名法之要."

30) "雜家者流, 蓋出於議官, 兼儒墨, 合名法, 知國體之有此, 見王治之無不貫, 此其所長也. 及盪者爲之則漫羨而無所歸心."(『한서』「예문지藝文志」) 여기에서 주목할 점은 쑹훙빙宋洪兵의 지적대로 사마담이 논한 '도가道家'를 '한초황로漢初黃老'와 구별해야 한다는 것과 그가 말한 '도덕道德'은 '내성외왕內聖外王'의 관점에서 새롭게 정립한 이상이라는 점이다.(宋洪兵, 「論司馬談之"道家"槪念與司馬遷之"黃老"槪念」,《國學學刊》, 2016, 26쪽)

31) "儒者博而寡要, 勞而少功."(「태사공 자서」)

32) "與時遷移, 應物變化, 立俗施事, 無所不宜, 指約而易操, 事少而功多."(「태사공 자서」)이러한 사마천의 시각에 대해 환담桓譚은 "昔老聃著虛無之言兩篇, 薄仁義, 非禮學, 然後世好之者尚以爲過於五經, 自漢文景之君及司馬遷皆有是言."(『한서』「양웅전揚雄傳」)이라고 비판하기도 했다. 후세의 학자들이 사마천 학술 사상의 맥락을 도가에 귀착하고 있는 것은 분명하다. 이를테면, 리창즈李長之는 사마천 사상의 주요한 뿌리가 도가이고 자연주의의 문제라고 했다.(李長之, 『司馬遷之人格與風格』(三聯書店, 1984), 186쪽) 사마천의 도가 추존 성향은 「백이 열전」에서 "或曰, 天道無親, 常與善人. 若伯夷叔齊, 可謂善人者非邪? 積仁潔行如此而餓死!"라고 한 구절이나 「화식 열전」의 "老子曰至治之極, 鄰國相望, 雞狗之聲相聞, 民各甘其食, 美其服, 安其俗, 樂其業, 至老死不相往來. 必用此爲務, 挽近世塗民耳目, 則幾無行矣." 등의 사례에서 볼 수 있다.

4장 공자와 노자의 만남은 사실인가

시하거나 거스르려 하지 않은 이유는 가학이 그 근저에 자리 잡고 있기 때문이다. 사마천은 한무제 때 태사령에 임명되면서 황로 사상을 받들고 당대의 저명한 지식인들에게 천문학과 『주역』 및 음양의 원리 등을 배웠다. 열 살 때는 아버지 사마담을 따라 장안에 와서 동중서와 공안국에게 유가의 고문을 배웠고, 아버지가 죽은 후 3년, 무제 원봉 3년(기원전 108년)에 태사령이 되어 무제를 시중하면서 봉선에 참여하기도 하고 역법을 개정하기도 했다. 예컨대 사마천은 "예는 사람의 자질에 근거하여 수식을 더하고 대략 고금의 변화에 어울리게 하는 것"[33]("태사공 자서」)이라면서 「예서」를 쓴 목적을 밝혔듯이 공자도 꽤 추존했다. 「태사공 자서」는 열전의 마지막 편이다. 『사기』의 서문 격으로 『사기』 130편에 대한 간단한 해제가 붙어 있어, 『사기』 전체의 대강을 알 수 있게 해 준다. 사마천의 가계, 사마씨 부자의 「육가요지」, 사마천의 청년 시절과 부친의 죽음 및 태사령이 된 자신, 사마천이 아버지의 유언을 받는 과정, 사마천과 호수의 『춘추』 논쟁, 사마천이 궁형을 받고 발분해서 글을 쓰게 된 동기, 『사기』 전편의 해제 등의 순서로 구성되어 있다.

사마천이 공자 추존 의지를 밝힌 「태사공 자서」의 발언이다.

선친께서 "주공이 세상을 떠난 지 500년이 지나 공자가 있고, 공자가 죽은 뒤 지금에 이르기까지 500년이 되었으니 다시 밝은 세상을 이어받고 『역전』을 바로잡고 『춘추』를 이어받고 『시』, 『서』, 『예』, 『악』의 근본을 밝히는 자가 있을 것이다."라고 말씀하셨으니 [선친의] 뜻이 여기에 있지 않았

---

33) "禮因人質爲之節文, 略協古今之變."(「태사공 자서」)

는가! 뜻이 여기에 있지 않았는가! 내가 어찌 감히 사양하겠는가?[34]

위의 글을 통해 사마천은 선친의 유지를 계승하고『춘추』의 정신을 이어받는다는『사기』저술의 취지를 밝히고 있지만, 보다 분명한 것은 공자의 후계자임도 자처하고 있다는 점이다. 아울러 사마천은 세상을 뒤흔든 명작들 대부분이 역경을 딛고 탄생한 것이라면서[35] "공자는 진나라와 채나라에서 고난을 겪었기 때문에『춘추』를 지었다."[36]라고 구체적으로 적시하여 본인이 춘추필법의 계승자임을 암시하며 다른 한편 그 자신도 궁형이라는 역경을 딛고 위대한 작품을 만들겠다는 의지를 간접적으로 드러냈다. 사마천이 공자를 어떤 시각으로 보았는가는 그가 공자가 노자를 만나 예를 물었다고 쓴 부분의 의미를 살피는 데 매우 중요한 문제다.

아울러「태사공 자서」에 나오는 사마천의 발언을 통해 왜 그가 도가를 우선시하는지 점검해 보아야 한다.

도가는〔억지로〕하는 것이 없음을 주장하면서 '하지 않음이 없음'을 말하는데, 그 실질은 쉽게 시행할 수 있지만 그 말은 알기 어렵다. 그들의 학술은 '텅 비고 없음虛無'을 근본으로 삼고 '자연에 순응함因循'을 작용으로

---

34) 3장 각주 19) 참조.
35) "夫詩書隱約者, 欲遂其志之思也. 昔西伯拘羑里, 演周易; 孔子厄陳蔡, 作春秋; 屈原放逐, 著離騷; 左丘失明, 厥有國語; 孫子臏腳, 而論兵法; 不韋遷蜀, 世傳呂覽; 韓非囚秦, 說難孤憤; 詩三百篇, 大抵賢聖發憤之所爲作也. 此人皆意有所鬱結, 不得通其道也, 故述往事, 思來者."(「태사공 자서」)
36) "孔子厄陳蔡, 作『春秋』"(「태사공 자서」)

4장 공자와 노자의 만남은 사실인가

삼는다. 고정된 형세도 없고 일정한 형상 없으므로 만물의 실정을 규명할 수 있는 것이다. 만물보다 앞서지 않고 만물보다 뒤처지지도 않으므로 만물의 주인이 될 수 있다.[37]

위의 글에서 확인되듯 사마천은 도가에 꽤 우호적이다. 물론 한편으로는 『주역』과 『예기』를 존중하여 유가적 가치관을 완전히 무시하거나 거스르려 하지 않는데, 앞에서도 서술했듯이 이런 시각의 확립에는 가학이 그 근저에 자리 잡고 있다. 사마천은 기본적으로 자신의 사상의 핵심인 황로 사상에 입각한 무위의 다스림을 강조했다. 이는 한무제의 대통일 정책의 일환으로 제왕 중심의 통치 체계를 확립하려는 현실적 측면과 관련되며 유가에서 말하는 예악의 개념과는 상당히 차이가 있다. 사마천은 예란 왕도와 통하며 인류의 버팀목이 된다고 생각했으니, 인간의 행위를 인도하는 모든 사회 활동의 공동 규범이며 아울러 나라를 다스리고 천하를 평정하는 수단이라는 것이다. 사마천은 아버지 사마담의 뜻을 계승했는데, 그가 쓴 「논육가요지」라는 글에서도 음양가를 첫머리에 두고 도가로 끝맺은 데서[38] 그의 성향을 충분히 알 수 있다.

반고도 지적했듯이 "또한 그(사마천)가 시비를 가리느라 성인의 모습을 왜곡했으며, 대도를 논할 때에도 황로 사상을 앞에 두고 육경을 뒤에 놓았으며, 유협을 서술할 때에는 처사들을 제치고 간웅들을 부각했다. 또 화식貨殖을 서술할 때에는 세력과 이익을 높이고 천하고 가난한

---

37) 2장 각주 8) 참조.
38) 해당 원문은 이 책 2장 2절 '전통과 변혁, 시대의 흥망, 세상의 변화를 보다' 각주 8을 참조하기 바란다.

것을 수치로 생각했는데, 이 모든 것이 그가 만든 폐단이다.".[39]

사마천이 말하는 무위의 정치관은 곧 그의 사상이며 '무불위', 즉 '하지 않음이 없는' 정치 이상은 바로 진나라 말기부터 한나라 초기에 유행한 하나의 사상 조류이기도 하다. 사마천은 한나라 초기에 사회의 발전을 주도하는 데는 황로 도가가 유리하다고 보았으며 아울러 사회가 요구하는 것도 이러한 사상임을 입증하고자 했다. 반고의 비판은 사마천의 사상이 기본적으로 황로 사상에 속하므로 그가 전통적인 가치 관념에 대한 비판적 시각에서 역사 서술의 기본적인 방향을 정하고 있다는 것이다.

이런 면모는 당나라의 대문장가 한유韓愈가 명문으로 꼽은 「조상국 세가」에서도 드러난다. 조참은 유방이 천하를 쟁패하던 과정의 핵심 참모로서, 옥리 출신이면서도 진나라 말기부터 유방이 기병할 때 그를 따라나서 여러 번 공을 세웠으며, 소하의 뒤를 이어 청정 무위의 도가 사상으로 무장하여 별 무리 없이 기존의 업적을 수성하는 데 성공했다. 황로 사상을 받아들인 조참은 나아가고 물러나는 처세에 능하여 소하의 재상직을 이어받아 충실하게 따르면서 실속을 챙겨 나갔다. 그러나 분명한 것은 조참의 겸손에 대한 사마천의 서술 방식에는 열전에 편입된 한신의 오만과 대비하기 위한 풍자가 적지 않게 배어 있다는 점이다.

사마천이 기술한 상황과는 상당히 다른 차원의 문제라는 점을 논의의 시발점으로 삼고자 한다. 그 이유는 『사기』가 단순히 24사의 첫 번

---

39) "又其是非頗繆於聖人, 論大道則先黃老而後六經, 序遊俠則退處士而進姦雄, 述貨殖則崇勢利而羞賤貧, 此其所蔽也."(『한서』 「사마천전司馬遷傳」) 이 「사마천전」의 전반부와 중반부는 「태사공 자서」, 「보임소경서」와 문맥이나 자구 등이 상당 부분 일치한다. 반고가 사마천의 글을 상당 부분 베껴 쓴 것이 확실하다.

째 역사서라는 점 때문은 아니다. 남송의 이학자 주희도 "또한 공자가 비록 태어나면서 아는 자라고 말했으나 일마다 사람들에게 물으러 갔으니 마치 노담과 같은 부류에게 예를 묻고 상례를 물은 일은 매우 많다.(且看 孔子雖曰生知, 事事去問人, 若問禮問喪於老聃之類甚多.)"(『주자어류』 권118) 라고 하면서 이 일에 대해 대수롭지 않게 생각했다. 주희는 노자가 사관이었으므로 관청의 많은 서적을 접할 기회가 많아, 당시 하·상·주의 예에 정통했을 개연성이 충분하다고 보았다.[40] 그러므로 불치하문不恥 下問을 마다하지 않는 공자의 겸허한 지적 욕구에 의해 이 사건이 발현된 것이라는 시각을 견지했다. 그런데 주희의 관점에서 주목할 만한 점은 공자가 예를 물은 노담이 『노자』의 저자인 노자와 다른 인물임을 제시하면서도 고증할 방법은 없다는 식[41]으로 얼버무렸다는 것이다.

또 다른 남송의 사상가로 영가학파의 집대성자이며 주희의 이학, 육구연의 심학과 더불어 남송의 삼대 학파로 추앙받았던 섭적葉適도 "공자가 노자를 용이라고 찬미한 것은 황로학자로서 공자를 빌려 그 스승의 말을 중시한 것이다."[42]라고 말했다.

구제강顧頡剛은 "노자는 어째서 공자의 선생님이 되었는가? 나는 이것이 와전된 요언이 아니고 계획된 선전이라고 생각한다."[43]라면서 비

---

40) "聖人之所以爲聖, 也只是好學下問. …… 孔子說, 禮, '吾聞諸老聃'. 這也是學於老聃, 方知得 這一事."(『朱子語類』 권121)

41) "孔子問老聃之禮, 而老聃所言禮殊無謂. 恐老聃與老子非一人, 但不可考耳."(『朱子語類』 권 121)

42) "孔子贊其(老子)爲龍, 則是爲黃老學者借孔子以重其師之辭也."(葉適, 『習學記言序目』(上冊) 卷15(中華書局, 1977), 209쪽)

43) "老子爲什麼會成爲孔子的老師呢? 我以爲這不是訛傳的謠言, 乃是有計劃的宣傳."(顧頡剛, 『秦 漢的方士與儒生』(上海古籍出版社, 1988), 34쪽)

판적인 시각에서 사마천의 견해를 반박했다. 쉬푸관徐複觀도 「노자 열전」에서의 "문예" 이야기가 유가에서 나온 것이고 도가에서 나온 것이 아니라고 강조하면서 심지어 공자와 노자의 회담은 주나라에서 이루어진 것도 아니고 더구나 거기서 예를 거론하지 않았다고 확언했다.[44]

물론 그렇다고 해서 한유나 주희, 섭적, 구제강 등의 반론이 사마천이 설정한 노자와 공자의 만남이라는 역사적 사실 자체를 부정할 만한 근거로 작동될 수는 없다. 정도의 차이는 있지만, 오히려 이렇게 논쟁이 유발되었다는 것은 사마천의 설이 보편적으로 인식되었다는 반증이다.

4

결국은 회통이다

이상에서 검토한 바와 같이, 황로적 성향이 강한 사마천이 백이·숙제, 포숙과 관중 및 안영 등을 열전의 맨 앞 두 편인 「백이 열전」과 「관안 열전」에 배치하여 유가보다는 도가에 무게 중심을 실으려 한 점에 주목해야 한다. 이런 맥락에서 「노자 한비 열전」의 주된 사상적 흐름이 황로이고 여기에서 보다 강력한 메시지를 전할 수 있는, 공자가 노자에게 예를 물었다는 사례를 통해 사마천이 노자로의 경도를 보여 주고 있다는 점도 확인되었다. 이는 "공자문예어노자"의 문제가 단순하게 공자가 노자에게 예를 물어보았다는 것이 아니라, 사마천의 사상적 경향과도 관련된 복합적 사안임을 입증하는 것이다.

---

44) 徐復觀, 『中國思想史論集續編』(九州出版社, 2014), 269~270쪽.

사마천은 거시적 안목의 소유자로, "천하에 흩어져 있는 구문舊聞을 망라하여 왕업이 일어난 처음과 끝을 살피고 흥성하고 쇠망한 것을 살펴보았으며, 사실에 입각하여 논하고 고찰했다."[45]라고 자부한 데서 알 수 있듯이, 철저한 문헌의 수집과 답사 여행을 통해 천하의 유문遺聞도 역사의 영역에 넣으려는 시도의 한 사례로 공자와 노자의 만남을 설정한 것으로 보인다. 이는 시대의 변화를 주축으로 역사를 바라보는 사마천의 관점과 관련 있으며, 한무제 시기의 또 다른 축을 형성했던 황로 사상과의 연관성도 깊숙이 배어 있다고 볼 수 있다.

사마천이 공자가 노자를 만나 예를 물은 상황을 구체적으로 설정한 것은, 유가와 도가의 회통會通 가능성을 염두에 둔 것으로 해석될 근거가 된다는 점도 확인되었다. 공자가 노자를 만났다는 확증은 없지만, 사마천의 구도 설정이 전혀 잘못되었다고는 할 수 없다. 사마천은 「중니 제자 열전」과 「공자 세가」에서 이에 대해 구체적으로 다루고, 이 둘의 관계에 관한 다양한 문헌 자료가 이를 입증해 주고 있기 때문이다.

물론 유가와 도가의 회통은 사마천이 추구한 시대 변화의 적응과도 관련되며, 이런 통합적 시각[46]의 확보를 위해 공자가 노자를 만나 예를 물어본 장면을 설정한 것으로 여겨진다. 다시 말해 사마천이 비록 일화의 성격이기는 하지만, 「노자 한비 열전」과 「공자 세가」에서 동시에 기술하고 있다는 점에서 사마천이 이 문제를 비중 있게 다룬다는 것을 알 수 있다. 공자가 노자를 찾아가 예를 물었다는 것은 공자의 위상이 노자보다 낮다는 차원의 문제가 아니라, 사마천 사상의 형성 과정에서 노자

---

45) "罔羅天下放失舊聞, 王跡所興, 原始察終, 見盛觀衰, 論考之行事."(「태사공 자서」)
46) 김원중, 「사마천의 통변론에 관한 몇 가지 검토」, 《중국인문과학》 49집, 중국인문학회, 2011, 246쪽.

와 도가가 갖는 비중과 위상을 보여 주는 것이다.

이러한 확인 과정에서 알 수 있듯이, 사마천은 유가와 도가라는 학파를 서로 전혀 회통하지 않는 대립적 관계로만 파악하려는 것에 대해 동의하지 않았다. 사마천이 노자를 공경하면서도 결코 공자를 배척하지 않고, 공자 및 그의 제자와 유가를 비중 있게 다룬 것이 이를 입증한다. 즉, 공자를 빼놓고 중국의 역사 문화를 이야기할 수 없는 데에 충분히 공감했기에 사마천이 『사기』에서 「공자 세가」, 「중니 제자 열전」, 「유림 열전」, 「맹자 순경 열전」 등 네 편에 걸쳐 유학의 계보학을 완성하려 한 것이 아닌가 싶다.

물론 사마천이 추구하고자 한 것이 진정으로 유·도의 회통이었는지는 확언할 수 없다. 그러나 분명한 것은 유가와 도가 사이에 존재하는 공통분모는 결국 인간이 지향하는 삶의 방향은 방법은 달라 통한다는 것이며, 사마천이 이러한 거시적 안목을 갖고 있었다는 점이다.

사마천은 유가보다 황로를 우선했는가

1

왜 황로를 우선시하고 육경을 홀대한다고 했는가

사마천이 『사기』 「태사공 자서」에 "[정본은] 명산에 감춰 두고 부본은 수도에 두어 후세 성인군자의 열람을 기다린다."[1]라고 하면서 『사기』

---

1) "藏之名山, 副在京師, 俟後世聖人君子." 일찍이 사마천의 외손 양운楊惲에 의해 『사기』가 세상에 알려진 이후 이 책을 둘러싼 논쟁은 시작되었다. 성제成帝 초년에 동평왕東平王 유우劉宇가 조회에 와서 다음과 같이 발언한 데서도 알 수 있다. "上疏求諸子及太史公書, 上以問大將軍王鳳, 對曰: '…… 諸子書或反經術, 非聖人, 或明鬼神, 信物怪; 太史公書有戰國從橫權譎之謀, 漢興之初謀臣奇策, 天官災異, 地形厄塞: 皆不宜在諸侯王, 不可予. 不許之辭宜曰: '五經聖人所制, 萬事靡不畢載. 王審樂道, 傅相皆儒者, 旦夕講誦, 足以正身虞意. 夫小辯破義, 小道不通, 致遠恐泥, 皆不足以留意. 諸益於經術者, 不愛於王.'"(『한서』 「동평왕유우전東平王劉宇傳」)

에 대한 논쟁은 이미 시작되었다. 물론 반고가 "선황로후육경先黃老後六經"설로 사마천의 『사기』에 대해 '황로 우선, 육경 홀대'라고 압축적으로 발언함으로써 사마천의 사상, 서술 시각과 관련된 논쟁이 촉발되었음은 쉽게 부정할 수 없다. 이 설은 사마천의 사상적 맥락을 규정짓는 중요한 구절로 평가되는 반고의 '태사공의 세 가지 실수史公三失' 중 첫 번째 항목으로 그의 부친 반표班彪의 '황로를 숭상하고 오경을 야박하게 하다(崇黃老薄五經)'라는 발언과 승계적 관계를 구축한다.

물론 반고의 설은 『사기』의 서술 방향과 서술 시각의 주요한 축으로 인정되어[2] 황로 사상이 사마천의 『사기』 체제에 중대한 영향력을 발휘했다는 발언[3]과도 접맥된다. 황로 사상이 전국 시대 중기부터 한대 초기까지 거의 200년간 흥성한 상황과도 무관하지 않으며, 사마천의 역사관과 사회 인식의 틀이 일부분 황로 사상의 영향과 관계가 있음을 부인할 수 없다는 것이 한자오치의 기본 시각이다. 또한 사마천 사상이 유가이면서 도가와 법가를 흡수했다는 논의라든지, 도가이면서 유가와 법가를 흡수했다는 식의 논법[4] 역시 황로 사상의 수용 양상과 연

---

2) 한자오치는 『사기』를 황로 사상과 황로 인물을 수록한 체계로 보았으며, 사마천은 황로의 '무위' 사상을 받아들여 '청정무위淸靜無爲'에 대해 세 가지 내적인 함의를 부여했다고 밝혔다.(韓兆琦·陳金霞, 「司馬遷對黃老思想的接受與發展」, 《北京師大學學報(社會科學版)》, 第4期(總第214期), 2009, 27~28쪽)

3) "黃老思想對司馬遷及『史記』有重要的影響."(李小成, 「司馬遷與黃老思想」, 《唐都學刊》, 第15卷 第1期, 1999, 22쪽) 같은 맥락에서 리성찬李聖傳은 이렇게 말한다. "那麼黃老之術爲何會在漢初占據政治思想的主流地位, 司馬談又爲何會如此推崇和贊譽黃老之學, 兩者之間有著怎樣內在的契合呢? 有資料記載: 漢初, 面臨著秦末動亂給社會經濟造成的嚴重創傷."(「『論六家要旨』之文本新釋」, 《船山學刊》第2期, 2012, 78쪽)

4) "사마천의 기본 사상은 유가나 도가라기보다는 잡가적인 요소가 많기 때문에 유가로 단정하여 이학가를 반박하는 것은 도움이 되지 않는다."(이인호, 「문사철론 『사기·백이

계된다. 사마천이 아버지 사마담에게서 결정적인 영향을 받았음은 부인할 수 없다. 그러나 사마담은 도가를 선택하여 입론의 초점으로 삼았고, 그가 '육가六家' 중 도가를 최고로 꼽았다는 것은 논란의 여지가 없지만, 사마천과 다소 구분된다는 반론도 있었다. "사마담은 도가를 좋아하였다. 이 때문에 「육가요지六家要旨」를 저술하여 도가를 주장하였다. 사마천이 직접 「태사공 자서」에 그 말을 서술하여 사라지지 않기를 바랐다. 실제로 사마천의 학문은 아버지 사마담과 반드시 같지는 않다."[5] 라는 주장이 한 예다. 왕보상王伯祥의 "동중서의 음양오행 요소를 제외한 춘추공양학과 도가 사상의 한계를 벗어나는 것은 불가능하다.(不可能超出董仲舒春秋公羊學(除去陰陽五行成分)和道家的思想界限.)"라는 발언도 사마천과 황로 사상의 상관성을 제대로 검토해야 실마리가 풀린다.

따라서 이 장에서는 『사기』의 「노자 한비 열전」, 「맹자 순경 열전」과 「유림 열전」의 이면에 담긴 사마천의 황로 사상 수용 양상을 검토하는 과정을 통해 반고의 "선황로후육경(先黃老後六經.)"설의 사상사적 맥락과 근본 취지를 살펴보고자 한다.

열전』」,《중국어문논총》 24집, 2003, 116쪽) 유사한 맥락에서 필자도 "'원怨'과 '불원不怨'의 시비 판별은 「백이 열전」의 핵심 쟁점이고, 사마천이 던진 의문 '천도시비天道是非'와 연계된다. 사마천은 백이·숙제가 착하고 의로운 사람인데도 하늘의 보답은커녕 굶어 죽고, 오히려 도척 같은 악인은 천수를 누려 그 현실적인 문제에 주목하였다."(「「백이 열전」의 "원야비야"와 "시야비야"를 통해서 본 행간적 맥락과 중의적 층위」,《중국인문과학》 72집, 2019. 296쪽)라고 했다. 사마천이 던지는 천도에 대한 의문은 유가에 대한 믿음의 근거가 근본부터 흔들리고 있음을 보여 주는 중요한 단서가 될 만하다.

5) "司馬談喜道家者, 故著六家指要而主張道家也. 遷直述其言於自序, 冀其不朽也. 其實遷之學未必同於父也."(다키가와 스케노부瀧川龜太郞, 『사기회주고증史記會注考證』(臺北: 宏業書局, 1974)) 동진東晉의 갈홍葛洪은 "반고가 논한 바는 근거가 될 만하지 않다.(班固之所論, 未可據也.)"라고 했다.

"황로를 앞에 두고 육경을 뒤로하다"에 나타난 반고의 『사기』평의 의미

송대宋代 예사倪思는 그의 저서『반마이동班馬異同』에서 "그 자구의 차이를 고찰함으로써 득실을 참조하여 볼 수 있다.(考其字句異同, 以參觀得失.)"[6]라고 말하면서 반고와 사마천의 서술 방식의 차이를 다루었다. 『한서』와『사기』는 그 자구, 서술 시각, 문장의 구조, 인물이나 사건의 배치 구도 등에서 차이점을 보인다. 다음 인용문에서 알 수 있듯이 반고의 발언은 『사기』의 핵심 관점을 보여 준다.

또한 그가 옳고 그름은 성인과는 자못 어그러져 있어, 큰 도를 논하면 황로를 먼저 하고 육경을 뒤로하고, 유협을 서술하여 은사를 물러나게 하고 간웅을 나아가게 하였으며 화식을 서술하여 권세와 이익을 숭상하고 지위가 낮고 가난한 것을 부끄러워하였으니 이것이 그(사마천)가 만든 폐단이다. 그러나 유향과 양웅으로부터 뭇 책들에 널리 이르기까지 모두 사마천을 일컬어 뛰어난 사관의 재능이 있다고 하는데 그는 사물의 이치를 잘 서술하고 분별이 있되 화려하지 않고 질박하되 비루하지 않고 그의 문은 곧고 그의 일은 바르며 허황된 아름다움이 아니고, 악을 숨기지 아니하였으므로 그것을 실록이라고 일컬을 만하다.[7]

---

6) 『四庫全書總目提要』卷45, 正史類 一 (中華書局, 1965), 401쪽.

7) "又其是非頗繆於聖人, **論大道則先黃老而後六經, 序遊俠則退處士而進奸雄, 述貨殖則崇勢利而羞賤貧**, 此其所蔽也. 然自劉向揚雄博極群書, 皆稱遷有良史之材, 服其善序事理, 辨而不華, 質而不俚, 其文直, 其事核, 不虛美, 不隱惡, 故謂之實錄."(『한서』「사마천전찬司馬遷傳贊」)(강조는 필자)

위 문장에서 반고가 성인의 뜻과 어긋나는 세 가지를 지적한 것은 "태사공의 세 가지 실수(史公三失)"라는 말로 불려 왔으니, "선황로先黃老", "서유협序遊俠", "술화식술화식述貨殖"이다. 특히 "선황로후육경"설은 사마천의 황로 사상 수용과 유가 홀시라는 논쟁에 단서를 제공했다. 『사기』에서 항우를 「본기」에 포함시킨 것이라든지, 한나라를 배반한 제후왕인 오왕 유비, 회남왕 유장과 유안, 형산왕 유사 등을 「열전」에 편입시킨 것, 한나라 초기 공신들, 즉 소하, 조참, 진평, 주발, 장량 등을 「세가」에서 서술한 것, 공자, 외척, 진섭 등을 「세가」에 수록한 것 등을 보면, 반고의 입장에 타당성이 있다고 볼 근거는 충분하다.

반론도 제기될 수 있다. 공자를 「세가」에 두고 노자를 「열전」에 기록한 것 등이 오히려 유가를 높이고 도가를 낮게 본 것 아닌가 하는 점이나, 「태사공 자서」에서 동중서의 말을 인용하여 호수壺遂와 논쟁한 대목에서 『사기』를 지음에 『춘추』를 계승했다고 한 "작사기이계춘추作史記以繼春秋" 발언 등이 그렇다.

그런데 위의 문장을 보면 후반부는 사가史家인 사마천의 역량을 긍정적으로 평가하면서 『사기』가 "실록實錄"에 충실한 역사서임을 적시하고[8] 있다. 반고의 이런 주장은 남조南朝의 문학평론가 유협劉勰의 『사기』 평에서도 확인되듯, 『사기』는 "사실대로 기록하여 은폐하지 않는 취지를 드러내고, 넓고 단아하며 크게 웅변하는 재능이 있으면서도 기이함을 사랑하고 경전을 거꾸로 하는 허물이 있었다.(實錄無隱之旨, 博雅弘

---

8) 숭차오宋超는 「"論大道則先黃老而後六經"再評議」라는 논문에서 "사마천의 실록 필법에 대해 높이 평가했다."(《周口師範學院學報》第20卷 第1期, 2003, 79쪽)라고 하면서도 "사마천 및 『사기』의 가치 취향에 대한 총체적인 판단"은 바로 "선황로후육경"설이라고 단언하면서 반고의 이런 평가는 사마담의 「논육가요지」에서 출발함을 밝혔다.

辯之才, 愛奇反經之尤.)"(『문심조룡文心雕龍』「사전史傳」)라는 평가로 이어
진다.

반고의 "선황로후육경"설에 대해 조공무晁公武가 「군재독서지郡齋讀
書志」에서 당시 제왕들의 황로 숭상과 무관하지 않다면서 다음과 같이
지적한 발언에 주목해야 한다.

무제의 시대에 유가의 학술을 표방하고 제자백가를 내쫓아 큰 정치에
부합되었다. 그러나 사치가 극에 달해서 나라 안이 쇠약해지고, 도리어
문경文景이 황로를 숭상한 것만 같지 못하니, 이때 사람들은 검소함을 받
들어 천하가 풍요로웠으니 이것은 황로를 먼저 하고 육경을 뒤로한 까닭
이다.[9]

윗글에서 보면 당시 상황은 한무제가 동중서의 건의를 받아들여 태
학太學을 일으키고 오경박사를 두고 숭유崇儒 정책을 추진하는 데 있
어(건원建元 5년, 기원전 136년) 『춘추공양전春秋公羊傳』을 중시하여 대통
일 사상과 황제 중심의 권력 구조가 담겨 있는 기본 경서로 삼은 데에
서 논의를 시작하고 있다.[10]

그 사상사적 맥락을 살펴보면, 전국 시대에 이르러 선진 도가 학파
가 황제에 기탁하여 도道를 이야기하거나, 백가百家의 여러 학설을 취

---

9) "武帝之世, 表章儒術, 而罷黜百家, 宜乎大治. 而窮奢極侈, 海內凋弊, 反不如文景尚黃老, 時人主
慕儉, 天下饒洽, 此其所以先黃老而後六經也."(「군재독서지」)

10) "한나라가 일어나 5대까지 이르는 동안 동중서만이 『춘추』에 밝은 인물이라는 명예
를 가졌다. 그가 전한 것이 『공양전』이다.(漢興至於五世之間, 唯董仲舒名爲明於春秋, 其傳公
羊氏也)"(「유림 열전」)

　　　　　　　　5장 사마천은 유가보다 황로를 우선했는가

한 것이 황로 사상의 서단이며[11] 한대에 이르러 동중서가 주도하여 학술 사상적 의미를 지니게 되었다.[12] 즉 서한 초기에 이르면서 "무위이치無爲而治"를 기반으로 하는[13] 황로 주도적 정치 주장이 정책의 토대가 되었다. 즉, 한나라 초기 60여 년간 정치적 흐름은 황로 사상과 무관하지 않았으나, 시간이 흐르면서 각 지역 제후의 팽창을 불러왔으며 제후들이 흥성하면서 황권이 사그라지고 무도한 상황까지 벌어지자, 가의와 조조 같은 신하들이 중앙의 위신을 강화시키고 제후들의 권세를 약화시켜야 한다고 건의했다.

반고의 발언에 대한 분석은 청대淸代의 왕명성王鳴盛의 글에서도 찾을 수 있다. 왕명성의 분석을 좀 더 세밀하게 검토하면서 왜 반고가 이 견해를 주장했는지에 대해 당시의 시대적·사상적 맥락을 이해하여 살펴보자.[14]

---

11) 이것을 근거로 한무제 때 중앙 집권이 점진적으로 완성되어 유·도의 세력 변화가 일어나기 시작했으며 노자를 배우는 자들과 유학이 서로 빙탄의 관계였음을 밝혔다.(김성환, 「사마천의 경제 사상」,《전주사학》5집, 1997, 120쪽)

12) 박정숙, 「사마천 「논육가요지」의 학술적 의의」,《인문학연구》48집, 2014, 329쪽.

13) 사마천은 황로의 '무위' 사상이 정치에서도 '무위'로 귀착된다고 하면서, "虛之事, 大人賦說, 靡麗多誇, 然其指風諫, 歸於無爲."(「태사공 자서」)라고 하여 「사마상여 열전」을 지은 동기를 밝히는 데 '무위'를 언급했고, "即位二十三年, 宮室苑囿狗馬服禦無所增益, 有不便, 輒弛以利民."(「효문 본기」)이라고 하여 문제가 자리에 올랐던 기간의 덕정에 치중해 자신의 정치 이상을 분명하게 드러냈다. 이로써 후대의 군왕들에게 많은 귀감을 주었다는 것이 사마천의 기본적인 시각이다. 또한 "下令如流水之原, 令順民心."(「관안 열전」)이라고 하여 『관자』를 인용한 문장에서, 한초의 지배 계층은 백성의 생산 활동을 방해하지 말아야 하며 생활을 안정시킬 필요가 있다고 보았다.(韓兆琦·陳金霞, 「司馬遷對黃老思想的接受與發展」,《北京師範大學學報(社會科學版)》第4期(總第214期), 2009, 28쪽 참조)

14) 이 견해는 반고의 『한서』「동평왕유우전」에서 가져온 것으로 "昔老聃著虛無之言兩篇, 薄仁義, 非禮學, 然後好之者尚以爲過於五經, 自漢文景之君及司馬遷皆有是言. 今揚子之書文義至

한나라 초기에 황로의 학문이 지극히 성행하였다. 임금은 문제와 경제 같은 자가, 황실에서는 두태후 같은 자가, 종실에서는 유덕 같은 자가, 장상은 조참[15]과 진평이라는 자가, 유명한 신하는 장량과 급암, 정당시, 직불의, 반사 같은 자가, 처사는 개공, 등장, 왕생, 황자, 양왕, 손안, 구망지 등이 모두 그것(황로지학)을 따랐다. …… 노담은 허무의 말 두 편을 지어 인의를 박절하게 하고 예악을 그르다고 하였다. 그러나 그것을 좋아하는 자는 오경을 지나치고 한나라 문제와 경제 같은 군주 및 사마천으로부터 모두 그 말이 있었다. 반표와 환담은 모두 사마담의 말이 곧 사마천의 뜻이라고 오해하였다.[16]

왕명성은 황로지학의 극성이 한초의 시대적 조류였기에 황실, 종실, 장상은 말할 것도 없고 처사인 경우에도 황로지학을 따른 사례를 구체적으로 거론했던 것이다. 그리고 황로학이 노자의 학설과 관련 있으며 이로 인해 "과오경過五經"의 결과를 초래했다고 말하면서 이런 설에 대해 사마천도 같은 입장임을 평가하고 있다.

深, 而論不詭於聖人, 則必度越諸子矣!"라는 문장을 참조하기 바란다.

15) 사마천은 「조상국 세가曹相國世家」에서 다음과 같은 시각으로 조참을 서술하고 있다. "조참은 제나라를 다스리는 요체로 황로 학설을 받아들여 제나라 승상이 된 지 9년이 지나자 제나라는 안정되고 편안해져 대부분 그를 현명한 승상이라고 칭송했다.(參於是避正堂, 舍蓋公焉. 其治要用黃老術, 故相齊九年, 齊國安集, 大稱賢相)"라고 하였으며, 태사공논찬 부분에서는 "조참이 한나라의 상국이 되자, 청정을 온 힘으로 말하여 도가의 원칙과 합치시켰다.(參爲漢相國, 淸靜極言合道)"라고 하였다.

16) "漢初黃老之學極盛, 君如文景, 宮闈如竇太后, 宗室如劉德, 將相如曹參陳平, 名臣如張良汲黯鄭當時直不疑班嗣, 處士如蓋公鄧章王生黃子楊王孫安丘望之等皆宗之. …… 老聃著虛無之言兩篇, 薄仁義非禮樂, 然好之者以過五經. 自漢文景之君及司馬遷皆有是言. 班彪桓譚皆誤以談之言即遷之意."(『십칠사상각十七史商榷』「사마씨부자이동司馬氏父子異同」조條)

5장 사마천은 유가보다 황로를 우선했는가

이러한 조공무와 왕명성의 논지는 반고의 "선황로후육경"설의 시대적 맥락을 정확히 인지하고 있는 것으로, 이 장에서 살펴보고자 하는 사마천의 황로 사상 수용과 밀접한 관련성을 입증하는 자료적 가치를 지닌다.

3
「노자 한비 열전」과 「맹자 순경 열전」에 나타난 황로 사상 수용

반고가 "태사공의 세 가지 실수" 중 가장 쟁점으로 삼은 것이 '황로'다. 그가 "선황로"설을 주장하게 된 근거와 이와 관련된 점들을 『사기 열전』을 통해 검토해 보는 것이 이 장의 중점이다. 공자가 노자를 만나 예를 물은 장면[17] 등을 통해 노자를 제자백가 중에서 주요한 인물로 부각시킨 사마천은 「노자 한비 열전」[18]에서 "세상에서 노자의 학문을 배

---

17) 이에 관한 문장이 "노자는 …… 성은 이씨, 이름은 이, 자는 백양이다.(老子 …… 姓李, 名耳, 字伯陽.)"(『사기삼가주』)와 "공자가 주나라에 가 머무를 때 노자에게 예를 묻자, …… 그리하여 노자는 책 상·하편을 지어 '도'와 '덕'의 의미를 5000여 자로 말하고 떠나가 버려 그가 어떻게 여생을 살았는지는 아무도 모른다.(孔子適周, 將問禮於老子, …… 於是老子乃著書上下篇, 言道德之意, 五千餘言而去, 莫知其所終.)"(「노자 한비 열전」)인데, 필자의 논문에 상세히 다루어져 있다.(「"공자문예어노자" 구에 나타난 사마천의 서술 시각에 관한 몇 가지 검토」,《한중인문학연구》, 63집, 2019, 55~79쪽) 또한 이 내용이 유협의 말에도 있다. "백양(노자)이 예를 알아, 공자가 찾아가 예를 물음에 이르러, (노자는) 도와 덕을 서술하여 백가의 우두머리가 되었다.(及伯陽識禮, 而仲尼訪問, 爰序道德, 以冠百氏.)"(『문심조룡』「제자」)
18) 사마천은 이 편에서 '노자, 장자, 신불해, 한비'를 순서대로 서술하고 있어 「노·장·신·한 열전」이라고도 한다.

우는 이들은 유가 학문을 내치고, 유가 학문을 배우는 이들은 역시 노자를 내쳤다."[19]라고 하여 당시 노자의 학설과 유가의 학설이 팽팽히 맞서고 있음을 지적했다. 그는 또 장자가 유가와 묵가를 공격하는 탁월한 무기로 우언을 활용했다고 보았으며, 장자의 학문 역시 노자의 학설로 귀결된다고 했다.[20] 초나라 위왕이 장자를 재상으로 맞으려 했으나 거절하는 대목을 서술하여 그 논거를 세우고 있다.[21] 그러고는 신자와 한비의 글을 황로와 연관시켜 아래와 같이 서술한다.

1) 신자의 학문은 황로에 근본을 두고 형명을 내세웠다. 그는 글 두 편을 썼는데 그것을 「신자」라고 한다.[22]

2) 한비는 한韓나라의 여러 공자 가운데 한 사람으로 형명과 법술의 학설을 좋아했으나 그의 학문은 황로 사상을 바탕으로 한다.[23]

---

19) "世之學老子者則絀儒學."
20) "그의 학문은 [넓어] 통하지 않은 것이 없었는데, 그 학문의 요체는 근본적으로 노자의 학설로 돌아간다. 그러므로 그가 지은 책 10여 만 자는 대부분 우언이다. 「어보」, 「도척」, 「거협」 편을 지어 공자 무리를 호되게 비판하고 노자의 가르침을 밝혔다.(其學無所不闚, 然其要本歸於老子之言. 故其著書十餘萬言, 大抵率寓言也. 作漁父盜跖胠篋, 以詆訿孔子之徒, 以明老子之術.)"
21) "楚威王聞莊周賢, 使使厚幣迎之, 許以爲相. 莊周笑謂楚使者曰: 千金, 重利; 卿相, 尊位也. 子獨不見郊祭之犧牛乎? 養食之數歲, 衣以文繡, 以入大廟. 當是之時, 雖欲爲孤豚, 豈可得乎? 子亟去, 無汚我. 我寧游戲汚瀆之中自快, 無爲有國者所羈, 終身不仕, 以快吾志焉."(「노자 한비 열전」)
22) "申子之學本於黃老而主刑名. 著書二篇, 號曰申子."(「노자 한비 열전」)
23) "韓非者, 韓之諸公子也. 喜刑名法術之學, 而其歸本於黃老."(「노자 한비 열전」)

5장 사마천은 유가보다 황로를 우선했는가

위의 두 인용문에서 알 수 있듯이 사마천은 법가와 도가가 하나의 뿌리를 두고 있음을 밝히면서 신불해와 한비 두 사람의 사상을 황로 사상과 연계하고 있다. 1)에서 '형명刑名'이란 원래 '형체와 명칭'을 가리 키는 말로 '명실名實'과 같은 말이다. 한비자는 군주가 신하와 백성을 다스리는 정치 원칙들을 다루고 있으며, 그 주된 논지는 군주가 권력 을 사용할 때 상벌의 두 권병을 쥐고 형명 참동을 하여 사악이 일어나 지 않게 미리 막아야 한다는 것이다. 이런 시각은 『한비자』의 「주도」와 「양각」 편 등을 주도하는 핵심 사상이다.

사마천은 신불해에 대해 위의 인용문 1) 바로 앞에 다음과 같이 부 연 설명했다. "신불해는 경읍 사람으로, 본래는 정나라의 하찮은 신하였 다. 〔법가의〕 학술을 배워 한韓나라 소후에게 유세하여 〔관직을〕 구하 니, 소후가 등용하여 재상으로 삼았다. 그는 15년 동안 안으로는 정치 와 교육을 바로 세우고, 밖으로는 제후들을 상대했다. 결국 신자가 자 리에 있을 때 나라는 다스려지고 군대가 강하여 한나라로 쳐들어오는 자가 없었다."[24] 선진 때 법가들은 '형명'을 '법술法術'과 연계시켜 '명분 과 실질을 따르고, 상을 신중히 하고 벌을 명확히 해야 한다는 '순명책 실循名責實', '신상명벌愼賞明罰'을 주장했다. 후대 사람들은 이들의 주 장을 '형명지학刑名之學'이라고도 하고, 줄여서 '형명'이라고도 부른다. 2)에서 사마천은 한비의 학문의 귀결점을 황로로 단언하고 있다. 사마 천은 황로 사상에 입각한 무위의 다스림을 찬미하고, 법가는 엄격하기 만 하고 은혜가 결핍된 것으로 비판하면서도 "모두 〔노자의〕 도와 덕에

---

24) "申不害者, 京人也, 故鄭之賤臣. 學術以干韓昭侯, 昭侯用爲相. 內脩政敎, 外應諸侯, 十五年. 終申子之身, 國治兵彊, 無侵韓者."(「노자 한비 열전」)

그 근원을 두고 있으니 노자의 사상이 깊고도 먼 것"이라고 총평하고 있다.

　　태사공은 말한다.

　　"노자가 귀하게 생각하는 도는 허무이고, 무위에서 변화에 호응하는 것이다. 그러므로 그가 지은 책은 글이 미묘하여 알기 어렵다. 장자는 〔노자가 말한〕 도덕의 의미를 미루어 풀어서 자유롭게 논했는데, 〔그〕 요지 또한 자연으로 돌아가라는 것이다. 신자는 스스로 힘써 명분과 실질에 적용시켰다. 한자는 먹줄을 친 것처럼 〔법규를 만들어〕 세상의 모든 일을 결단하고 옳고 그름을 분명히 하였지만 그 극단에 치우쳐 각박하고 은혜로움이 부족했다. 〔이들 셋은〕 모두 〔노자의〕 도와 덕에 그 근원을 두고 있으니 노자의 사상이 깊고도 먼 것이다."[25]

　　이처럼 「노자 한비 열전」을 통해 우리는 사마천이 도가와 법가의 공통분모를 황로 사상에서 찾으려고 하는 것을 어렵지 않게 알 수 있다.

　　사마천의 황로적 성향은 「맹자 순경 열전」에서도 드러난다. 이 편은 제목과는 달리 잡가들에 관한 열전으로 보일 소지가 충분하다. 추기騶忌와 추연騶衍, 제나라 직하 학자인 순우곤淳於髡과 신도愼到와 환연環淵, 전병田駢과 접자接子와 추석騶奭 등에 관한 내용을 맹자, 순경에 비

---

25) "太史公曰: 老子所貴道, 虛無, 因應變化於無爲, 故著書辭稱微妙難識. 莊子散道德, 放論, 要亦歸之自然. 申子卑卑, 施之於名實. 韓子引繩墨, 切事情, 明是非, 其極慘礉少恩. 皆原於道德之意, 而老子深遠矣."(「노자 한비 열전」)

해 많은 분량을 할애하여[26) 비중 있게 다루고 있다.[27) 즉 제목만 보면 맹자와 순자라는 유가만을 다룬 듯하지만 제자백가의 학설에 무게 중심이 실려 있다.[28) 그중 추연을 서술한 대목을 살펴보면 다음과 같다.

그의 학설은 넓고 커서 〔유가의〕 이치에 맞지 않으니, 먼저 반드시 〔주변의〕 작은 사물을 살핀 뒤에 이것을 추론하고 확대시켜 무한한 곳까지 이르렀다. 〔시대를 살필 때도〕 먼저 현재부터 시작하여 〔태고의〕 황제까지 거슬러 올라가 학자들이 공통적으로 서술한 바를 펼치고, 대체로 세상의 흥함과 쇠함을 논하고 그 길흉의 조짐과 제도를 기재하고 나서 미루어 멀리 이르게 하였는데, 〔이로부터〕 하늘과 땅이 만들어지기 전의 멀고 혼돈스러워 그 근원을 알 수 없는 시대까지 이른다.[29)

추연은 사마천의 지적대로 제후들이 사치스럽고 음란해져 덕을 숭상할 수 없으므로 일반 백성에게 펼칠 수 없어서 음양의 소멸과 성장,

---

26) 「맹자 순경 열전」은 총 1442자인데 맹자에 관련된 내용은 215자이고 순경에 대한 내용은 단 13자 '荀卿趙人年五十始來遊學於齊'에 불과하다.

27) "추연과 제나라의 직하 선생들인 순우곤, 신도, 환연, 접자, 전변, 추석 같은 무리들은 저마다 글을 써서 어지러운 나라를 다스리는 문제를 말함으로써 당시 군주에게 등용되기를 원했다. 이것을 어떻게 이루 다 말할 수 있겠는가?(自騶衍與齊之稷下先生, 如淳于髡愼到環淵接子田騈騶奭之徒, 各著書言治亂之事, 以干世主, 豈可勝道哉?)"(「맹자 순경 열전」)

28) 이런 면모는 유협이 맹자의 위상을 평가한 "맹가는 유가 사상을 가슴에 품고 공손히 받들었다.(孟軻膺儒以磐折.)"(『문심조룡』「제자」)라는 발언이나 "맹가와 순황의 논술을 살펴보면, 논리가 뛰어나고 문사도 바르다.(硏夫孟荀所述, 理懿而辭雅.)"(『문심조룡』「제자」)라고 하면서 맹자와 순경의 글이 갖는 무게감을 피력한 것과 상이하다.

29) "其語閎大不經, 必先驗小物, 推而大之, 至於無垠. 先序今以上至黃帝, 學者所共術, 大並世盛衰, 因載其機祥度制, 推而遠之, 至天地未生, 窈冥不可考而原也."(「맹자 순경 열전」)

변화하는 이치와 기이한 변화를 깊이 관찰하였다.[30] 추연은 중국 중심의 협소한 지리적 세계관의 무한 확장을 강조하여 "유자들이 말하는 중국이란 천하의 81분의 1을 차지할 뿐이다.(以爲儒者所謂中國者, 於天下乃八十一分居其一分耳.)"(「맹자 순경 열전」)라는 식의 발언으로 당시 제후들 사이에서 유세하며 존중받았던 것[31]을 상기할 필요가 있다. 사마천은 추연이 당대 공자나 맹자보다 월등한 영향력을 가지고 추앙받은 일을 근거로 제시하면서, 그의 영향력이 왕에게 미쳤을 뿐 아니라, 당시 사상계에서도 막강했다며 다음과 같이 언급했다.

　　왕공대인들은 추연의 학설을 처음 들을 때는 몹시 놀라 감화되는 듯하나 그 뒤로 실행할 수는 없었다.

　　이리하여 추연은 제나라에서 중용되었다. 〔그가〕 양나라로 가자, 혜왕은 교외까지 나와 맞이하여 주인과 손님의 관계로 예우했다. 추연이 조나라로 갔을 때, 평원군은 옆에서 걸어가다가 〔그가 앉을〕 자리를 〔직접〕 털어 주기도 했다. 연나라로 갔을 때는 소왕이 비를 들고 길을 쓸면서 앞에서 길잡이가 되고, 제자들 자리에 끼여 앉아 가르침을 받을 수 있도록 해 달라

---

30) "추연이라는 학자로서 맹자보다 후대 사람이다. 추연은 시간이 흐를수록 제후들이 사치스럽고 음란해져 덕을 숭상할 수 없으므로 『시』 「대아」 편에서 말한 것처럼 자신에게 엄격하게 요구하여 일반 백성에게 펼칠 수 없음을 보았다. 그래서 음양의 소멸과 성장, 변화하는 이치와 기이한 변화를 깊이 관찰하여 「종시」와 「대성」 편 10여 만 자를 지었다.(騶衍, 後孟子. 騶衍睹有國者益淫侈, 不能尚德, 若大雅整之於身, 施及黎庶矣, 乃深觀陰陽消息而作怪迂之變, 終始, 大聖之篇十餘萬言)"(「맹자 순경 열전」)
31) 『한서』 「예문지」의 '음양가'에 『추자』 49편의 조목이 있다. 유협도 "추자는 천문의 변화에 의지하여 정치하려 했다.(騶子養政於天文.)"(『문심조룡』 「제자」)라고 하며 그의 사상을 언급했다.

고 부탁했다. 또한 소왕은 갈석궁을 지어 몸소 찾아가 가르침을 받았다. 추연은 이곳에서 「주운」 편을 지었다.

그가 제후들 사이에서 유세하며 존중을 받음이 이 정도였다. 어찌 중니가 진陳이나 채蔡에서 굶주려 얼굴빛이 창백해졌던 일이나 맹가가 제나라와 양나라에서 곤욕을 치른 것 같은 일이 있었겠는가? ……

순경은 조나라 사람인데 쉰 살이 되어서야 비로소 제나라에 건너와 학문을 닦았다. 추연의 학설은 광대하며 변론에 뛰어났고, 추석의 문장은 매우 완벽하지만 실행하기 어려웠으며, 순우곤과는 오랫동안 같이 지내면 때때로 좋은 말을 들을 수 있었다. 그래서 제나라 사람들은 이 세 사람을 칭송해서 "하늘을 말하는 추연, 용을 아로새기는 추석, 곡과를 지지는 순우곤!"이라고 노래했다.[32]

위의 인용문에서 보듯 사마천은 추연의 글이 당시에 구축하고 있던 위상에 대해 비교적 자세한 논리로 서술하고 있다. 추연의 사상적 영향력은 '오덕종시설五德終始說'에서 나온 것인데, '오덕종시설'은 동중서의 사상 형성에 상당한 영향력을 끼친 것으로 당시 각국의 제후들에게 추연이 대우를 받은 근거이기도 하다. 왜냐하면 오행 사상에 입각하여 통치권자의 출현에 천명의 부응을 강조함으로써 동중서의 천인감응론을 탄생시켜 한 대의 사상계를 지배하게끔 만든 기틀을 제공했기 때문이

---

32) "王公大人初見其術, 懼然顧化, 其後不能行之, 是以騶子重於齊. 適梁, 惠王郊迎, 執賓主之禮. 適趙, 平原君側行撇席, 如燕, 昭王擁彗先驅, 請列弟子之座而受業, 築碣石宮, 身親往師之, 作主運. 其游諸侯見尊禮如此, 豈與仲尼菜色陳蔡, 孟軻困於齊梁同乎哉! …… 荀卿, 趙人. 年五十始來游學於齊. 騶衍之術迂大而閎辯; 奭也文具難施; 淳于髡久與處, 時有得善言. 故齊人頌曰: 談天衍, 雕龍奭, 炙轂, 過髡."(「맹자 순경 열전」)

170

다.[33] 추연의 '오덕종시설'은 역사 발전 순환론의 핵심으로 오덕의 세력의 순차적인 상응 관계에 따라 힘이 쇠락하게 되면 새로운 국가의 통일로 이어진다는 논법으로, 패권주의가 난무하는 당대의 현실 속에서 왕들의 인정을 받은 것이다.

사마천에게 황로 사상적 시각이 배어 있다는 것은 계속 이어지는 다음과 같은 발언을 통해 거듭 확인된다.

> 신도[34]는 조나라 사람이며, 전변과 접자는 제나라 사람이고, 환연은 초나라 사람이다. 이들 모두가 황제와 노자의 도덕에 관한 학술을 배워 나름대로의 견해에 따라 체계화했다. 이렇게 해서 신도는 글 열두 편을 썼고, 환연은 상편과 하편을 지었으며, 전변과 접자도 모두 논한 바가 있다.
>
> 추석은 제나라 추자 일파로서 그도 추연의 학설을 많이 받아들여 글을 썼다.
>
> 따라서 제나라 왕은 그들의 학설에 흡족하여 순우곤 이하 모든 학자에게 열대부列大夫라는 작위를 주고, 번화한 길가에 높은 문이 달린 커다란

---

33) 송영배 편저, 『제자백가의 사상』(현음사, 1994), 461~462쪽. 부연하면 "동중서가 제자백가를 내몰아 없애 버리자고 건의하였는데, 그 실상을 탐구해 보면, 동중서 및 당시의 유생들이 모두 음양오행 관념에 현혹되어 있어 유가의 진정한 정신을 이어받지 못하였다. 그리하여 제자백가를 내몰아 없애 버린 결과는 단지 가짜 유학의 득세뿐인 것이다. 공맹의 학은, 반대로 장기간 묻혀서 빛을 보지 못하게 되었다. 이 역시 동중서가 철학 사상에 미친 영향이다."(라오쓰광勞思光, 정인재 옮김, 『중국철학사』(형설출판사, 2007), 44쪽)

34) "신도는 당시 원시 도가가 체계화되기 전에 이미 도와 법을 아우르는 황로학의 맹아적 인물이다. …… 신자는 도가적 황로학이 아니라 법가적 황로학으로 원시 도가와는 구별하고 직하 황로적 법가로 분류해야 그 사상적 색채를 분명하게 할 수 있다."(김예호, 「직하 황학파의 정치철학 연구 ― 직하 황로 도가와 황로 법가의 도법론를 비교 분석하며」, 《시대와 철학》 16권 3호, 2005, 23~24쪽)

집을 지어 주어 살게 하면서 존경하고 총애했다. 제나라 왕은 천하의 제후들과 빈객들에게 제나라에서 천하의 현명한 선비들을 불러왔다고 말했다.[35]

네 명을 평가한 사마천의 논지의 핵심은 강조한 부분의 "학황로도덕지술學黃老道德之術"이다. 이들의 학문과 문장력의 사상적 맥락이 황로 사상으로 귀결된다는 취지다. 「노자 한비 열전」과 「맹자 순경 열전」 두 편의 사례에서 입증되듯 사마천은 황로를 주도적 사상이라고 생각했기 때문에, 공자를 계승한 유가의 거목인 맹자와 순자의 사적에 관해서는 짧게 다루고, 도가와 법가의 사상가나 음양오행가, 잡가는 그들의 사상과 황로의 연관성에 주목하여 깊이 다루었다. 이러한 사마천의 인식은 진나라가 멸망하고 한나라가 들어서서 한무제가 존유尊儒의 기치를 내건 지 100여 년이 지났으나, 맹자가 조정에서 언급조차 되지 않은 점과도 결코 무관하게 볼 수 없다.

이유가 어떻든 간에 글자 수나 편폭을 고려하더라도 표제에 걸맞지 않게 맹자와 순자의 비중을 깎아내리려 했던 사마천의 의도로 인해 반고의 비평이 편향되지 않았다는 점을 지적하지 않을 수 없다.

이러한 사마천의 관점은 「노자 한비 열전」, 「맹자 순경 열전」 이외에 유가를 다룬 「유림 열전」에도 분명한 논조로 나타나고 있다. 특히 사마천은 당시 동중서, 두태후와 관련된 이야기 등을 비교적 상세하게 서술하면서 황로 사상의 위상을 구체적으로 입증하고 있다.

---

35) "慎到, 趙人. 田駢接子, 齊人. 環淵, 楚人. **皆學黃老道德之術, 因發明序其指意**. 故慎到著十二論, 環淵著上下篇, 而田駢接子皆有所論焉. 騶奭者, 齊諸騶子, 亦頗采騶衍之術以紀文. 於是齊王嘉之, 自如淳于髡以下, 皆命曰列大夫, 爲開第康莊之衢, 高門大屋, 尊寵之. 覽天下諸侯賓客, 言齊能致天下賢士也."(「맹자 순경 열전」)(강조는 필자)

172

「유림 열전」에 나타난 사마천 유가관의 황로적 성향

1) 동중서 유가관의 황로적 성향과 정치적 맥락

제왕을 보좌할 재능의 소유자로 평가받았던[36] 동중서는 음양오행을 무술巫術의 근거로 삼아 철저하게 믿었으며, 의복·의식의 절차 등을 따져 비를 내리게 해 달라거나 그치게 해 달라고 하늘에 비는 글을 지었고 이를 실행하기도 했다. 또한 인성을 '성인지성聖人之性', '중민지성中民之性', '두소지성斗宵之性'의 3품으로 나누고 음양가의 '오덕종시설'을 역사관으로 삼기도 하는 등[37] 잡가적 요소가 현저한 '천인상응天人相應'을 논의 대상으로 삼았다. 평유란의 다음 발언에 주목할 필요가 있다. "동중서의 철학 사상은 잡가의 경향도 있었으나 그의 철학 사상의 중점은 유가 사상과 음양가 사상을 결합해 놓은 것이었다. 그는 음양가의 사상에 유심주의 해석을 부가했다. 그가 근거로 삼은 유가의 주요 경전은 바로 『춘추』였고 더 구체적으로 말하면 「공양춘추」였으며,

---

36) 제왕을 보좌할 만한 재능을 소유했다고 동중서를 칭송한 부분은 순수 유학자라면 모욕적인 언사로, 즉 그에게 책사로서의 역할을 부여한 것으로 오해할 소지가 있다. 그 내용은 이렇다. "찬하여 말한다. 유향이 동중서를 칭찬하여 말하길, '동중서는 제왕을 보좌할 만한 재능이 있어 비록 이윤이나 여망이라 하더라도 그보다 낫지 않다.' 관중이나 안영 같은 부류는 패자를 보좌한 자이니 아마도 동중서에는 미치지 못할 것이다.(贊曰: 劉向稱: 董仲舒有王佐之材, 雖伊呂亡以加, 管晏之屬, 伯者之佐, 殆不及也)"(반고, 안대회 편역, 『한서 열전』(까치, 1997), 72~73쪽)

37) 음양가의 '오덕종시설'은 변화를 받아들인다는 의미로, 이는 왕조 교체설을 의미하며 황로의 소산으로 보인다.(김성환, 「사마천의 경제 사상」, 《전주사학》 5집, 1997, 124쪽)

5장 사마천은 유가보다 황로를 우선했는가

「춘추번로」는 봉건 사회 확립 시기의 통치 계단의 사상적 집중 표현이었다."[38] 천자란 하늘[天]의 일부이므로 인간 행위의 정당성은 하늘의 운행에 달려 있다고 생각했으므로 음양의 이론에 의거하여 천인 간의 밀접한 상호 관계가 성립한다고 하여 음양가와 유가가 접목[39]을 시도한 것이다. 즉, 한초 경제 상황의 악조건 아래서 그 청정 무위의 황로 사상이 정치적 토양의 현실적 조건이 되었다는 것은 부인할 수 없다.

다른 한편으로는 잡가의 의론을 물리쳐 버릴 것을 제창하기도 했다.[40] 그런데 백가들이 다 축출된 것은 아니었으니, 각 가家의 사상 결합을 중시하여 현실적인 타협으로 법가나 병가 등도 결국 받아들여지게 되었다.[41] 사마천이 한무제에 의해 임용된 상홍양, 공의孔儀, 장탕張湯, 조우趙禹, 영척寧戚, 왕온서王溫舒 등과 같은 혹리들을 비판적인 시각에서 서술한 것도 이와 무관하지 않다.[42] 이런 면모에는 한유漢儒들

---

38) 펑유란馮友蘭, 정인재 옮김, 『중국 철학 사료집』(형설출판사, 1977), 96쪽.

39) 한편, 무제의 정책 전반에 대한 개혁을 주장한 동중서는 무제에게 '천수天數의 성인'의 실천을 촉구한 것이다. 그러나 무제는 동중서의 개혁 제안에 관심이 없었고, '도덕적인 신민적자臣民赤子'보다 세역을 진력 공납하는 물질적 백성이 더 필요하다고 판단했다.(이성규, 「계수화된 인간 ─ 고대 중국의 세역의 기초와 기준」,《중국고중세사연구》, 24집, 2010, 78쪽)

40) 라오쓰광, 앞의 책, 34쪽.

41) "建元元年, 冬十月, 招丞相綰史列侯舉賢良方正直言極諫之士. 綰奏: 所擧賢良, 或治申商韓非蘇秦張儀之言, 亂國政, 請皆罷."(『한서』「무제기」) 이 인용문에서도 드러나지만 법가인 신불해와 상앙, 한비자와 합종가인 소진, 연횡가인 장의 등은 국정을 어지럽히는 무리들로 추방되어야 할 명단에 들어 있었고 무제는 재가한 것이다. 한무제와 대척점에 서 있었던 사마담은 이런 정책에 비판적인 입장이었고, 이런 의식 속에서 「논육가요지」가 탄생했다.

42) "自郅都, 杜周十人者, 此皆以酷烈爲聲. 然郅都伉直, 引是非, 爭天下大體. 張湯以知陰陽, 人主與俱上下, 時數辯當否, 國家賴其便. 趙禹時據法守正. 杜周從諛, 以少言爲重. 自張湯死後, 網密, 多詆嚴, 官事寖以秏廢. 九卿碌碌奉其官, 救過不贍, 何暇論繩墨之外乎! 然此十人中, 其廉者足以爲儀

174

이 인품의 수양을 하지 않는 데 대한 사마천의 불만도 내재되어 있으며, 이는 황로를 배운 자들에 대해 비교적 호의적인 입장을 취한 것과는 대조적이다.

이를테면 이런 식이다. "전숙은 검술을 즐겼고, 악거공이 사는 곳에서 황로의 학술을 배웠다. 전숙은 사람됨이 엄격하고 청렴하여 스스로를 아끼면서 사람들과 왕래하고 사귀기를 좋아했다.(叔喜劍, 學黃老術於樂巨公所. 叔爲人刻廉自喜, 喜遊諸公.)"(「전숙 열전」) 그리고 "왕생은 황로의 학문에 뛰어난 처사였다. 그는 일찍이 궁궐로 불려 들어간 적이 있는데, 삼공과 구경 대신이 모두 모여 서 있었다. …… 왕생이란 노인이 말했다. …… '나는 늙고 비천하여 아무리 생각해도 장 정위에게 보탬이 될 길이 없었소. 장 정위는 지금 천하의 명신이므로 나는 잠시 꿇어앉아 내 버선 대님을 매도록 욕을 보임으로써 그의 명성을 더욱 높여 주려고 한 것이오.' 공경들은 이 말을 듣고 왕생을 현명하다고 하고 장 정위를 존경했다.[43]

동중서가 음양가의 사상과 통치술을 접목했음을 인식한 사마천은 『사기』 「유림 열전」에서 한나라 혜제를 비롯하여 무제에 이르기까지의

表, 其汚者足以爲戒, 方略教導, 禁姦止邪, 一切亦皆彬彬質有其文武焉. 雖慘酷, 斯稱其位矣. 至若蜀守馮當暴挫, 廣漢李貞擅磔人, 東郡彌僕, 鋸項, 天水駱璧推咸, 河東褚廣妄殺, 京兆無忌, 馮翊殷周蝮鷙, 水衡閻奉朴擊賣請, 何足數哉! 何足數哉!"(「혹리 열전」) 이들과 달리 급암에 대해서는 "배움을 좋아하고 의협심이 있고 기개와 지조를 중요시했고, 집 안에 있을 때에도 품행을 바르고 깨끗이 하였으며, 직간하기를 좋아하여 수차례 천자를 무안하게 하였다.(好學, 游俠, 任氣節, 內行修治, 好直諫, 數犯主之顏色)"(「급정 열전」)라고 하여 기백을 높이 칭찬한 것이 그 예다.

43) "王生者, 善爲黃老言, 處士也. 嘗召居廷中, 三公九卿盡會立. …… 王生曰. …… '吾老且賤, 自度終無益於張廷尉. 張廷尉方今天下名臣, 吾故聊辱廷尉, 使跪結韤, 欲以重之.' 諸公聞之, 賢王生而重張廷尉."(「장석지 풍당 열전」)

5장 사마천은 유가보다 황로를 우선했는가

황로 추존을 언급하면서 그 중심축에 있는 호무생과 동중서를 집중적으로 거론한다.

효혜제와 여후 때의 공경은 모두 무력으로 공을 세운 신하였다. 효문제 때에는 자못 문학하는 선비들을 등용하는 듯했으나 효문제는 본시 형명의 학설을 좋아했다. 효경제에 이르러서는 유학자들을 임명하지 않았고, 두태후도 황로 학설을 좋아하므로 여러 박사는 관원 수만 채운 채 하문이 있기만을 기다릴 뿐 승진하는 사람이 없었다.

금상(한무제)께서 즉위할 무렵 조관이나 왕장 등이 유학에 밝고 금상께서도 유학에 관심이 있으므로 방정, 현량, 문학의 선비들을 불렀다. …… 『춘추』를 강론하는 것은 제나라와 노나라에서는 호무생으로부터 시작되고, 조나라에서는 동중서로부터 시작되었다. 두태후가 죽자 무안후 전분이 승상이 되어 황로와 형명 백가의 학설을 배척하고 문학하는 유학자 수백 명을 불러들였다.[44]

위 인용문에서 사마천은 "형명"을 좋아한 효문제와 "황로지술"을 좋아한 두태후가 있었는데, 한무제는 유학에 밝은 학자들을 불렀다고 했다. 그러고는 『춘추』를 강론한 호무생과 동중서를 거론하면서 두태후의 죽음 이후 황로지학은 쇠했다는 논점을 견지한다.

그러나 주목할 점은 사마천이 「유림 열전」에서 무제의 유가 교육 정

---

44) "孝惠呂后時, 公卿皆武力有功之臣. 孝文時頗徵用, 然孝文帝本好刑名之言. 及至孝景, 不任儒者, 而竇太后又好黃老之術, 故諸博士具官待問, 未有進者. 及今上即位, 趙綰王臧之屬明儒學, 而上亦鄕之, 於是招方正賢良文學之士. …… 言春秋於齊魯自胡毋生, 於趙自董仲舒. 及竇太后崩, 武安侯田蚡爲丞相, 絀黃老刑名百家之言, 延文學儒者數百人."(「유림 열전」)

책을 존중하기도 하지만, 그 이면에서는 은연중에 유학에 대한 풍자를 드러내고 있다는 것이다. 위 인용문에서 보이는 바와 같이 한무제 이전의 문제가 '형명'의 학설을 좋아한 것과 경제 때 유학자들의 실추된 위상과 당시 권력을 장악한 두태후가 황로 학설을 좋아했다는 내용은 「유림 열전」의 전체 내용에서 편폭상 비중은 다소 적어 보이지만 간과할 수 없는 문제다.

무제 때 비로소 유학과 선비들이 자리를 잡을 수 있었던 데 당시 『춘추』를 전공한 동중서의 영향이 상당했던 것은 이미 '독존유술'로 확인할 수 있다. 왜냐하면 동중서는 당시 한무제의 정치적 야심과 사상적 영향을 인지했으므로,[45] 그의 유가관에는 새로운 역사 조건에서 새롭게 조합하자는 취지가 담겨 있기 때문이다. 동한 이후, 유학은 더욱 발달하여 청대의 조익은 『입이사차기卄二史劄記』(권2)에서 "동한의 공신들은 대부분 유가에 가까웠다.(東漢功臣多近儒.)"라고 단언했다. 저명한 중국학자 벤저민 슈워츠(1985)는 "동중서의 우주론적인 유교가 보편적인 군주(황제)의 우주적인 지위를 확인해 주었다."라고 지적했지만, "한무제에 대한 경우에는 동중서가 그것을 금지와 억제의 무기로서 생각한 것 같다."라고 부연했다.[46]

동중서가 『춘추』의 미언대의를 체계적으로 논의했으며 공자의 위상이 왕의 반열로 나아가게 되는 계기를 마련한 것에 주목할 필요가 있

---

45) 『동자연표董子年表』에 따르면 "한나라 초기 유가들은 모두 도가를 익혔으니 가의나 사마의, 사마담 부자가 모두 그러하다. 두태후도 숭상하였으며(漢初儒家皆習道家, 如賈誼司馬談父子皆然) …… 동중서가 유가의 학술을 통일할 것을 청하였으면서도 처음에 실로 도가를 겸하여 익혔다.(董子請統一儒術, 而初固亦兼習道家.)"라고 했던 것이 그 예다.
46) 존 킹 페어뱅크, 중국사연구회 옮김, 『신중국사』(까치, 1994), 85~87쪽.

다. 동중서의 사상은 주로 '대책문對策文'과 그의 『춘추번로春秋繁露』라는 책에 보인다. 그런데 다음과 같은 발언에서 확인되듯 '재이災異'는 공자 사상의 핵심처럼 인지되어 버렸다.

> "신은 삼가 생각하건대 『춘추』 가운데서 전 세대에 이미 행한 일을 봄으로써 하늘과 사람이 서로 관계를 가지고 있을 때 가장 두려워할 만하다는 사실을 관찰했습니다. 국가가 장차 도를 잃고 패하려 할 때 하늘은 먼저 재해로써 그것을 꾸짖어 알려 줍니다. 〔그러나〕 반성할 줄을 모르면 괴이한 일을 생기게 하여 겁을 줍니다. 그래도 변함을 알지 못하면, 손상과 실패가 닥치게 됩니다." …… 공자가 『춘추』를 지어, 위로는 하늘의 도를 헤아려 살피고, 아래로는 인간의 정감으로써 그것을 질문하여 옛것에서 그것을 참고하고, 오늘날에 그것을 곰곰이 생각한다. 그러므로 『춘추』에서 비난하는 것은 재해가 가해진 곳이며, 『춘추』가 싫어하는 것은 괴상한 이변이 생긴 곳이다.[47]

이 인용문에서 보듯 동중서는 『춘추』의 사료들이야말로 천인 관계를 입증하기에 충분하며 정치가 잘되지 못할 경우 재이가 발생할 수밖에 없다는 관점을 갖고 있다. 하단의 '재이'는 공자의 사상이 응축되어 있는 『춘추』의 의미 있는 부분으로, 유학이 곡해되어 있다는 것은 동중

---

[47] "臣謹案春秋之中, 視前世已行之事, 以觀天人相與之際, 甚可畏也, 國家將有失道之敗, 而天迺先出災害以譴告之. 不知自省, 又出怪異以警懼之. 尙不知變, 而傷敗乃至. …… 孔子作春秋, 上揆之天道, 下質諸人情, 參之於古, 攷之於今. 故春秋之所譏, 災害之所加也, 春秋之所惡, 怪異之所施也."(『한서』 「동중서전」)

서의 학설이 초래한 나쁜 영향임을 알 수 있다.[48] 이는 '대책문'의 성격
상 동중서의 사상이 전반적으로 드러나지는 않지만, 그것은 유학을 위
시로 한무제의 정책에 규합하는 시대적 요구였음을 알 수 있다. 또 사
마천의 기록에는 대책문의 내용이 『재이지기』 사건을 모면하는 데 끼워
져 거론되고, 『춘추공양전』만 거론될 뿐 『춘추번로』에 대한 것은 보이
지 않는다. 여기서 말하는 사회 분위기에는 조정에서의 친황로적 경향
이 주요한 원인 제공을 한 것이다.[49]

2) 「유림 열전」에 나타난 사마천의 유가 풍자의 근본 취지

유학파인 조관, 왕장 등이 도가의 학설을 좋아하지 않자 두태후가
그들의 약점을 찾아내 심문하는 일화가 「효무 본기」에도 호견의 방식으
로 서술되어 있으며[50] 「유림 열전」에는 『시경』에 정통한 원고생의 완고
함을 깨뜨리려는 두태후의 몽니가 느껴지는 대목이 있다. 당시 황실에
서 두태후는 황로의 핵심인 노자를 좋아하여 유학자들과 날카롭게 대
립했다. 두태후가 노자를 추존한 이유를 이 문장에서 볼 수 있다. "한나
라 초에는 이미 옛 학문의 전통이 끊겼고 도가의 설을 법가의 권모술수

---

48) 펑유란, 박성규 옮김, 『중국철학사 하』(까치, 2001), 63쪽.
49) "〔두〕태후는 황로의 주장을 좋아하였는데 위기후, 무안후, 조관, 왕장 등은 유가 학
술을 장려하고 도가의 말을 깎아내려서 두태후는 위기후 등을 더욱 달가워하지 않게
되었다.(太后好黃老之言, 而魏其武安趙綰王臧等務隆推儒術, 貶道家言, 是以竇太后滋不說魏其
等.)"(「위기 무안후 열전」)
50) "때마침 두태후가 황로의 학설을 연구해 유술을 좋아하지 않았으므로 사람을 시켜
조관 등이 간사한 이익을 챙긴 일을 은밀히 알아낸 후, 조관과 왕장을 심문했다.(會竇太
后治黃老言, 不好儒術, 使人微得趙綰等姦利事.)"(「효무 본기」)

와 섞어 냉철한 지혜를 운용하여 황로에 통한다고 보았다. 또 장생을 추구하기도 하였는데, 전자는 조정에 있는 것으로 황로의 권술 사상을 위탁하였고, 후자는 민간에 있는 것으로 도교로 전환되었으며 역시 황로에 위탁하였다."[51]

사마천은 「여태후 본기」에서 이렇게 말한다. "효혜황제와 고후의 재위 시절, 백성들은 비로소 전국 시대의 고통에서 벗어날 수 있었다. 군주와 신하가 전부 쉬면서 아무것도 행하지 않으려 했기 때문에 혜제는 팔짱만 끼고 아무 일도 하지 않았고, 고후가 여주인으로 황제의 직권을 대행해 정치가 방 안을 벗어나지 않았어도 천하는 편안했다. 형벌을 드물게 사용되어 죄인이 드물었다. 백성들이 농사일에 힘쓰니 옷과 음식이 더더욱 풍족해졌다."[52]

두태후는 노자의 책을 좋아하여 원고생을 불러 『노자』란 책에 관해 물으니, 원고생이 대답했다.

"그것은 하인들의 말에 지나지 않습니다."

두태후가 노여워하며 말했다.

"어떻게든 사공의 성단서를 얻을 수 있겠는가?"

그래서 원고생을 짐승 우리에 들여보내고 돼지를 찔러 죽이게 했다. 경제는 두태후가 노여워했지만 원고생이 바른말을 했을 뿐 죄가 없음을 알고 있으므로, 원고생에게 날카로운 칼을 주어 우리로 내려가 돼지를 찌르게 했다. 그는 단 한 번에 심장을 찔러 돼지를 죽여 쓰러뜨렸다. 두태후는

---

51) 라오쓰광, 앞의 책, 17쪽.

52) "孝惠皇帝, 高后之時, 黎民得離戰國之苦, 君臣俱欲休息乎無爲, 故惠帝垂拱, 高后女主稱制, 政不出房戶, 天下晏然, 刑罰罕用, 罪人是希, 民務稼穡, 衣食滋殖."

다시 벌을 내릴 수도 없으므로 그것으로 잠자코 있다가 파면시켰다.[53]

위의 인용문은 완고한 유학자 원고생에 대한 두태후의 보복 정치가 비상식적임을 보여 주는데, 이런 분위기에서 순수 유학은 설 자리를 찾지 못했을 것이다. 다음 인용문에서 두태후가 세상을 떠나고 나서 '천하의 학문이 한쪽으로 쏠렸다.'라고 한 것만 보더라도 사마천이 황로의 위축과 학문의 편향에 대해 안타까워한 것을 알 수 있다. 「유림 열전」은 유학의 발전사 및 전승 관계를 통하여 고금의 유림 인물을 기술하고 있으나, 이런 대목으로 볼 때 무제와 유가를 풍자하려는 사마천의 의도가 명백히 드러난다.

공손홍은 『춘추』로써 평민에서 천자의 삼공이 되었고 평진후로 봉해졌다. 천하의 학자들은 한쪽으로 쏠려 바람을 따라 일어났다.[54]

이처럼 학문의 쏠림 현상이 있던 황로 정치로 인해 관료 계층이 동요될 수밖에 없는 것이 현실이었고, 시대적 흐름[55] 속에서 치국의 도에 있어 유가와 도가 역시 선후숭박先後崇薄을 따질 수 없다는 견해[56]가

---

53) "竇太后好老子書, 召轅固生問老子書. 固曰: 此是家人言耳. 太后怒曰: 安得司空城旦書乎? 乃使固入圈刺豕. 景帝知太后怒而固直言無罪, 乃假固利兵, 下圈刺豕, 正中其心, 一刺, 豕應手而倒. 太后默然, 無以復罪, 罷之."(「유림 열전」)

54) "公孫弘以春秋白衣爲天子三公, 封以平津侯. 天下之學士靡然鄕風矣."(「유림 열전」)

55) 아이러니하게도 주로 관료 계층의 남성은 유가의 성향, 여성은 황로의 성향을 띠는 데 이는 권위와 질서를 강조하는 유가와 무위와 부드러움을 지키는 것(守柔)을 강조하는 황로 사상 자체의 성격과도 연관성이 있다.

56) "黃老之與六經, 孰爲先而孰爲後乎? 又何必練藉玉帛然後爲禮, 筍虡鏞鼓然後爲樂乎? 餘謂太

당시의 상황을 평가하는 잣대였다. 이런 현상은 한 고조의 조강지처인 여태후에게서도 예외가 아니었다. 사마천은 「여태후 본기」에서 그의 정치적 업적을 평가하면서 "황로 학설을 추존해 도가의 무위無爲를 다스림의 근본 정책으로 추진하면서 사회의 안정을 유지하고 경제를 활성화하는 데 적지 않은 공헌을 한 것을 과소평가하지 않았기 때문"이라고 했다.[57) 황로 사상을 수용한 사마천의 시각이 「유림 열전」의 바탕을 형성하고 있는데, 동중서를 다룬 다음 인용문을 살펴보자.

동중서는 광천 사람으로 『춘추』에 밝아 효경제 때 박사가 되었다. …… 『춘추』에 기록된 천재지이의 변화를 바탕으로 천지 음양이 역행하는 원인을 유추했다. 그래서 비를 내리게 할 때는 〔남문을 봉쇄하여〕 (모든 양기를 닫고 〔북문을 열어 놓아〕) 비를 그치게 하려면 그 반대 방법으로 하였다. 강도의 모든 지역에 이를 실행하여 바라는 대로 되지 않은 적이 없었다. 〔그는〕 중도에 해임되어 중대부가 되었으나 집에 있으면서 『재이지기』라는 책을 지었다.

이 무렵 요동에 있는 고조의 묘에 불이 났다. 동중서를 미워하던 주보언이 그의 저서를 훔쳐다가 금상께 상주했다. 금상께서 여러 유생을 불러 모아 그 책을 검토하게 하니, 그것을 풍자하고 비판하는 자가 있었다. 동중서의 제자 여보서까지도 이것이 자기 스승의 글인 줄 모르고 저속하고 어리석다고 말했다. 이리하여 동중서는 옥리에게 넘겨져 죽음을 당하게 되었지만 조칙으로 사면시켜 주었다. 그 뒤 동중서는 다시는 천재지변에 관해서

史公之志, 斯見之矣. 惡可以道之跡儒之末相戾而疾其說?"(『송사宋史』「문원이文苑二·나처약전羅處約傳」)
57) 김원중 옮김, 『사기 본기』(민음사, 2015), 381쪽.

말하지 않았다.[58]

　위의 인용문에서는 『춘추』에 독보적으로 능했던 동중서[59]를 서술하는데, 「대책문」 내용에 대한 설명은 생략했고 벼슬할 때는 천지 음양이 역행하는 원인을 유추하여 현실에서 실행하는 내용을 통해 '유학'을 '유술'로 한 단계 폄하하는 논조를 취하고, 해임되었을 때는 『재이지기』라는 책을 지어 곤혹을 당한 일화를 그렸다. 동중서는 과거 조칙의 업적으로 사면받게 되는데, 스승이 지은 『재이지기』를 측근의 제자들도 몰랐다는 점은 그가 벼슬자리에 임한 모습과 사적으로 관심을 둔 영역이 판이했음을 말해 준다. 사마천은 동중서가 대외적으로 그렇게 처신할 수밖에 없었던 사회적 분위기를 서술하고 있는데, 당시 그로서는 음양학과 황로의 성향을 시대 변화에 따른 변형된 유학에 접목시키는 것은 가능했으나, 그것을 제자들과 공유하거나 전면에 드러내 놓을 수는 없는 상황이었다. 사마천은 공사를 구분하여 학술을 펼치는 동중서의 이중적인 면모를 정확히 지적했으며 사마담에 이어 「유림 열전」 속에 황로를 서술하고 있다는 점을 간과해서는 안 된다.

---

58) "董仲舒, 廣川人也. 以治春秋, 孝景時爲博士. …… 以春秋災異之變推陰陽所以錯行, 故求雨閉諸陽, 縱諸陰, 其止雨反是. 行之一國, 未嘗不得所欲. 中廢爲中大夫, 居舍, 著災異之記. 是時遼東高廟災, 主父偃疾之, 取其書奏之天子. 天子召諸生示其書, 有刺譏. 董仲舒弟子呂步舒不知其師書, 以爲下愚. 於是下董仲舒吏, 當死, 詔赦之. 於是董仲舒竟不敢復言災異."(「유림 열전」)
59) 한나라가 일어나 5대에까지 이르는 동안 동중서만이 『춘추』에 밝은 인물이라는 명예를 누렸다. 그가 전한 것이 『공양전』이다.

사마천 사상의 복합성에 대한 잠정적 결론

유가적 입장의 역사가 반고는 『한서』에 사마천의 전기를 긴 편폭으로 수록하고 맨 마지막에 장문의 찬贊을 붙이면서 "선황로이후육경先黃老而後六經"이라는 구절로 『사기』의 사상과 서술 시각을 폄하했다. 이 점은 단순히 사마천을 황로 우선과 경전 홀시라는 관점에서 평가 절하할 수 없다는 이유가 될 것이지만 그 이면을 보면 황로 사상과의 연관성을 인식한 데서 나왔다는 것을 부인할 수는 없다.

이 장에서는 "선황로후육경"설의 사상적 연원이나 그에 대한 사마천의 서술 시각 등이 매우 복합적이라는 인식 아래 반고의 시각과 사마천 시각의 상호 관계에 주목했다.

사마천은 아버지 사마담의 사상을 계승하여 황로 사상의 당대적 위상을 인정했으며, 그러한 인식 수준을 『사기』의 각 편에 투영하는 방식을 택했다. 「노자 한비 열전」에서 노자와 한비 등의 사상이 황로로 귀속된다는 입장을 나타냈으며, 제목만 보면 유가를 다룬 것으로 착각되는 「맹자 순경 열전」에서 맹자와 순자보다 황로 사상을 가진 자들에게 상당한 비중을 두어 서술한 것이 그 예다. 「유림 열전」에서는 무제에게 "파출백가罷黜百家, 독존유술獨尊儒術"의 통치술을 건의한 동중서와 관련된 내용을 다루며, 53명의 유학자를 기술하면서 그들이 조정의 황로 경도 분위기와 직간접으로 얽혀 있는 상황 등을 예시하고 있는데, 한무제와 두태후 등 황실과 종실, 장장과 처사 들에 이르기까지 황로 사상이 광범위하고도 깊숙이 침투해 있었다는 점을 이 장의 논의를 통해 확인했다. 좀 더 부연하면, 전한 때에는 강력한 통일 국가의 경제적

번영을 기초로 황실에서 도가를 존중하고 신선 방사들을 우대했다는 점도 빼놓을 수 없다. 심지어 한무제는 그 자신이 『한무통명기漢武洞冥記』, 『한무고사漢武故事』, 『한무내전漢武內傳』 등의 작품에 주인공으로 등장할 정도로 신선 방사 집단과 결합해 구선求仙 행위에 심취함으로써 사회 전체가 '구선' 열풍에 휩싸였다. 사마천이 「여태후 본기」를 통해 여태후가 황로 학설을 추존해 도가의 무위를 다스림의 근본 정책으로 추진하면서 사회의 안정을 유지하고 경제를 활성화하는 데 적지 않게 공헌한 것을 과소평가하지 않았다는 것이 그 예증이 될 수 있다.

물론 황로 사상의 밑바탕에는 전환기 사회의 발전을 주도하기에 유리한 도가가 자리 잡고 있다. 한무제의 대통일 정책으로 제왕 중심의 통치 체계를 세우는 현실적인 측면[60]과 관련되며, 단순히 한무제의 정책을 원시 유가 사상과 연계시켜서는 곤란하다는 인식 또한 자리 잡고 있다.

결론적으로 반고의 "선황로후육경"설은 사마천의 서술 시각과 『사기』에 대한 핵심적인 비평으로서 중요한 개념이며, 이런 반고의 학설은 적지 않은 논란거리를 제공한 면도 있지만, 반고의 비평적 안목은 『사기』의 「노자 한비 열전」, 「맹자 순경 열전」, 「유림 열전」에 수용된 황로 사상에 의해 그 설이 상당 부분 입증될 만한 논거를 구축하고 있다.

---

60) "春秋大一統者, 天地之常經, 古今之通宜也. 今師異道, 人異倫, 百家殊方, 指意不同, 是以上忘以持一統; 法制數變, 下不知所守. 臣愚以爲諸不在六藝之科孔子之術者, 皆絕其道, 勿使並進. 邪辟之說滅息, 然後統紀可一而法度可明, 民知所從矣."(『한서』 「동중서전」)

'원'과 '한'의 자기 치유적 글쓰기

굴원, 가생, 오자서의 울분에 감정 이입하다

1

왜 굴원과 가생을 거론했을까

사마천은 「태사공 자서」에서 "굴원은 쫓겨나는 신세가 되어 「이소」
를 지었다.(屈原放逐, 著離騷.)"[1]라고 하면서, 서백과 공자·좌구명·손자

---

1) 「이소」는 굴원이 초나라 회왕과 처음 소원해지고 나서 수도인 영에서 지었다는 것이
대체적인 관점이다. 반고의 「이소찬서離騷贊序」나 왕일王逸의 「초사장구楚辭章句」, 주희
의 『초사집주楚辭集注』 등이 이에 동의하고 있다. 물론 이들의 견해는 사마천의 「굴원 가
생 열전」의 내용과 「태사공 자서」의 이 문장에 바탕을 두고 있다. 한편 옌신위는 이런
관점 외에 10여 가지의 설이 있다고 주장하면서 각각의 설에 대해 분석한다.(옌신위顔新

·여불위·한비 등이 역경 속에 탄생시킨 명작들이 "발분", 즉 마음속에 맺힌 울분을 글로 풀어 낸 것이라고 포괄적으로 규정했다. 이는 이것이 치유적 글쓰기의 차원과 서로 관련이 깊다는 점을 보여 준다. 여기에서 치유의 개념과 치유적 글쓰기의 개념을 분명히 해 둘 필요가 있다. "치유의 글쓰기(Scriptotheraphy)"란 '쓰인 것'이라는 의미의 라틴어 'scriptumi'와 '치료하다'라는 의미의 'therapia'의 합성어다. 즉 치유의 글쓰기를 정의하자면 '치유 또는 치료의 효과를 증진시키기 위해 도안된 글쓰기를 의도적으로 사용하는 것', 즉 억압된 감정을 털어놓음으로써 처리되지 못한 감정의 이해를 가능하게 하고, 내면의 상처를 극복할 수 있게 하는 것이 바로 치유의 글쓰기다.[2]

사마천의 논지에 따르면 명작의 탄생 배경에는 불우한 환경과 처지가 있다.[3] 그런 마음속 분노와 울분을 글로 풀어내는 과정에서 감정의

宇,「이소창작신초탐 ─『사기』「굴원 열전」의 관련 문제 담론을 겸하여『離騷』寫作時間初探─兼談『史記·屈原列傳』的有關問題」,《湖南師院學報》, 1983, 제3기 8~13쪽)

2) 김준희,「글쓰기의 치유 과정에 관한 연구」,《한말연구》26호, 한말연구학회, 2010, 64쪽. 김준희는 이 논문에서 글쓰기의 치유 과정을 '기억의 활성화, 언어의 형상화, 사건의 객관화 및 재구조화, 인식의 변화'로 정리했다. 이는 사마천이『사기』를 서술하면서 보여 준 역사가, 문학가로서의 면모와 일치한다. 또한 이보경은 의사 지망생이었던 현대문학가 루쉰을 다루며, "불우한 처지에 놓이게 된 문인들의 분노와 눈물이 글쓰기를 통하여 순화되어 궁극적으로 심리적인 균형 상태로 회복될 수 있다."라고 규정하면서 한유가 말한 "불평즉명不平則鳴"도 사마천의 "발분지작發憤之作"과 동일선상에서 논의될 수 있다(이보경,「노신의 글쓰기와 치유 ─ '환등기 사건'을 중심으로」,《중국현대문학》51호, 2007, 3쪽)라고 했는데, 설득력이 있다.

3) "夫詩書隱約者, 欲遂其志之思也. 昔西伯拘羑里, 演周易, 孔子厄陳蔡, 作春秋; 屈原放逐, 著離騷; 左丘失明, 厥有國語. 孫子臏脚, 而論兵法; 不韋遷蜀, 世傳呂覽, 韓非囚秦, 說難, 孤憤, 詩三百篇, 大抵賢聖發憤之所爲作也. 此人皆意有所鬱結, 不得通其道也, 故述往事, 思來者." 이러한 사마천의 의식은 그의「보임소경서」의 다음 문장처럼 처절한 것이었다. "禍莫憯於欲利, 悲莫

순화와 심리의 균형을 되찾을 수 있으며, 이러한 고귀하고 비범한 비극적 영웅[4]은 동서양을 막론하고 드물지 않게 볼 수 있다.

이 장에서 중점적으로 다룰 굴원의 「이소」에는 인간 운명의 극적인 성공과 실패로 인한 심각한 회의와 절망의 정서가 깊숙이 배어 있고, 굴원을 애도한 가생의 작품들도 거의 맥락을 같이한다. 사마천은 자신의 우국지정을 굴원의 「이소」에 기탁하면서도 어떻게든 풀 수 없는 자신의 한을 글로 끄집어내려 했다. 「이소」는 중국 고대의 걸작으로 문장 형식뿐 아니라 작품의 내면세계도 후인들이 본받아야 할 고전적 가치를 지니고 있다. 「이소」는 추악한 세태에 대한 원망이 주된 내용인데, 후반부에서는 굴원 자신이 이상 실현을 위해 꿈속에서 천지를 돌아다닌다. 이러한 내용 때문에 이 작품이 우국시라는 견해에 이의를 제기하는 이들도 있다.

사마천은 굴원의 정치적 성공과 실패, 간신들의 농간 등을 세밀하게 서술하면서, 굴원이 벼슬길에서 쫓겨나 세상과의 결별을 택하고 결국 비극적으로 생을 마감하는 과정에서 대표작 「이소」를 지었음을 말해

痛於傷心, 行莫醜於辱先, 詬莫大於宮刑."(『한서』「보임소경서」) 이러한 맥락에서 유강하, 「치유적 관점에서 본 사마천의 글쓰기 ──「태사공 자서」와 「보임안서」를 중심으로」(《문학치료연구》 28집, 2007)를 참고할 수 있다. 유강하의 관점은 『사기』의 저술 동기가 된 동기 부여적 차원에서의 치유적 개념으로, 필자는 대체적인 관점에는 동의하지만, 개별 작품을 통해 치유적 글쓰기의 차원이 분석되어야 한다고 보기에 오히려 저술 동기의 차원에도 비중이 상당히 주어져 있지 않을까 생각된다.
4) 비극의 주인공은 일상의 주변 인간들보다 고귀하며 비범하다. 이 주인공은 '비극적 결함'이라는 운명적 특징을 지닌다. 비극의 관객들은 이 주인공의 비극적 운명에 비애와 공포를 체험하면서 카타르시스에 이른다.(권영민, 『문학의 이해』(민음사, 2009), 242쪽) 『사기 열전』에서 주인공의 비극적 운명에 대한 비애와 공포를 체험하면서 카타르시스에 이르게 되는 또 다른 작품으로는 「오자서 열전」이 있다.

준다.[5] 그런데 주목할 점은 사마천이 「이소」의 주된 문학적 장치인 무속적, 신화적 요소를 배제했다는 점이다.[6] 말하자면 사마천은 굴원의 「이소」를 텍스트 자체로 해석하지 않고, 자신이 읽고자 하는 부분만 끄집어내어 서술하는 방식을 취했다는 것이다. 굴원의 작품을 사마천이 발분 의식 시각에서 재해석했다고 볼 수 있다.

「굴원 가생 열전」은 유향劉向의 『신서新序』「절사節士」 편과 더불어 굴원의 생애에 대한 최초 기록이라는 점에서 가치가 있다. 그러나 글의 두서가 맞지 않고 사실과 어긋나는 부분도 적지 않으며 굴원의 생애에 대한 기록도 모호하다는 점에서 반론이 제기되기도 한다. 그럼에도 불구하고 「굴원 가생 열전」이 『사기 열전』에서 지위를 얻은 이유는, 강직한 충신이나 뛰어난 전략가가 주인공인 다른 열전과 달리 섬세한 내면을 지닌 굴원이 주인공이기 때문이다. 굴원이 자신의 자질과 청렴에 높은 자부심을 지녔으면서도 결국 자살에 이르는 과정은 매우 비극적이고, 그 비극 속에서 탄생한 「이소」에서는 굴원의 섬세한 심리적 요동이 꿈틀대고 있다.

사마천은 스스로 당한 치욕을 굴원과 가생의 삶을 통해 다시 조명해 보면서, 정치가로서 입신양명에 실패한 굴원에게 따스한 동정의 마음을 표출하고 있다. 전체적으로 볼 때, 사마천은 불우한 삶을 살다 간 두 사람에 대한 연민과 이들 작품 속에 깊게 스며 있는 '원怨'과 '분憤'의 속살을 잘 그려 내고 있다. '원'과 '분'은 굴원과 가생이 배척받고 고

---

5) 이 작품을 역사학의 관점에서 분석한 홍순창의 「사마천의 문학관에 대하여: 「굴원 가생 열전」을 중심으로」(《중국어문학》 3집 1981, 23~38쪽)는 참조할 가치가 있다.
6) 사마천은 「굴원 가생 열전」에서 초나라의 무속적 색채를 드러내려 한 것이 아니라 자결할 수밖에 없었던 굴원의 고뇌와 안타까움을 말하려 했던 것으로 사료된다.

통받았을 때 내면으로부터 꿈틀거리게 만든 심적 억눌림의 외적 표출이며, 시속에 물들 수 없는 고결한 인품의 소유자들의 공통분모로 작용하는 것이다. 그런 점을 인지한 사마천의 글쓰기 방식도 그들에 대한 감정 이입을 통한 치유[7]적 방식에 다름 아니다. 사마천의 이러한 글쓰기는 일반적 역사 서술과 매우 다르다. 역사서라면, 더욱 검증된 자료 수집과 분석을 통해 인물의 전기傳記를 완성해야 한다. 따라서 사마천의 「굴원 가생 열전」의 글쓰기는 단순히 객관적 역사 기록이 아니라 치유적 글쓰기라 보는 것이 타당하다.

페니베이커의 글쓰기 연구에서 도출할 수 있는 글쓰기의 치유적 작용 기제는 '직면(Confrontation)', '감정 정화(Catharsis)', '인지적 이해(Understanding)'다. 이 기제들은 대체로 단계적으로 이루어지며 심리적 고통을 완화하는 작용을 한다고 한다. 심리적 억제 기제가 치유되는 선행 단계는 문제를 '직면'하는 것으로, 사마천은 「태사공 자서」, 「보임소경서」뿐 아니라 『사기』 전반에서 자신에게는 물론 역사적 현장마다 펼쳐지는 문제 상황까지도 직시하고 있다. 『사기』에서 다루는 인물들과 소통하면서 감정을 정화하고, 역사가로서 객관적인 자세를 취한다.

시간적으로 100여 년의 간극이 존재하지만, 회왕과 굴원의 관계나 가생과 효문제의 관계는 신임받았다가 내침을 당하는 그 과정이 상당

---

7) "치료는 병을 고치거나 상처를 아물게 하기 위한 단순히 외과적 조치를 말하고 치유는 병의 근본 원인을 제거해 그 병이 없던 상태로 되돌리는 것을 말한다. 문학과 철학, 역사는 인문치료학의 개념이 정립되기 이전부터 이미 다양한 분야에서 치유의 역할과 의미를 가지고 있었다."(엄찬호, 「인문학의 치유적 의미에 대하여」, 《인문과학연구》 25집, 2010) "동서양을 막론하고 문학의 치료 혹은 치유적 기능에 대한 인식은 문명의 시작과 함께 시작되었다고 해도 과언이 아니다. 『시학』의 저자 아리스토텔레스는 의학 용어인 '카타르시스'를 빌려 문학의 기능을 설명하고 있다."(이보경, 앞의 글, 2쪽)

히 유사한 서사 구조를 갖고 있다. 사마천은 굴원이 뛰어난 재능을 지 녔는데도 세상을 위해 많은 일을 하지 않고 자살한 것에 대해 아쉬움을 드러냈다. 원래 정치 행위란 어진 군주와 현명한 신하라는 공식 속에서만 진행되는 것이 아니다. 『사기 열전』의 다른 편을 살펴보면, 어리석은 왕을 제어하여 자신이 원하는 바를 이룬 전략가나 지략가도 얼마든지 찾아볼 수 있다.

사마천은 두 인물이 남긴 작품들을 선정하고 자신의 문학관을 담아 그들 작품을 분석했으니, 이는 포괄적 의미에서 자기 치유적 글쓰기 기법이다. 사마천은 자신이 서술하고자 하는 두 인물에 대한 감정 이입을 통해 자신이 쓰고자 하는 내용을 쓰는 글쓰기 전략에 성공하고 있다. 사마천은 굴원과 가의의 뛰어난 능력에 대한 질투 심리의 각도에서 그들이 실망하고 치욕을 느끼고 굴욕을 거치면서 원망을 품은 과정이 서로 상당히 유사하다는 점을 입증하고자 했다. 초나라 왕과 성씨가 같은 굴원이 겪은 고통과 집안 배경이 확연히 다른 가의의 상황은 그 색깔이 다름을 인정하면서도, 두 사람이 '질투'라는 것을 정점에 두고 대처하고 그에 따른 문학 작품을 탄생시켰다는 것이 기본적인 관점이다.[8]

---

8) 웨이아이핑韋愛萍, 「「굴원 가생 열전」의 질투 심리 탐구 ― 사기 인물 질투 심리 분석 계통 중 하나『屈原賈生列傳』嫉妒心理探析 ──『史記』人物嫉妒心理分析系列之一」,《渭南師範學院學報》第29卷 第14期, 2014, 43~46쪽.

굴원의 「이소」에 기대어 '원'과 '한'을 풀어내다

사마천은 「굴원 가생 열전」에서 정치가로서 입신양명에 뜻을 두었으면서도 불의를 보고 참지 못하는 성격 탓에 세상의 흐름에 부합하기 어려웠던 굴원의 모습과, 자신의 주군이었던 회왕에 의해 쫓겨나서도 당시 위기에 처한 초나라를 위해 소신을 굽히지 않은 정치가로서 굴원의 면모를 상당한 분량으로 기록했다. 그 서술 방식은 굴원의 「이소」를 인용한 것과 사마천이 직접 기술한 것으로 나뉜다.

굴원은 「이소」에서 자신의 출신과 출생의 고고함을 밝히는데, 전욱顓頊으로부터 정체성을 찾고,[9] 자신이 유능하여 회왕의 신임을 받았다고 기록하고 있다. 굴원은 초나라 왕실과 성이 같아 다른 제후국을 선택하기 어려웠는지도 모른다. 이러한 고귀한 처지에서의 좌절은 운명에 굴복해 자살할 수밖에 없는 비극적 장치가 된다.

굴원은 이름이 평平이고 초나라 왕실과 성이 같다. 그는 초나라 회왕의 좌도로 있었는데, 보고 들은 것이 많고 기억력이 뛰어나며 잘 다스려질 때와 혼란스러울 때의 일에 밝고 글을 쓰는 능력이 탁월했다. 그는 궁궐에 들어가서는 군주와 나랏일을 의논하여 명령을 내리고, 밖으로 나와서는 빈객을 맞이하며 제후들을 상대했다. 회왕은 그를 매우 신임했다.[10]

---

9) "帝高陽之苗裔兮."

10) "屈原者, 名平, 楚之同姓也. 爲楚懷王左徒. 博聞彊志, 明於治亂, 嫻於辭令. 入則與王圖議國事, 以出號令; 出則接遇賓客, 應對諸侯. 王甚任之."(「굴원 가생 열전」)

위의 인용문에서 사마천은 인물을 전기적으로 서술하는 일반론을 취하지만, 탁월한 문학적 재능과 정치적 능력을 지닌 뛰어난 인물로 굴원을 묘사하고 있다. 또한 이런 굴원에게 정적의 출현은 필연적임을 독자들에게 암시하고 있다. 사마천은 곧바로 상관대부上官大夫 근상靳尙이란 존재[11]를 등장시켜 그와 굴원이 회왕의 총애를 다투게 되면서 상관대부의 헐뜯음으로 굴원이 왕의 눈밖에 나게 되었다며 굴원의 몰락을 예견한다. 대체로 이런 식이다. "왕께서 굴원에게 법령을 만들도록 하신 일을 모르는 사람이 없는데, 그는 법령이 하나 만들어질 때마다 자기 공을 뽐내며 '자기가 아니면 법령을 제대로 만들 사람이 없다.'라고 말합니다. 회왕은 화가 나서 굴원을 멀리하였다."[12]

사마천은 「이소」가 왕이 총명하지 못하고 주위의 참언이 들끓어 공정함을 저해하는 일들이 발생하는 현실에 탄식하고 깊이 사색한 산물임[13]을 강조하며 이렇게 말했다.

'이소'란 '걱정스러운 일을 만나다'라는 뜻이다. 무릇 하늘은 사람의 시작이며, 부모는 사람의 근본이다. 사람은 곤궁해지면 근본을 돌아본다. 그러므로 힘들고 곤궁할 때 하늘을 찾지 않는 이가 없고, 질병과 고통과 참담한 일이 있으면 부모를 찾지 않는 이가 없다. 굴원은 도리에 맞게 행동하

---

11) 굴원을 질투한 근상에 대해서는 왕일의 「이소경서」에도 나와 있다. "入則與王圖議政事, 決定嫌疑; 出則監察群下, 應對諸侯, 謀行職修, 王甚珍之. 同列大夫上官靳尙, 妒害其能, 共譖毁之." 그는 다중 인격의 소유자라고 해도 과언이 아니다.

12) "王使屈平爲令, 衆莫不知, 每一令出, 平伐其功, 曰以爲'非我莫能爲'也. 王怒而疏屈平."(「굴원 가생 열전」)

13) "屈平疾王聽之不聰也, 讒諂之蔽明也, 邪曲之害公也, 方正之不容也, 故憂愁幽思而作離騷."(「굴원 가생 열전」)

6장 '원'과 '한'의 자기 치유적 글쓰기

고 충성을 다하고 지혜를 다하여 군주를 섬겼지만 헐뜯는 사람의 이간질로 곤궁해졌다고 할 수 있다. 신의를 지켰으나 의심을 받고, 충성을 다했으나 비방을 받는다면 원망하지 않을 수 있겠는가? 굴원이 「이소」를 지은 것은 이처럼 분통하고 원망스러운 마음에서 비롯되었다.

「국풍國風」[14]은 사랑을 노래했으나 음란하지 않고, 「소아小雅」[15]는 원망과 비방을 담고 있지만 문란하지 않은데 「이소」는 그 우수한 점을 모두 지녔다고 할 만하다.[16]

사마천은 굴원이 근심스러운 일을 만나 「이소」를 지었으며, 「이소」는 원망의 심정을 표출한 자기 치유적 성격이 강하다고 분석하면서 「국풍」과 「소아」의 장점을 겸비한 명작으로 평가할 만하다고 했다. 이러한 사마천의 평가는 유협이 『문심조룡』 「변소辨騷」 편에서 한 평가와 같은 것으로서, 굴원이 유가의 기본적인 온유溫柔한 예절을 실천한 면모를 작품으로 승화시켰다는 의미로 해석된다. 유협의 글을 보면 한무제, 선

---

14) 국國이란 제후들의 나라를 말하고, 풍風은 가요 또는 민요를 뜻한다. 「국풍」에는 주남周南으로부터 빈豳에 이르는 열다섯 나라의 민요를 중심으로 한 노래들이 실려 있다. 「국풍」이 『시경』의 앞머리를 차지한 것은 「아雅」나 「송頌」보다 일반 백성의 마음을 더욱 진솔하게 나타내고 있기 때문으로 여겨진다.

15) 아雅란 '정(正, 바르다)'이라는 뜻으로 옛날 문화 수준이 높았던 하나라의 정악正樂을 말한다. 아는 대부분 연회나 조회에 쓰였는데 용도와 음절상 차이로 대아와 소아로 구분한다. 가사의 풍격에 따라 정소아正小雅와 변소아變小雅, 정대아正大雅와 변대아變大雅로 다시 구별된다.

16) "離騷者, 猶離憂也. 夫天者, 人之始也; 父母者, 人之本也. 人窮則反本, 故勞苦倦極, 未嘗不呼天也; 疾痛慘怛, 未嘗不呼父母也. 屈平正道直行, 竭忠盡智以事其君, 讒人間之, 可謂窮矣. 信而見疑, 忠而被謗, 能無怨乎? 屈平之作離騷, 蓋自怨生也. 國風好色而不淫, 小雅怨誹而不亂. 若離騷者, 可謂兼之矣."(「굴원 가생 열전」)

제, 왕일, 양웅 등이 「이소」를 높이 평가했음을 알 수 있다. 한편 반고는 굴원이 유가의 정서를 위배했다고 비판한다. 사마천의 시각에서 확인되듯 「이소」에 유가의 정서가 깊이 배어 있다는 것이다. 부연하면 왕일은 굴원의 「이소」의 가치를 평가하여 "부이소지문夫離騷之文, 의경이립의언依經以立義焉"(「초사장구서」)이라고 했던 것이다.[17] 굴원은 스스로 울분을 느꼈으며, 내쫓긴 처지였지만 초나라를 그리워하고 회왕을 생각하며 언제든 조정으로 돌아가길 바랐다는 것이다. 굴원은 군주가 자신의 잘못을 깨닫고 강한 나라를 만들기를 진심으로 원한 충신이었다. 그러나 현실은 야속했고 그런 어찌할 수 없는 마음을 치유하기 위해 그는 작품을 남겼다. 정치적으로나 문학적으로나 상당히 뛰어난 인재였던 굴원은 회왕의 어리석음 때문에 설 자리마저 잃었고, 그로 인해 비극적인 운명으로 치닫게 되었다는 것이 위 인용문의 요지다. 자신의 몰락 과정에서 굴원이 느낀 울분을 사마천은 마치 자신의 울분을 이야기하듯 놓치지 않고 기록했다. 다음 인용문을 읽어 보자.

　　회왕은 충신과 그렇지 않은 신하를 구분할 줄 몰라서 안으로는 정수에게 미혹되고 밖으로는 장의에게 속았으며, 굴원을 멀리하고 상관 대부와 영윤 자란을 믿었다. 그래서 군대가 꺾이고 군 여섯 개를 잃어 땅이 줄어들었으며, 진나라에서 객사하여 천하의 웃음거리가 되었다. 이는 사람을

---

17) "昔漢武愛騷, 而淮南作傳, 以爲: 國風好色而不淫, 小雅怨誹而不亂, 若離騷者, 可謂兼之; …… 班固以爲: 露才揚己, 忿懟沉江; 羿澆·二姚, 與左氏不合; …… 王逸以爲: 詩人提耳, 屈原婉順, 離騷之文, 依經立義; 駟虯乘鷖, 則時乘六龍; 昆侖流沙, 則禹貢敷土 …… 及漢宣嗟嘆, 以爲皆合經術; 揚雄諷味, 亦言體同詩雅." 「이소」와 경서의 관련성에 관한 좀 더 세밀한 분석은 彭毅, 『楚辭詮微集』(臺北: 學生書局, 1999), 325～355쪽 참조.

제대로 알아보지 못해서 생긴 재앙이다. 『역易』에 "우물물이 흐렸다가 맑아져도 마시지 않으니 내 마음이 슬프구나. 이 물을 길어 갈 수는 있다. 왕이 현명하면 모든 사람이 그 복을 받는다."라고 하였다. 왕이 현명하지 않은데 어찌 복이 있겠는가![18]

사마천은 굴원의 처지를 나름의 입장에서 해석한다. 유가의 전설적인 성군을 흠모하면서 이상적인 정치를 꿈꾼 굴원이었지만 현명하지 않은 왕을 만난 박복함은, 사마천 자신이 한무제의 역린을 건드려 궁형의 화를 당한 상황과도 긴밀히 연결할 수 있는 지점이다. 이 정도에 그치지 않고 사마천은 굴원이 청렴과 지조의 소유자이고 유가적 인물임을 분명히 하면서 다음과 같이 말한다.

위로는 제곡을 칭송하고 아래로는 제나라 환공을 말하고 있으며, 그 중간에는 은나라 탕임금과 주나라 무왕을 서술함으로써 세상일을 풍자하였다. 넓은 도덕적 숭고함과 잘 다스려질 때와 혼란스러울 때의 일의 조리를 밝힘에 빠짐이 없다. 그 글은 간결하고 그 문장은 미묘하며, 그 뜻은 고결하고 그 행동은 청렴하다. 그 문장은 사소한 것을 적었지만 담은 뜻은 매우 크며, 눈앞에 흔히 보이는 사물을 인용했지만 그 뜻은 높고 깊다. 그 뜻이 고결하므로 비유로 든 사물마다 향기를 뿜어내고, 그 행동이 청렴하므로 죽을 때까지 받아들여지지 않았다. 진흙 속에서 뒹굴다 더러워지자 매미가 허물을 벗듯이 씻어 내고, 먼지 쌓인 속세 밖으로 헤쳐 나와서 세상

---

18) "懷王以不知忠臣之分, 故內惑於鄭袖, 外欺於張儀, 疏屈平而信上官大夫, 令尹子蘭, 兵挫地削, 亡其六郡, 身客死於秦, 爲天下笑. 此不知人之禍也. 易曰: '井泄不食, 爲我心惻, 可以汲. 王明, 並受其福. 王之不明, 豈足福哉!'"(「굴원 가생 열전」)

의 더러움에 물들지 않았다. 그는 〔연꽃처럼〕 깨끗하여 진흙 속에 있으면서
도 더러워지지 않은 사람이다. 이러한 그의 지조는 해와 달과 그 빛을 다
툴 만하다.[19]

　　사마천은 굴원의 문장이 함축성이 뛰어나다는 점과 그의 고결한 인
품을 이야기하는데, 이는 사마천이 「이소」를 읽으면서 굴원을 동정하고
흠모의 감정까지 느낀 데서 나온 발언이다. 이는 궁형을 당하고 세상과
타협하면서 살아가는 자신보다 훨씬 더 고고한 굴원에게 갖는 부러움
의 표출이라 할 수 있다.[20] 즉, 용납되지 않는 세상과 타협하지 않고 자
결을 택한 굴원을 대하며, 사마천은 그의 삶이 정도의 차이는 있을지언
정 자신의 삶과 긴밀한 상관관계가 있음을 끄집어낸다. 죽음보다 고통
스러운 삶을 선택한 사마천으로서는 자신의 이상에 맞게 죽음을 선택
한 굴원에 대해 쓰며 대리 만족 내지 감정 이입의 자기 치유적 글쓰기
의 면모를 보이고 있는 것이다.

　　굴원이 경양왕에 의해 쫓겨나 강남에 유배되면서 지은 「어보」라는
작품[21]에서 어부와의 대화를 통해 보여 준 것은, 그의 청초한 삶과 선

---

19) "上稱帝嚳, 下道齊桓, 中述湯武, 以刺世事. 明道德之廣崇, 治亂之條貫, 靡不畢見. 其文約, 其
辭微, 其志絜, 其行廉, 其稱文小而其指極大, 擧類邇而見義遠. 其志絜, 故其稱物芳. 其行廉, 故死
而不容. 自疏濯淖汙泥之中, 蟬蛻於濁穢, 以浮游塵埃之外, 不獲世之滋垢, 皭然泥而不滓者也. 推此
志也, 雖與日月爭光可也."(「굴원 가생 열전」)

20) "사마천이 문학을 서술하는 방법이 역사적 방법이다. 「이소」의 내용은 위로 오제로
부터 은의 탕왕, 주의 무왕의 일, 아래 제환공에 이르기까지 역사의 자취를 말하고 세
사를 비판하고 도덕의 광대 숭고함과 치란의 연관을 밝힌 것이다. 이러한 역사적 방법은
굴원적인 것이기도 하였으나, 동시에 사마천의 방법이기도 했다."(홍순창, 앞의 글)

21) 이 작품이 굴원의 작품이 아니라는 설도 있으나 왕일이 「어부소서」에서 "漁父者, 屈

악과 시비에 분명한 이분법적 사고다. 어부의 비판에 굴원은 항변하거나 심지어 듣는 척도 하지 않는 등, 소신을 굽히지 않는 자세를 거듭 보여 준다.

굴원은 강가에 이르러 머리를 풀어헤치고 물가를 거닐면서 읊조렸다. 그의 얼굴빛은 꾀죄죄하고 모습은 마른 나뭇가지처럼 야위었다. 어떤 어부가 그를 보고 물었다.

"당신은 삼려대부가 아니십니까? 무슨 일로 이곳까지 오셨습니까?"

굴원이 대답했다.

"온 세상이 혼탁한데 나 홀로 깨끗하고, 모든 사람이 다 취했는데 나 홀로 깨어 있어서 쫓겨났소."

어부가 물었다.

"대체로 성인[22]이란 물질에 구애받지 않고 속세의 변화를 따를 수 없다고 합니다. 온 세상이 혼탁하다면 왜 그 흐름을 따라 그 물결을 타지 않으십니까? 모든 사람이 취해 있다면 왜 그 지게미를 먹거나 그 밑술을 마셔 함께 취하지 않으십니까? 어찌하여 아름다운 옥처럼 고결한 뜻을 가졌으면서 스스로 내쫓기는 일을 하셨습니까?"

굴원이 대답했다.

"내가 듣건대 새로 머리를 감은 사람은 반드시 관의 먼지를 털어서 쓰

原之所作也. 屈原放逐在江·湘之間, 憂愁嘆吟, 儀容變易, 而漁父避世隱身, 釣魚江濱, 欣然自樂. 時遇屈原川澤之. 域, 怪而問之, 遂相應答. 楚人思念屈原, 因敘其辭以相傳焉."라고 한 것을 보면 굴원의 작품이 맞다. 물론 이 작품은 「이소」와 달리 산문체 형식을 취하고 있다.

22) 여기에서는 그 시대의 일을 아는 자를 가리킬 뿐 도덕적, 인격적 경지에 오른 인물을 말하는 것은 아니다.

고,[23] 새로 목욕을 한 사람은 반드시 옷의 티끌을 털어서 입는다고 하였소. 사람이라면 또 그 누가 자신의 깨끗한 몸에 더러운 때를 묻히려 하겠소? 차라리 강물에 몸을 던져 물고기 배 속에서 장사를 지내는 게 낫지, 또 어찌 희디흰 깨끗한 몸으로 속세의 더러운 티끌을 뒤집어쓰겠소!"[24]

위의 인용문은 도가적 면모를 지닌 어부와 유가의 엄격함을 고집하는 굴원 사이의 간극을 여실히 보여 준다. 3인칭 대화체 기법이 가미된 독특한 형식의 이 작품은 시간, 공간, 인물의 세 요소가 들어 있고, 굴원의 형상 묘사가 구체적이며, 청淸/탁濁, 취醉/성醒의 대비적 비유법도 일품이다. 마지막의 굴원의 발언에서 알 수 있듯이, 평범한 인물이 아닌 어부의 충고에 굴원은 단호한 어조로 항변한다. 세상과의 불화를 견뎌 내지 못하고 강호를 전전하는 굴원의 모습은 초라하기 그지없고, 기질적으로 타협을 용납하지 않고 자아를 고수하려는 그의 모습에 어부는 더 이상 대화를 이어 나갈 수 없는 상황임을 인지한다. 사마천은 선의의 가식으로 살기 싫다는 굴원의 심정과 자신의 심정이 같음을 보여 주

---

23) 이 인용문은 "故新浴者振其衣, 新沐者彈其冠, 人之情也."(『순자』「불구不苟」)라는 문장에서 인용한 것이다. 왕더화王德華(2002)는 「『葍居』『漁父』: 屈原精神困境的揭示和對自我與社會的雙重固持」(《中國文學研究》 第3期)에서 이 문장을 중심으로 한 문맥적 의미에 대해 난세에서 아무런 원칙도 없이 구차하게 살아가는 것이 굴원이 원하는 바가 아님을 분명히 표출하고 있다.(6~7쪽) 이상과 현실 사이에서 고뇌하지 않는 단호한 굴원의 모습을 사마천이 인지한 것으로 보인다.

24) "屈原至於江濱, 被髮行吟澤畔, 顏色憔悴, 形容枯槁. 漁父見而問之曰: '子非三閭大夫歟? 何故而至此?' 屈原曰: '擧世混濁而我獨淸, 衆人皆醉而我獨醒, 是以見放.' 漁父曰: '夫聖人者, 不凝滯於物而能與世推移. 擧世混濁, 何不隨其流而揚其波? 衆人皆醉, 何不餔其糟而歠其醨? 何故懷瑾握瑜而自令見放爲?' 屈原曰: '吾聞之, 新沐者必彈冠, 新浴者必振衣, 人又誰能以身之察察, 受物之汶汶者乎! 寧赴常流而葬乎江魚腹中耳, 又安能以皓皓之白而蒙世俗之溫蠖乎!'"(「굴원 가생 열전」)

6장 '원'과 '한'의 자기 치유적 글쓰기

면서, 세상을 올곧게 살아가는 자들이 있음을 위안으로 삼는다.[25] 그런 은자와 굴원의 대화를 통해 독자들은 굴원이 절대 속세와 타협할 수 없는 사람임을, 이것이 그의 자살로 이어지는 한 요인으로 작용할 것임을 생각하게 된다.

사마천은 굴원의 비극을 동정한다. 굴원이 죽기 직전에 자신의 내면을 그대로 드러낸 명작이 「회사懷沙」라는 부賦다. 사마천은 「회사」의 긴 전문을 실어 가면서까지 그 작품에 담긴 굴원의 원망과 분노, 삶에 대한 애착을 독자들에게 고스란히 보여 주고자 한다. 장편 대서사인 「이소」보다 비교적 짧은 이 작품을 읽어 보자.

> 양기 넘치는 화사한 초여름이라
> 초목이 무성하구나!
> 상심한 심정 깊이 슬퍼하며
> 물 따라 남쪽 땅으로 쫓겨왔네.
> 눈앞을 망망히 바라보니
> 지극히 고요하고 말이 없구나!
> 원통함은 가슴에 맺혀
> 풀어 볼 길 없이 영원히 막혔네.
> 비통한 마음 달래고 어루만지며
> 고개 숙여 스스로 억누르네.

---

25) "자신의 감정을 자유롭게 표현하는 글쓰기는 나아가 자신의 이성적 사고를 표현하는 표현적 글쓰기 능력으로 발전할 수 있을 것이다. 자신의 감정을 털어 내는 치유의 글쓰기는 자신에 대한 이해를 가능하게 하는 가장 쉬운 방법이다. 나아가 타인과, 세상과의 건강한 소통을 위한 가장 좋은 방법이다."(김준희, 앞의 글, 82쪽)

모난 것 깎아 둥글게 만들려 하지만

변하지 않는 법도는 바꿀 수 없네.

본래 갈 길을 바꾸는 것

군자는 추잡하게 여기네.

먹줄 따라 바르게 긋는 것은

옛날 법도와 다름이 없네.

곧은 마음 중후한 성품을

현명한 사람은 존중하나

솜씨 좋은 장인이 깎고 다듬지 않으면

누가 그 굽고 곧음을 알리!

검은색 무늬를 어두운 곳에 두면

눈뜬 봉사는 무늬 없다 하고,

이루離婁는 눈을 가늘게 뜨고도 볼 수 있는데

맹인은 그의 눈이 밝지 않다고 여기네.

흰 것을 검다 하고

위를 거꾸로 아래라고 하네.

봉황은 새장 속에 갇혀 있고

닭과 꿩은 하늘을 나네.

옥과 돌을 뒤섞어

하나로 헤아리니,

저들은 더러운 마음뿐이라

내 좋은 점을 알 수가 없지!

짐은 무겁고 실은 것 많건만

수렁에 빠져 건널 수 없구나.

아름다운 옥 있지만

곤궁하여 보여 줄 수 없네.

마을의 개들 떼 지어 짖는 것은

이상하게 보이기 때문이지.

준걸을 비방하고 호걸 의심하는 것은

본래 못난 사람들의 태도지.

재능과 덕성 가슴속에 흐르건만

내 남다른 재능 아무도 몰라주네.

재능과 덕망 쌓였어도

내 가진 것 아무도 알아주지 않네.

인의를 더 닦고

삼가고 돈후하여 넉넉해졌건만

순임금 같은 분 만날 수 없으니

누가 내 참모습 알아주랴!

예로부터 [어진 신하와 현명한 군주는 때를] 같이하지 못하니

어찌 그 까닭을 알리오? 탕 임금과 우 임금 아득히 먼 분이라

막막하여 사모할 수도 없네.

한을 참고 분노를 삭이고

마음을 억눌러 스스로 힘써 본다.

슬픔 만났으나 절개 꺾지 않으리니

내 뜻 뒷날의 본보기가 되기 바라네.

북쪽으로 발걸음 옮겨 머물려 하니

날은 어둑어둑 저물어 가네.

근심 삼키고 슬픔 달래면서

오직 내 죽음을 바라본다.[26]

자신이 죽음을 택하게 된 동기와 이유 등을 독백조로 서술하고 있는 이 장편시에는 가슴에 맺힌 한을 품고 살아온 굴원의 처절한 심정이 오롯이 배어 있다. 만일 굴원의 정치적 삶을 알지 못하고 이 작품을 읽는다면 자화자찬이 심하다는 생각마저 들 것이다. 그런데 사마천의 지적처럼, "보고 들은 것이 많고 기억력이 뛰어나며 잘 다스려질 때와 혼란스러울 때의 일에 밝고 글을 쓰는 능력이 탁월했던"[27] 굴원은 적어도 근상의 이간질로 인해 회왕에게 내침을 당할 때까지는 국정에 대한 영향력이 막강했다. 특히 굴원은 개혁을 꿈꾸었던 자신을 추잡한 속물로 바라보는 세태를 한탄하면서, 옥석도 구분하지 못하는 조정의 어리석음과, 선악과 시비가 거꾸로 흘러가고 있는 조정의 현실을 냉소적으로 바라본다. 아무리 직언하고 바꿔 보고자 해도 결국 수렁 속에 빠져들 뿐 자신의 재능을 전혀 발휘할 수 없고, 모두가 곁을 떠나 알아주는 이 하나 없는 현실에서 순임금과 같은 분이라야 자신의 진면목을 알아줄

---

26) "陶陶孟夏兮, 草木莽莽. 傷懷永哀兮, 汨徂南土. 眴兮杳杳, 孔靜幽默. 冤結紆軫兮, 離愍之長鞠; 撫情效志兮, 俛詘以自抑. 刓方以爲圜兮, 常度未替; 易初本由兮, 君子所鄙, 章畫職墨兮, 前度未改; 內直質重兮, 大人所盛. 巧匠不斲兮, 孰察其揆正? 玄文幽處兮, 矇謂之不章. 離婁微睇兮, 瞽以爲無明. 變白而爲黑兮, 倒上以爲下. 鳳皇在笯兮, 雞雉翔舞. 同糅玉石兮, 一槩而相量. 夫黨人之鄙妒兮, 羌不知吾所臧, 任重載盛兮, 陷滯而不濟; 懷瑾握瑜兮, 窮不得余所示. 邑犬群吠兮, 吠所怪也; 誹駿疑桀兮, 固庸態也. 文質疏內兮, 衆不知吾之異采; 材樸委積兮, 莫知余之所有. 重仁襲義兮, 謹厚以爲豐; 重華不可牾兮, 孰知余之從容! 固有不並兮, 豈知其故也? 湯禹久遠兮, 邈不可慕也. 懲違改忿兮, 抑心而自彊; 離湣而不遷兮, 願志之有象. 進路北次兮, 日昧昧其將暮; 含憂虞哀兮, 限之以大故."(「굴원 가생 열전」))

27) "博聞彊志, 明於治亂, 嫺於辭令."(「굴원 가생 열전」)

6장 '원'과 '한'의 자기 치유적 글쓰기

수 있건만, 그 역시 희망 사항에 불과한 허상이며 탕임금이나 우임금은 너무도 머나먼 곳에 있어 죽음을 선택할 수밖에 없음을 독백조로 읊은 것이다.[28] 진나라에서 연횡책을 펼친 장의의 농간에 속아 초나라 땅 600리를 잃게 되는 과정과 초나라의 쇠락을 그린 내용이다. 굴원은 어처구니없는 현실을 직시하고 회왕을 찾아가 몇 차례나 만류하며 장의를 죽이고 진나라와 관계를 끊으라고 조언했으나 애첩 정수鄭袖에 의해 좌절되었고, 결국 다시 진소왕秦昭王이 초나라와 사돈 관계를 맺기 위해 회왕과 회동하려는 것을 말렸으나 회왕은 듣지 않았다가 결국 억류되어 땅을 빼앗겼다. 그 과정을 사마천은 세밀한 필치로 설득력 있게 묘사하는 데 성공하고 있다. 충신은 사라지고 우매한 초나라는 몰락해 간다. 굴원의 가치를 몰라본 회왕과 굴원의 모습을 통해 결코 제대로 된 군신 관계를 기대하기가 불가능함을 사마천은 설득력 있게 다루고 있다. 독백 후, 그는 또 이렇게 말한다.

---

28) 사마천은 다음과 같이 비교적 상세하게 우매한 회왕을 묘사한다. "屈平既絀, 其後秦欲伐齊, 齊與楚從親, 惠王患之, 乃令張儀詳去秦, 厚幣委質事楚, 曰: '秦甚憎齊, 齊與楚從親, 楚誠能絕齊, 秦願獻商, 於之地六百里.' 楚懷王貪而信張儀, 遂絕齊, 使使如秦受地. 張儀詐之曰: '儀與王約六里, 不聞六百里.' 楚使怒去, 歸告懷王. 懷王怒, 大興師伐秦. 秦發兵擊之, 大破楚師於丹淅, 斬首八萬, 虜楚將屈匄, 遂取楚之漢中地. 懷王乃悉發國中兵以深入擊秦, 戰於藍田. 魏聞之, 襲楚至鄧. 楚兵懼, 自秦歸. 而齊竟怒不救楚, 楚大困. 明年, 秦割漢中地與楚以和. 楚王曰: '不願得地, 願得張儀而甘心焉.' 張儀聞, 乃曰: '以一儀而當漢中地, 臣請往如楚.' 如楚, 又因厚幣用事者臣靳尚, 而設詭辯於懷王之寵姬鄭袖. 懷王竟聽鄭袖, 復釋去張儀. 是時屈平既疏, 不復在位, 使於齊, 顧反, 諫懷王曰: 何不殺張儀? 懷王悔, 追張儀不及. 其後諸侯共擊楚, 大破之, 殺其將唐眛. 時秦昭王與楚婚, 欲與懷王會. 懷王欲行, 屈平曰: '秦虎狼之國, 不可信, 不如毋行.' 懷王稚子子蘭勸王行: '柰何絕秦歡!' 懷王卒行. 入武關, 秦伏兵絕其後, 因留懷王, 以求割地. 懷王怒, 不聽. 亡走趙, 趙不內. 復之秦, 竟死於秦而歸葬."(「굴원 가생 열전」)

넓고 넓은 원수沅水와 상수湘水

갈라져 빠르게 흐르는구나!

멀리 이어진 길은 풀 더미로 뒤덮여

흘러간 길을 볼 수가 없네.

슬픈 심정 노래하노라면

탄식만 길어지고

세상은 나를 알아주지 않으니

내 마음 말하지 않으리!

충정과 인품을 지녔어도

내 마음 알아주는 이 없네.

백락이 이미 죽었으니

준마의 능력 누가 가늠하랴!

사람이 태어날 때 받은 천명은

제각기 돌아갈 곳이 있구나.

마음 진정하고 뜻을 넓히면

내 무엇 두려워하랴!

늘 상심하고 슬퍼하여

깊이 탄식하며 한숨을 쉬네.

세상이 어지러워 나를 알지 못하니

내 마음 말하지 않으리.

죽음 피할 길 없음을 알기에

부디 슬퍼하지 말자.

세상의 군자들에게 분명히 알려

내 그대들의 표상이 되리라.[29]

6장 '원'과 '한'의 자기 치유적 글쓰기

군주를 포함하여 아무도 자신을 알아주지 않아 안타까워하는 마음은 굴원이나 사마천이나 매한가지다. 아무리 탄식해도 그 누구도 거들떠보지 않으니 자결밖에 없다는 것이다. 이 작품을 남기고 굴원은 "돌을 안은 채 마침내 멱라강에 몸을 던져 죽었다."[30]라고 사마천은 기록한다. 이러한 비극을 초래한 원인은 다름 아닌 굴원 자신이다. 탐욕스럽고 비열한 귀족들을 멸시하며 내정 개혁을 주장하여 많은 귀족을 정적政敵으로 만들어 버린 굴원의 비타협적 자세는 스스로를 고립시켰고, 그의 외골수적인 삶의 태도는 그의 삶을 비극으로 끝맺었다. 이는 개인적 비극에 그치지 않고 초나라 회왕, 즉 주군의 몰락을 자초했고, 초나라의 운명에까지 영향을 끼치는 동인으로 작동했다.

3

가생의 작품 속에 나타난 치유적 글쓰기와 사마천의 감정 이입적 글쓰기 전략

「굴원 가생 열전」의 주인공은 굴원이고, 가생은 조연의 느낌이 든다. 굴원의 전기를 마무리한 사마천은 굴원이 세상을 떠난 후 송옥宋玉·당륵唐勒·경차景差 같은 무리가 나와 나름 문학적 역량을 보여 주었으나,

---

29) "浩浩沅湘兮, 分流汨兮. 修路幽拂兮, 道遠忽兮. 曾唫恒悲兮, 永歎慨兮. 世旣莫吾知兮, 人心不可謂兮. 懷情抱質兮, 獨無匹兮. 伯樂旣歿兮, 驥將焉程兮? 人生稟命兮, 各有所錯兮. 定心廣志, 餘何畏懼兮? 曾傷爰哀, 永歎喟兮. 世溷不吾知, 心不可謂兮. 知死不可讓兮, 願勿愛兮. 明以告君子兮, 吾將以爲類兮."(「굴원 가생 열전」)
30) "於是懷石遂自投沈汨羅以死."(「굴원 가생 열전」)

그들은 모두 굴원의 모습을 흉내 냈을 뿐 직언하는 사람은 없었기에 초나라는 국력이 나날이 쇠약해져 멸망했다고 부기했다.[31] 한 걸음 더 나아가 사마천은 이렇게 서술한다.

굴원이 멱라강에 몸을 던진 지 100여 년이 지나 한나라에 가생이라는 사람이 있었다. 그는 장사왕의 태부가 되어 상수를 지나다가 글을 지어 강물에 던져 굴원을 애도하였다.[32]

후반부의 "글을 지어 강물에 던져 굴원을 애도하였다."라는 구절에서 알 수 있듯이 겉으로 보면 가생을 굴원을 위한 조연으로 격하시킨 듯한 인상이 든다. 물론 이 편을 추적해 나가면, 그런 우려와 달리 사마천이 가생에 대해 굴원 못지않게 세밀하게 서술하고 있음을 알 수 있다.

가생은 자신의 출신과 사상과 학문으로 박사가 되었고 태중대부까지 올랐다. 업적 역시 대단하여 20여 년 동안 태평성대를 구축하는 데 기여했다고 사마천은 그를 평가했다. 가생은 역법을 고치고 관복의 색깔을 바꾸고 의례와 법률 제도 등의 초안을 작성했음은 물론 심지어 효문제의 신임 속에 율령마저 바꿀 정도로 뛰어난 역량을 발휘하여 공경 公卿의 자리에 오를 기회를 얻는다. 그러나 가생도 굴원과 같은 상황이 되어 쫓겨나고 만다.

---

31) "屈原旣死之後, 楚有宋玉唐勒景差之徒者, 皆好辭而以賦見稱. 然皆祖屈原之從容辭令, 終莫敢直諫. 其後楚日以削, 數十年竟爲秦所滅."(「굴원 가생 열전」)

32) "自屈原沈汨羅後百有餘年, 漢有賈生, 爲長沙王太傅, 過湘水, 投書以弔屈原."(「굴원 가생 열전」)

6장 '원'과 '한'의 자기 치유적 글쓰기

강후, 관영, 동양후, 풍경 등의 무리는 모두 가생을 싫어하여 이렇게 헐 뜯었다.

"낙양 출신의 선비는 나이가 어리고 학문이 미숙한데 제멋대로 권력을 휘둘러 모든 일을 어지럽히려고 합니다."

그래서 황제도 나중에는 그를 멀리하고, 그의 의견을 받아들이지 않다 가 마침내 가생을 장사왕의 태부로 삼았다.

가생은 인사하고 길을 나섰는데, 장사라는 곳은 지형이 낮고 습기가 많 다는 말을 듣고 자기 수명이 길지 않으리라 생각했다. 더구나 좌천되어 떠 나가는 중이므로 마음이 우울했다. 가생은 상수를 건널 때 부를 지어 굴 원을 조문했는데 그 문장은 이러하다.

공손히 왕명을 받들어
장사의 관리가 되었네.
얼핏 굴원을 풍문에 들으니
스스로 멱라수에 몸을 던졌다 하네.
상수 흐르는 물에 부쳐
선생께 삼가 조의를 표하네.
법도 없는 세상을 만나
그 몸을 던졌구나!
아, 슬프다,
좋지 못한 때를 만남이여!
봉황이 엎드려 숨고
올빼미가 날개를 치누나!
어리석은 사람이 존귀케 되고

헐뜯고 아첨하는 자가 뜻을 얻었구나!

현인과 성인은 도리어 끌어내려지고

바른 사람은 거꾸로 세워졌네.

세상은 백이를 탐욕스럽다 하고

도척을 청렴하다 하며,

막야의 칼날을 무디다 하고

납으로 만든 칼을 날카롭다 하네.

아, 말문이 막히는도다.

선생이 억울하게 재앙을 입음이여!

주나라 솥을 버리고 큰 표주박을 보배로 간직하고

지친 소에게 수레를 끌게 하고 절름발이 나귀를 곁말로 쓰니,

준마는 두 귀를 늘어뜨린 채 소금 수레를 끄는구나!

장보章甫를 신발로 삼으니

오래갈 수 없도다.

아, 선생이여!

홀로 이런 재앙을 겪으셨도다!'"[33]

위의 인용문을 분석해 보면, 굴원의 삶과 가생의 삶이 상당히 닮은

---

[33] "絳灌東陽侯馮敬之屬盡害之, 乃短賈生曰: '雒陽之人, 年少初學, 專欲擅權, 紛亂諸事.' 於是天子後亦疏之, 不用其議, 乃以賈生爲長沙王太傅. 賈生旣辭往行, 聞長沙卑溼, 自以壽不得長, 又以適去, 意不自得. 及渡湘水, 爲賦以弔屈原. 其辭曰: 共承嘉惠兮, 俟罪長沙. 側聞屈原兮, 自沈汨羅. 造託湘流兮, 敬弔先生. 遭世罔極兮, 乃隕厥身. 嗚呼哀哉, 逢時不祥! 鸞鳳伏竄兮, 鴟梟翱翔; 闒茸尊顯兮, 讒諛得志; 賢聖逆曳兮, 方正倒植. 世謂伯夷貪兮, 謂盜蹠廉; 莫邪爲頓兮, 鉛刀爲銛. 于嗟嘿嘿兮, 生之無故! 斡棄周鼎兮寶康瓠, 騰駕罷牛兮驂蹇驢, 驥垂兩耳兮服鹽車. 章甫薦屨兮, 漸不可久; 嗟苦先生兮, 獨離此咎!"(「굴원 가생 열전」)

꼴임을 알 수 있다. 맨 처음 회왕에게 인정받은 굴원이 근상의 모함에 의해 쫓겨나는 과정과 가의가 효문제의 절대적인 신임을 받다가 반대파들의 참언에 의해 내침을 당하는 것이 거의 같다. 가생 역시 때를 제대로 만나지 못하여 억울한 누명을 쓰고 장사로 좌천되었고, 자신도 굴원처럼 죽게 될 운명임을 예감하면서 이런 작품을 남긴 것이다. 억울한 재앙을 입은 굴원의 심경을 애도하면서 시비와 선악이 구분되지 않고 혼재하는 현실을 개탄하며 탄식조로 일관한 감정 이입의 경지를 보여 준다. 굴원의 서글픈 심경 속에 자신의 감정을 이입한 것이다. 물론 사마천이 이렇게 가의의 글을 탑재한 것은 역시 굴원과 가생 두 인물에게 자신의 감정을 이입하여, 독자들에게 좀 더 내밀한 감정을 전달하려는 문학적 장치라 할 수 있다.[34]

그러나 가생의 삶은 굴원의 삶과 달랐다는 점을 사마천은 다시 부연하여 서술한다. 가생은 3년 동안이나 장사왕의 태부가 되었으니 말이다. 그런데 어느 날 자신이 사는 집에 부엉이가 날아들고 가생 스스로 슬픈 마음에 그 일을 작품으로 남겼으니 그것이 바로 「복조부鵩鳥賦」다. 그 서술 방식은 「회사」라는 작품을 닮았다. "정묘년/ 4월 초여름 경자일 해 질 무렵/ 부엉이가 내 집으로 날아들어/ 방구석에 앉았는데/ 그 모습이 무척 한가롭구나!"[35]로 시작되는 도입부가 그러하다. 가생이

---

34) "인문학은 인류의 역사와 함께하고 있으며, 그 중심에는 근대 의료학이 성립하기 이전부터 성립한 이후까지 지속적으로 인간의 정신적인 문제에 대하여는 인문학이 깊이 관여하고 있다. 이는 인문학이 인간의 불건강의 문제에 대한 치유의 근원적 해결의 의미를 갖고 있기 때문일 것이다."(엄찬호, 「인문학의 치유적 의미에 대하여」, 《인문과학연구》 25집, 2010, 438쪽) 이러한 인문학은 비슷한 처지와 경험에 보다 적극적으로 공감하는 능력을 전제로 함을 알 수 있으며 이는 병에 따른 처방과도 같다고 하겠다.

35) "單閼之歲兮, 四月孟夏, 庚子日施兮, 服集予舍, 止于坐隅, 貌甚閒暇."(「굴원 가생 열전」)

하고자 하는 말은 후반부다.

어리석은 사람들은 자기만 생각하고
남을 낮추고 자기를 귀하다 하네.
통달한 사람은 넓게 보고
무슨 물건이건 한결같이 보네.
탐욕스러운 사람은 재물을 위하여 죽고
열사는 이름을 위하여 목숨을 바치는 법.
권세를 뽐내는 자는 권세 때문에 죽고
평범한 사람은 삶에만 매달리지.
이익에 유혹되고 가난에 쫓기는 무리는
이리저리 바삐 뛰어다니네.
성인은 사물에 굽히지 않고
수많은 변화를 만나도 한결같다네.
세속 일에 구애받는 사람은
우리 속에 갇힌 죄수 같도다.
지극한 덕을 지닌 사람은 만물을 버리고
홀로 도와 함께하누나.
많은 사람 미혹에 빠져
좋아하고 미워하는 것 가슴속에 쌓지만
진실한 사람은 담박하고 적막해서
홀로 도道와 더불어 사는도다.[36]

---

36) "小知自私兮, 賤彼貴我; 通人大觀兮, 物無不可. 貪夫徇財兮, 烈士徇名; 夸者死權兮, 品庶馮生.

자세히 읽어 보면 굴원과 달리, 가생은 세상에 나아가서 자신의 포부를 펼치려는 일말의 희망을 피력한 것으로 보인다. 사마천도 기록했듯이, 실제로 가생은 1년 뒤 효문제에게 초빙되었다. 그런데 흥미로운 점은 효문제가 가생에게 정치력을 물은 것이 아니라 귀신의 본질을 물었으며, 가생은 효문제와 밤새도록 귀신 이야기를 주거니 받거니 했다는 것이다. 그런데 귀신 이야기에 감동한 효문제가 가생을 양나라 회왕懷王의 태부로 삼았는데, 회왕은 문제의 막내아들이었다. 가생의 소신이 여기에서도 빛을 발했다고 기술했다. 즉 효문제가 회남淮南 여왕厲王[37]의 네 아들을 모두 열후에 봉하자, 이 일로 인해 나라의 변고가 일어날 것을 걱정하면서 가생이 상소문을 여러 번 올렸지만 왕은 받아들이지 않았다고 적은 것이다. 그러나 가생은 회왕의 곁을 떠나지 않았다. 자신의 의견이 받아들여지지 않자 더 이상 간언하지 않았을 뿐이다. 가생은 36세에 죽었다. 놀랍게도 말에서 떨어져 죽은 회왕에 대한 자책 때문에 1년 남짓 슬피 울다가 죽었다고 기록하고 있다. 사마천은 가생의 두 손자가 한무제 즉위 후 군수 자리에 오르기도 하고 가가賈嘉라는 손자는 소제 때 벼슬이 구경九卿에 이르렀다고 기록하면서, 그의 삶은 비극으로 끝났으나 가생은 굴원과 달리 어느 정도 성취를 이룬 것으로 평가했다.

사마천은 굴원과 가생의 열전을 마무리하면서 다음과 같이 총평한다.

怵迫之徒兮, 或趨西東; 大人不曲兮, 億變齊同. 拘士繫俗兮, 攌如囚拘; 至人遺物兮, 獨與道俱. 衆人或惑兮, 好惡積意; 眞人淡漠兮, 獨與道息.”(「굴원 가생 열전」)

37) 이름은 유장劉長이고 고조의 아들이며 효문제의 이복동생이다. 문제 6년에 모반을 일으켰다가 쫓겨나 길에서 죽었다. 문제 8년에 유장의 네 아들을 후侯로 봉하고, 12년에는 세 아들을 왕으로 삼았다.

나는 「이소」, 「천문」, 「초혼」, 「애영」을 읽어 보며 그 생각을 슬퍼했다. 장사에 가서 굴원이 스스로 빠져 죽은 연못을 바라보고 일찍이 눈물을 떨구며 그의 사람 됨됨이를 생각지 않을 수 없었다. 가생이 지은 굴원을 조문한 작품[38]을 읽어 보니 굴원이 그만한 재능을 가지고 다른 제후에게 유세하였더라면 어느 나라인들 받아들이지 않았으랴마는 그 스스로 이렇게 생을 마쳤구나. 그러나 「복조부」를 읽으니 그는 삶과 죽음을 한가지로 보고 벼슬에 나아가고 물러나는 것을 가볍게 여겼으니, 나는 〔마음에 깨달은 바 있어〕 상쾌해지며 스스로 잘못 살았다고 생각하게 되었다.[39]

아무리 봐도 가생은 간데없고 굴원만 있어 역시 편파적인 서술로 읽힐 만한 문장이다. 굴원을 깊이 애도하면서 가생의 글은 짤막하게 「복조부」만 소개하고 있다. 엘리티즘으로 일관하다 생을 마친 굴원의 삶의 방식에 한탄한 사마천은 초연하게 살다 간 가생의 삶의 방식에도 높은 점수를 매기면서 그렇게 살지 못한 자신을 성찰했다.

외교적 안목이 뛰어난 굴원이 단순한 원칙을 고집하면서 죽음까지 이르게 된 것에 대해 사마천은 아쉬움이 컸을 것이다. 회왕 주변이 천박한 간신배들로 가득 차 있었다고 해도, 그 정도는 비일비재한 것이 조정의 현실임을 감안한다면 굴원의 엘리티즘이 자신을 옥죄는 서슬 퍼런 칼로 작동했을 소지가 적지 않기 때문이다.

여기에서 간과할 수 없는 것이 굴원, 가생 그리고 사마천을 하나로

---

38) 「조굴원부弔屈原賦」를 말한다.

39) "余讀離騷天問招魂哀郢悲其志, 適長沙, 觀屈原所自沈淵, 未嘗不垂涕, 想見其爲人. 及見賈生弔之, 又怪屈原以彼其材, 游諸侯, 何國不容, 而自令若是·讀鵬鳥賦, 同死生, 輕去就, 又爽然自失矣."(「굴원 가생 열전」)

이어 주는 장소가 강이라는 사실이다. 굴원은 멱라에 몸을 던졌고, 가생은 장사에 글을 지어 던지며 굴원을 애도했으며, 사마천은 장사를 바라보며 눈물을 떨구었다. 세 사람의 마음과 각자의 선택지가 절묘하게 서술되고 있다.

4

궁형의 한을 굴원과 가생의 삶에 투사하다

이상에서 살펴보았듯이 사마천은 굴원과 가생이란 인물을 서술함에 있어 역사가로서의 객관적 필치를 보여 주면서도 이들이 남긴 작품인 「이소」, 「회사」, 「어보」 그리고 「조굴원부」 등을 수록했다. 사마천은 뛰어난 능력의 소유자였던 이들이 정치적 희생양이 되었음을 부각시키면서 이 두 인물의 작품을 재평가한다. 굴원에 비해 비중은 덜하지만, 가생 역시 굴원을 동정하고 그를 위한 작품을 남기기만 한 부차적 인물은 결코 아니며, 그에게 굴원과는 또 다른 면이 있음을 대비적으로 강조하는 서술 방식을 사마천은 취하고 있다.

둘 다 비운의 정치가이면서 작가임을 사마천은 비교적 세세하게 묘사해 나감으로써 그들의 진면목을 독자들에게 차별적으로 보여 준다. 굴원의 죽음에 대해 사마천은 그의 처지를 이해하면서 안타까움을 표했다. 이는 「백이 열전」에서 의로운 삶을 견지하고 양보와 타협을 귀감으로 하면서도 수양산에서 굶어 죽는 것을 택한 백이와 숙제의 삶의 궤적과도 거의 일치한다고 할 수 있다. 인간이라면 누구나 밑바닥에는 원망 어린 비극을 담고 있다는 것이 사마천의 의도다. 사마천은 원망의 마음을 품지 않았다는 공자의 관점을 재해석하면서 백이·숙제의 고사를 자세히 소개하고 그 두 사람의 원망의 속살을 독자들에게 전달하는 데 성공하고 있으니 이것이 「굴원 가생 열전」과도 상통하는 면이다. 물론 확연한 차이도 존재한다. 백이와 숙제의 굶어 죽은 행동이 소극적이었다면, 굴원은 신하로서 최선을 다했고 가생도 자기 소신을 지키면서 왕과 국가를 위해 적극적인 정치 행위를 실천에 옮겼다. 가생의 삶도 파란만장했지만 굴원과 달리 고집스러운 면은 덜했다. 가생은 유배를 당하는 등 삶의 부침이 있었지만, 처세와 소신을 병행하는 모습도 보여 주었다. 사마천은 가생의 집안이 손자 대까지 광영을 누리는 모습을 그리면서 굴원과 전혀 다른 정치적 입지를 구축한 그의 형상을 그려 내는 데 성공하고 있다. 그러면서도 사마천은 풍수에 몰입되고 귀신에 빠진 가생의 기이한 면모를 부각시키고, 부엉이가 방 안으로 들어왔다고 해서 자신의 요절을 점치는 가생의 모습을 묘사하며 나약한 지성인의 한 단면을 보여 주는데, 꼿꼿한 유가적 선비상을 보여 주는 굴원의 태도와 대비시키는 글쓰기 전략을 구사하고 있다고 볼 수 있다.

둘의 공통점이라면 그들 모두 섬세한 문학적 내면을 갖고 있었다는 점이다. 굳이 인간의 이중적인 면모를 강조하고 싶지는 않지만, 굴원의 삶은 영광에서 비극으로 끝났고, 가생의 삶은 영광에서 비극, 다시 영광으로 갔다가 비극으로 마무리되었다. 그런데 자세히 뜯어보면 두 사람의 문학적인 삶은 아름다웠다. 자신들의 비극을 자기 치유적 글쓰기를 통해 해소하려 했고, 그런 방식은 그들의 삶에 대한 사마천의 기술을 통해 구체적으로 다른 열전들에서 보이는 서술과 구분되는 지점으로 확장되었다. 말하자면 궁형을 당한 사마천이 그 굴욕을 견디면서 두 사람에게 동병상련의 감정을 느껴 몰입된 감정을 불어넣어 치유의 글

6장 '원'과 '한'의 자기 치유적 글쓰기

쓰기를 성공적으로 완수한 것이 바로 「굴원 가생 열전」이다.

굴원은 추방으로 인한 심리적 굴욕감을 「이소」를 통해 배설했으니 작품 속에서 "아미蛾眉"라는 단어로 자신의 뛰어난 재능을 비유하면서 그럼에도 불구하고 간악한 자들에 의해 핍박받은 자신을 묘사했다. 가생은 장사라는 곳에 가서 애국 시인 굴원의 삶을 생각하며 자신의 삶과 비슷하다는 생각에 잠겨 굴원을 위한 추도시를 남겼다.[40] 이들 작품은 단순한 작품임을 넘어서 세상을 위한 자신의 서러움을 배설한 것이요, 그런 배설 작용은 고스란히 사마천의 감정에 이입되어 열전의 명작으로 재탄생했던 것이다.

5
'원怨'과 '한恨'의 치유적 글쓰기의 또 다른 사례, 「오자서 열전」

사마천의 치유적 글쓰기 전략이 드러나는 또 다른 편은 「오자서 열전」이다. 이 열전은 역사 인물인 오자서를 소재로 탄탄한 서사 구조를 구축하고 있다. 이 편에서 오자서는 시종일관 진정 나라의 운명을 걱정하는 충신으로서 애환을 겪는 모습을 보여 준다. 사마천은 오자서가 오왕 부차를 위해 진심으로 간언하는 모습을 서술하면서 오자서의 처경

---

40) 남행하다가 상강湘江을 건너면서 도도히 흐르는 강물을 바라보며, 스스로를 달래는 "誼追傷之, 因自喩."라는 구절을 썼고 현실 사회의 비애를 "闒茸尊顯兮, 讒諛得志."라는 구절로 승화시키면서 굴원을 향한 존경의 마음과 발분·원망의 마음을 배설했다. 「이소」에서 굴원의 마지막 한탄은 "已矣哉! 國無人莫我知兮, 又何懷乎故都. 既莫足與爲美政兮, 吾將從彭咸之所居."라는 구절에서 확인되고, 가의의 마지막 한탄은 "國其莫我知兮, 獨壹鬱其誰語."라는 구절로 확인되었다.

을 독자들에게 각인시키는 구도를 설정하고 있다. 오자서가 아버지와
형의 원한을 갚기 위해 초나라를 떠나 오나라로 가는 장면을 보자.

초나라에서 우리 형제를 부르는 것은 우리 아버지를 살려 주려고 해서
가 아닙니다. 도망치는 자가 있으면 뒷날의 근심거리가 될까 봐 두려워하
여 아버지를 볼모로 잡고 거짓으로 두 자식을 부르는 것입니다. 우리 두
자식이 그곳에 가면 아버지와 자식이 모두 죽게 됩니다. 〔그것이〕 아버지의
죽음에 무슨 보탬이 되겠습니까? 〔그곳으로〕 간다면 원수를 갚을 길조차
사라지게 됩니다. 차라리 다른 나라로 달아났다가 힘을 빌려 아버지의 치
욕을 씻는 것이 낫습니다. 함께 죽는다면 할 수 있는 일이 없습니다.[41]

죽음을 택한 형과 달리 끝까지 살아남아 복수하겠다는 오자서의
일념이 위의 인용문에 오롯이 드러나 있다. 물론 개인적 원한을 갚으려
는 인물로 오자서를 그렸다면 이 편이 명편으로 남았을 이유가 없다.
즉 단순히 부형의 죽음으로 인해 원한을 가졌다면 오자서는 편협한 오
기만 있는 그저 그런 인물로 인식되었을 것이다.

회계산에서 월왕 구천을 이기고 승리에 도취한 부차는 월왕 구천이
복수의 칼을 갈고 있다는 사실은 간파하지 못한 채 동쪽의 강국 제나
라를 공격할 채비를 하고 있었다. 심복지환이나 다름없는 월나라를 놔
두고 제나라 공략에 온 힘을 기울인 부차는 오직 백비의 말만 들을 뿐
이었다. 오자서의 간언은 이렇다.

---

41) "楚之召我兄弟, 非欲以生我父也, 恐有脫者後生患, 故以父爲質, 詐召二子. 二子到, 則父子俱
死. 何益父之死? 往而令讎不得報耳. 不如奔他國, 借力以雪父之恥, 俱滅, 無爲也."(「오자서 열
전」)

오나라 왕은 백비의 계책을 믿고 따랐다. 오자서가 간언했다.

"월나라는 배 속에 생긴 병인데도 지금 〔왕께서는 월나라 왕의〕 허황된 말과 황당한 거짓말을 믿고 제나라를 넘보고 있습니다. 제나라를 쳐서 빼앗는다 해도 황폐한 땅이라 아무런 쓸모가 없습니다. 또 〔『서書』〕 「반경지 고盤庚之誥」에 '옳고 그른 것을 거스르고 공손하지 않은 사람에게는 〔가볍게는〕 코를 베고 〔무겁게는〕 목을 베어 죽이고 자손도 남기지 않아서 이 땅에 악의 씨가 옮겨 가지 못하게 하라.'라고 하였습니다. 이것이 상나라가 흥성하게 된 까닭입니다. 원컨대 왕께서는 제나라를 치려는 마음을 접어 두고 먼저 월나라를 처리하십시오. 만약 그렇게 하지 않으면 나중에 후회해도 소용이 없을 것입니다."[42]

오자서의 충심은 물론 제대로 반영되지도 않았으나, 사마천의 서술은 이렇듯 대화체의 간결한 방식으로 이루어져 있으며 시의적절한 비유와 인유의 수사법을 활용하여, 독자들에게 생생하고 팽팽한 긴장감을 보여 준다. 그러나 백비는 이런 오자서의 간곡한 간언을 여지없이 차단한다. 사마천은 간신이면서 모략가인 백비를 충신 오자서와 대립시켜 백비의 간교함을 독자들에게 입체적으로 전달한다. 오자서를 두고 백비가 왕에게 참언하는 다른 장면을 보자.

오나라의 태재 백비는 일찍부터 오자서와 사이가 나빴으므로 오자서를 이렇게 헐뜯었다.

---

42) "吳王信用嚭之計. 伍子胥諫曰: 夫越, 腹心之病, 今信其浮辭詐僞而貪齊. 破齊, 譬猶石田, 無所用之. 且盤庚之誥曰: 有顚越不恭, 劓殄滅之, 俾無遺育, 無使易種于玆邑. 此商之所以興. 願王釋齊而先越; 若不然, 後將悔之無及."(「오자서 열전」)

"오자서는 사람됨이 굳건하고 사나우며 정이 없고 시기심이 강하므로 그는 왕께 원한을 품고 있어 깊은 화근이 될까 걱정스럽습니다. …… 왕께서는 이에 대한 대비책을 세우셔야만 합니다. 그가 재앙을 일으키는 것은 별로 어려운 일이 아닙니다. 또 신이 몰래 사람을 시켜 알아보니 〔오자서는〕 제나라에 사신으로 갔을 때 자기 아들을 제나라의 포씨에게 맡겨 두었다고 합니다. 오자서는 신하가 된 몸으로 나라 안에서 뜻을 이루지 못했다고 하여 밖으로 제후들에게 기대려고 하며, 선왕의 모신이던 자신이 지금은 버림을 받고 있다고 생각하여 늘 원망하고 있습니다. 원컨대 왕께서는 빨리 이에 대한 대책을 세우십시오.[43]

백비는 거친 표현을 사용하여 오자서의 충심이 사적이라는 점을 부각시키면서 그의 행동의 정당성을 훼손시키려는 의도적인 발언을 일삼고 있다. 이러한 양자 간의 대립 구도는 「오자서 열전」을 관통하는 핵심 사안이요 독서에 긴장감을 주는 사마천의 글쓰기 기법이기도 하다.

간언과 모략이라는 모티프에서 비극은 발생하는데 비극의 구도를 깨기 위한 사마천의 치밀한 서술이 일품이다. 이러한 오자서의 모습은 사마천이 울분을 승화하여 대작을 탄생시키려는 의지와 접맥되는 것으로 사마천이 왜 그에게 선택적 애정을 보여 주는지 입증해 주는 사례다. 오자서는 평왕에게 복수하기 위해 고국을 떠나 오나라로 가고, 결국 굴묘편시掘墓鞭屍, 즉 무덤을 파헤쳐 시신에 채찍질을 가하는 행동을 하기에 이른다. 이러한 과도한 복수 행위에 대해 사마천은 신포서의 말을

---

43) "吳太宰嚭既與子胥有隙, 因讒曰: 子胥爲人剛暴, 少恩, 猜賊, 其怨望恐爲深禍也. …… 王不可不備, 此起禍不難. 且嚭使人微伺之, 其使於齊也, 乃屬其子於齊之鮑氏. 夫爲人臣, 內不得意, 外倚諸侯, 自以爲先王之謀臣, 今不見用, 常鞅鞅怨望. 願王早圖之."(「오자서 열전」)

빌려 일침을 가하고 거기에 오자서가 대응하는 장면을 설정하고 있다.

　　산속으로 달아났던 신포서는 사람을 보내 오자서에게 이런 말을 전했다. "당신의 복수는 아마도 너무 지나친 것 같구려! 나는 '사람이 많으면 한 때 하늘도 이길 수 있지만, 일단 하늘의 뜻이 정해지면 사람을 깨뜨릴 수 도 있다.'라고 들었소. 일찍이 평왕의 신하가 되어 평왕을 섬겼던 그대가 지 금 죽은 사람을 욕보이니, 이 어찌 천도의 끝까지 간 것이 아니겠소?"
　　오자서가 말했다.
　　"나를 위해서 신포서에게 사과하고 '나는 해는 저물고 갈 길은 멀어 이 때문에 나는 도리어 순리에 거스르는 행동을 했소.'라고 말해 주게."[44]

　　오자서의 행동은 대단히 충격적인 것으로 정점에 달한 복수의 일념 을 보여 준다. 신포서의 말은 그래도 신하로서 최소한의 도리는 가져야 한다는 것인데, 오히려 오자서는 이 정도로는 부족하다면서 쓸데없는 말을 한 데 대해 사과하라는 말까지 하는 것이다. 사마천이 신포서의 입을 빌려 이런 식의 조언을 한 것은 오자서의 행동이 세인들의 비난을 초래할 가능성이 있음을 암시한 것으로 해석될 소지가 충분하다.
　　오자서는 올곧은 성정을 보여 주고도 결국 부차에 의해 자살의 명 을 받고서 이런 저주를 퍼붓는다.

　　내 무덤 위에 가래나무를 심어 왕의 관을 짤 목재로 쓰도록 하라. 아울

───────────────

44) "申包胥亡於山中, 使人謂子胥曰: 子之報讐, 其以甚乎! 吾聞之, 人衆者勝天, 天定亦能破人. 今 子故平王之臣, 親北面而事之, 今至於僇死人, 此豈其無天道之極乎! 伍子胥曰: 爲我謝申包胥, 吾 曰莫途遠, 吾故倒行而逆施之."(「오자서 열전」)

러 내 눈을 빼내 오나라 동문에 매달아 월나라 군사들이 쳐들어와 오나라를 멸망시키는 것을 볼 수 있도록 하라.[45]

논조는 살벌하고 한이 서려 있어 당시 봉건 사회에서 틀어질 대로 틀어진 군신 관계의 한 단면을 극명하게 보여 주는 발언으로 읽힌다. 이런 오자서의 발언이 전해지자, 부차는 보복으로 응수한다.

오나라 왕은 이 말을 듣고 몹시 화가 나서 오자서의 시체를 가져다가 말가죽으로 만든 자루에 넣어 강 속에 내던져 버렸다.[46]

그러나 사마천은 마을 사람들이 오자서의 시신을 거두어 사당을 짓고 추모했다는 기록을 덧붙인다. 이는 오자서에게 극도의 불신을 품은 부차를 비판하고 오자서를 지지·옹호하는 사마천의 시각을 보여 주는 것으로 이해된다.

사마천은 오자서의 심리적 상처를 치유적 글쓰기를 통해 다루면서 원한이라는 주제를 독자들에게 각인시키며 오자서와 관련된 인물군의 입체적 묘사에 성공하고 있다. 특히 그 방식은 중의적인 층위를 구축하는 데 중점을 두는데, 사마천은 오자서의 발분 과정을 세밀하게 묘사하

---

45) "必樹吾墓上以梓, 令可以為器而扶吾眼縣吳東門之上, 以觀越寇之入滅吳也." 이와 비슷한 예문이 「오태백 세가」에도 보인다. "죽기 전 (오자서는) 말했다. '내 무덤 위에 가래나무를 심고 그것이 자라면 관을 짜도록 하라. 그러고는 내 눈을 뽑아 오나라의 동문에 두어 월나라가 오나라를 멸망시키는 것을 지켜보도록 하게 하라.'(將死曰: 樹吾墓上以梓, 令可為器, 扶吾眼置之吳東門, 以觀越之滅吳也.)"
46) "吳王聞之大怒, 乃取子胥尸盛以鴟夷革, 浮之江中."(「오자서 열전」)

면서 오자서의 삶이 굴원의 삶과도 일부분 관련이 있다는 점을 엿볼 수 있도록 한다. 물론 둘 사이의 차이점은 확연하다. 굴원이 자신의 길이 막히자, 은둔과 좌절, 자살이라는 비극적 결말로 삶을 끝맺는 데 비해 오자서는 운명에 적극적으로 대응한다.

특히 사마천은 「오자서 열전」을 통해 중심 사건을 대립하는 두 축으로 전개하면서 그와 관련된 부수적 사건을 복합적으로 배치하는 중의적衆意的 서술 기법을 취해 오자서가 품게 된 원한의 승화와 그 심리적 치유 과정을 다각도로 그려 내고자 했다. 즉, 합려闔廬와 부차夫差 2대에 걸쳐 대의를 위해 직언과 소신을 피력한 오자서의 능력에 주목하되 결국 비극적 죽음으로 결말을 맺은 오자서의 삶의 애환을 밀도 있게 그려 낸 것이다.[47] 특히 오자서의 복수를 바라보는 사마천의 시선은 긍정적이면서 객관적이며 비장하기조차 하다.

사마천은 이처럼 어떤 인물이 자기가 처한 상황에서 한 선택에 대해 공감하고 그 입장을 대변하면서 그 가슴에 담긴 한을 승화시키려는 시도를 하고 있다. 이는 사마천이 이 열전의 끝에 단 논평에서 확인된다.

태사공은 말한다.

"원한의 해독이 사람에게 끼치는 것은 심하구나! 왕이 된 자도 신하에게 원한을 사서는 안 되거늘, 하물며 같은 지위에 있는 사람들끼리야! 일

---

[47] 사마천은 「보임소경서」에서도 궁형을 당한 처참한 심경을 "제가 말을 잘못하여 이런 화를 만나 마을 사람들의 거듭된 웃음거리가 되었고 돌아가신 아버지를 욕되게 했으니 무슨 면목으로 부모님의 묘소를 다시 오르겠습니까?(僕以口語遇遭此禍, 重爲鄕里所戮笑, 以汙辱先人, 亦何面目復上父母丘墓乎?)"라고 했으니, 이러한 처절함 때문에 굴원이나 오자서의 삶에 감정 이입하는 치유적 글쓰기를 한 것으로 보인다.

찍이 오자서가 오사를 따라 함께 죽었다면 어찌 땅강아지나 개미와 차이가 있었겠는가? 작은 의를 버리고 큰 치욕을 씻어 후세에까지 이름을 남겼으나 슬프구나! 바야흐로 오자서는 강수에서 오도 가도 못하는 상황에 놓이고, 길에서 빌어먹을 때도 마음속에 어찌 잠깐인들 〔초나라의 수도〕 영을 잊었겠는가? 그러므로 모든 것을 참고 견뎌 내어 공명을 이룰 수 있었으니 강인한 대장부가 아니면 어느 누가 이런 일을 해낼 수 있겠는가?[48]

오자서의 심정을 행간에 드러내는 사마천의 글쓰기는 오자서가 지닌 원한의 감정이 심리적으로 사그라지는 과정에서 정서적 안정을 얻으며 타자와의 관계가 회복되는 치유적 글쓰기 과정의 일환으로 해석될 수 있는 여지를 제공한다. 독자들은 사마천의 붓끝을 따라가면서 오자서가 지닌 울분을 자신의 울분과 비교해 보기도 하고 내가 만일 오자서였더라면 과연 이런 행동을 했을까 하며 대입하기도 하는 감정 이입 과정 속에 고통을 객관적으로 바라볼 수 있는 힘을 기르게 되는 것이다.

글쓰기를 통한 자기 치유는 정신 분석학자들도 인정하는 바다. 굴원과 가생의 대표작에 나타난 글쓰기의 동기는 그들 자신에게는 심리적 위안이요 감정의 기탁이었다. 그런데 그들의 작품을 기술하고 평가하며, 그들의 삶의 궤적을 하나하나 추적해 나간 사마천의 기술記述도 그들 못지않은 치유적 글쓰기를 통한 감정의 승화를 보여 준다.[49] 서로

---

48) "太史公曰: 怨毒之於人甚矣哉! 王者尚不能行之於臣下, 況同列乎! 向令伍子胥從奢俱死, 何異螻蟻, 棄小義, 雪大恥, 名垂於後世, 悲夫! 方子胥窘於江上, 道乞食, 志豈嘗須臾忘郢邪? 故隱忍就功名, 非烈丈夫孰能至此哉?"(「오자서 열전」)
49) "사건의 객관화 및 재구조화는 그동안 일인칭 주인공이었던 사건에 대해 관찰자의

6장 '원'과 '한'의 자기 치유적 글쓰기

비슷한 상심과 탄식이 두 사람 사이의 백 년이란 시간의 차이를 상쇄하고도 남는 것은 사마천의 치밀한 글쓰기 전략에 기인하는 바라고 해도 과언이 아니다.

시점으로 사건을 바라보게 됨으로써 사건에 대한 재구성을 하게 되는 것을 말한다. 그리하여 한 발 떨어진 시점에서 사건을 바라보며 자신과 거리를 만들 수 있게 되고, 나아가 심리적 외상에 대한 인식의 변화로 새로운 이해가 가능해진다.˝(김준희, 앞의 글, 71쪽)

사마천, 부와 권력을 말하다

「화식 열전」에 나타난 '부'와 '세'의 관계

1

왜 '부'의 문제를 정면으로 다루었는가

『사기』 130편 가운데 독특한 서사 구조를 갖추고 있고, 상업 도시 경제에 대한 묘사를 비롯하여 예리한 안목으로 부富의 문제를 정면으로 다룬 것이 「화식 열전」이다. 「화식 열전」은 서사적인 면이나 논의의 구성 등에서 독특한데, 예를 들어 '태사공왈'이 전면에 나와 사마천의 주관적 시각이 독자들에게 각인되고, 열전의 다른 편들과 달리 확신에 찬 어투로 논평과 주장을 펼치고 있어 매우 이색적이다. 「태사공 자서」에서 밝힌 대로,[1] 사마천은 다양한 출신의 인물들이 재산을 불리는 방법을 제시하면서 그에 따른 그들의 신분 변화와 권세의 향방을 구체적인 사례를 통해 보여 준다. 『사기』 「백이 열전」 등에서 자주 사용된 의문문이나 반어법[2]도 거의 없이, '부富'와 '세勢'의 관련 양상을 제대로 엿볼 수 있는 소중한 자료이다.

'화식貨殖'이란 물품의 생산을 이용한 재산의 취득과 증식을 통해 이익을 추구한다는 의미로서,[3] 배금주의의 단면도 강하여 유가를 비롯한 여러 학파에 비판적 소지를 제공하는 것도 사실이다. 사마천이 "이름을 천하에 드러냈으니, 어찌 부유했기 때문이 아니겠는가?(名顯天下, 豈非以富邪.)"(「화식 열전」)라는 입장을 줄곧 견지했기 때문이다.

「화식열전」은 기존 연구자들[4]의 적지 않은 관심을 받아 왔는데, 대

---

1) "布衣匹夫之人, 不害於政, 不妨百姓, 取與以時而息財富, 智者有采焉. 作『貨殖列傳』第六十九."
2) 물론 「백이 열전」에서만 사용된 것은 아니다. 예를 들어, 사마천이 한 고조가 천하를 차지한 공을 찬탄하여 쓴 문장을 보면 이러하다. "故憤發其所爲天下雄, 安在無土不王. **此乃傳之所謂大聖乎? 豈非天哉, 豈非天哉! 非大聖孰能當此受命而帝者乎?**"(『사기』 「진초지제 월표서」)(강조는 필자) 그리고 「화식 열전」의 문장 구조 등에 관한 분석은 양중석, 「『사기』 「화식 열전」의 창작 목적」, 《중국문학》 83집, 2015, 4~5쪽을 참조했다.
3) 본래 『상서』 「홍범洪範」의 "八政, 一曰食, 二曰貨"라는 말에서 두 글자는 분리된 개념인데, '식食'은 농업에 바탕을 둔 먹거리이며, '화貨'는 재물과 화폐의 의미를 동시에 갖고 있다. '식'은 『광아廣雅』에 "殖, 立也."라고 하였고 공안국은 『상서주』에서 "殖, 生也, 生資貨財利."라고 했다. '화식'이란 단어는 "賜不受命, 而貨殖焉, 億則屢中."(『논어』 「선진」)에 처음 보이며 주희는 "貨財生殖"이라고 주석을 달았다. 반고의 「서도부西都賦」에도 "與乎州郡之豪傑, 五都之貨殖, 三選七遷, 充奉陵邑."이라는 말이 있다.(뤼칭화呂慶華, 「論司馬遷的貨殖思想」, 《福建師範大學學報》 2기, 2001, 30쪽 참조)
4) 예를 들어, 김순희·김춘수의 「사마천의 「화식 열전」에 나타난 경제 치국관과 경영관」 (《경영교육연구》 27권 3호, 2012, 37~57쪽)은 사마천의 경영관을 현대적 관점과 비교한 것으로, 오늘날 자본주의 경제 체제 속에서 국가의 경제 정책에 어떤 시사점을 던져 줄 것인가에 초점을 맞추고 있다.

부분 경제관이나 중상 정책 등 경제 사상 연구나 풍속사와 지리학 등의 방향에서 연구가 전개되어 왔고, '부'와 '세'의 상관관계를 다룬 경우는 매우 드물다. 이 장은 기본적으로 이러한 문제의식을 지니고 논의하고자 한다. 아울러 「화식 열전」의 자매편이라고 할 수 있는 『사기』 「평준서」 등의 자료[5]도 함께 비교해 보면서 사마천이 제기한 경제관의 문제를 권력의 문제와 연관 지어 살펴보고자 한다.

2

사마천이 바라본 '부'의 문제

1) "빈부지도貧富之道"와 "용빈구부用貧求富"의 해석 차이

사마천은 농업·공업·상업 등의 분업은 사회 경제 생활에 있어 중요한 작용을 하며, 상업이야말로 의식 해결의 원류이며 사회를 지탱하는 강력한 힘의 축이고,[6] 사회의 질서 축을 일거에 무너뜨릴 수 있다는

---

5) 「화식 열전」은 『사기』 「평준서」와도 자매편이라고 할 수 있다. 「평준서」는 국가적 관점에서 경제 정책의 변천 과정을 다루는 데 비해 「화식 열전」은 이익을 둘러싸고 제기되는 재산 불리는 문제를 다룬 것으로 사회 발전의 각도에서 역대 상공업의 발전 상황을 고찰한다. 가장 먼저 이러한 차이를 인정한 사람은 증국번曾國藩인데, 그의 발언은 瀧川龜太郞, 『史記會注考證』(臺北: 宏業書局, 1974), 1320쪽에 수록되어 있다. "曾國藩曰 自桑孔輩出, 當時之弊, 天子與民爭利, 平準書譏上之政, 貨殖傳譏下之俗, 上下交征利, 孟子列傳所爲廢書而歎也."
6) 중농억상 정책은 진시황의 경우 매우 강하게 실시하여 상인과 죄인을 동일한 범주로 둘 정도였다. "三十三年, 發諸嘗逋亡人贅壻賈人略取陸梁地, 爲桂林象郡南海, 以適遣戍."(『사기』

시각을 견지하고 있었다. 개인의 경제력을 중시한 관점의 형성은 그가 속죄금을 낼 돈이 없어 궁형을 면하지 못했던 사실[7]과도 관련된다. 그래서 '빈貧'에 대한 사마천의 시각은 명쾌하다.

저 천승의 왕, 1만 가家를 가진 후侯, 100실室을 가진 대부도 오히려 가난을 걱정했는데 하물며 보통 사람이나 서민이야 어떠하겠는가?[8]

인용한 문장에서 알 수 있듯이 신분이 높은 왕이나 제후도 예외가 아닐 정도로 가난의 문제는 심각한 화두였다. 물론 가난의 이유는 '세勢'를 얻을 수 없기 때문일 것이다.

사상적으로 보면 사마천은 아버지 사마담의 「논육가요지」에 의거하여 도가를 추존[9]하고 나머지 오가五家를 비판하는 등 도가에 대해 우

「진시황 본기」) 반고는 상공에 대해 다음과 같이 생각했다. "此商人所以兼倂農人, 農人所以流亡者也. 今法律賤商人, 商人已富貴矣. 尊農夫, 農夫已貧賤矣. 故俗之所貴, 主之所賤也. 吏之所卑, 法之所尊也."(『한서』 「식화지」) 사마천도 한나라의 국세가 흥성하면서 전반적인 기간 산업이 활성화되었으나 유통이 잘되지 않고 경사나 관중을 중심으로 일부 세력과 지역이 권력을 상당수 독점했다고 비판했다. 두 가지 예를 들면, 하나는 "漢興, 海內爲一, 開關梁, 弛山澤之禁, 是以富商大賈周流天下, 交易之物莫不通, 得其所欲, 而徙豪傑諸侯强族於京師."(「화식 열전」), 다른 하나는 "故關中之地, 於天下三分之一, 而人衆不過什三, 然量其富, 什居其六."(「화식 열전」)이라고 한 것이다. 반고와 사마천의 경제관의 비교는 김경호의 「사기·한서에 서술된 경제관과 그 사상적 배경」,《중국사연구》32집, 2004 참조.

7) "家貧, 財賂不足以自贖, 交遊莫救, 左右親近不爲壹言. 身非木石, 獨與法吏爲伍, 深幽囹圄之中, 誰可告愬者! 此正少卿所親見, 仆行事豈不然邪? 李陵旣生降, 隤其家聲, 而仆又茸之蠶室, 重爲天下觀笑. 悲夫! 悲夫!"(「보임안서」)

8) "夫千乘之王, 萬家之侯, 百室之君, 尙猶患貧, 而況匹夫編戶之民乎."(「화식 열전」)

9) 「태사공 자서」에서 사마천은 "道家使人精神專一, 動合無形, 贍足萬物"이라고 하였으나, 나머지 오가에 대해서는 일단 "嘗竊觀陰陽之術, 大祥而衆忌諱, 使人拘而多所畏", "儒者博而寡

호적이었으므로 일견 '세'와 관련이 없어 보인다. 「화식 열전」의 첫머리에서도 도가의 비조인 노자의 말을 인용하면서 소박한 일상적 삶을 최상의 정치로 평가했다.

노자는 〔이렇게〕 말했다.
"지극히 잘 다스려지는 시대는 이웃 나라끼리 바라보며 닭 울고 개 짖는 소리가 서로 들려도 백성은 제각기 자신들의 음식을 달게 먹고, 자기 나라의 옷을 아름답게 여기며, 자기 나라의 습속을 편히 여기고, 자신들의 일을 즐기며, 늙어 죽을 때까지 서로 오가지 않는다."[10),11)]

노자의 '무위'의 다스림의 효과를 강조한 위 글을 통해, 사마천은 안정된 경제가 백성들이 스스로 만족해 죽을 때까지 주위를 둘러보지 않게 만든다는 점을 강조하면서 노자의 '소국과민小國寡民', 즉 나라를 작게 하고 백성의 숫자를 줄이라는 작은 정부의 실현을 주창한다. 사마천은 이 원칙을 어기고 '백성의 눈과 귀를 가리는(塗民耳目)' 정책을 실시하면 절대로 그런 다스림은 이루어질 수 없다고 단언한다.[12)] 위 인용문의 "서로 오가지 않는다不相往來"라는 말에서 알 수 있듯이 사마천은

要, 勞而少功", "墨者儉而難遵", "法家嚴而少恩", "名家使人儉而善失眞"이라는 식으로 폄하하고 나서 부분적으로 긍정적인 의미를 부여했다.

10) 『노자』 제80장을 인용한 것인데, 지금의 통행본 『노자』의 문장과는 다소 차이가 있으니, "甘其食, 美其服, 安其居, 樂其俗, 鄰國相望, 雞犬之聲相聞, 民至老死不相往來."라고 되어 있다.

11) "『老子』曰: '至治之極, 鄰國相望, 雞狗之聲相聞, 民各甘其食, 美其服, 安其俗, 樂其業, 至老死不相往來.'"(「화식 열전」)

12) "必用此爲務, 輓近世塗民耳目, 則幾無行矣."(「화식 열전」)

자급자족의 경제야말로 이상적인 삶의 방식이라고 보았으며 국가의 개입 없는 개인의 행복 추구를 주장했다.

사마천은 '빈부'의 문제를 강제 해결하려는 관점에 문제를 제기하면서 개인의 능력에 따라 부자가 되기도 하고 가난한 자가 되기도 한다며 이렇게 말한다.

『주서周書』에 "농부가 생산하지 않으면 먹을거리가 모자라고, 장인이 물건을 만들어 내지 않으면 제품이 부족하고, 상인이 물건을 팔지 않으면 삼보三寶(식량, 제품, 자재)의 유통이 끊어진다. 산림과 연못 관리자가 내보내지 않으면 자재가 모자란다. 자재가 모자라면 산과 택지는 개척되지 않는다."라고 했다. 이 네 가지는 백성이 입고 먹는 것의 근원이다. 그 근원이 크면 백성은 풍요로워지고 그 근원이 작으면 백성은 결핍된다. 이 네 가지는 위로는 나라를 잘살게 하고 아래로는 가정을 잘살게 한다. 빈부의 도란 빼앗거나 안겨 주어서 되는 게 아니고, 교묘한 재주가 있는 사람은 남아도는 것이고 꾀가 없는 사람은 모자란 것이다.[13]

강조한 부분에서 알 수 있듯이, 빈부는 개인의 능력과 긴밀한 상관관계를 맺고 있다는 사마천의 사유는, '이利'란 인간들이 취하고자 하는 본질적인 문제에서 비롯된 것이고, '막지탈여莫之奪予'란 말에서도 알 수 있듯 개인의 경제적 만족[14]을 충족시킬 수 있느냐 없느냐는 통치

---

13) "『周書』曰: '農不出則乏其食, 工不出則乏其事, 商不出則三寶絶, 虞不出則財匱少.' 財匱少而山澤不辟矣. 此四者, 民所衣食之原也. 原大則饒, 原小則鮮. 上則富國, 下則富家. **貧富之道, 莫之奪予, 而巧者有餘, 拙者不足**."(「화식 열전」)(강조는 필자)

14) 사마천이 도가의 '청정무위淸淨無爲'와 '여민휴식與民休息'에 근거한 자유민주주의적

자의 능력을 판단하는 매우 중요한 기준이라는 것이었다. 상업이 농업이나 공업보다 더 용이하게 부자가 되는 길임을 간파한 사마천은 "용빈구부用貧求富"의 문제를 제기하면서 돈 버는 직업군을 이렇게 분류한다.

대체로 가난에서 벗어나 부자를 추구하는 길에는 농업이 공업만 못하고 공업이 상업만 못하니, 비단에 수를 놓는 것이 저잣거리에서 장사하는 것만 못하다. 이것은 말단의 생업이 가난한 사람의 자본임을 말한다.[15]

이러한 사마천의 시각의 이면에는 농업은 늘 일정한 수익 창출밖에 하지 못하는 데 비해 상업은 변동성이 많아 얼마든지 자산 가치를 확장할 수 있다는 생각이 담겨 있다.

2) '부'의 축적을 위한 다양한 전략

(1) "시축時逐", "임시任時", "용기用奇"의 전략적 활용

"고금의 변화에 통하고(通古今之變)"(「보임소경서」), "시대의 차이와 세상의 변화(時異世變)"(「태사공 자서」)의 문   제에 의미를 부여한 사마천은, 전통보다는 변화의 축에 역점을 두어[16] "성인이 영원히 존재하는 것

인 경제관을 갖고 있다고 이해해도 되는 문제다.

15) "夫用貧求富, 農不如工, 工不如商, 刺繡文不如倚市門, 此言末業, 貧者之資也."(「화식 열전」)

16) 예를 들어 상앙의 변법과 그에 따른 성과에 대해 "宣王元年, 秦用商鞅. 周致伯於秦孝公."(「진 본기」), "孝公用商鞅之法, 移風易俗, 民以殷盛, 國以富彊, 百姓樂用, 諸侯親服, 獲楚魏之師, 舉地千裏, 至今治彊."(「이사 열전」)이라고 긍정적으로 평가한 것이라든지 비정한 폭군으로 평가받는 진시황에 대해서도 "세상이 다르게 변했으니 성공은 크다.(世異變, 成功大)"(「진시황 본기」)라고 한 데서 사마천의 관점을 읽을 수 있다. 졸고, 「사마천의 통변론

은 시대의 변화를 준수하기 때문이다.(聖人不朽, 時變[17]是守.)"(「태사공 자서」)라고 할 정도로 시대의 변화에 민감하게 반응했다. "만물이 흥성하여 쇠하는 것은 진실로 그 변화의 흐름이다.(物盛而衰 固其變也.)"(「평준서」)라는 시각을 가진 사마천은 한무제의 경제 정책이 흥성에서 쇠퇴로 변화해 가는 길목에 있다고 판단했는데, 이런 상황을 초래한 근본 원인이 시대의 흐름에 역행하는 관官 주도의 경제 정책에 있다는 관점이었다. 앞 절에서 살펴본 것처럼, 이는 노자의 관점을 인용하는 이 「화식 열전」의 시작 부분의 맥락과도 일치한다.

사실, 사마천은 백성들이 '시時'에 맞추어 자신의 부를 축적하는 것이 자연스러운 흐름이요 본능이라고 보아 긍정적으로 평가했던 것인데, '시'는 시간, 시기, 시의적절이란 의미를 지닌 개념으로 범려의 스승 계연도 다음과 같은 말을 했다.

전쟁이 있을 것을 알면 미리 방비해야 하고, 때와 쓰임을 알면 [필요한] 물건을 알게 됩니다. 두 가지가 드러나면 모든 재물의 실정을 알 수 있습니다.[18]

계연의 논지는 "물자를 축적하는 원칙은 물건을 온전한 채로 보존하는 데 힘써야 하는 것이지 물화를 오래 쌓아 두는 게 아니고(積著之

에 관한 몇 가지 검토 — "통고금지변"과 "시이세변"를 중심으로」,《중국인문과학》49집, 2011, 231~249쪽.

17) "시변"이라는 단어는 승상 이사가 진시황에게 "五帝不相復, 三代不相襲, 各以治, 非其相反, 時變異也."(「진시황 본기」)라고 한 것이라든지, "終始古今, 深觀時變, 察其精粗, 則天官備矣."(「천관서」)라는 구절, 위기후를 총평한 "然魏其誠不知時變."(「위기 무안후 열전」)이라는 문장에 나타나므로, 이런 문장과 함께 읽어 보면 그 맥락을 구체적으로 이해하게 된다.

18) "知鬪則修備, 時用則知物. 二者形則萬貨之情可得而觀已."(「평준서」)

理務完物無息幣), 물건과 돈은 그 유통이 흐르는 물과 같아야(財幣欲其行如流水)" 한다는 것이다. 이는 바로 위의 인용문에 나타나 있는 '시용時用'이란 의미의 확장이요 연장선이라 할 수 있다. 사마천의 시각에서 보면, '변變'이란 '전통通'이라는 영원성, 항구성과는 상대적인 개념으로 해석되며, 이는 역사를 재단하는 자신만의 열린 시각, 혹은 확장된 시각의 문제라고 볼 수 있다. "옛 법도를 따르는 공은 세속보다 높은 데 있기에는 충분하지 않고, 옛것만을 법도로 상호 학문은 지금을 다스리기에는 충분하지 못하다.(循法之功, 不足以高世, 法古之學, 不足以制今.)"(「조세가」)라는 의식을 염두에 두고 있기 때문이다.

그렇다면 누가 '부'를 통해 '세'를 구축했을까? 춘추 시대 말부터 진나라 조대까지 촉탁씨蜀卓氏, 조병씨曹邴氏,[19] 조간刁間, 선곡임씨宣曲任氏, 의돈猗頓 등은 다양한 방식을 활용하여 돈을 벌었고, 그로 인해 상당한 권력을 누렸다.[20] 그러나 부의 권력 지향적 입장을 피력한 사마천의 발언에 대하여 유가적 사관史觀을 견지한 반고는 "재물의 증식을 서술하여 권세의 이익을 숭상하고 빈천을 부끄러워하였다.(述貨殖則崇勢利而羞貧賤.)"라고 하면서 상당히 비판적인 입장[21]을 취했다. 적어도 「화식 열전」에서 사마천이 열거한 부자들은 출신 성분이 기묘하고 천한 경

---

19) "鄒魯以其故多去文學而趨利者, 以曹邴氏也."(「화식 열전」)

20) 예를 들어 선곡임씨의 경우 "以此爲閭裏率, 故富而主上重之."(「화식 열전」)라고 했으며, 의돈의 경우 "猗頓用盬鹽起, 而邯鄲郭縱以鐵冶成業, 與王者埒富."(「화식 열전」)라고 했다.

21) 『한서』 「사마천전」. 또 다른 문장을 예시하면, "又況掘塚搏掩, 犯姦成富, 曲叔. 稽發. 雍樂成之徒, 猶復齒列, 傷化敗俗, 大亂之道."(『한서』 「화식전」)라는 것이다. 그러나 이러한 발언에도 불구하고 반고는 "禹爲人謹厚, 內殖貨財, 家以田爲業. 及富貴, 多買田至四百頃, 皆涇渭漑灌, 極膏腴上賈. 它財物稱是."(『한서』 「광장공마전匡張孔馬傳」)라고 하여 그 의의를 일정 부분 부여했다.

7장 사마천, 부와 권력을 말하다

우도 적지 않고,[22] 심지어 노예 출신도 있다는 점에서 볼 때, 이런 인물 유형은 유가의 입장에서는 용인되기 어렵다는 인식이 자리 잡고 있었기 때문이다.

사마천이 대단히 높이 평가한 백규白圭의 돈 버는 방식[23]은 "시변"을 잘 살펴 세상 사람들이 버리고 돌아보지 않을 때는 사들이고, 사들일 때는 팔아넘기는 것이었다. 풍년이 들면 곡식은 사들이고 실과 옻은 팔았으며, 흉년이 들어 누에고치가 나돌면 비단과 풀솜을 사들이고 곡식을 내다 팔아 그는 큰돈을 거머쥐었다. 자기 하인들과 함께 동고동락하는 인성과 '추시趨時'까지 지녔던 그는 사마천이 말하는 "이인위본以人爲本"의 탁월한 경영인이었다.

사마천이 중시한 것은 오늘날 무역을 통해 부를 축적하는 데 주요한 자질이기도 하며, 가격 담합 같은 편법이나 종목 확장 같은 무리한 욕망을 포괄적으로 용인하는 것이다. 사마천이 범려 역시 "택인擇人"과 "임시任時"에 탁월하다면서 "여시축與時逐"의 백규와 더불어 치부致富의 주요한 전략을 갖추었다고 그를 호평한 것과 그 맥락이 일치하는 대목이다.

사마천은 여기에서 한 걸음 더 나아가 부를 축적하는 방법으로 "용기用奇"의 전략을 제시한다.

대체로 아껴 쓰고 부지런한 것은 생업을 다스리는 바른 길이다. 그렇지

---

22) 목축업으로 부자가 된 오지烏氏현의 나倮라는 자와 단사가 나는 동굴을 발굴하여 큰 돈을 번 과부 청淸이 천하에 이름을 드러낸 것이 바로 '부' 때문이었다고 단언한다.

23) "白圭, 周人也. 當魏文侯時, 李克務盡地力, 而白圭樂觀時變, 故人棄我取, 人取我與. 夫歲孰取穀, 予之絲漆, 繭出取帛絮, 予之食. …… 趨時若猛獸摯鳥之發."(「화식 열전」)

만 부자가 된 사람은 반드시 기이한 기회를 활용했다.[24]

    '정도正道'보다는 '용기'를 강조한 위의 인용문은, '부'의 축적은 수단과 방법을 가리지 않는다는 공격적이고 전략적인 인식을 사마천이 갖고 있음을 말해 주며, 단순히 절약과 근면만으로는 부자가 될 수 없는 현실을 날카롭게 비판한 것이다.

    특히 사마천은 '세'를 잘 파악하여 부를 이루어야 한다고 했으니, '현인들이 부자가 된 까닭(賢人所以富者)'(「화식 열전」)이란 말대로 치부 경험을 학습자에게 제공하겠다고 했다. "용기"의 사례로 오나라와 초나라의 전쟁 상황을 살펴서 거부가 된 무염씨無鹽氏,[25] 땅의 정세를 잘 살펴 제철업으로 부호가 된 조나라 탁씨,[26] 노예들을 잘 이끌어 그들을 부유하게 해 준 조간[27] 등의 사례를 소개하고 나서 사마천은 "부유해지는 데에는 정해진 사업이 없다.(富無經業.)"라고 결론 내렸다. 즉 사마천은 현실적 잣대인 부가 그 어떤 것보다 파괴력이 있다는 점을 염두에 두었기에 그에게 어떤 일을 통해 돈을 버는 가는 덜 중요한 것이었다. 그

---

24) "夫纖嗇筋力, 治生之正道也, 而富者必用奇勝."(「화식 열전」)

25) "吳楚七國兵起時, 長安中列候封君, 行從軍旅, 齎貸子錢, 子錢家以爲, 候邑國在關東, 關東成敗未決, 莫肯與. 唯無鹽氏出捐千金貸, 其息什之, 三月吳楚平, 一歲之中則無鹽氏之息什倍, 用此富埒關中."(「화식 열전」)

26) "蜀卓氏之先, 趙人也, 用鐵冶富, 秦破趙, 遷卓氏. 卓氏見虜略, 獨夫妻推輦行詣遷處, 諸遷虜少有餘財, 爭與吏, 求近處, 處葭萌. 唯卓氏曰, 此地狹薄. 吾聞汶山之下, 沃野, 下有蹲鴟, 至死不飢. 民工於市, 易賈, 乃求遠遷. 致之臨邛, 大喜卽鐵山鼓鑄, 運籌策, 傾滇蜀之民, 富至僮千人, 田池射獵之樂, 擬於人君."(「화식 열전」)

27) "齊俗賤奴虜, 而刀閒獨愛貴之. 桀黠奴, 人之所患也, 唯刀閒收取, 使之逐漁鹽商賈之利, 或連車騎, 交守相, 然愈益任之. 終得其力, 起富數千萬, 故曰, 寧爵毋刀, 言其能使豪奴自饒, 而盡其力." (「화식 열전」)

는 목장 주인이나 과부의 사례를 들어 비주류도 얼마든지 부를 통해 주류의 영역으로 들어서고 권력을 누릴 수 있음을 강조했다.

(2) 부자가 되기 위한 방법과 구체적 덕목은 무엇인가

사마천은 그 당시 물산의 생산지를 개괄적으로 나열하고[28] 물산이 아무리 많아도 유통시키지 못하면 아무 쓸모가 없다는 시각에서 '상이 통지商而通之'라는 개념을 등장시킨다. 사마천은 '농農', '우虞', '공工', '상 商'의 직무를 소개하고는 '상'에 대해서는 사회의 독립된 직업군으로 유 통을 통해 물산의 확대와 재생산에 큰 역할을 한다는 시각을 견지하면 서 다음과 같이 말했다.

그러므로 농부는 먹을 것을 생산하고, 어부와 사냥꾼은 물건을 공급하
고, 기술자는 이것으로 물건을 만들고, 장사꾼은 이것을 유통시킨다. 이러한
일이 어찌 정령이나 교화나 징발이나 기일을 정해 놓음으로써 모이겠는가!
사람들은 각각 그 능력에 따라 그 힘을 다하여 바라는 바를 얻는다. 그러므
로 물건값이 싸다는 것은 장차 비싸질 조짐이며, 값이 비싸다는 것은 싸질
조짐이다. 각자가 그 생업에 힘쓰고 그 일을 즐겁게 하는 것이 마치 물이 낮
은 곳으로 흐르는 것과 같아, 밤낮으로 쉴 새 없이 물건은 부르지 않아도 절
로 모여들고 구하지 않아도 백성이 만들어 낸다. (이것은) 어찌 도와 부합한
바가 아니겠으며, 자연의 징험이 아니겠는가?[29]

---

28) "夫山西饒材竹穀纑旄玉石, 山東多魚鹽漆絲聲色, 江南出柟梓薑桂金錫連丹沙犀瑇瑁珠璣齒
革, 龍門碣石北多馬牛羊旃裘筋角, 銅鐵則千里往往山出棊置, 此其大較也. 皆中國人民所喜好,
謠俗被服飮食奉生送死之具也."(「화식 열전」)
29) "故待農而食之, 虞而出之, 工而成之, 商而通之. 此寧有政教發徵期會哉. 人各任其能, 竭其力,

물이 흐르듯 자금이나 물자를 유통시키라는 논지는, 물가는 수요와 공급에 따라 결정되어 매겨진다는 것이다. 이를 예측하여 매점매석하는 것도 장사의 방법이라는 것이다. 국가의 개입을 최소화하여 개인들이 추구하는 부의 확장성을 내버려 두라는 취지다. 예를 들어 농민이 농산물을 재배했는데 가격이 낮으면 그 이듬해에는 농사를 짓지 않게 되고 가격은 폭등한다. 바로 이 폭등의 시점에 국가는 뒤로 물러나 상황을 지켜보고 선제적 개입을 하지 말라는 것이다.

이러한 사마천의 관점은 방임 정책이고 철저한 자유 시장 경제 원칙이며 유통의 중요성[30]에 대한 확고한 의식에서 나온 것이다. '유流'와 '통通'을 긍정한 다음 문장을 보기로 하자.

한나라가 일어나 천하가 하나가 되자, 관문과 다리를 개방하고 산림과 소택의 (나무를 베고 고기를 잡지 못하게 한) 금령을 느슨하게 하였다. 이에 부상과 대상들이 천하를 두루 다니게 되어 교역하는 물건은 유통되지 않는 게 없었으므로 바라는 것은 다 얻을 수 있었다. 그리고 (한나라는 지방의) 호걸들과 제후국의 권문세족들을 경사로 옮겨 살게 했다.[31]

사마천은 위의 인용문에 걸맞는 인물들의 다양한 치부의 방정식을

以得所欲. 故物賤之徵貴, 貴之徵賤, 各勸其業, 樂其事, 若水之趨下, 日夜無休時, 不召而自來, 不求而民出之. 豈非道之所符, 而自然之驗邪."(「화식 열전」)

30) 이러한 사마천의 관점은 "維幣之行, 以通農商, 其極則玩巧, 並兼玆殖, 爭於機利, 去本趨末. 作平準書以觀事變, 第八"이라고 하여 화폐의 유행이 농업과 상업의 유통과 연관된다는 입장을 밝힌 부분과도 비교해 볼 만하다.

31) "漢興, 海內爲一, 開關梁, 弛山澤之禁, 是以富商大賈周流天下, 交易之物莫不通, 得其所欲, 而徙豪傑諸侯強族於京師."(「화식 열전」)

7장 사마천, 부와 권력을 말하다

말함으로써 후세인들의 생각과 선택에 도움을 주겠다는 의도[32]를 분명히 드러내고 있다.

그렇다고 해서 사마천이 부에 이르는 덕목을 제시하지 않은 것은 아니다. 사마천은 '지智', '용勇', '인仁', '강疆' 등 네 가지를 제시하면서 그에 상응하는 '권변權變', '결단決斷', '취여取予', '소수所守'의 적절한 조화와 균형을 강조하며 말했다.

임기응변하는 지혜가 없거나 일을 결단하는 용기가 없거나 주고받는 어짊이 없거나 지킬 바를 끝까지 지킬 수 없는 사람이면 내 방법을 배우고 싶어 해도 끝까지 가르쳐 주지 않겠다.[33]

이렇게 언급한 이유는 그 당시 물자 유통이 원활했고, 경제 구조 역시 이익을 추구하는 상인을 위주로 일원화된 구조를 형성하고 있었을 것으로 추론되기 때문이다. 상인들은 상품 유통의 매개자로서 역할을 수행하면서 제국의 질서를 유지하기 위한 역할을 담당해야 했는데, 적지 않은 상인들이 자신들의 이익 창출을 위해 문제를 일으키기도 했던 것이다. 그래서 사마천은 부자가 덕을 행하는 사회적 기여를 높이 평가하면서 돈의 순환 구조를 말한다.

이것이 이른바 '부유하면 그 덕을 즐겨 행한다.'라는 것이다.[34]

---

32) "請略道, 當世千裏之中, 賢人所以富者, 今後世得以觀擇焉."(「화식 열전」)
33) "其智不足與權變, 勇不足以決斷, 仁不能以取予, 彊不能有所守, 雖欲學吾術, 終不告之矣."(「화식 열전」)
34) "此所謂富好行其德者也."(「화식 열전」)

이는 도주공 범려가 베푼 나눔의 미덕을 찬탄한 말로서 부자의 베풂의 미학을 지칭한 것이다. 범려는 탁월한 투자자답게 시세의 흐름에 민감하게 반응하여 돈을 벌었다. 원래 그는 월왕 구천을 보필했는데 20여 년간 계획을 세워 마침내 오나라를 멸망시키는 데 기여했고 상장군 자리에 올랐다. 범려는 너무 커진 자신의 명성을 유지하기 어렵다고 생각했다. 더군다나 구천의 사람됨은 어려울 때는 같이할 수 있어도, 편안할 때는 함께하기 어렵다는 생각에 그는 사직하고 가벼운 보물을 간단히 챙겨 집안 식솔들과 함께 배를 타고 제나라로 갔다. 이름을 치이자피로 바꾸고 다시 생계를 도모하자니, 돈을 벌 수 있는 방법이 의외로 많았다. 그가 택한 방법은 물자를 쌓아 두었다가 시세의 흐름을 보아 내다 파는 것이었다. 말하자면 매점매석이었는데 19년 동안 천금을 손에 쥐었다. 그렇게 번 돈을 두 번이나 못사는 친구들과 먼 형제들에게 나누어 주었다. 자손들 역시 가업을 잘 운영하여 재산을 늘려 거만금에 이르는 부자가 되었다. 그런 그가 제나라에 가니 재상으로 삼으려 했으나 범려는 한탄하면서 거절하고는 자신의 모든 재산을 나눠 주고 떠났다.[35]

---

35) 이 당시의 상황과 범려가 도주공이라고 불리게 된 이유에 대해 사마천은 이렇게 기록한다. "범려는 한탄하며 말했다. '집에 있을 때에는 천금의 재산을 얻고, 관직에 있을 때는 경상에 이르렀으니, 이는 보통 사람으로서 정점에 도달한 것이다. 존귀한 이름을 오랫동안 가지고 있는 것은 상서롭지 못하다.' 그러고는 재상의 인수를 돌려주고, 자신의 재산을 모두 아는 친구들과 마을 사람들에게 나누어 주고, 그중에서 귀중한 보물만 가지고 몰래 빠져나와 도 땅에 이르렀다. 이곳이야말로 천하의 중심이므로 교역을 하면 각지와 통할 수 있어 장사를 하면 큰돈을 모을 수 있다고 생각했다. 따라서 스스로 '도주공'이라고 했다. 그러고는 다시 부자가 함께 농사를 짓고 가축을 기르며, 물건을 오랫동안 쌓아 놓았다가 때가 되면 물건들을 내다 팔아 10분의 1의 이윤을 남겼다. 그는 오

부자가 누리는 권세와 부의 확장성

1) 왜 국가가 개인의 부를 제어하려 드는가

사마천은 "부라는 것은 사람의 타고난 본성이라 배우지 않아도 누구나 바라는(富者,人之情性, 所不學而俱欲者也)"(「화식 열전」) 것이라 말했다. 사마천은 물질적 욕망이나 이익을 추구하는 것을 본능으로 보았다. 그는 "부귀"와 "빈천"의 문제를 "교驕" 자와 맞물리는[36] 개념으로 파악

───────

래 지나지 않아 엄청난 재산을 모으니, 천하 사람들은 그를 도 주공이라고 일컬었다.(範蠡喟然嘆曰: '居家則致千金, 居官則至卿相, 此布衣之極也. 久受尊名, 不祥.' 乃歸相印, 盡散其財, 以分與知友鄉黨, 而懷其重寶, 間行以去, 止于陶, 以爲此天下之中, 交易有無之路通, 爲生可以致富矣, 於是自謂陶朱公. 復約要父子耕畜, 廢居, 候時轉物, 逐什一之利. 居無何, 則致貲累巨萬. 天下稱陶朱公.)"(「월왕 구천 세가」) 이와 비슷한 구절이 「화식 열전」에도 나온다. "그는 작은 배를 타고 강호로 다니다가 성과 이름을 바꾸고 제나라로 가서는 치이자피라 부르고, 도로 가서는 주공이라 불렀다. 주공은 도는 천하의 중심으로 사방 여러 나라로 통하여 물자의 교역이 이루어지는 곳이라고 생각했다. 이에 장사를 하며 물자를 쌓아 두었다가 시세의 흐름을 보아 내다 팔아서 이익을 거두었는데 사람의 노력에 기대지는 않았다.(乃乘扁舟浮於江湖, 變名易姓. 適齊爲鴟夷子皮, 之陶爲朱公. 朱公以爲陶天下之中, 諸侯四通, 貨物所交易也. 乃治産積居, 與時逐而不責於人.)"

36) 예를 들어 다음과 같은 대화를 보자. "전자방은 예우하지 않았다. 자격이 이 때문에 물어 말했다. '부귀한 사람은 남에게 교만합니까? 아니면 빈천한 사람이 남에게 교만합니까?' 자방이 말했다. '원래는 빈천한 사람만이 남에게 함부로 굴 뿐이오. 제후로서 남에게 함부로 굴면 그 나라를 잃을 것이며, 대부이면서 남에게 교만하면 그 나라를 잃을 것이오. 빈천한 사람은 행동이 왕의 뜻에 들어맞지 못하고, 진언을 해도 등용되지 못하면 그를 떠나서 초·월나라로 가기를 마치 신을 벗듯이 할 것이니 어찌 이것을 동일시하겠습니까?' 자격이 언짢아하며 떠났다.(田子方不爲禮. 子擊因問曰: '富貴者驕人乎? 且貧賤者驕人乎?' 子方曰: '亦貧賤者驕人耳. 夫諸侯而驕人則失其國, 大夫而驕人則失其家. 貧賤者, 行不合,

했다. 그렇다면 사마천 이전의 시각은 어떠했을까? 공자는 제자 염유와
의 대화에서 백성들을 가르치기 이전에 먼저 잘살게 하라고 말했을[37)]
정도로 정치에 있어서 경제력을 중시했다. 맹자도 양혜왕을 만났을 때,
양혜왕이 나라를 '이利'롭게 하는 문제를 얘기하는 것에 대해 비판하면
서 인의가 있을 뿐이라고 말했으나, 또 다른 상황에서는 일정한 생업이
없으면 일정한 마음이 없다는 경제 논리[38)]로 왕에게 민생 문제를 챙기
라고 설득했으니, 경제는 치세에 있어서 결코 간과할 수 없는 중요한문

言不用, 則去之楚越, 若脫躧然, 奈何其同之哉!' 子擊不懌而去.)"(「위 세가」) 이 내용은 일반인
들의 예상과 달리 빈천한 사람이 부귀한 사람에게 교만하게 군다는 것이다. 한편 노중
련의 기개를 말한 "노중련은 달아나 어느 바닷가에 숨어 살며 이렇게 말하였다. '나는
부귀로우면서 남에게 얽매여 사느니 차라리 가난할망정 세상을 가볍게 보고 내 뜻대로
하겠노라!'(魯連逃隱於海上, 日: 吾與富貴而詘於人, 寧貧賤而輕世肆志焉.)"(「노중련 추양 열
전」)라는 구절도 읽어 보면 그 의미가 들어온다.

37) "공자께서 위나라에 가실 때 염유가 수레를 몰았다. 공자께서 말씀하셨다. '백성이
많구나!' 염유가 여쭈었다. '이미 많아졌는데 또 무엇을 더 해야 합니까?' 〔공자께서〕 말
씀하셨다. '잘살게 해 줘야 한다.' 〔염유가〕 여쭈었다. '이미 잘살게 됐는데 또 무엇을 더
해야 합니까?' 〔공자께서〕 말씀하셨다. '가르쳐야 한다.'(子適衛, 冉有僕. 子曰: '庶矣哉.' 冉
有曰 '旣庶矣, 又何加焉.' 曰: '富之.' 曰: '旣富矣, 又何加焉.' 曰: '敎之.')"(『논어』 「자로」)

38) "맹자께서 양혜왕을 뵈었다. 왕이 말씀하였다. '노인장께서 천 리를 멀다 하지 않고
오셨으니, 또한 우리 나라를 이롭게 해 주실 수 있겠습니까?' 맹자께서 대답하셨다. '왕
께서는 하필이면 이익을 말씀하십니까? 다만 인과 의가 있을 뿐입니다.(孟子見梁惠王. 王
曰: '叟不遠千里而來, 亦將有以利吾國乎.' 孟子對曰: '王何必曰利 亦有仁義而已矣.')"(『맹자』 「양
혜왕상」). "일정한 생업이 없으면서도 일정한 마음을 가지고 있는 것은 오직 선비만이 할
수 있습니다. 일반 백성으로 말하면 일정한 생업이 없으면 일정한 마음이 없어집니다. 일
정한 마음이 없어진다면 방탕하고 편벽되며 사악하고 사치스럽지 않은 것이 없을 것입
니다.(無恒産而有恒心者, 惟士爲能. 若民, 則無恒産, 因無恒心. 苟無恒心, 放辟, 邪侈, 無不爲已.)"
(『맹자』 「양혜왕상」) 또한 "부유하고 귀해도 〔마음을〕 어지럽힐 수 없고, 가난하고 비
천해도 바꿀 수 없으며, 위세와 무력에도 굽힐 수 없다.(富貴不能淫, 貧賤不能移, 威武不能
屈.)"(『맹자』 「등문공하」)라는 문장에서도 보듯이 부귀와 빈천은 민감한 화두다.

7장 사마천, 부와 권력을 말하다

제라는 인식을 갖고 있었다. 도가인 장자도 돈 버는 일을 비하하기는 했지만, 유가든 도가든 돈에 대해 민감하기는 매한가지였다. '치질을 핥아 수레를 얻는다.(舐痔得車.)'라는 말이 있다. 내용은 이렇다. "진나라 왕은 병이 나서 의사를 불러 종기를 터뜨려 고름을 뺀 자에게 수레 한 대를 주고, 치질을 핥아서 고치는 자에게는 수레 다섯 대를 준다더군. 치료하는 데가 더러운 곳으로 내려가면 내려갈수록 주는 수레가 많다는 거야. 그대도 그 치질을 고쳤는가? 수레가 정말 많군. 더러우니 당장 꺼져 버리게!"[39] 이 말처럼, 부자가 되는 과정은 더럽고 치사하여 욕되기도 하다. 장자의 말은 물론 냉소일 뿐 부를 추구한다는 말은 아니다.

평생 힘든 삶을 산 유가의 비조 공자도 "부라는 것이 구할 수 있는 것이라면, 비록 채찍을 들고 길을 트는 자라도 나는 또한 할 것이다. 만일 구할 수 없는 것이라면, 나는 내가 좋아하는 일을 따르겠다.(富而可求也, 雖執鞭之士,[40] 吾亦爲之. 如不可求, 從吾所好.)"(『논어』 「술이」)라고 하여 부의 중요성을 인식하면서도 철저한 원칙 아래 부귀를 추구[41]했다.

공자가 비판한 동시대인 관중, 관포지교로 알려진 관중과 포숙의 사

---

39) "秦王有病召醫, 破癰潰痤者得車一乘, 舐痔者得車五乘, 所治愈下, 得車愈多. 子豈治其痔邪. 何得車之多也, 子行矣!"(『장자』 「열어구列禦寇」)

40) "집편지사執鞭之士"라는 말에는 두 가지 뜻이 있으니 하나는 천자나 제후가 출입할 때 가죽 채찍을 들고 길을 비키도록 하는 하급 관리, 다른 하나는 가죽 채찍을 들고 시장의 질서를 유지하는 책임을 지는 하급 관리를 일컫는다.

41) "나라에 도가 있는데도 가난하고 천한 것은 부끄러운 일이고, 나라에 도가 없는데도 부유하고 귀한 것은 부끄러운 일이다.(邦有道, 貧且賤焉, 恥也; 邦無道, 富且貴焉, 恥也)"(『논어』 「태백」) 이렇듯 공자는 정당한 방법으로 이득을 취해 부를 쌓는 것에 대해서는 반대하지 않았다. 하지만 그는 자신을 재물과 연관 없는 존재로 묘사하기를 좋아했는데, "의롭지 못하면서 잘살고 귀한 것은 나에게 뜬구름과 같다.(不義而富且貴, 於我如浮雲.)"(『논어』 「술이」)라고 분명히 말한 것이 그 예다.

권 이야기에서도 첫 번째 화두는 '부'와 관련된 문제였다.[42] 그 이유는 「화식 열전」에서 관중이 백성들을 잘살게 하고 자신 역시 '부'를 통해 권력을 누린 것을 비판적으로 보았기 때문이다. 사마천은 관중이 지형과 상황에 맞게 공업과 상업을 강조하여 제나라를 강국으로 성장하게 만들었음[43]을 예로 들었다.

그 뒤 제나라는 한때 쇠약하기도 하였으나 관자가 〔나라를〕 재정비하여 다스리면서 경중구부를 두었고, 환공은 이것으로써 패자가 되어 제후들을 아홉 차례나 모이게 하여 천하를 바로잡았다. 관씨(관중) 또한 후 신분으로 있으면서도 열국의 왕들보다 부유하여 삼귀〔三歸: 세 성씨의 여자를 얻는 것〕를 가질 정도였다.[44]

윗글의 사례에서 알 수 있듯이, 관중은 나라를 중흥시켰고 자신 역시 부자가 되어 그 위상을 누렸다. 왕은 그에게 부와 권력을 누리도록 했고 자신은 천하의 패권을 장악했다.

---

42) "관중은 말했다. '내가 가난하게 살 때 일찍이 포숙과 장사를 한 적이 있었는데 이익을 나눌 때마다 내가 더 많은 몫을 차지하곤 했지만, 포숙이 나를 욕심쟁이라고 말하지 않았던 것은 내가 가난하다는 것을 알았기 때문이다.'"(管仲曰: '吾始困時, 嘗與鮑叔賈, 分財利多自與, 鮑叔不以我爲貪, 知我貧也.')"(「관안 열전」)
43) 다음 문장의 하단은 "제나라 환공은 관중의 계책을 써서 물가를 안정시켰으며 산업을 경영하여 제후들의 조회를 받고 작디작은 제나라를 기지고 패주의 명성을 드러냈다. 위나라는 이극을 등용하여 지력을 다 이용하고 강력한 군주가 되었다.(齊桓公用管仲之謀, 通輕重之權, 徼山海之業, 以朝諸侯, 用區區之齊顯成霸名, 魏用李克, 盡地力, 爲強君.)"(「평준서」)라는 문장과 일맥상통한다.
44) "其後齊中衰, 管子修之, 設輕重九府, 則桓公以霸, 九合諸侯, 一匡天下, 而管氏亦有三歸, 位在陪臣, 富於列國之君."(「화식 열전」)

사마천은 무제 때의 경제 상황에 비판적 입장이었다. "현이나 관청이나 대부분 텅 빈(縣官大空)" 상황과 '이利'만 도모하는 신하들이 극성하는 상황을 염려한 까닭이다.[45] 사마천은 당시가 한무제가 흉노 등 이적들과의 전쟁 선포를 하고 재정을 확충하고자 염철을 국가 전매로 하여 통제 위주의 경제 정책[46]을 펼친 시점[47]임을 염두에 두었다.

　　사마천은 백성의 기본 욕망을 충족시킨 고대를 거론하면서 개인이 잘살고자 하는 것은 '세'를 지향하기 때문이라고 했으며, 이 점을 염두에 두고 국가가 개인의 재산 문제에 개입하지 말아야 한다고 주장했다.

　　신농씨 이전의 일에 대해 나는 알지 못한다. 『시』와 『서』에서 말하는 우

45) 이와 관련된 사안은 김경호, 「『사기』·『한서』에 서술된 경제관과 그 사상적 배경」, 《중국사연구》 32집, 2014, 52쪽에 자세하다.

46) 염철의 경영권은 매우 중요하고 민감한 문제로서 정부와 민간 대표자들의 논쟁이 이어졌다. 김한규는 "염철 회의는 유법儒法의 이념 논쟁이었을 뿐 아니라 거대한 두 정치 세력 혹은 사회 계층의 힐항이었다. 이 거대한 이념 논쟁과 계층적 힐항의 결과는 염철 전매제의 일부 수정이나 단순한 정변에 그치는 것이 아니었다. 그것은 유법의 절충과 융합을 통한 제3의 한대적漢代的 이념 체계의 창출이었고, 문학지사文學之士와 문법리文法吏 계층의 교묘한 공존과 사회 통합을 통한 중국적 관료 조직과 사회 구조의 정립이었다. 염철 논쟁을 통해 유가와 법가는 '이유식법以儒飾法' 혹은 '내법외유內法外儒'의 절충과 공존의 지혜를 배웠으며, 문학지사와 문법리라는 관료 조직의 상층부와 중층부를 각각 점거하여 동아시아 관료 조직의 독특한 구조를 형성하였던 것이다."(환관, 김한규 외 옮김, 『염철론』(소명출판, 2002), 15∼16쪽)

47) "한나라가 일어난 지 다섯 대가 되었지만 건원 연간에 가장 융성했다. 밖으로는 이적들을 물리치고, 안으로는 법도를 정비하였다.(漢興五世, 隆在建元, 外攘夷狄, 內脩法度.)"(「태사공 자서」) 사마천의 무제 비판은 그가 기원전 99년에 당한 궁형, 즉 이릉의 화가 주요한 원인이라는 데 대체적인 의견의 일치가 있다. 루야오둥遼耀東은 『抑鬱與超越 — 司馬遷與漢武帝時代』(三聯書店, 2008)를 통해 사마천이 자신과 거의 동시대를 산 한무제를 애증 관계로 보았음을 예리하게 분석했다.

나 하나라 이래의 것을 보면 귀와 눈은 아름다운 소리와 아름다운 모습을 한껏 즐기려 하고, 입은 소와 양 따위의 좋은 맛을 다 보려 하며, 몸은 편하고 즐거운 것을 좋아하고, 마음은 권세와 유능하다는 영예를 자랑하고 싶어 한다. 〔이러한〕 풍속은 백성의 마음속까지 파고든 지 이미 오래여서 미묘한 논리로 집집마다 깨우치려 해도 끝내 교화시킬 수 없을 것이다. 그래서 세상을 가장 잘 다스리는 방법은 자연스러움을 따르는 것이고, 그다음은 이익을 이용하여 이끄는 것이며, 그다음은 가르쳐 깨우치는 것이고, 또 그다음은 백성을 가지런히 바로잡는 것이고, 가장 못하는 것은 〔재산을 가지고〕 백성과 다투는 것이다.[48]

특히 강조한 부분에서 알 수 있듯이, 사마천은 다섯 가지 단계별 처방을 내렸으니, 다스림의 단계를 '인因' → '도道' → '교회敎誨' → '정제整齊' → '쟁爭'의 내림차순으로 제시했다. 그는 도덕 규범 아래서의 경제 자유주의 원칙을 견지하면서 국가의 가장 좋은 백성 관리법은 세력에 순응하여 다스리는 것으로, 개인의 생산적인 무역 활동을 그대로 두라고 했다. 여기에서 "정제지整齊之"라는 말은 강압적인 행정 조처를 말하며, '최하자最下者'는 인위적이고 강제적인 경제 정책을 지칭하는데, 균수와 평준 등을 염두에 둔 말이다. 균수와 평준은 국가가 직접 상업을 경영하는 것으로, 균수는 전국 각지에 수관輸官을 두어 세금으로 그 지방의 생산물을 거둬들여 그것을 수요지로 수송해 파는 것이고, 평준은 수도에 창고를 만들어 각종 물자를 싼 가격에 사들였다가 가격이 오

---

48) "夫神農以前, 吾不知已. 至若詩書所述虞夏以來, 耳目欲極聲色之好, 口欲窮芻豢之味, **身安逸樂, 而心誇矜勢能之榮使**, 俗之漸民久矣, 雖戶說以眇論, 終不能化. 故善者因之, 其次利道之, 其次教誨之, 其次整齊之, 最下者與之爭."(「화식 열전」)(강조는 필자)

르면 파는 것이다. 균수법은 가격이 싼 지방의 물자를 비싼 지방으로 옮겨 팔고, 값이 쌀 때 물건을 사 두었다가 비쌀 때 팔아 물가를 조절함으로써 개인의 폭리를 방지하고자 하는 것이었다. 또 상공업자에게 부과하는 민전세緡錢稅, 수레나 배에 부과하는 거선세車船稅 등도 이 시대의 주요한 경제 정책이었다. 물론 조정의 입장과 달리 국가를 배부르게 한다는 것이 사마천의 생각이었다.

그렇다면 조정이 정책에 개입하려는 까닭은 무엇인가? 개인의 부가 권력화하는 것을 경계하기 때문이다. 개인이 돈을 벌어 세금을 내고 그 세금으로 국가의 재정을 충당하므로 개인은 결코 위협적인 존재가 되어서는 안 된다. 따라서 국가는 교묘히 개입하면서 부의 편중을 막아 권력의 생성 가능성을 차단하려 한 것이다. 이 점이 국가가 고삐를 죄고 경제 정책을 취하려 했던 이유다. 이 점을 사마천은 알고 있었던 것이 아니겠는가? 사마천이 문제와 경제 시대의 정책적 성과에 대해 우호적인 평가[49]를 내린 이유도 여기에 있다. 사마천의 내면에는 무위의 황로 사상[50]이 접맥되어 있고 그런 사유를 실천한 것이 바로 이 두 제왕이라는 시각이다.

---

49) 이를테면, "한나라가 일어나 효문황제에 이르기까지 40여 년이 되니 덕이 지극히 성대해졌다. 점차 역법을 고치고, 의복의 색깔을 바꾸고, 봉토를 쌓아 지내는 제사를 지내게 되었으나, 문제의 겸손하고 사양하는 정치는 오늘날까지 아직 완성되지 않았다. 아아, 어찌 어질지 않다고 하겠는가.(漢興, 至孝文四十有餘載, 德至盛也. 廩廩鄉改正服封禪矣, 謙讓未成於今. 嗚呼, 豈不仁哉.)"(「효문 본기」)라는 구절에도 보인다. 보다 자세한 정보는 김경호, 「『사기』 「화식 열전」의 구성과 "자연지험自然之驗"의 의미」,《사림》 46호, 485쪽 참조.
50) "論大道則先黃老而後六經."(『한서』 「사마천전」)이라는 반고의 평이기도 하다. 한편, 사마천의 경제관이 공자, 맹자와 관련된다고 주장하는 학자도 있고 관련 논의도 있는 것이 사실이다. 사실상 사마천 사유의 기본 축은 노자의 논의에서 출발하는 것 같지만, 민생을 강조한 맹자의 관점도 적지 않게 반영되었다고 본다.

2) 부를 얻는 자는 권세를 얻는다

사마천은 '부'와 권력의 관계를 날카롭게 지적하고 있다. 말업에 불과한 상업이 사회의 질서 축을 형성함에 있어서 부의 많고 적음에 따라 사람들을 서열화할 수 있는 막강한 권세를 가졌음을 다음과 같이 지적한다.

대체로 호적에 올린 보통 백성은 부유함을 비교하여 자기보다 열 배 많으면 몸을 낮추고, 백 배 많으면 두려워하며, 천 배 많으면 그의 일을 해주고, 만 배 많으면 그 하인이 되니, 이것이 사물의 이치이다.[51]

윗글은 재산과 권력의 함수 관계를 냉혹하게 말하고 있으니, 돈에 따라 상대방을 대하는 사람들의 심리가 단순한 숫자 도식 속에 잘 드러나 있다. 사마천은 상업을 '말업'이라고 했으나, 그 파생력은 결코 '말'의 위치에 머물지 않는다.

사마천은 「화식 열전」에서 공자가 그토록 아낀 가난한 제자 원헌[52]과 그토록 못마땅해한 부자 자공[53]을 비교한다. 그리고 공자의 이름을

---

51) "凡編戶之民, 富相什則卑下之, 伯則畏憚之, 千則役, 萬則僕, 物之理也."(「화식 열전」)
52) 원헌은 자는가 자사로 춘추 시대 노나라 사람(일설에는 송나라 사람이라고도 한다.)인데 집안이 가난했으나 호학불권好學不倦하여 공자가 그를 칭찬했다. 『공자가어』에 "공자보다 서른여섯 살 어렸다.(少孔子三十六歲.)"라고 기록되어 있다.
53) 자공은 성은 단목端木이고 이름은 사賜이며 자는 자공子貢 혹은 '자공子贛'이다. 춘추 시대 위나라 사람이며 언어에 뛰어났고 상업에 뛰어나 제후들에게 유세하고 노나라와 위나라의 상相을 역임하고 제나라에서 세상을 떠났다. 그의 업적에 대해 사마천은 "자공은 한 번 나서서 노나라를 보존시키고 제나라를 어지럽게 했으며, 오나라를 멸망

천하에 떨치게 만든 제자는 역설적으로 자공이라고 단언하면서 이렇게 말한다.

　자공은 중니에게 배운 뒤 물러나 위衛나라에서 벼슬하고, 조曹나라와 노나라 사이에서 물자를 쌓아 두기도 하고 팔기도 하였는데, 공자의 70여 제자 중에서 자공이 가장 부유했다. 원헌은 술지게미나 쌀겨조차 제대로 먹지 못하면서 후미진 뒷골목에 숨어 살았다. 자공은 네 마리 말이 끄는 수레를 타고 기마행렬을 거느리며 비단을 폐백으로 들고 제후들을 찾아가므로 가는 곳마다 왕들이 몸소 뜰까지 내려와 대등한 예로 맞이하지 않는 자가 없었다. 대체로 공자의 이름이 천하에 널리 알려지게 된 것도 자공이 공자를 앞뒤로 모시고 다녔기 때문이다. 이것이 이른바 '세력을 얻어 더욱 드러나는' 일 아니겠는가?[54]

시키고 진나라를 강국이 되게 하였으며, 월나라를 제후들의 우두머리가 되게 하였다. 자공이 한 번 사신으로 가더니 각국의 형세에 균열이 생겨 10년 사이에 다섯 나라에 커다란 변화가 있었다.(故子貢一出, 存魯, 亂齊, 破吳, 強晉而霸越. 子貢一使, 使勢相破, 十年之中, 五國各有變.)"(「중니 제자 열전」)라고 자공의 역할과 위상을 높이 평가했다. 문혜정은 「사마천 '부' 의식의 현대적 수용 ─ 『사기』 「화식 열전」을 중심으로」(《인문과학》 56집, 2013)에서 "천명을 깨닫지 못한 자의, 다시 말하면 성性과 천도天道를 깨닫지 못한 자의 소재小才일 뿐이었다. 그러므로 공자는 제자들 중에서 부를 많이 축적했던 자공에 관하여 그다지 높이 평가하지 않았다."(222쪽)라고 했다. 물론 그 이유는 『논어』 「선진」 편의 "공자께서 말씀하셨다. '회는 거의 도를 터득했지만, 자주 〔쌀통이〕 빌 정도였고, 사는 운명을 받아들이지 않고 재물을 불려 나갔는데, 예측하면 자주 적중했다.(子曰: 回也其庶乎, 屢空. 賜不受命, 而貨殖焉, 億則屢中.)"라는 구절에 바탕을 두고 있다는 것이다. 이천李倩도 논문「司馬遷經濟思想的深層剖析」(《江漢論壇》, 2006. 11.)에서 경제의 측면에서 사람의 사회적 지위와 사상이 결정된다고 말하면서 자공의 사례를 근거로 예시했다.
54) "子贛既學於仲尼, 退而仕於衛, 廢著鬻財於曹魯之間, 七十子之徒, 賜最爲饒益. 原憲不厭糟糠, 匿於窮巷. 子貢結駟連騎, 束帛之幣以聘享諸侯, 所至國君無不分庭與之抗禮. 夫使孔子名布揚於天

공자의 제자 자공[55]은 공자의 핵심 제자이지만 비켜서 있는 제자군에 속한다. 그의 인물 형상은 공자에 의해 만들어진 측면이 강하지만, 사마천은 「중니 제자 열전」에서 적지 않은 지면을 통해 자공의 외교적 활약상을 보여 주며 공자가 그를 일관되게 폄하한 것과는 전혀 다른 해석을 내놓았다. 사마천은 공자의 제자 가운데 가장 돈을 많이 번 사람이라는 점과 그가 공자를 예우한[56] 공로를 재평가했으니, 그의 권세는 막강한 자금력에서 나왔다는 논지다. 공자가 제후들에게 명성이 알려지게 된 것은 자공 덕분이라는 것이다.

그렇다면 '귀'는 무엇인가. 사마천은 부자가 되면 몸이 귀해진다는 입장, 즉 신분 상승을 할 수 있다는 의견을 견지했다. 부유해질수록 행동거지를 바르고 넓게 함으로써 귀해져야 한다는 것이다. 신분제 사회였던 당시 부자들의 사회적 역할이 오늘날보다 못했을 개연성은 충분하다. 사마천은 관중의 말을 인용하여 '예'도 결국 사는 문제와 직결된다며, '부'와 '세'의 상관성에 주목하면서 다음과 같이 말한다.

그러므로 '창고가 가득 차야 예절을 알고, 먹고 입을 것이 넉넉해야 영

下者, 子貢先後之也. 此所謂得勢而益彰者乎?"(「화식 열전」)

55) "子貢利口巧辭, 孔子常黜其辯."(「중니 제자 열전」)

56) 이를테면, 『논어』 「자장」 편에서 "위나라 공손조가 자공에게 물었다. '중니는 어떻게 배웠습니까?' 자공이 말했다. '문왕과 무왕의 도가 땅에서 떨어지지 않고 사람들에게 남아 있습니다. 현명한 자는 그중에서 큰 것을 기억하고, 현명하지 못한 사람은 그중에서 작은 것을 기억하고 있으니 문왕과 무왕의 도가 없는 곳이 없습니다. 선생님께서 어찌 배우지 않았겠습니까? 또한 어찌 일정한 스승이 있어야 했겠습니까.'(衛公孫朝問於子貢曰, 仲尼焉學? 子貢曰, 文武之道, 未墜於地, 在人. 賢者識其大者, 不賢者識其小者, 莫不有文武之道焉. 夫子焉不學? 而亦何常師之有?)"라고 한 것이 그 예다. 자공은 늘 공자의 입장을 대변했다.

예와 치욕을 안다.'[57]라고 한 것이다. 예라는 것은 〔재산이〕 있는 데서 생겨나고 없는 데서는 사라진다. 그런 까닭에 군자가 부유하면 덕을 즐겨 실천하고, 소인이 부유하면 자기 능력에 닿는 일을 한다. 못은 깊어야 고기가 있고, 산은 깊어야 짐승이 오가며, 사람은 부유해야만 인의를 따른다. 부유한 사람이 세력을 얻으면 세상에 더욱 드러나고, 세력을 잃으면 빈객들이 갈 곳이 없어져 따르지 않는다. 이러한 경향은 만이 나라에서 더욱 심하다. 속담에 '천금을 가진 아들은 저잣거리에서 죽지 않는다.'라고 했는데 이것은 빈말이 아니다.[58]

이처럼 부의 권력 문제를 날카롭게 파헤친 사마천의 관점은 맨 아래의 속담 한마디 속에 함축되어 있다. 사실상 "동굴 속에 숨어 사는 선비의 기이한 행동도 없으면서 오랫동안 가난하고 천하게 살며 인의를 말하는 것만 즐기는 것도 아주 부끄러운 일이다.(無巖處奇士之行, 而長貧賤, 好語仁義, 亦足羞也.)"(「화식 열전」)라고 지적한 것에서 그가 얼마나 명분보다는 실리를 추구하는지 알 수 있는데, 이는 한나라 초기의 이익과 도덕 관념 사이의 논쟁 상황[59]에서 비추어 볼 때 상당히 파격적인 관점이다.

---

57) 『관자』 「목민」 편과 「관안 열전」에 본문이 인용되어 있다.

58) "故曰: '倉廩實而知禮節, 衣食足而知榮辱.' 禮生於有而廢於無. 故君子富, 好行其德; 小人富, 以適其力. 淵深而魚生之, 山深而獸往之, 人富而仁義附焉. 富者得勢益彰, 失勢則客無所之, 以而不樂. 夷狄益甚. 諺曰: '千金之子, 不死於市.' 此非空言也."(「화식 열전」)(강조는 필자)

59) "竊聞治人之道, 防淫佚之原, 廣道德之端, 抑末利而開仁義, 毋示以利, 然後敎化可興, 而風俗可移也. 今郡國有鹽·鐵·酒榷·均輸, 與民爭利. 散敦厚之樸, 成貪鄙之化. 是以百姓就本者寡, 趨末者衆. 夫文每秒則質衰, 末盛則本虧. 末修則民淫, 本修則民愨. 民愨則財用足, 民侈則飢寒生. 願罷鹽鐵·酒榷·均輸, 所以進本退末, 廣利農業, 便也."(『염철론』 「본의本議」)

그러나 부유해지려면 수단과 방법을 가리지 말아야 한다며 무제 시기에 치부한 자들인 진양秦揚, 전숙田叔, 환발桓發, 악성樂成, 옹백雍伯, 장씨張氏, 질씨郅氏, 탁씨濁氏, 장이張裏 등에 대해서는 사마천은 정도에서 벗어난 인물들임을 적시했다. 그러면서 이들이 치부한 일을 "간사姦事", "악업惡業", "장부천행丈夫賤行", "욕처辱處", "소업小業", "박기薄技", "간미簡微", "천방淺方" 등으로 폄하한다.[60] 즉 사마천은 부당한 경제 활동으로 부를 축적한 자들과 정당한 방식으로 부를 축적한 자들을 분명히 구분했다. 물론 이러한 사마천의 단어 사용이 이들이 부를 획득한 성과마저 부정하는 것은 아니며, 여기에는 이런 방식을 절대로 취해서 안 된다는 경고의 메시지도 없다. 비판은 비판일 뿐 이런 것도 충분히 가능한 돈 버는 방식이라는 것이 사마천의 관점이다. 사마천은 부의 정도에 따라 '군君'이나 '왕王'에 버금가는 권력을 누리므로 '소봉素封'의 위상을 구축한다고 하면서 다음과 같이 말한다.

천금의 부자는 한 도읍의 군주에 맞먹고, 거만금을 가진 부자는 왕과 즐거움을 같이한다. 〔그들이야말로〕 어찌 이른바 소봉이라고 할 만한 자들인가? 아닌가?[61]

'소봉'이라는 말에서 암시되듯, 권력은 조정에서 벼슬하는 자에게 달

---

60) "掘塚, 奸事也, 而田叔以起. 博戲, 惡業也, 而桓發用富. 行賈, 丈夫賤行也. 而雍樂成以饒. 販脂, 辱處也, 而雍伯千金. 賣漿, 小業也, 而張氏千萬. 灑削, 薄技也, 而郅氏鼎食. 胃脯, 簡微耳, 濁氏連騎. 馬醫, 淺方, 張裏擊鐘. 此皆誠壹之所致."(김경호, 『사기』 「화식 열전」의 구성과 "자연지험自然之驗"의 의미」,《사림》46호, 505쪽 참조)
61) "千金之家比一都之君, 巨萬者乃與王者同樂. 豈所謂素封者邪? 非也?"(「화식 열전」)

7장 사마천, 부와 권력을 말하다

려 있는 것이 아니라, 부의 정도에 달려 있는 것으로, 보이지 않는 권력자의 위상을 보여 준다. 한무제 때는 상인들에게 지주의 지위를 부여하지 않으려 토지 매입을 허락하지 않았는데, 사마천은 이에 대해 비판적인 입장을 견지하면서 상업을 통해 부를 축적하여 봉토로 받은 것을 상정하여 그들을 바로 '소봉'이라고 하며 그 위상을 부여했다.

그런데 결국 아무리 돈이 중요해도 '인물' 그 자체라고 할 수 있는 '덕'을 따라가지는 못한다. 그래서 사마천은 말한다.

1년을 머물려 하거든 곡식을 심고, 10년은 나무를 심으며, 100년은 덕을 베풀어야 한다. 덕이란 인재를 두고 하는 말이다.[62]

위의 인용문은 한 인물을 키우는 데 얼마나 많은 힘과 노력이 필요한지 설명해 준다. 당시 시대 상황에서 부의 위상이 아무리 높았다 해도 결국 먼 미래를 위한 투자는 인물 그 자체였던 것이다.

4

국가든 개인이든 잘살아야 한다

이상에서 살펴본 바와 같이, 사마천의 경제관에서 '부'는 권력인 '세'와 긴밀하게 관련되어 있다. 사마천은 확신에 찬 논조로 빈부의 문제를 제기하면서 '빈'에서 '부'로 가는 직접적 동기는 '세', 즉 권세 혹은 권력

---

62) "居之一歲, 種之以穀; 十歲, 樹之以木; 百歲, 來之以德. 德者, 人物之謂也."(「화식 열전」)

의 향유라고 보았다. 사마천은 상당한 부를 축적한 범려, 자공, 백규와 왕에 버금가는 '세'를 누린 관중 등을 거론하며 '권력' 역시 '부'에서 비롯된다는 점을 밝혔다. 사마천은 표면적으로 금기시되었던 '부자'의 이야기를 역사의 주류로 끌어들임으로써,[63] '부'에 대한 편견이 강한 유자들에게 상당한 충격을 주는 데 성공했고, 인간의 성정이 얼마나 이중적인지 보여 주는 데도 성공했다.

명분보다 실질을 중시한 사마천은 빈천을 수치로 여길 만큼 강한 논조로 일관한다. 사마천은 물질의 이익을 추구하는 자들에게 비판적 잣대를 들이대거나 그들을 비난해서는 안 된다고 보았으니, 이런 논지는 오늘날 여전히 존재하는 부의 도덕성과 윤리성 문제 사이에서 갈등하는 우리에게도 시사하는 바가 적지 않다. 물론 사마천이 유가의 윤리를 송두리째 부정해 버리고 물질만을 추구했다는 의미는 아니다. 그는 재산을 축적하는 방법에도 등급과 층위가 존재함을 인지하고 있었다. 말하자면 그는 인간의 물질적 욕망이 국가 안정의 동력이 된다는 점을 피력하면서 '예'도 물질의 풍성함 여부에 따라 달라지며, '인의'도 그에 따라온다고 보았다. 사마천의 사유가 파격적인 이유는 여기에 있다.

'부'와 '세', 즉 권세와 권력에 대한 사마천의 시각은 현실적이고도 근본적인 문제인 생존의 입장에서 출발했으며, 이를 향한 인간의 원초적의지는 사마천 시대뿐 아니라 이 시대 우리에게도 여전한 논쟁의 가능성을 제공한다.

사마천이 '부'와 권력에 지나치게 의미 부여를 한 것이 아닌가 하는

---

63) 유사한 맥락에서 사마천이 『사기』에 「자객 열전」, 「유협 열전」, 「골계 열전」 등과 같은 편을 통해 역사의 뒤안길로 사라져 간 인물군을 한데 묶어 그들의 삶을 당당히 역사의 영역에 넣은 것도 충분히 참조할 가치가 있다.

점 때문에 「화식 열전」의 전체 문맥을 불편한 시각으로 볼 소지는 있다. 반고도 그러했으니 말이다. 부의 권력화도 중요하지만 부유해지는 데는 일정한 도가 있어야 하기에, 아무리 '부'를 추구한다 해도 결국은 '인물', 즉 인재 양성이 더 중요하다는 것이 사마천의 최종 결론이다. 아무리 인간의 속성이 이기적[64]이라는 점에 동의한다 해도, 부를 둘러싸고 제기되는 문제는 매우 복잡다단한 정서를 함유하고 있다는 점에 유의해야 한다. 시대의 흐름에 따라 역사는 변해 왔고 인간의 관점도 변화했듯이 사마천은 지나친 명분론이나 권위주의에 얽매여서는 안 된다는 입장이었고, 현실적인 대안을 찾아 시대의 흐름과 함께하고자 한 것이다. 그래서 "시축時逐", "임시任時", "용기用奇"의 전략적 활용을 통한 부의 축적을 외쳤던 것이고, '득세'는 결국 '부'에 달려 있다고 인식했기에, 국가가 개인의 '부'를 제어하려 해서는 안 된다는 경고의 메시지를 분명히 드러냈던 것이다.

요컨대, 사마천은 개인의 '부'가 국가의 '부'보다 우선한다는 입장이었으므로, 국가에 의한 인위적 경제 질서 확립을 바라지 않았고, 의식주 문제가 정치를 위한 최소한의 전제 조건이라는 점을 염두에 둔 경제관을 펼쳤다. 제도와 기존 권력자의 절대적 권위를 타파할 수 있는 무기가 바로 '부'라는 사마천의 시각은 그 자신이 겪은 경제적 고통과 맞

---

64) 우리에게 널리 알려진 『이기적 유전자(*The Selfish Gene*)』를 쓴 리처드 도킨스의 논점은 인간을 포함한 모든 생명체는 DNA 또는 유전자에 의해 창조된 생존 기계이며, 자기의 유전자를 후세에 남기려는 이기적인 행동을 수행하는 존재라는 것이다. 그러므로 인간이 서로 호혜적으로 베푸는 일도, 자기 자신과 종족 보존의 본능을 위한 이기적인 속성에서 나온다는 것이다. 말하자면, 우리가 하는 기부 행위나 다른 사람을 위한 이타적 행위조차도 이기적 본능의 표출에 불과하다는 입장이다.

물려 철저히 시대와 현실에 바탕을 둔 살아 있는 경제관이었다. 권세란 '부'의 축적량에 정확히 비례하며, 그 정도에 따라 제후나 왕의 등급으로까지도 오를 수 있다는 시각은 배금주의의 단면을 보여 준다는 부정적인 면도 있으나, 고대로부터 사마천 시대에 이르기까지의 역사의 흐름 속에서 인간의 인식은 크게 차이가 없었다는 점을 분명히 보여 주기도 한다.

'부'를 축적한 자들의 이야기

도시 경제의 발달에 따른 치부가들의 다양성

1

경제는 지리와 도시를 주축으로 발전한다

사마천의 「화식 열전」에 대한 연구가 많은 이유는 우선 "화식貨殖"이라는 개념이 갖는 영향력 때문이다. 사마천은 치부致富 양상을 유통 경제의 활성화, 경제의 지리적 가치, 상인 계층의 형성 과정, 역사·풍속 등과 연관하여 세세하게 다루고 있다. 사마천이 「화식 열전」의 제목에서 "화식"이란 말을 강조한 것도 재물을 불려 나가는 것을 인간 생활의 중요한 부분으로 간주하고, 아울러 농공상의 병중竝重을 원칙으로 삼아야 사회 경제의 굳건한 토대 구축과 안정적인 생활이 가능하다고 보앉기 때문이다. 주목할 점은, 사마천이 「화식 열전」의 저술 동기의 핵심으로 "식재부息財富"를 거론하면서 "벼슬이 없는 필부 신분으로 정치를 해치지도 않고, 백성에게 방해되지도 않으면서 때에 맞춰 팔고 사서 재산을 늘린 사람이 있다. 지혜로운 자도 이들에게서 취한 점이 있다.(布衣匹夫之人, 不害於政, 不妨百姓, 取與以時而息財富, 智者有采焉.)"(「태사공자서」)라고 했는데 이는 평범한 사람들의 치부를 긍정하고 신분을 떠나 치부에 관해 배울 점을 취한 것이다.

사마천은 기원전 5세기 초의 태공망을 시작으로 한무제 원정 연간의 부상富商과 대고大賈에 이르는 400년 가까운 시간대를 서술 시기로 삼았으며 전반부 200여 년간은 여덟 명의 치부한 자를 간단히 서술하고, 후반에는 20여 명이나 되는 인물을 상세하게 서술하는 방식을 취했다. 사마천의 이 서술 방식은 근대로 올수록 사회 경제사적으로 상공업의 발달로 인한 상인의 지위에 심각한 지각 변동이 있음[1]을 상징하는 것이다. 아울러 사마천은 경제력이 천하의 패권을 차지하는 데 적지 않은 공헌을 한다고 생각했으며, 국가의 부보다는 개인의 부의 창출을 긍정적으로 보면서 치부 과정에서 지리적 환경의 중요성과 개인 역량의 중요성을 피력했다. 치부가 인간의 기본 욕구라는 심리적 기저에 바탕을 둔 사마천의 관점은 「화식 열전」에 중점적으로 나타난다. 자매편인

---

1) "한나라가 일어나 …… 부상과 대상들이 천하를 두루 다니게 되어 교역하는 물건은 유통되지 않는 게 없었으므로 바라는 것은 다 얻을 수 있었다. …… 농사와 목축과 공업과 벌목과 행상에 온 힘을 기울여 이익과 손해를 따져 대처하여 이익을 올림으로써 부를 이룩한 사람 가운데에 크게는 한 군을 압도하고, 그다음은 한 현을 압도하며, 작게는 한 마을을 압도하는 사람도 있었으니 그 예를 일일이 다 들 수 없을 정도로 많다.(漢興, …… 富商大賈周流天下, 交易之物莫不通, 得其所欲. …… 若至力農畜, 工虞商賈, 爲權利以成富, 大者傾郡, 中者傾縣, 下者傾鄉里者, 不可勝數.)"(「화식 열전」)

8장 '부'를 축적한 자들의 이야기

「평준서」에는 서한 이래의 경제 상황, 한무제의 대외 정벌 정책 그리고 국가가 부를 독점하는 정책에 대한 비판 의식이 두드러진다. '평준'이란 물가 조절 정책으로, 경제와 국가의 정치, 군사, 법률, 도덕 등 제 방면의 상호 영향 관계 및 상호 의존 관계를 이 책에서 다루고 있다. 그 핵심은 한무제의 욕망 정치에 대한 비판에서 시작된다. 사마천은 한무제가 백성들을 부역·조세 등으로 힘들게 하고 재산을 손상시키고 도탄에 빠뜨린 일은 비판적으로 보고 있다.

「화식 열전」에 대한 그동안의 연구는 경제 사상, 사마천이 언급한 치부한 인물 등에 관한 것으로 국한되어 있다.[2] 이 장은, 사마천이 「화식 열전」에서 많은 부분을 할애하고 있지만 그동안 연구가 소홀했던 유통 경제와 지리적 환경의 상관성에 중점을 두고 있다. 따라서 사마천이 역사와 지리 및 지역 경제 활성화와 유통은 물론 풍속에 관한 생생한 기록도 구체적으로 다루는 점을 검토하면서 이러한 유통 경제의 발전이 환경 조건과 결합되어 있고, 이 점을 이용하여 부의 축적이 가능했음을 염두에 두고자 한다. 또한 한무제의 경제 정책에 대해 사마천이 비판적 대안으로 제시한 경제관을 상인 계층의 양상과 연계시켜 다루고자 한다.

---

2) 졸고, 「『사기』 「화식 열전」을 통해 본 '부'와 권력의 관련 양상」, 《동양학》 66집, 2017; 최순희·김춘수, 「司馬遷의 貨殖列傳에 나타난 경제 치국관과 경영관」, 《경영교육연구》 27권 3호, 2012; 김영인, 「사마천 경제사상 연구」, 경상대 박사 논문, 2009; 張雯, 「簡論『史記·貨殖列傳』中的商人形象」, 《安徽文學》 第12期, 2011, 135쪽.

'재산 활용'의 문제와 상공업의 위상 제고

「화식 열전」에서 사마천은 반복적으로 분부奔富에 대한 인간의 욕망을 긍정하고 강조한다. 백성들이 부를 추구하여 보다 나은 생활을 누리려는 것은 하늘의 이치이고 인정에 들어맞는다는 것이다. 빈부에 대한 인간의 차별화된 반응은 자연의 이치이며 인간의 욕망 중 하나라고 인식한 사마천은 경제적 이득을 취하려는 인간의 모습을 호견법 방식으로 다루기도 하는데, 인간의 치부 행위 원인이 "이利"에 있음을 지적하고 있다. 사마천은 『사기 열전』의 대미를 「태사공 자서」를 제외하면 「화식열전」으로 장식하고, 『사기서』에서도 「평준서」를 맨 뒤에 두고 있다. 두 편 모두 경제상을 언급하고 있으나, 「평준서」는 주로 경제 정책과 비판을 다루고, 「화식 열전」은 주로 개인이 부를 축적하는 과정에서 어떤 권력을 갖게 되는가 하는 문제를 다루었다.

> 속담에 '천금을 가진 부잣집 아들은 저잣거리에서 죽지 않는다.'라고 했는데 이것은 빈말이 아니다. 그러므로 '천하 사람은 모두 이익을 위해 기꺼이 모여들고, 모두 이익을 위해 분명히 떠난다.'라고 하는 것이다. 저 천승의 왕, 1만 가를 가진 후, 100실을 가진 대부도 오히려 가난을 걱정했는데 하물며 보통 사람이나 서민이야 어떠하겠는가![3]

---

3) "諺曰 千金之子, 不死於市. 此非空言也. 故曰 天下熙熙, 皆爲利來, 天下壤壤, 皆爲利往. 夫千乘之王, 萬家之侯, 百室之君, 尚猶患貧, 而況匹夫編戶之民乎!"(「화식 열전」)

속담을 인용하여 사마천은 "이利"의 유무에 따라 이합집산하는 인간의 생리를 날카롭게 지적하면서 부의 권력 속성[4]도 함께 말하고 있다. "천금을 가진 부잣집 아들은 저잣거리에서 죽지 않는다."라는 말은 「월왕 구천 세가」에도 나오는데, 그 내용을 보면, 도주공의 둘째 아들이 살인죄로 감옥에 갇히자, 범려가 자신의 돈으로 아들을 구해 주겠다면서 한 말이다.[5] 사마천은 권력화된 부에 대한 인간의 굴종적 면모를 풍자하면서 죄를 지어도 돈으로 형벌을 면할 수 있다며 인간관계의 밑바

---

4) 이에 관해서는 김원중의 「『사기』 「화식열전」을 통해 본 '부'와 권력의 관련 양상」, 앞의 책, 1~20쪽에 상세하므로 해당 논문을 참조하기 바란다.

5) "주공(범려)이 도 땅에 살면서 막내아들을 낳았다. 막내아들이 장성하였을 무렵 도주공의 둘째 아들이 사람을 죽인 죄로 초나라에 갇혔다. 주공이 말했다. '사람을 죽였으면 죽어야 하는 것은 당연한 이치다. 그러나 내가 듣건대 '천금을 가진 이의 자식은 저잣거리에서 죽지 않는다.'라고 한다.' 주공은 그의 막내아들을 보내 살펴보게 했다. 그러고는 황금 1000일을 가져가게 했는데, 갈색 그릇에 담아 한 마리의 소가 끄는 수레에 실었다. 막내아들을 막 보내려고 할 때 주공의 큰아들이 한사코 가려고 요청했으나 주공은 들어주지 않았다. 큰아들이 말했다. '집안에 큰아들이 있으면 [이를 일러] 집안일을 살피는 '가독'이라 합니다. 지금 동생이 죄를 지었는데, 아버님께서 저를 보내지 않고 막내를 보내는 것은 제가 어리석기 때문입니다.' 그러고는 스스로 목숨을 끊으려고 했다. 그의 어머니도 말했다. '지금 막내를 보낸다고 해서 꼭 둘째 아이를 살려 낼 수도 없을 텐데, 그보다 먼저 큰아이를 잃게 된다면 어찌하면 되겠습니까?' 주공은 어쩔 수 없이 큰아들을 보냈는데, 편지 한 통을 써서 오랜 친구인 장생에게 건네주게 하면서 말했다. '그곳에 도착하면, 장생의 집에 이 1000금을 갖다 드리도록 해라. 그가 하자는 대로 따라야 하고, 절대로 그와 논쟁될 만한 일은 없도록 해라.' 큰아들은 떠날 때, 자신도 수백 금을 따로 챙겼다.(朱公居陶, 生少子. 少子及壯, 而朱公中男殺人, 囚於楚. 朱公曰 殺人而死, 職也. 然吾聞千金之子不死於市. 告其少子往視之. 乃裝黃金千溢, 置褐器中, 載以一牛車. 且遣其少子, 朱公長男固請欲行, 朱公不聽. 長男曰 家有長子曰家督, 今弟有罪, 大人不遣, 乃遣少弟, 是吾不肖. 欲自殺. 其母爲言曰 今遣少子, 未必能生中子也, 而先空亡長男, 柰何? 朱公不得已而遣長子, 爲一封書遺故所善莊生. 曰: 至則進千金于莊生所, 聽其所爲, 愼無與爭事. 長男既行, 亦自私齎數百金.)"(「월왕 구천 세가」)

탕에 이해관계가 있다고 지적했다.[6)]

사마천은 인간의 악행에도 그 언저리에는 "재용財用"이 있음을 다음과 같이 말한다.

마을의 젊은이들이 강도질을 일삼고 사람을 때려죽인 뒤 묻어 버리고, 사람들을 협박하며 사악한 짓을 일삼고 무덤을 파헤쳐 보물을 훔치고 돈을 위조하며, 협객인 체하면서 같은 패거리를 대신하여 원수를 갚고, 세상 사람의 눈에 띄지 않는 후미진 곳에서 물건을 빼앗고 사람을 내쫓는 등법에 저촉되는 행위를 피하지 않고 달리듯 죽을 곳으로 나아가는데 이는 사실 모두 재물의 쓰임 때문에 그렇게 한 것이다.[7)]

위의 글에서도 알 수 있듯이, 부를 향한 과도한 욕망이 부정적이고 피폐한 사회로 확장될 수 있다는 것이다. 물론 사마천이 이러한 주장을 펼친 경위는 자신의 궁핍했던 삶과도 연관이 있으니 '이릉지화李陵之禍'와 무관하지 않다.

사마천은 '자연지험自然之驗'이란 말로 자유 시장을 가장 정교하게

---

6) 곡식이나 돈으로 사면 받거나 벼슬을 할 수 있는 예가 「평준서」에도 보인다. "도복작(형을 선고받은 죄인의 죄를 사면해 주는 대신에 관부에서 형기를 마칠 때까지 노역에 종사시키는 것)에 처해진 자가 곡식을 현관에게 바치면 죄를 사면받을 수 있다.(及徒複作, 得輸粟縣官以除罪)", "재물을 뇌물로 바치는 사람은 관리로 임명되고 돈을 주면 죄도 벗어나게 되었다.(入物者補官, 出貨者除罪)", "상홍양은 또한 관리들로 하여금 양식을 바치면 벼슬을 주고, 죄인이 재물로 속죄할 수 있게 했다.(弘羊又請令吏得入粟補官, 及罪人贖罪)"
7) "其在閭巷少年, 攻剽椎埋, 劫人作姦, 掘冢鑄幣, 任俠並兼, 借交報仇, 篡逐幽隱, 不避法禁, 走死地如騖者, 其實皆爲財用耳."(「화식 열전」)

이론화하고 적극적으로 옹호한다.[8] 사마천은 경제가 발전하려면 당시의 지리적 여건을 잘 파악해야 하고 역사와 풍속에 대한 안목도 있어야 한다고 인식했다. 치부를 위해서는 처한 투자 환경을 극대화하는 전략을 세워야 한다는 것이다. 사마천은 지역의 속성을 잘 파악하여 상응하는 경제 정책을 시행한 태공망의 업적을 이렇게 기술하고 있다.

> 태공망이 영구에 봉해졌을 때 그 땅은 소금기가 많고 백성이 적었다. 그래서 태공망은 부녀자들의 일을 장려하여 기교를 극대화하고, 〔각지로〕 생선과 소금을 유통하자 사람과 물건이 〔그곳으로〕 돌아오고 줄지어 잇달아 모여들었다. 그리하여 제나라는 천하에 관과 띠와 옷과 신을 퍼뜨려, 동해와 태산 사이의 〔제후들은〕 소매를 바로 하고 〔제나라로〕 가서 조회하였다.[9]

위 인용문에서는 태공망이 그 지역의 여건을 파악한 다음 구체적으로 부녀자들에게 일(길쌈 등)할 것을 장려하고 소금, 관, 띠, 옷, 신 등의 유통업을 통해 백성을 잘살게 만들어 모이게 한 방법을 설명하고 있다. 물론 태공망은 벼슬 없는 평범한 백성은 아니었기에 사마천이 주로 다루고자 하는 인물군과는 다소 거리가 있다. 그러나 태공망의 사례를 들어 이러한 상업 촉진의 방법을 통해 백성들의 사기를 진작시키고 경제적 풍요를 가져와 천하의 패권을 장악하게 되는 결과를 가져왔다는 서

---

8) 황태연, 「서구 자유시장론과 복지국가론에 대한 공맹과 사마천의 무위 시장 이념과 양민 철학의 영향 —— 공자주의 경제·복지철학의 보편성과 미래적 함의에 관한 비교철학적 탐색」, 《한국학》 35권, 2012, 352쪽.
9) "太公望封於營丘, 地潟鹵, 人民寡, 於是太公勸其女功, 極技巧, 通魚鹽, 則人物歸之, 繦至而輻湊. 故齊冠帶衣履天下, 海岱之閒斂袂而往朝焉."(「화식 열전」)

술은 상업을 활용한 집정자의 선례가 된다.

사마천은 교통이 편리한 대도시 중심의 생산과 판매를 통해 적어도 20~30퍼센트의 이익을 창출하기도 했으며 이들이 "소봉"[10]의 반열에 올랐다고 하면서 이렇게 말한다.

교통이 편리한 큰 도시에서는 한 해에 술 1000독, 식초 1000병, 간장 1000독, 도축한 소와 양과 돼지 1000마리, 내어 판 곡식 1000종鍾, 땔나무 1000수레, 길이가 1000장丈 되는 배에 실은 땔감용 목재 1000장章, 대나무 장대 1만 개, 말이 끄는 수레軺車 100대, 소가 끄는 수레 1000대, 칠기 1000개, 구리 그릇 1000균鈞, 나무 그릇이나 쇠 그릇 또는 잇꽃이나 꼭두서니 1000섬, 말 200마리, 소 250마리, 양과 돼지 각 2000마리, 노비 100명, 힘줄과 뿔과 단사 1000근, 비단과 솜과 가는 베 1000균, 무늬 있는 비단 1000필, 두꺼운 베와 가죽 1000섬, 옻 1000말, 누룩과 메주 각 1000홉, 복어와 갈치 1000근, 말린 생선 1000섬, 절인 생선 1000균, 대추와 밤 각 3000석을 생산하는 자는 10분의 3의 이익을 거둔다. 여우와 담비로 만든 갖옷 각 1000장, 염소와 양으로 만든 갖옷 1000섬, 털자리 1000장, 다른 과일과 야채 1000종 등의 물건을 팔면 그 이자는 1000관貫을 얻게 된다. 중간에서 소개하는 사람이나 탐욕스러운 상인은 본전의 3분의 1을 이익으로 챙기고, 큰 욕심을 부리지 않는 상인은 5분의 1을 이익으로 얻는다. 이들의 수입 역시 영지 1000호를 가진 제후와 같은 수준이다. 이상이

---

10) "소봉"에 관하여 사마천은 「화식 열전」에서 다음과 같이 말했다. "관직의 지위에 따라 받는 봉록도 없고 작위의 봉해짐에 따라 받는 식읍의 수입도 없으면서 이런 것을 가진 사람들처럼 즐거워하는 사람이 있으니, 이를 소봉이라고 부른다.(有無秩祿之奉, 爵邑之入, 而樂與之比者, 命曰 素封.)"

소봉의 대강이다. 그 밖의 잡일을 하면 10분의 2의 이익도 올리지 못하므로 우리가 말하는 재물을 모으는 방식이 아니다.[11)]

위 인용문은 소봉, 즉 천자天子로부터 받은 봉토封土는 없으나 재산이 많아 제후와 비할 만한 큰 부자들이 물건을 팔아 생기는 이득을 구체적인 숫자 제시를 통해 매우 촘촘하게 서술하는데 '자대금전천관子貸金錢千貫, 절장회節駔會, 탐고삼지貪賈三之, 염고오지廉賈五之'에서 보이듯, 욕심을 좀 부려서 이득을 취하는 자들이나 그렇지 않은 자들에 대해 사마천은 일정 부분 긍정하면서 재산 증식에 관해서라면 적당한 탐욕과 욕심을 용인하고 있다.

사마천이 조사한 도시의 유통물을 살펴보면, 1차 경제 활동의 결과물인 농업, 임업, 수렵 채취, 어업 등 자연에서 채취하고 이용하는 산업으로 '소양돼지, 곡식, 땔나무, 목재, 대나무 장대, 복어와 갈치, 말린 생선, 저린 생선, 대추와 밤, 다른 과일과 야채'의 수량을 분석하였고, 2차 경제 활동인 광업, 수공업의 산업물로 '술, 식초, 간장' 등의 농산물 가공품과 '나무 칠기, 구리 그릇, 나무 그릇과 쇠 그릇, 비단과 솜과 가는 베, 무늬 있는 비단, 두꺼운 베와 가죽, 옷, 누룩과 메주, 여우와 담비로 만든 갖옷, 염소와 양으로 만든 갖옷, 털자리' 등의 수공품의 수량을 분

---

11) "通邑大都, 酤一歲千釀, 醯醬千瓨, 漿千甔, 屠牛羊彘千皮, 販穀糶千鍾, 薪稿千車, 船長千丈, 木千章, 竹竿萬个, 其軺車百乘, 牛車千兩, 木器髤者千枚, 銅器千鈞, 素木鐵器若卮茜千石, 馬蹄躈千, 牛千足, 羊彘千雙, 僮手指千, 筋角丹沙千斤, 其帛絮細布千鈞, 文采千匹, 榻布皮革千石, 漆千斗, 蘖麴鹽豉千荅, 鮐鮆千斤, 鯫千石, 鮑千鈞, 棗栗千石者三之, 狐貂裘千皮, 羔羊裘千石, 旃席千具, 佗果菜千鍾, 子貸金錢千貫, 節駔會, 貪賈三之, 廉賈五之, 此亦比千乘之家, 其大率也. 佗雜業不中什二, 則非吾財也."(「화식 열전」)

264

석했다.

여기에서 주목할 점은 지역이나 생산량, 상인의 성향에 따른 각종 물산의 차이에 대한 대물 가치를 평균하여 공시했다는 점이다. 이는 각각의 도시별로 유통되는 물산과 그 수량, 거래 가격 등을 면밀하게 조사하지 않고는 얻을 수 없는 구체적인 통계 일람표로서, 당시 현물 가격과 생산물, 상인의 양상 등 상공업의 위상을 한눈에 볼 수 있는 자료가 된다.[12]

3
지리 여건에 따른 주요 도회의 형성과 부를 축적한 자들의 이야기

1) 경제 지리에 따른 치부가들의 다양한 직업군

사마천은 전국 각 경제 구역과 각 분야의 생산물과 농산물이나 수공업 제품, 천연 광물, 임산물의 다양한 상품은 소비자의 수요에 따른 사용 가치가 있는 생필품이 될 수 있다고 보았다. 사마천은 장안, 낙양, 임치, 완, 양과 평양, 도와 휴양 등을 순서대로 거론하면서 해당 지역의 지리적 위치 등을 비교적 객관적으로 기술한다. 풍부한 답사 여행 덕에

---

12) 자연과 환경에 관한 사마천의 관심 방향은 자연 그대로가 아니라 일상적인 소비 생활을 좌우하고, 경제 활동에 커다란 영향을 주며, 나라 간의 정치에도 영향을 미치는 쪽으로 향해 있다. "인간과 자연의 관계라는 문제는 근대지리학의 시작부터 논의되어 온 주요 과제로, 이 둘의 관계를 어떻게 파악할 것인가 하는 것이 지리학의 존망과 관련된 중요한문제가 되고 있다."(미즈우치 도시오, 심정보 옮김, 『공간의 정치 지리』(푸른길, 2010), 126쪽)

역사 지리에 대해 조예가 깊었던[13] 사마천은 경제 지리관에 따라 전국을 산서山西, 산동山東, 강남江南 그리고 용문갈석龍門碣石의 북쪽 네 개 지역으로 나누었다. 사마천이 말한 산서와 산동은 효산崤山의 동과 서에 의한 구분이다. 강남은 강수江水를 경계선으로 삼으며 황하黃河가에 위치한 용문은 지금의 산시성陝西省 한청시韓城市 부근에 있는 지명이다. 갈석은 지금의 친황다오秦皇島 부근이다. 사마천은 경제 발전의 원동력이 지역과 물산의 관계에 있음을 경제 지리[14]적 관점에서 지적

---

13) 「공자 세가」에 묘사되어 있듯이 사마천은 노나라 공자 사당의 구택에 가서 예의를 익혔던 적이 있다. 또한 "남쪽으로 강수와 회수를 유력하고 회계산에 올라 우임금의 동굴을 탐험하고 〔순임금이 매장된〕 구의산도 살펴보았으며, 원수와 상수에 배를 띄우고 유람하였다. 〔그러다가〕 북쪽으로 문수와 사수를 건너 제나라와 노나라의 수도에서 학업을 닦고 공자가 남긴 풍속을 살펴보았으며, 추현과 역산에서는 향사를 살펴보았다. 파현, 설현, 팽성 등에서 재앙과 곤란을 겪고 양나라와 초나라를 거쳐 돌아왔다.(南遊江淮, 上會稽, 探禹穴, 九疑, 浮於沅湘, 北涉汶泗, 講業齊魯之都, 觀孔子之遺風, 鄉射鄒嶧, 困鄱薛彭城過梁楚以歸)"라고 한 것이라든지 "명을 받들어 서쪽으로 파와 촉 남쪽 지역을 정벌하고, 남쪽으로는 공과 작과 곤명을 공략하였다.(奉使西征巴蜀以南, 南略邛笮昆明)"와 같은 문장을 통해 이를 알 수 있다. 사마천은 대량大梁의 빈 터〔墟〕에 가서 현지인으로부터 위나라가 멸망한 원인을 들었다고 「위세가」에서 기술하고 있으며 한무제를 따라 "(나는 천자를) 쫓아 순행하며 천지의 여러 신과 이름난 산과 하천에 제사를 지냈고 봉선도 거행했다.(從巡祭天地諸神名山川而封禪)"(「봉선서」)라고 했다. 또한 몽염이 구축한 만리장성을 직접 가 본 적이 있다며 "〔나는〕 북쪽 변방 지역에 갔다가 직도로부터 돌아왔다. 길을 가면서 몽염이 진나라를 위해 쌓은 장성의 요새를 보았다.(適北邊, 自直道歸, 行觀蒙恬所爲秦築長城亭障.)"(「몽염 열전」)라고 하였으니 그가 당시 얼마나 구체적이고 세부적으로 천하의 면면을 꿰뚫어 보고 있었으며 이런 안목이 그의 경제 지리관 형성에 결정적인 기여를 했는지 의심할 여지가 없다 하겠다.
14) '경제 지리' 또는 '경제 지리학'은 지리학의 전통적인 하위 분야이지만, 수많은 경제학자들은 경제학 종목을 다루듯이 이 분야에 접근하고 있다. 베리(B. J. Berry)는 '경제지리학'이 경제 활동의 입지, 공간 조직, 경제 체계의 성장 및 자원의 이용과 남용에 관한 개념과 주로 관련되어 있다고 했다. 여기에서 경제 체계란 경제력의 공간적 행동과 지

하면서 다음과 같이 말했다.

대체로 산서 지방에는 목재와 대나무와 닥나무와 모시와 검은 소꼬리
와 옥석 등이 풍요롭고, 산동 지방에는 물고기와 소금과 옻과 명주실과 미
녀 등이 많으며, 강남 지방에는 녹나무와 가래나무와 생강과 계수나무와
금과 주석과 납과 단사와 무소뿔과 대모와 진주와 상아와 가죽 등이 나오
고, 용문과 갈석 북쪽에는 말과 소와 양과 모직물과 갖옷과 짐승의 힘줄
과 뿔 등이 많다. 구리와 철은 〔사방〕 1000리 안에서 종종 나오므로 바둑
돌을 벌여 놓은 것처럼 〔여기저기에〕 있다. 이것이 대략적인 상황으로 모두
중원 사람들이 좋아하는 것으로 세속에서 몸에 걸치고 먹으며, 산 사람을
받들고 죽은 사람을 장사 지내는 데 쓰는 도구이다.

그러므로 농부는 먹을 것을 생산하고, 어부와 사냥꾼은 물건을 공급하
고, 기술자는 이것으로 물건을 만들고, 장사꾼은 이것을 유통시킨다.[15]

위 인용문의 "모두 중원 사람들이 좋아하는 것"이라는 말에서 알
수 있듯이, 각 분야의 상품 공급은 백성들, 즉 수요자의 기호에 맞게 하
면 된다는 시장 조사 방식을 사마천은 인식하고 있었다. 당시 그가 세
속에서 유행하는 것을 분석하고 장례에 쓰이는 물품의 소비까지도 면
밀히 조사했음을 알 수 있다. "농부는 먹을 것을 생산하고, 어부와 사냥

역 경제 구조, 즉 지역 분화 형태와의 상호 의존 관계를 말한다.(한주성, 『『경제 지리학의
이해』(한울아카데미, 2006), 19쪽)

15) "夫山西饒材竹穀纑旄玉石, 山東多魚鹽漆絲聲色, 江南出枏梓薑桂金錫連丹沙犀瑇瑁珠璣齒
革, 龍門碣石北多馬牛羊旃裘筋角, 銅鐵則千里往往山出棊置, 此其大較也. 皆中國人民所喜好, 謠俗
被服飮食奉生送死之具也. 故待農而食之, 虞而出之, 工而成之, 商而通之."(「화식 열전」)

8장 '부'를 축적한 자들의 이야기

꾼은 물건을 공급하고, 기술자는 이것으로 물건을 만들고, 장사꾼은 이것을 유통시킨다."라고 한 부분은 사마천이 이미 생산, 소비, 유통의 경제망을 유기적으로 직시하고 있었음을 알 수 있는 대목이다.

사마천의 이런 구분 방식은 각 지역의 주요한 물산 분포에 따른 것으로 경제 활동의 입지, 자원의 이용 등을 고려한 경제 지리적 접근 방식과 밀접한 관련이 있으며, 구체적인 숫자를 표기하는 통계 방식[16]을 취하여 논지에 설득력을 얻고 있다. 이를 각 지역과 업종, 역사, 지리와 풍속, 유통 및 물산으로 세분하여 도표화하면 〔표 1〕과 같다.

〔표 1〕에서 선왕의 유풍을 따르는 곳은 다섯 군데(음영 부분)로 백성들이 1차 산업인 농사를 기본으로 하며 예를 중시하고 인품이 후덕하고 사악함을 싫어하는 모습을 보이고, 나머지 도시에서는 농사짓기보다는 산, 바다, 강 등의 지리적 요건과 인접 국가와의 관계, 특산물 등을 이용하여 2차 산업인 상업을 발달시켜 경제력을 키워 갔다는 점을

---

16) "그러므로 '말 54마리, 소 167마리, 양 250마리를 키울 수 있는 목장, 돼지 250마리를 키울 수 있는 습지대, 1000섬의 물고기를 양식할 수 있는 연못, 1000장의 목재를 벌채할 수 있는 산, 안읍의 대추나무 1000그루, 연나라와 진나라의 밤나무 1000그루, 촉, 한과 강릉의 귤나무 1000그루, 회북과 상산 남쪽 및 하수와 제수 사이의 가래나무 1000그루, 진과 하나라의 옻나무 밭 1000무, 제나라와 노나라의 뽕나무 밭과 삼 밭 1000무, 위천 유역의 대나무 숲 1000무, 거기에 각국의 번창한 성이나 성곽 주위에서 1무에 1종의 수확이 있는 밭 1000무 혹은 잇꽃이나 꼭두서니 밭 1000무, 생강과 부추 밭 1000무 가운데서 어느 것이라도 가진 사람이면 모두 1000호를 가진 제후와 같다.'라고 했다.(陸地牧馬二百蹄, 牛蹄角千, 千足羊, 澤中千足彘, 水居千石魚陂, 山居千章之材. 安邑千樹棗, 燕秦千樹栗, 蜀漢江陵千樹橘, 淮北常山已南河濟之間千樹萩, 陳夏千畝漆, 齊魯千畝桑麻, 渭川千畝竹, 及名國萬家之城, 帶郭千畝畝鍾之田, 若千畝巵茜, 千畦薑韭, 此其人皆與千戶侯等.)"(「화식열전」)

도시	업종	역사	지리·풍속	유통·물산
장안 長安	농업	우虞, 하夏 상등급 전지〔상전上田〕, 공류公劉·대왕大王·왕계王季·문왕文王·무왕武王 다스림.	기름진 땅 1000리, 선왕의 풍모 지님, 사악함을 두려워함, 토지 중시.	농사짓기, 오곡 심기.
	상업	진秦 문공文公·덕공德公·목공繆公 옹雍에 도읍.		농롱農隴과 촉촉蜀의 물자 모여듦.
	상업	헌공獻公 역읍櫟邑에 도읍.	융적戎翟, 삼진三晉과 통함.	
	상업	한漢나라 장안長安에 도읍.	장안 주변의 능묘로 사방에서 유입.	
낙양 洛陽		요堯〔당인唐人〕·하동河東, 반경盤庚〔은인殷人〕·하내河內, 평왕平王〔주인周人〕·하남河南 낙양에 도읍.	천하의 중앙. 땅 협소하나 많은 백성. 제후들이 모여 풍속 섬세. 검소. 세상사에 익숙.	제齊, 노魯나라와 통하고 양, 초나라와 거래.
임치 臨淄	사농 상공 賈		동해東海와 대산岱山〔해대海岱〕 사이의 큰 도시. 너그럽고 활달. 지혜롭고 의논을 좋아함. 큰 나라의 유풍.	
완宛	상업		영천穎川과 통함. 여러 가지 일 하기를 좋아함.	
양楊 ·평양 平陽	상업		진秦나라·백적白翟, 종種·대代와 장사. 자존심 강함. 승부욕 있음. 성을 잘 내고 유협 기질.	
온溫 ·지軹		메마른 땅 많은 사람〔지박인중地薄人衆〕, 음란한 주왕紂王의 자손〔주음지여민紂淫地餘民〕. (중산中山)	상당上黨·조趙·중산中山과 거래. 경박·교활한 방법으로 이익을 얻음.	
도陶 ·휴양 睢陽		성양成陽에 휴식궁, 뇌택雷澤에서 물고기 잡음, 박亳에 거주한 탕湯 왕.	선왕의 유풍이 남아 있음. 중후하여 군자가 많음. 검소하며 재물을 모음.	농사짓기

한단 邯鄲 (정鄭, 위衛)			장수漳水와 하수河水에 있 는 큰 고을. 연燕·탁涿과 통함. 양梁·노魯나라 인접. 중후(중重)·절조 숭상(긍 절矜節).	
연燕	상업		발해渤海와 갈석산碣石山 (발갈勃碣) 사이의 큰 고 을. 제齊·조趙와 통하고 흉 노(胡)와 맞닿음. 강하고 사납지만 생각이 얕음.	물고기, 소금, 대추, 밤
진陳	상업		초楚나라와 하夏나라의 중 간에 위치.	생선, 소금
강릉 江陵 (서초 西楚)	상업	초나라 도읍인 영郢	무巫·파巴와 운몽雲夢과 통함. 사납고 경솔하며 쉽 게 화를 냄.	운몽의 풍요한 생산물
수춘 壽春 ·합비 合肥 (남초 南楚)	상업	영郢 멸망후 수춘壽春으로 옮김(郢之後徙壽春).	강수江水, 회수淮水의 조 수를 남북으로 받음. 문사 를 좋아하나 교묘하여 믿 음이 적음.	피혁, 건어물, 목재가 모임. 대나무 생산, 황금, 아연, 주석은 양이 미비.
번우 番禺	상업		구의산(九疑)과 창오군(蒼 梧)부터 담이僧耳는 강수 남쪽(강남江南)과 풍습이 거의 같음. 양월楊越 사람 이 많음.	주옥, 서각犀 角, 대모玳瑁, 과실, 삼베 등 이 모임.
추鄒 ·노魯			수수洙水와 사수泗水 사 이. 유교 숭상. 예를 지켜 백성의 도량이 깊음. 땅은 좁고 사람은 많으므로 검 소하고 인색. 죄를 두려워 하여 사악한 것을 멀리함. 지금도 주공의 유풍이 남 아 있음.	뽕, 삼

동초 東楚	상업	오왕 합려, 춘신군, 오왕 유비가 놀기 좋아하는 젊은 사람을 불러 모음(吳自闔廬春申王濞三人招致天下之喜遊子弟)	동해東海, 오吳, 광릉廣陵까지. 서徐, 동僮과 비슷하여 백성은 청렴하나 각박. 약속을 중히 여기는 것을 자랑으로 삼음, 구胊·증繒은 제齊와 절강浙江 남쪽은 월越과 비슷함.	물고기, 소금, 장산의 구리, 삼강과 오호에서 이익을 얻음.
영천 潁川 ·남양 南陽		하나라 사람이 살던 곳(夏人之居)	무관武關·운관鄖關에 통하고, 한漢수와 강江수와 회淮수를 받아들임. 선왕의 유풍이 남아 있음. 후덕하고 삼가며 신중.	
복상 濮上		야왕野王으로 옮겨 감.	의기를 중시(好氣). 유협 숭상(任俠). 위나라 유풍(衛之風)	
제齊			산과 바다 인접. 뽕나무, 삼 기르기 적당.	베, 비단, 생선, 소금 생산.

적시했다.[17] 특히 상업 발달에 있어서 인간관계와 기질의 풍속도 빠뜨리지 않고 기록하여 경제 활동의 입지는 물론 공간 조직과 경제 체계의 성장 및 자원을 이용한 당시의 생생한 문화를 엿볼 수 있는 자료가 된다.

---

17) 진시황 때는 시장이 서북쪽에 형성되어 오지烏氏와 파군巴郡에 거부巨富와 호상豪商이 생겨났다. 사마천은 20여 지구와 도시를 열거하고 일일이 그 풍토와 민간 정서를 묘사하면서 상인에 대한 태도를 언급하고 있다. 「화식 열전」에서 관중關中과 옹雍을 언급하면서 "농과 촉의 물자가 많이 모여들고 장사꾼도 많았다.(隴隴蜀之貨物而多賈.)"라고 했고 역읍櫟邑은 "큰 장사꾼이 많다.(多大賈.)"라고 하고 함양鹹陽과 장안은 "백성이 약아져서 말단을 일삼았다.(民益玩巧而事末.)"라 하고, 추鄒·노魯는 "장사를 좋아하고 이익을 좇는 것이 주나라 사람들보다도 심해졌다.(好賈趨利, 甚於周人.)"라고 하고 진陳은 "그곳 백성 중에는 장사꾼이 많다.(其民多賈.)"라고 하고 완宛은 "생업으로 장사하는 사람이 많다.(業多賈.)"라고 했다.

8장 '부'를 축적한 자들의 이야기

특히 「화식 열전」에서는 상업 도시의 흥기로서 한단, 연과 임치, 도
와 휴양, 수춘, 번우, 완 등의 지역을 중심으로 화식의 열풍이 일어났고
그 풍속들이 형성되었다고 거론하고 있다. 그리고 실질적으로 함양과
장안, 낙양이 "도회都會"의 역할을 하여 "도국제후소취회都國諸侯所聚
會"(「화식 열전」)의 인적 교류의 산실이 되었다고 쓰여 있다.

아울러 사마천은 「화식 열전」의 후반부에서 사방 1000리 안에 살
았던 현명한 사람들이 치부한 방법을 소개하고 있는데, 그 내용을 살펴
보면 다음과 같다.

조간은 노예를 사랑하고 귀하게 대했다. 사람들은 사납고 교활한 노예를
싫어하지만 조간은 그런 자를 발탁하여 생선과 소금 장사를 시켜 이익을 얻
었다. 조간은 수레와 말을 거느리고 다니며 고을 태수나 나라의 재상과 사
귀기도 했지만, 노예들을 더욱 신임하여 그들의 힘을 빌려서 수천만 금의 부
를 쌓았다. …… 부유한 사람들이 사치를 다툴 때 임씨는 절약하고 검소한
생활을 하며 농사와 목축에 힘썼다. 사람들은 밭과 가축을 살 때 싼 것만을
택하지만, 임씨만은 값은 비싸도 질이 좋은 것을 골랐다. 이리하여 임씨는
여러 대 동안 부유했다. …… 진나라의 양씨는 이것으로 주에서 제일가는
부호가 되었다. 무덤을 파서 보물을 훔치는 것은 나쁜 일이지만 전숙은 그것
을 발판으로 하여 일어섰다. 도박은 나쁜 놀이이지만 환발은 그것으로 부자
가 되었고, 행상은 남자에게는 천한 일이지만 옹낙성은 그것으로 부자가 되
었다. 연지를 파는 것은 부끄러운 일이지만 옹백은 그것으로 천금을 얻었고,
술장사는 하찮은 일이지만 장씨는 그것으로 천만 금을 얻었으며, 칼을 가는
것은 보잘것없는 기술이지만 질씨는 그것으로써 제후들처럼 반찬 솥을 늘어
놓고 식사를 했다. 양의 위를 삶아 말려 파는 것은 단순하고 하찮은 일이지

만 탁씨는 그것으로 기마행렬을 거느리고 다녔다. 말의 병을 치료하는 것은 대단치 않은 의술이지만 장리는 그것으로써 종을 쳐서 하인을 부르게 되었다, 이는 모두 성실하게 한 가지 일에 노력한 결과이다.[18]

---

18) "刀閒 獨愛貴之. 桀黠奴, 人之所患也, 唯刀閒收取, 使之逐漁鹽商賈之利, 或連車騎, 交守相, 然愈益任之. 終得其力, 起富數千萬 …… 秦揚以蓋一州, 掘冢, 姦事也, 而田叔以起. 博戱, 惡業也, 而桓發用富, 行賈, 丈夫賤行也, 而雍樂成以饒. 販脂, 辱處也, 而雍伯千金. 賣漿, 小業也, 而張氏千萬. 酒削, 薄技也, 而郅氏鼎食. 胃脯, 簡微耳, 濁氏連騎. 馬醫, 淺方, 張里擊鍾. 此皆誠壹之所致. …… 富人爭奢侈, 而任氏折節爲儉, 力田畜. 田畜人爭取賤賈, 任氏獨取貴善. 富者數世." 조금 더 살펴보면 다음과 같다. "이제 당시 사방 1000리 안에 살았던 현명한 사람들이 어떤 방법으로 부유해졌는지를 대략적으로 말함으로써 후세 사람들이 살펴 선택하는 데 도움이 되게 하기를 청한다. 촉군의 탁씨는 조상이 조나라 사람이다. 철을 캐고 제련하여 부자가 되었다.(請略道當世千裏之中, 賢人所以富者, 令後世得以觀擇焉. 蜀卓氏之先, 趙人也, 用鐵冶富.) …… 지혜롭게 교역하여 전과 촉 땅의 백성을 기술자로 이용했다. 〔그의〕 부는 노비가 1000명에 이르고, 전답과 연못에서 사냥하고 고기잡이하는 즐거움이 임금의 그것에 견줄 만했다.(運籌策, 傾滇蜀之民, 富至僮千人. 田池射獵之樂, 擬於人君.) …… 정정은 산동에서 이주해 온 포로로서, 역시 철을 제련하여 머리를 방망이 모양으로 상투를 틀어 올린 사람들과 거래했다. 〔그도〕 탁씨처럼 부유했고 함께 임공에서 살았다. 완 땅 공씨의 조상은 양안라 사람이다. 철 제련을 직업으로 삼았다.(程鄭, 山東遷虜也, 亦冶鑄, 賈椎髻之民, 富埒卓氏 俱居臨邛. 宛孔氏之先, 梁人也, 用鐵冶爲業.) …… 수레와 말을 거느리고 제후에게 유세하였고 그것을 이용하여 장사하였다.(運車騎, 遊諸侯, 因通商賈之利) …… 조 땅의 병씨는 그중에서도 특히 심하여 철 제련법으로 일어나 거만금의 부를 쌓게 되었다.(曹邴氏尤甚, 以鐵冶起, 富至巨萬.) …… 행상을 하며 모든 군과 국에 돈을 빌려 주었다.(貰貸行賈遍郡國.) …… 사사는 이들에게 일을 맡겨 장사를 시킨 결과 7000만의 재산을 쌓을 수 있었다.(師史能致七千萬.) …… 고요라는 사람이 말 1000마리, 소 2000마리, 양 1만 마리, 곡식 수만 종을 얻었다.(橋姚 已致馬千匹, 牛倍之, 羊萬頭, 粟以萬鍾計.) …… 무염씨는 1000금을 풀어 빌려 주었는데 이자를 원금의 열 배로 하였다. 석 달 만에 오, 초가 평정되었다. 무염씨는 겨우 한 해 만에 원금의 열 배를 이자로 받아 그 재산은 관중 전체의 부와 맞먹게 되었다.(無鹽氏出捐千金貸, 其息什之. 三月, 吳楚平, 一歲之中, 則無鹽氏之息什倍, 用此富埒關中.) …… 전색, 전란, 위가의 율씨, 안릉과 두현의 두씨도 거만금을 가진 부자였다.(田嗇, 田蘭, 韋家栗氏, 安陵, 杜杜氏, 亦巨萬.)"(「화식 열전」)

8장 '부'를 축적한 자들의 이야기

이를 도표화하면 〔표 2〕와 같다.

〔표 2〕 치부가들의 직업군과 치부 항목

사방 1000리 안의 부자들

항목	유통·물산
철 제련	촉군의 탁씨卓氏〔탁왕손, 포로〕, 정정程鄭〔포로〕, 완宛땅 공씨孔氏, 조曹땅 병씨邴氏
유통업	사사師史
농사와 목축	선곡宣曲의 임씨任氏, 교요橋姚
고리대금	무염씨無鹽氏
부상富商이나 대고大賈	전색田嗇, 전란田蘭
거만금의 부자	위가韋家의 율栗씨, 안릉安陵과 두杜현의 두씨杜氏
소금·생선	조간刁閒

성일誠壹한 방법을 활용한 부자들

항목	이름
밭농사	진秦나라 양揚씨
무덤 도굴	전숙田叔
도박	환발桓發
행상	옹낙성雍樂成
판매	옹백雍伯
술장사	장씨張氏
칼 갈기	질씨郅氏
양의 포 판매	탁씨濁氏
말 치료	장이張裏

〔표 2〕는 각종 직업을 가진 부자들을 정리한 것이다. 그중에서도 특히 상품 생산과 유통을 겸한 자들을 살펴보면, 우선 촉군의 탁씨는 철을 캐고 제련하여 부자가 되었으며, 지혜롭게 교역하고 전滇과 촉蜀 땅의 백성을 기술자로 이용했다. 현지의 값싼 노동력을 이용한 것은 최소 비용으로 최대 이윤을 내는 방식이며, 그 지역의 경제를 활성화하는 방안이다. 정정은 철을 제련하여 머리를 방망이 모양으로 틀어 올린 사람들과 거래했는데, 이는 염철을 전매하는 국가의 정책에 대한 우회적 비판이기도 하면서 자율 경쟁에 맡겨 두면 이웃 나라와 자연스럽게 유통이 진행된다는 것을 보여 주는 사례다. 또 완땅 공씨는 철을 제련하고 제후에게 유세하고 그것을 이용하여 장사했는데, 생산과 유통을 전담하는 것은 물론이고 그 과정에서 마케팅 전략까지 구사하고 있다. 조 땅의 병씨는 철을 제련하면서 행상을 하고 돈을 빌려 주기도 하는데, 생산과 유통으로 인한 잉여 자본의 재투자 과정이 표현된 것이다. 이들 이외에 특수 업종으로 치부한 자들도 있으니 질씨와 탁씨와 장이가 해당되고, 대부업을 한 자들도 있었으니 무염씨가 해당된다. 이들은 사실상 상인이라는 협의의 범주에 넣어서는 안 되고 "화식"이란 이름에 더 어울린다.

이들은 직업도 다양하고 생산·유통하는 물건도 다양하다. 직업의 귀천을 따지지 않고 능력 우선을 주장한 사마천은 사물의 이치를 헤아려 행동하고 시세의 변화를 살펴 이익을 얻는 것을 긍정했으며, 천하거나 하찮은 일, 기이한 일도 꾸준히 해서 부를 축적하는 것에도 일정한 의미를 부여했다. 그러므로 비합법적인 방법으로 치부했을지라도 "소봉"이라 하면서 높이 평가했다. 물론 사마천의 이러한 서술은 무제가 취한 경제 정책을 신랄하게 비판하고 있다는 점도 간과할 수 없다.

8장 '부'를 축적한 자들의 이야기

전통적인 관념에서 볼 때, 상업은 농업에 대비되어 말업으로 인식되었으나, 제국을 유지하기 위해서는 상인의 경제력이 필요했으므로 상인 역시 권력과 결탁했다.[19] 한무제 시대에 관료 조직의 핵심 그룹 중 하나는 직업적 상인 출신 관료들이었다. 특히 이들 중 적지 않은 자들이 한무제의 정벌 정책으로 인한 국가 재정의 파탄 때문에 조정의 추천을 받아 권력층으로 들어왔다. 그들은 화물을 실은 수레가 수백 대나 될 정도로 이익을 얻었으며, 싸게 사서 비싸게 팔아 사재기를 해 댔다. 그러자 봉군[20]들도 모두 머리를 숙이고 재물을 공급받았다. 또한 그들은 철기를 주조하고 소금을 구워 재물을 수만 금이나 쌓아 두기도 했다.[21]

사마천은 당시 도시 경제를 중시하여 농업이 아닌 상업을 경제 발전의 원동력으로 보았다. 그런데 사마천은 정당하고 합법적인 직업을 통해 부를 이루어야 한다고 주장하면서 "농업으로 부를 이룬 것을 으뜸이라 하고, 상업으로 부를 이룬 것은 그다음이며, 간사하고 교활한 수단으로 부를 얻는 것이 가장 저급하다.(本富爲上, 末富次之, 奸富最下.)"라고 말하기도 했다. "본부", "말부", "간부"에서 "본부"와 "말부"는 농업과 상업으로 구분한 것으로 공통점은 자신의 경영 능력으로 재산을 불렸다는 것이다. 그들은 정당한 행위를 한 것으로 모범으로 삼을 만한 자들이지

---

19) 박기수 외, 『중국 고대 사회경제사』(청어람미디어, 2005), 585쪽 참조.

20) 봉군이란 군주에게 봉호 또는 토지를 받은 신하를 말한다. 주체적으로 행정권을 갖지 않고 봉지의 세금을 거두어들이는 권한을 지니고 있다. 전국 시대의 관료제 정착 과정에서 봉군제가 유지되었던 것으로 보인다.

21) "화물을 실은 수레가 수백 대나 될 정도로 이익을 얻었으며, 싸게 사서 비싸게 팔아 읍에서 사재기를 해 댔다. 그러자 봉군들도 머리를 숙이고 재물을 공급받았다. 또한 그들은 철기를 주조하고 소금을 구워 어떤 이는 재물을 몇만 금 쌓아 두기도 했다.(轉轂百數, 廢居居邑, 封君皆低首仰給, 冶鑄煮鹽, 財或累萬金.)"(「평준서」)

만, "간부"는 "작위와 봉읍이나 녹봉을 가지고 법률을 교묘하게 운용하고 나쁜 짓을 하여 부자가 된(有爵邑奉祿弄法犯姦而富)" 자들이다. 물론 "사람들을 협박하며 사악한 짓을 일삼고, 무덤을 파헤쳐 보물을 훔친(劫人作姦, 掘塚鑄幣)" 범법 행위를 일삼은 자들에 대해 사마천은 엄격하게 "제지齊之"해야 한다고 보았다. 특히 사마천은 장기적인 안목에서 부를 유지할 것을 강조하여 덕을 중시했으며, 오히려 "돈을 불리려면 값싼 곡식을 사들이고(欲長錢, 取下穀)"라 하여 염가에 사서 박리다매의 방식으로 이윤을 낸 백규의 방식을 선호했다.

사마천은 국가의 상업 관리 방식에도 층위가 있음을 지적했다. 자연에 순응하는 것이 가장 좋은 방법이고 그다음은 교육과 설득이며 그다음은 억압과 간섭이고 가장 나쁜 것이 백성들과 이익을 다투는 것이라고 적시했다. 한 혜제와 고후 시기에는 백성들이 전쟁의 고통에서 벗어나 휴식을 취하고자 하여 천하가 안정되면서 의식주에 대한 욕구가 점차 일어났는데, 문제 때 여러 차례 조서를 내려 백성들에게 귀농하라고 하면서 경제 활동에 간섭하기 시작했으니 이것이 바로 "교회敎誨", "정제整齊"다. 그러나 무제 시대에 이르러 염철 전매와 평준 정책이 시행된 것에 대해 사마천은 백성들과 이익을 다투는 하책이라며 비판적 시각을 갖게 되었다. 이처럼 사마천은 자유 무역 이론의 경제관을 제시한 것으로 이는 오늘날의 시각에서 보더라도 의미가 있다.

2) 주요 도회의 치부 사례

사마천은 「화식 열전」에서 교통 중심 도시를 서술하여 유통업이 활성화되고 상사가 수가 된 이유를 분명히 밝혔다. 사마천은 관중關中을

8장 '부'를 축적한 자들의 이야기

중심축으로 삼아 그곳이 정치 중심지인 동시에 경제 중심지임을 밝히면서 관중에 가까운 장안을 도읍으로 정하면서 상업이 활성화되었다는 역사적 사실을 다음과 같이 구체적으로 언급한다.

관중[22]은 견汧[23]과 옹雍[24]에서부터 동쪽으로 하수河水와 화산華山에 이르기까지 기름진 땅이 1000리에 펼쳐 있어 우虞와 하夏 시대의 공부貢賦에서도 상등급의 전답으로 삼았던 것이다. 또한 공류公劉는 빈邠으로 갔고, 태왕大王과 왕계王季는 기산岐山에서 살았으며, 문왕은 풍豊을 일으켰고, 무왕은 호경鎬京을 다스렸으므로 이 땅에 사는 백성은 아직도 선왕이 남긴 풍모를 지니고 있기 때문에 농사짓기를 즐겨 오곡을 심고 토지를 소중히 여기고 사악한 짓을 두려워한다. 진秦나라 문공과 덕공과 목공이 옹雍에 도읍하니, 〔그곳에는〕 농롱隴과 촉의 물자가 많이 모여들고 장사꾼도 많

---

22) '관중'에 대해서는 세 가지 설이 있다. 첫째, 함곡관 서쪽으로, 진영秦嶺 이남의 한중漢中, 파촉巴蜀까지 포함한 진나라의 옛 땅이라는 설, 둘째, 함곡관 서쪽으로, 진영 이북의 지역으로 섬서陝西 북부를 포함하는 지역이라는 설, 셋째, 섬서의 관중 분지盆地라는 설 등인데 일반적으로 첫 번째 설을 취한다.

23) 「하 본기」에 견汧과 관련된 내용이 다음과 같이 나온다. "〔우가〕 아홉 산의 길을 열었으니, 견산은 기산에 미치고 형산까지 이르렀으며 하수를 뛰어넘었다.(道九山, 汧及岐至於荊山, 踰於河.)"

24) 『사기 본기』의 옹雍 지역과 관련된 내용은 다음과 같다. "〔무공〕 20년, 무공이 세상을 떠나자 옹 땅의 평양에 안장했다.(二十年, 武公卒, 葬雍平陽.)", "덕공 원년, 처음으로 옹 성의 대정궁에 거했다.(德公元年, 初居雍城大鄭宮.)", "〔목공〕 39년, 목공이 죽자 옹 땅에 안장했다.(三十九年, 繆公卒, 葬雍.)"(「진 본기」), "출공이 자리에 오른 기간은 2년이었다. 출공이 스스로 목숨을 끊자 옹읍에 안장했다.(出公享國二年. 出公自殺, 葬雍.)"(「진시황 본기」), "귀유구는 '거대한 기러기'라고 불리다 죽어 옹 땅에 장사 지냈는데, 홍총이 그 무덤이다.(鬼臾區號大鴻, 死葬雍, 故鴻塚是也)"(「효무 본기」), "항왕은 장한을 옹왕으로 세웠다.(項羽乃立章邯爲雍王.)"(「항우 본기」)

앉다. 헌공은 역읍櫟邑으로 도읍을 옮겼는데 역읍은 북쪽으로는 융적을
물리칠 수 있고, 동쪽으로는 삼진三晉과 통해서 또한 큰 장사꾼이 많았다.
효공과 소왕은 함양에서 다스렸으므로 한나라는 〔그곳에 가까운〕 장안에
도읍을 정했다. 장안 주변에는 여러 개의 능묘가 있으므로 수레바퀴 살이
바퀴 축으로 향하듯 사방에서 줄지어 모여들었다. 땅이 좁고 사람이 많으
므로 그곳 백성은 약아져서 말단〔상업〕을 일삼았다.[25]

사마천은 관중의 위치를 상세히 기술하면서 우·하 시대로부터 대
대로 도읍지로 삼았던 지역으로 문무왕이 땅을 다스리던 때에는 선왕
의 유풍이 남아 있고 농사짓기를 즐겼던 풍습에 반해 진 문공과 덕공
이후에는 농과 촉의 물자가 모여들고 장사꾼도 많아졌다고 했다. 그리
고 헌공에 이르러 동쪽의 삼진을 통해 큰 장사꾼이 많아졌으며, 효공과
소왕 이후에는 백성들이 더욱 약아졌는데, 역대 제왕들이 왜 이 근처에
도읍을 정하여 천하의 패권을 다투려 했는지 밝히고 있다. 그러고는 교
통의 요지인 장안에 사는 백성들의 성향을 "완교玩巧"라고 평가하고는
이 기질로 인해 말단인 상업을 섬기게 되었다고 결론지었다. 이는 장안
주변이 도시화되면서 농업 중심 사회에서 상업의 발달로 전개되는 추
이를 보여 주는 대목이다. 지리적 환경을 제대로 인식해야 한다는 사마
천의 발언에서 확인되듯 교역이 번창하여 부의 창출로 귀결되었다. 그
리고 사마천이 중요하게 거론한 도시들을 보면 한 가지 큰 특징을 가지

---

25) "關中自汧雍以東至河華, 膏壤沃野千里, 自虞夏之貢以爲上田, 而公劉適邠, 大王王季在岐, 文
王作豊, 武王治鎬, 故其民猶有先王之遺風, 好稼穡, 殖五穀, 地重, 重爲邪. 及秦文德繆居雍, 隴隴
蜀之貨物而多賈. 獻公徙櫟邑, 櫟邑北卻戎翟, 東通三晉, 亦多大賈. 孝昭治咸陽, 因以漢都, 長安諸
陵, 四方輻湊並至而會, 地小人衆, 故其民益玩巧而事末也."(「화식 열전」)

고 있다.

1) 임치 또한 동해와 태산 사이에 있는 큰 도시이다. …… 대체로 큰 나라의 유풍이 있으며 그중에는 〔사, 농, 상, 공, 고賈가〕 두루 모여 산다.[26]

2) 완宛도 큰 도시 중 하나이다. 풍속은 여러 가지가 뒤섞여 있으며 일하는 것을 좋아하고 생업으로 장사하는 사람이 많다.[27]

3) 연나라는 발해와 갈석산 사이에 있는 큰 고을인데 남쪽으로는 제와 조나라에 통하고, 동북쪽으로는 흉노와 경계를 맞대고 있다. 상곡부터 요동에 이르는 곳은 아주 멀어 백성이 적고 자주 침략당했다. 풍속은 조나라, 대나라와 아주 닮았고 백성은 강하고 사납지만 생각이 얕다. 물고기, 소금, 대추, 밤 등이 많이 생산된다. 북쪽으로는 오환 및 부여와 이웃하고 있고 동쪽으로는 예맥, 조선, 진번에서 이익을 독점하고 있다.[28]

인용문에 공통으로 나타난 "도회都會"란 단어를 눈여겨보면, 모든 지역이 지리적 탁월성으로 인하여 물산도 다양하다고 한 대목에서 시각의 참신성을 알 수 있다. 또 다른 예로, 사마천은 조나라의 도읍인 한단을 거론하면서 "한단은 장수와 하수 사이에 있는 큰 고을이다. 북쪽

---

26) "臨淄亦海岱之閒一都會也. …… 大國之風也. 其中具五民."(「화식 열전」)
27) "宛亦一都會也. 俗雜, 好事業多賈."(「화식 열전」)
28) "夫燕亦勃碣之閒一都會也. 南通齊趙, 東北邊胡. 上谷至遼東, 地踔遠, 人民希, 數被寇, 大與趙代俗相類, 而民雕捍少慮, 有魚鹽棗栗之饒. 北鄰烏桓夫餘, 東綰穢貉朝鮮眞番之利."(「화식 열전」)

으로 연과 탁에 통하고, 남쪽에는 정과 위나라가 있다.(邯鄲亦漳河之閒
一都會也. 北通燕涿, 南有鄭衛.)"(「화식 열전」)라고 하면서 이곳 역시 도시
경제가 발전할 수밖에 없는 지리적 요건을 갖추고 있다고 했다. 이 외에
"진陳은 초나라와 하夏나라의 중간에 있어 생선과 소금 등의 물자를 교
역하고, 그곳 백성 중에는 장사꾼이 많다.(陳在楚夏之交, 通魚鹽之貨, 其
民多賈.)"(「화식 열전」)라고 했고, 강릉은 초나라의 고도로 강남 경제구
를 위해 비교적 일찍 개발된 지역으로, 뛰어난 자연 조건을 가지고 있어
상업도 일찍 발달하지 않을 수 없다고 했다.[29] 1)의 임치는 동해와 태산
사이에 있어 산과 바다를 지니는 교통의 요지이므로 상업 발달이 요긴
함을 알 수 있다. 「제 도혜왕 세가」에도 "제나라 임치에는 10만 호가 있
어, 〔장사가 잘되어〕 세금만 하루에 1000금이고 사람이 많습니다. 이뿐
아니라 부유하여 장안을 능가합니다.(齊臨淄十萬戶, 市租千金, 人衆殷富,
巨於長安.)"라고 나와 있으며, 2)의 완도 장사하는 사람으로 인해 풍속
이 섞여 있는 도시임을 알 수 있다. 주목할 점은 3) 연 땅에 대한 언급인
데 동북쪽으로 흉노와 경계하고 요동과 멀어 침략당하는 폐해가 있기
는 하지만 바다와 산 사이에 있다는 교통 여건과 여기에서 생산되는 특
산물로 교역이 발달했다는 것을 장점으로 특화시켰다. 사마천이 "도와
수양도 한 도시였다.(陶睢陽亦一都會也.)"라고 한 도와 휴양도 모두 운하
바로 옆에 위치했다는 이점을 활용하여 상업이 발전했는데, 그 유명한
범려가 장사를 통해 큰돈을 번 곳이 도라는 곳이기도 하다. 교통의 요
지이니 교역이 발달할 수밖에 없었으며, 이것을 사마천은 "화물 교역貨

---

29) 사마천의 이러한 시각의 참신성은 "도시는 문화의 용기다. 도시가 조성되고 발전하
면서 도시 문화 또한 생성된다."(박정희, 「중국 도시 문화 연구 ── 충칭을 중심으로」, 《중
국학》 62집, 2018, 34쪽)라는 발언을 떠올리게 만든다.

物交易"[30]이라는 말로 표했다.

이렇듯 각 지역은 모두 자신에게 적합한 상업의 방식을 낳게 되는데, 그중 하나가 지리 환경에 따라 도시가 형성되어 교통의 요지가 된다는 것이다. 이러한 사마천의 경제 구역 구분 방식은 각 도시 중심의 경제 지도를 만든 것으로, 지리적 이점과 유통뿐 아니라 각 지역의 풍속사를 세밀하게 분석하고 있다는 점도 특기할 만하다. 예를 들면 이런 서술 방식이다. "중산은 땅이 메마르고 사람이 많은 데다 사구 일대에는 음란한 짓을 하던 주왕의 자손들이 사는데, 그들의 풍속은 경박하고 교활한 방법으로 이익을 얻어 생활했다. 남자들은 서로 모여 놀고 희롱하며, 슬픈 노래로 울분을 터뜨리고, 일어나면 서로 따르고 사람을 죽이고 강도질을 하며, 일이 없을 때는 무덤을 파헤쳐 보물을 훔쳐 위조품을 교묘하게 만들고 나쁜 짓을 하며, 광대놀이를 하기도 했다. 여자들은 비파를 타고 신발을 끌고 다니며 부귀한 사람들에게 아부하여 후궁으로 들어가 제후국마다 두루 퍼져 있다."[31]

---

30) "주공은 도陶는 천하의 중심으로 사방 여러 나라로 통하여 물자의 교역이 이루어지는 곳이라고 생각했다. 이에 장사를 하며 물자를 쌓아 두었다가 시세의 흐름을 보아 (내다 팔아서) 이익을 거두었는데 사람의 노력에 기대지는 않았다.(朱公以爲陶天下之中, 諸侯四通, 貨物所交易也. 乃治産積居. 與時逐而不責於人.)"(「화식 열전」)

31) "中山地薄人衆, 猶有沙丘紂淫地餘民, 民俗懁急, 仰機利而食. 丈夫相聚遊戱, 悲歌忼慨, 起則相隨椎剽, 休則掘冢作巧姦冶, 多美物, 爲倡優. 女子則鼓鳴瑟, 跕屣, 游媚貴富, 入後宮, 遍諸侯." (「화식 열전」) 이러한 사마천의 서술은 "도시는 지역 공동체의 권력과 문화가 집중된 곳이다."(박홍규, 『메트로폴리탄 게릴라』(텍스트, 2010), 194쪽)라는 발언을 떠올리게 만든다. 이런 예문에서 알 수 있듯이, 사마천이 인식한 도시의 특징은 어떤 특정 지역에 한정되지 않으며 그 지역의 문화와 권력, 풍속과 역사가 두루 망라된 개념으로 확장되는 경우가 적지 않다.

경제 지리와 변화하는 사회상에 따른 상인 계층의 양상

1) 상업 기술의 전문화와 제철업 등 직업군의 전문화

시세의 변동을 살펴 돈을 버는 일에 탁월했던 백규와는 달 이극[32]은 농업에 중점을 두었는데, 이는 "토지의 생산력을 다하는 데 힘썼다.(務盡地力.)"(「식화지」)라는 반고의 서술과도 일치된다. 「노중련 추양 열전」에 "백규가 중산에서 이름을 날렸을 때 중산의 어떤 사람이 위나라 문후에게 그를 비방하였지만, 문후는 오히려 밤에도 빛을 발하는 구슬을 백규에게 내렸습니다. 무엇 때문입니까? 이는 두 군주와 두 신하가 심장을 도려내고 간을 가르는 것처럼 서로 믿었기 때문입니다. 어찌 떠돌아다니는 없는 말에 〔마음이〕 흔들리겠습니까!"라고 했고, 『사기집해』에서 장안은 "백규는 중산의 장군이 되어 육성을 잃고 군주가 그를 죽이고자 하였는데 도망하여 위魏나라로 들어가 위 문후의 후한 대접을 받고 중산을 환발했다."라고 했다.[33] 농사 방법의 변화를 꾀한 이극의 부의 창조와 시변을 통해 부의 축적을 강조한 백규에 대해 사마천은 이렇게 말한다.

---

32) 요컨대 『한서』 「식화지」에 이회李悝는 위 문후를 위해 지력의 가르침을 다하여 부국강병이 되게 하였다고 전해지는데, 이것으로 보면 원문의 '이극李克'으로 표기된 것은 착오로서, 『유향별록劉向別錄』에서도 '이회李悝'로 일컬었다. 한편 「위 세가」, 「손자 오기 열전」에 위 문후와 이극에 관한 일화가 기록되어 있으나 경제 정책과 관련된 내용은 전해지지 않는 것으로 보인다.

33) "白圭顯於中山, 中山人惡之魏文侯, 文侯投之以夜光之璧. 何則? 兩主二臣, 剖心坼肝相信, 豈移於浮辭哉!", "集解張晏曰, 白圭爲中山將, 亡六城, 君欲殺之, 亡入魏, 文侯厚遇之, 還拔中山." 한편 백규에 관한 행적은 『전국책』과 『여씨춘추』 등에서도 보인다.

백규는 주나라 사람이다. 위魏나라 문후 때 이극은 지력을 높이는 일에 힘을 기울였으나, 백규는 시세의 변동을 살피기를 좋아했다. 그래서 〔백규는〕 사람들이 버리면 자신이 사들이고, 세상 사람들이 사들일 때는 자신이 팔아넘겼다. 풍년이 들면 곡식을 사들이고 실과 옻은 팔았으며, 〔흉년이 들어〕 누에고치가 나돌면 비단과 풀솜을 사들이고 식량을 팔았다. …… 물건을 사재기하는 것이 해마다 배로 늘어났다. 돈을 불리려면 값싼 곡식을 사들이고, 수확을 늘리려고 상급의 종자를 취했다.[34]

백규는 천문에도 능하여 하늘의 상황을 보고 풍년과 흉년의 시기를 정확히 예측했고 그에 따라 값의 오름과 내림을 예측하여 매점매석 방식으로 돈을 벌었다고 사마천은 부연하면서, 특히 백규의 검소함과 빠른 판단력[35]이 치부의 원동력이 되었음을 분명히 적시했다. 백규와 같이 풍년과 흉년의 시기와 값이 오르고 내림을 예측한 것으로 계연의 견해를 보면 다음과 같다.

전쟁이 있을 것을 알면 미리 방비해야 하고, 때에 맞는 쓰임을 알면 〔필요한〕 물건을 알게 됩니다. 이 두 가지가 드러나면 모든 재물의 실정을 알 수 있습니다. 그러므로 세성歲星이 서쪽에 있으면 풍년이 들고, 북쪽에 있으면 수해가 발생하며, 동쪽에 있으면 기근이 들고, 남쪽에 있으면 가뭄이

---

34) "白圭, 周人也. 當魏文侯時, 李克務盡地力, 而白圭樂觀時變, 故人棄我取, 人取我與, 夫歲孰取穀, 予之絲漆, 繭出取帛絮, 予之食 …… 積著率歲倍, 欲長錢, 取下穀, 長石斗, 取上種."(「화식 열전」)
35) "거친 음식을 달게 먹고 하고 싶은 것을 억누르며 옷을 검소하게 입고 노복들과 고통과 즐거움을 함께했으나, 시기를 보아 나아가는 데는 마치 사나운 짐승이나 새처럼 재빨랐다.(能薄飮食, 忍嗜欲, 節衣服, 與用事僮僕同苦樂, 趣時若猛獸摯鳥之發)."(「화식 열전」)

듭니다. 가뭄이 든 해에는 미리 배를 준비해 두고, 수해가 있는 해에는 미리 수레를 준비해 두는 것이 사물의 이치입니다. 6년마다 한 차례 풍년이 들고, 6년마다 한 차례 가뭄이 들며, 12년마다 한 차례 흉년이 듭니다. 쌀 값이 한 말에 20전이면 농민이 고통을 받고, 90전이면 [반대로] 상인이 고통을 받습니다. 상인이 고통을 받으면 상품이 유통되지 않고, 농민이 고통을 받으면 논밭이 개간되지 못합니다.[36]

계연은 천문학에도 조예가 깊었으며 날씨 등의 정보를 수확물에 적용하여 수익을 높이는 데 활용했다. 상업의 기술에 있어 전문성을 활용한 상인의 예로 사마천은 촉군의 탁씨가 교역을 할 때 전滇과 촉蜀 땅의 백성을 기술자로 이용하여 가깝고 값싼 노동력을 활용한 점, 사사師史의 경우 가난한 사람들을 모아 부자들에게 장사하는 법을 교육시킨 점 등을 들었다.

지역과 도시마다 대표적인 상인 계층이 형성되었으니 사마천은 「중니 제자 열전」에서 자공의 경우를 예로 들면서 "억측하면 자주 적중하였다.(億則屢中.)"라고 하여 능력을 가진 상인인 동시에 "항상 노나라와 위나라에서 재상 노릇하였다(常相魯衛.)"라고 하며 능력을 가진 정치가였음을 서술했다. 「화식 열전」에서 제齊, 진晉, 오吳, 월越 등의 군주를 설득하면 "왕들이 몸소 뜰까지 내려와 대등한 예로 맞이하지 않는 자가 없었다.(國君無不分庭與之抗禮.)"고 기록했고 자공이 "네 마리 말이 끄는 수레를 타고 가마행렬을 거느리며 비단을 폐백으로 들고 제후들을 찾

---

36) "知鬪則修備, 時用則知物, 二者形則萬貨之情可得而觀已. 故歲在金, 穰, 水, 毀, 木, 饑, 火, 旱. 旱則資舟, 水則資車, 物之理也, 六歲穰, 六歲旱, 十二歲一大饑. 夫糶, 二十病農, 九十病末. 末病則財不出, 農病則草不辟矣."(「화식 열전」)

8장 '부'를 축적한 자들의 이야기

아갔다.(結駟連騎, 束帛之幣以聘享諸侯.)"라고 서술했다. 「화식 열전」에서 시간의 선후에 따른 인물의 배열 순서는 범려, 자공, 백규이고 그 뒤를 이어 의돈과 곽종이 거론되는데 범려와 자공은 한 단계 높은 차원의 상인이다. 오지현의 나보는 기이한 것을 주고 융왕의 가축과 교환하여 "축지용곡량마우畜至用穀量馬牛"가 되었고 서북 변방 지역 무역의 선하를 열었다. 물론 유통업이다. "진시황제령나비봉군秦始皇帝令倮比封君, 이시여열신조청以時與列臣朝請"이라고 말하면서 그를 첫 번째 "소봉"의 반열에 올렸다. 진시황의 평천하 사업에 기여한 또 다른 사람은 파巴에 사는 과부 청淸으로 그녀는 단사가 나오는 동굴을 발견하여 진시황이 여회청태女懷淸台를 지어 줄 정도로 여성 기업가로서 명성을 누렸다.

물론 사마천은 '이利'만을 중요하게 여긴 것이 아니고 부를 통해 '의義'를 실천할 수 있다고 생각했으니 "군자가 부유하면 덕을 즐겨 실천하고, 소인이 부유하면 자기 능력에 닿는 일을 한다.(君子富, 好行其德, 小人富, 以適其力.)"(「화식 열전」)라고 말했다. 그러므로 '이利'를 취하기에 앞서 '의'를 생각하라고 말하고 만약 이러한 '의'가 없으면 도둑질을 하고, 어지러워질 것[37]이라면서 과도한 욕망을 절제할 것을 요청했다.[38]

---

37) "거친 밥을 먹고 물을 마시며, 팔을 굽혀 그것을 베개로 삼으면 즐거움도 그 속에 있다. 의롭지 못하면서 잘살고 귀하게 되는 것은 나에게는 뜬구름만 같은 것이다.(飯疏食飲水, 曲肱而枕之, 樂亦在其中矣. 不義而富且貴, 於我如浮雲)(『논어』「술이」), "군자에게 용기만 있고 의가 없다면 난을 일으키게 되고, 소인에게 용기만 있고 의가 없다면 도적이 될 것이다.(君子有勇而無義, 爲亂. 小人有勇而無義, 爲盜)"(『논어』「양화」)

38) 공자가 '빈이락(貧而樂)'의 경지를 요구하면서 그의 제자 안회를 거론한 것도 그 예다. 『예기』「악기」의 "군자는 그 도를 즐기고 소인은 그 욕망을 즐긴다.(君子樂得其道, 小人樂得其欲)"라는 구절이나 "군자는 의로움에 밝고 소인은 이익에 밝다.(君子喩於義, 小人喩

286

경영을 통해 집안을 일으킨 의돈, 철광 제련으로 돈을 번 곽종郭縱 등은 왕과 대등한 부를 누렸다. 특히 철광 사업으로 부를 이룬 자들의 출현은 우연이 아니다. 철기의 발명으로 생산 도구의 대혁명이 이루어져 농업 생산이 획기적으로 발전되었으니, 사마천이 "구리와 철은 〔사방〕 1000리 안에서 종종 나오므로 바둑돌을 벌여 놓은 것처럼 〔여기저기에〕 있다."(「화식 열전」)라고 한 데서도 알 수 있듯이 도처에서 제련이 이루어진 것은 그만큼 농민의 수요가 있었다는 것을 의미한다. 공자도 "장인이 자기가 맡은 일을 잘하려면 반드시 먼저 그의 연장을 날카롭게 해 놓아야 한다.(工欲善其事, 必先利其器.)"(『논어』「위령공」)라고 한 데서 알 수 있듯이 춘추 전국 시대에 철은 농공업 생산력을 좌우할 만한 획기적인 상품이었다. 사마천은 이 점을 놓치지 않고 있다.

광석을 채굴하고 철을 제련하고 소금을 삶거나 구리를 캐는 등의 업종은 많은 돈을 불리는 지름길이었으니, 특히 제철 공업이 발달한 후에 농기구용 철기라는 광대한 시장이 있었기 때문이다.

의돈은 『염철론』「역경」 편에 보인다.

대부가 말했다. "수도에서 사방으로 산천을 지나 각 군현을 통과하는 번화한 대도시는 길이 통하지 않은 곳이 없고, 상인이 모여 있으며 각종 물건이 갖추어져 있습니다. 그렇기에 재능 있는 사람은 자연의 변화에 순응하고, 지혜로운 사람은 지리 이용에 뛰어나며, 총명한 사람은 다른 사람에게 의지하여 취하지만 총명하지 못한 사람은 자기 힘에 기댑니다. 장저長沮와 걸닉桀溺 같은 농부는 백금을 저축할 수 없었고, 도척이나 장교莊蹻는

於利)"(『논어』「이인」)라는 구절은 부에 관한 유가의 관념을 대표한다.

의돈처럼 부유할 수 없었지만, 완宛·주周·제齊·노魯 등지의 상인은 천하를 주유하여 만금을 쌓아 놓기도 했는데, 이것은 이익을 추구하여 많은 이윤을 남긴 결과입니다. 하물며 국가를 부유하게 만드는 데 왜 농사를 지어야 하며, 백성을 부유하게 만드는 데 왜 반드시 정전제를 취해야 합니까?"[39]

위의 인용문에서 보듯이 의돈은 당대의 큰 재산가였다. 더불어 '도시의 유통과 상인의 집중성, 상업에 대한 긍정성, 시장의 자율성, 사유재산' 등을 피력한 대부의 말은 사마천의 경제관과 많이 닮아 있다. 사마천은 의돈과 탁씨가 돈을 번 이야기를 이렇게 하고 있다.

1) 의돈은 염전을 경영하여 〔집안을〕 일으켰고 한단의 곽종은 철광 제련으로 사업을 이루었는데, 〔그들은〕 왕과 대등할 만큼 부유했다.[40]

2) 촉군의 탁씨는 조상이 조나라 사람이다. 〔탁씨는〕 철을 캐고 제련하여 부자가 되었다. 진나라가 조나라를 깨뜨렸을 때 탁씨를 옮겨 살도록 했다. 탁씨는 포로가 되어 재물을 빼앗겼으므로 부부가 손수레를 끌고 이주지로 갔다. 함께 옮겨 간 포로 가운데 남은 재산이 조금이라도 있는 사람들은 다투어 〔진나라〕 관리에게 뇌물을 바치고, 가까운 곳으로 가게 해 달

---

39) "大夫日 自京師東西南北, 曆山川, 經都國, 諸般富大都, 無非街衢五通, 商賈之所湊, 萬物之所殖者. 故聖人因天時, 智者因地財, 上土取諸人, 中土勞其形. 長沮桀溺, 無百金之積, 蹠蹻之徒, 無猗頓之富, 宛周齊魯, 商遍天下. 故乃商賈之富, 或累萬金, 追利乘義之所致也. 富國何必用本農, 足民何必井田也?"

40) "猗頓用盬鹽起, 而邯鄲郭縱以鐵冶成業, 與王者埒富."(「화식 열전」)

라고 부탁하여 가맹葭萌에 자리를 잡았다. 탁씨는 말했다.

"가맹은 땅이 좁고 메마르다. 나는 민산汶山 기슭에 기름진 들이 있어 큰 감자가 생산되기 때문에 죽을 때까지 굶지 않으며, 백성은 장사에 뛰어나고 쉽게 거래할 수 있다고 들었다."

이에 먼 곳으로 옮겨 가기를 원하여 임공臨邛으로 가게 되었다. 그는 매우 기뻐하며 철이 생산되는 산으로 들어가 쇠를 녹여서 그릇 만드는 일을 했다. 그는 지혜롭게 교역하여 전滇과 촉 땅의 백성을 기술자로 이용했다. 〔그의〕 부는 노비가 1000명에 이르고, 전답과 연못에서 사냥하고 고기잡이하는 즐거움이 임금의 그것에 견줄 만했다.[41]

3) 정정은 산동에서 이주해 온 포로로서, 역시 철을 제련하여 머리를 방망이 모양으로 상투를 틀어 올린 사람들과 거래했다. 〔그도〕 탁씨처럼 부유했고 함께 임공에서 살았다.[42]

위에서 예시한 자들은 공통점이 있으니, 모두가 염철 경영을 통해 큰 부를 축적했으며 이들의 권세는 의돈과 탁씨에게서 확인되듯 왕에 버금갈 만큼 그 부에 걸맞은 위상을 구축하고 있었다는 사실이다. 염철은 한나라 조정의 독과점 품목이었는데, 평범한 신분의 이들이 이것에 접근하여 부를 축적한 것이 특이하다.

---

41) "蜀卓氏之先, 趙人也, 用鐵冶富. 秦破趙, 遷卓氏. 卓氏見虜略, 獨夫妻推輦, 行詣遷處. 諸遷虜少有餘財, 爭與吏, 求近處, 處葭萌. 唯卓氏曰 此地狹薄. 吾聞汶山之下, 沃野, 下有蹲鴟, 至死不飢. 民工於市, 易賈. 乃求遠遷. 致之臨邛, 大喜, 即鐵山鼓鑄, 運籌策, 傾滇蜀之民, 富至僮千人. 田池射獵之樂, 擬於人君."(「화식 열전」)
42) "程鄭, 山東遷虜也, 亦冶鑄, 賈椎髻之民, 富埒卓氏, 俱居臨邛."(「화식 열전」)

2) 변화하는 사회상에 따라 한무제 정책에 비판적 대안 모색

당시 균수제均輸制와 평준법平準法[43]의 취지는 시장의 수요와 공급 원리에 따른 물가 안정이지만, 이런 것을 국가가 장악하면서 대량의 물품을 낮은 가격에 사서 높은 가격에 되파는 일종의 매점매석 행위로 발전되는 폐단도 적지 않았다. 염철로 대변되는 독점 정책들로 인해 이익을 추구하는 상인들의 위상이 하락했으나, 그들은 여전히 상품 유통의 매개자 역할을 수행하면서 제국의 질서 유지의 일정한 역할을 담당하고 있었다는 것이 사마천의 일관된 논지다. 사마천은 말한다.

> 한나라가 일어나 천하가 하나가 되자, 관문과 다리를 개방하고 산림과 소택의 〔나무를 베고 고기를 잡지 못하게 한〕 금령을 느슨하게 하였다. 이에 부상과 대상들이 천하를 두루 다니게 되어 교역하는 물건은 유통되지 않는 게 없었으므로 바라는 것은 다 얻을 수 있었다. 그리고 〔한나라는 지방의〕 호걸들과 제후국의 권문세족들을 경사로 옮겨 살게 했다.[44]

위 인용문에서 드러나듯, 유통이나 상업의 여건이 마련되자 물건은 유통되고 사람들은 원하는 것을 다 얻을 수 있는 도시로 집중될 수밖에 없었다. 제왕들은 지방의 호걸과 권문 귀족 들에게도 압박을 가하여

---

43) 사마천의 경제사관은 「평준서」에 집중되어 있는데, 이 편에는 한무제 때까지 100여 년간의 전한 시대의 조세 제도, 재정의 변동 상황, 화폐 제도와 그 유통 문제, 염철 전매 專賣와 균수와 평준 등 유통 경제 등이 전문적으로 서술되어 있다.

44) "漢興, 海內爲一, 開關梁, 弛山澤之禁, 是以富商大賈周流天下, 交易之物莫不通, 得其所欲, 而 徙豪傑諸侯彊族於京師."(「화식 열전」)

부를 통한 권력 확장을 제한하기 위해 통제와 감시가 가능한 수도로 모여들게 했다.

즉, 부의 창출을 방해하는 세력은 다름 아닌 국가였다. 한무제 통치 당시 상인들은 수레를 탈 수 없었고 세금도 많이 냈다. 한편으로는 농지 면적이 확대되었고 수공업의 발달과 도시의 흥기로 대외 무역도 활발해졌으며 한무제가 대외 전쟁에서 승리를 거듭하면서 한 제국의 경제 시장 규모도 확장되었다.[45)

이러한 상황에서 사마천은 「평준서」에서 한무제 시기의 경제 상황을 다음과 같은 논조로 언급하고 있다.

지금의 황상이 자리에 오른 지 몇 년이 지나고 한나라가 일어난 지 70여 년이 되도록 국가에는 큰 일이 없었으며 수해나 가뭄의 재해도 생기지 않았고 백성들은 사람들마다 자급자족이 가능했다. 도시나 촌락의 미곡 창고는 모두 가득 찼으며, 조정 창고에도 재술과 보화가 남아돌았다. 경사의 금고에는 억만 금이 쌓여 있었는데 돈을 묶은 돈꿰미가 썩어 셀 수도 없었다. 태창의 양식은 묵은 곡식이 계속 쌓여 가득 넘쳐 나 태창 밖 길가에 쌓아 놓았으나 썩어서 먹을 수 없을 지경에 이르렀다.[46)

---

45) 『한서』 「식화지」에도 "自天子不能具醇駟, 而將相或乘牛車", "民失作業而大饑饉"이라고 되어 있는 데서 알 수 있듯이 그 경제적 위상을 엿볼 수 있는 단서다. 물론 이 점은 사마천의 경제사적인 공헌이 압도적임을 입증하는 근거가 된다.
46) "至今上即位數歲, 漢興七十餘年之間, 國家無事, 非遇水旱之災, 民則人給家足, 都鄙廩庾皆滿, 而府庫餘貨財. 京師之錢累巨萬, 貫朽而不可校. 太倉之粟陳陳相因, 充溢露積於外, 至腐敗不可食."(「평준서」)

8장 '부'를 축적한 자들의 이야기

사마천은 한무제 당시의 풍족한 경제 상황을 언급하면서도 도가 지나친 모습을 풍자하고 있다. 사마천은 아무리 개인이 치부를 해도 국가가 각종 세금 등을 통해 수탈해 그 혜택을 누리면 안 된다고 보았다.

출정하는 자는 옷과 먹을거리를 가져가고 남아 있는 사람들은 그것들을 보내니 중앙과 지방이 소요로 인해 서로 불안하고 백성들은 궁핍해져서 법망을 교묘하게 빠져나가고 재물이 소모되어 부족하게 되었다. 재물을 뇌물로 바치는 사람은 관리로 임명되고 돈을 주면 죄도 벗어나게 되었다. 이 때문에 관리를 선발하는 선거 제도가 무너져 버렸고 염치도 없이 힘 있는 자에게 빌붙거나 등용되었기에 법령은 더욱 엄격하게 갖추어져야만 했다. 이익을 꾀하는 신하들은 이때부터 나타나기 시작한 것이다.[47]

사마천은 특히 "이때부터 천하는 다투어 전쟁만 일삼는 데 이르렀으니 거짓과 무력을 귀하게 여기고 인의를 하찮게 여기며, 부유함을 앞세우고 겸손을 뒤로 밀어냈다.(自是以後, 天下爭於戰國, 貴詐力而賤仁義, 先富有而後推讓.)"(「평준서」)라고 하여 당시의 재정과 경제 면에서의 문제점을 지적했다. 이와 같은 상황에서 사마천은 「화식 열전」에서 계연의 말을 통해 대안을 제시하고 있다.

쌀값을 안정시키고 물자를 고르게 유통시켜 관문이나 시장에 물건을 넉넉하게 하는 것이 나라를 다스리는 길입니다. 물자를 축적하는 원칙은

---

47) "行者齎, 居者送, 中外騷擾而相奉, 百姓抏弊以巧法, 財賂衰耗而不贍. 入物者補官, 出貨者除罪, 選擧陵遲, 廉恥相冒, 武力進用, 法嚴令具. 興利之臣自此始也."(「평준서」)

물건을 온전한 채로 보존하는 데 힘써야 하는 것이지 물화를 오래 쌓아 두는 게 아닙니다. 물자를 서로 교역하는데 상하기 쉬운 것을 팔지 않고 남겨 두면 안 되고, 물건을 쌓아 두고 비싸질 때까지 오래 기다리면 안 됩니다. 물건이 남아도는지 모자라는지를 살펴보면 그것이 비싼지 싼지를 알 수 있습니다. 비쌀 대로 비싸지면 헐값으로 돌아오고, 쌀 대로 싸지면 비싼 값으로 되돌아갑니다. 값이 비싸면 오물을 배설하듯이 내다 팔고, 값이 싸면 구슬을 손에 넣듯이 사들여야 합니다. 물건과 돈은 그 유통이 흐르는 물과 같아야 합니다.[48]

사마천은 "적저積著"의 원리[49]를 설명하여 재화를 오래 쌓아 두는 것의 병폐를 말하면서 상품 공급과 가격의 관계를 언급하는데, 빠른 자금 회전이 관건이라는 것이다. "유여有餘"와 "부족不足"은 공급 과잉과 공급 부족의 관계다. 여기에서 "귀貴"와 "천賤"은 가격이 오르고 내리는 것으로서 상품 가격의 형성이 시장 원리에 의해 정해진다는 것이다. 수요 공급 관계에 따라 시장에는 변동성이 발생하며 필연적으로 가격 파동이 일어나게 된다. 이런 가격 형성 지점을 고려해서 부를 이루어 간다는 것이 사마천의 시각이다. 여기에서 "쌀값을 안정시키고 물자를 고르게 유통시켜 관문이나 시장에 물건을 넉넉하게 하는 것이 나라를 다스리는 길이다.(平糶齊物, 關市不乏, 治國之道也.)"라고 하면서 말미에 "물

---

48) "平糶齊物, 關市不乏, 治國之道也. 積著之理, 務完物, 無息幣. 以物相貿易, 腐敗而食之貨勿留, 無敢居貴. 論其有餘不足, 則知貴賤. 貴上極則反賤, 賤下極則反貴. 貴出如糞土, 賤取如珠玉. 財幣欲其行如流水."(「화식 열전」)

49) "폐거廢居"와 "적저積著"의 고인賈人에서 소금이나 철을 대규모 기업 방식으로 유통하는 인물들은 "화식"과 "말업"에 종사하는 계층들이다.

건과 돈은 그 유통이 흐르는 물과 같아야 합니다.(財幣欲其行如流水.)"라고 제안하는데, 사마천이 말하는 자연스러운 경제 정책이 정부의 지나친 규제나 시장 유통의 문제를 해결하는 선에서의 조절 정책까지 포괄하는 것임을 알 수 있는 대목이다.

사마천은 위와 같이 각자 능력에 맞게 일하고, 이를 유통하는 것이 오히려 자연스러운 것이라고 생각했다. 이는 상업을 경시하던 전통적인 가치관과 반대되는 생각이었는데, 현대의 관점에서 보면 이러한 사마천의 생각은 시장 자유주의와 비슷하다고 볼 수 있다. 사마천은 재물의 중요함을 일찌감치 깨닫고, 이를 도가의 사상과 연관하여 물건과 재물이 흘러가는 것이 자연스러운 경제 법칙임을 말했다. "빈부의 도란 빼앗거나 안겨 주어서 되는 게 아니고, 교묘한 재주가 있는 사람은 남아도는 것이고 꾀가 없는 사람은 모자란 것이다."[50]라고 하여 자유 경제에서 발생되는 빈부의 차도 자연스럽게 인정하고 있다.

사마천은 상인은 철저히 능력에 의해 부를 얻는 양상이 다르다는 점을 지적하면서 자연스럽게 가격이 형성된다고 말한다.[51]

사람들은 각각 그 능력에 따라 그 힘을 다하여 바라는 바를 얻는다. 그

---

50) "貧富之道, 莫之奪予, 而巧者有餘, 拙者不足."(「화식 열전」)
51) "정부가 경제를 주도하는 중상주의를 비판하고 자유주의 경제관, 즉 경제적 자유주의를 처음으로 논리 정연하고 설득력 있게 제시한 사람이 근대 경제학의 시조인 애덤 스미스였다. 국가는 정의의 법만 확립하고 모든 사람들로 하여금 각자 자신의 이익을 좇아 자유롭게 돈 벌게 하라. 그리하면 신이 만들어 놓은 자연의 섭리에 따라 모든 산업은 저절로 발전하여 모든 사람이 잘살게 될 것이다. 이와 같은 스미스의 비전은 부르주아 계급의 낙관적 세계관이며, 오늘날까지도 생명력을 잃지 않고 있는 경제적 자유주의의 핵심이다."(이근식, 『애덤 스미스의 고전적 자유주의』(기파랑), 2006, 25쪽)

러므로 물건값이 싸다는 것은 비싸질 조짐이며, 값이 비싸다는 것은 싸질 조짐이다. 각자가 그 생업에 힘쓰고 그 일을 즐겁게 하는 것이 마치 물이 낮은 곳으로 흐르는 것과 같아, 밤낮으로 쉴 새 없이 물건은 부르지 않아도 절로 모여들고 구하지 않아도 백성이 만들어 낸다. [이것은] 어찌 도와 부합한 바가 아니겠으며, 자연의 징험이 아니겠는가?[52]

사마천은 기본적으로 상업과 공업의 발달, 철기의 발명 등으로 인한 생산 도구의 혁명과 도시 경제의 활성화를 거쳐 상품 교환과 유통업이 활성화되면서 상인 집단이 발달했다고 보았다.[53] 사마천은 "문경지치文景之治"를 의미하는 것으로 이 시기의 상인은 이전에 없었던 황금기를 이루었는데 이에 대해 다음과 같이 긍정적으로 평가했다.

양가楊可가 고민령告緡令을 주관하게 되어 천하에 두루 시행되면서 중산층 이상의 상인들은 대부분 고발당했다. 두주杜周가 이 사건을 다스렸는데 판결이 뒤집히는 일은 적었다. 그래서 어사御史, 정위정廷尉正, 감監으로 구성된 무리를 나누어 보냈고, 즉각 군국의 민전을 다스려 백성들로부

---

52) "人各任其能, 竭其力, 以得所欲. 故物賤之徵貴, 貴之徵賤, 各勸其業, 樂其事, 若水之趨下, 日夜無休時, 不召而自來, 不求而民出之. 豈非道之所符, 而自然之驗邪?"(「화식 열전」)

53) "한나라가 일어나, …… 부상과 대상들이 천하를 두루 다니게 되어 교역하는 물건은 유통되지 않는 게 없었으므로 바라는 것은 다 얻을 수 있었다. …… 농사와 목축과 공업과 벌목과 행상에 온 힘을 기울여 이익과 손해를 따져 대처하여 이익을 올림으로써 부를 이룩한 사람 가운데에 크게는 한 군을 압도하고, 그다음은 한 현을 압도하며, 작게는 한 마을을 압도하는 사람도 있었으니 그 예를 일일이 다 들 수 없을 정도로 많다.(漢興, …… 富商大賈周流天下, 交易之物莫不通得其所欲. …… 若至力農畜, 工虞商賈, 爲權利以成富, 大者傾郡, 中者傾縣, 下者傾鄕里者, 不可勝數.)"(「화식 열전」)

8장 '부'를 축적한 자들의 이야기

터 거둬들인 재물은 억 단위로 셈해야 했으며, 노비는 천만으로 헤아리고, 밭은 큰 현인 경우에는 수백 경, 소현인 경우에는 100여 경이었고 택宅 역시 이와 같았다. 이에 상인과 중산층 이상의 재력을 가진 자들은 대부분 파산했다.[54]

이 인용문을 통해서 고민령을 주관하고 시행하게 된 이유를 추적해 보면 당시 중산층 이상 상인들의 재력 규모와 그들이 통치 질서에 위협이 될 만큼의 영향력을 가지고 있었다는 것을 알 수 있다.

5

새로운 부의 지도를 그리다

이상에서 살펴본 바와 같이, 사마천은 「화식 열전」에서 경제 지리적 관점으로 지리적 여건과 풍속, 유통망을 서술하고, 물산과 상인이 모이는 주요 "도회", 즉 도시를 거론했으며, 벼슬하지 않은 필부부터 현인 및 명망이 높은 자들까지 그들의 치부 사례를 구체적으로 기술했다. 자족적이던 경제 단위를 벗어나 도시의 성립과 함께 상업이 활성화되고 권력과 신분에 의한 부의 독점에서 탈피한 새로운 부의 지도를 그려 내고자 한 것이다. 사마천의 일련의 자료 수집과 사례 기술은 모두 부귀로 귀착되고 있으며[55] 그는 「화식 열전」에서 저술 동기의 핵심으로 "식재

---

54) "楊可告緡遍天下, 中家以上大抵皆遇告. 杜周治之, 獄少反者. 乃分遣禦史廷尉正監分曹往, 即治郡國緡錢, 得民財物以億計, 奴婢以千萬數, 田大縣數百頃, 小縣百餘頃, 宅亦如之, 於是商賈中家以上大率破."(「평준서」)

55) "이러한 이치로 볼 때 어진 사람이 묘당에서 깊이 도모하고 조정에서 논의하며, 신의

부식재부(副息財富)"를 거론하고 평범한 사람들의 치부를 긍정하면서 신분을 초월하여 치부한 자들에게서 배울 점을 취한다는 관점을 드러냈고, 빈부에 대한 인간의 차별화된 반응이야말로 자연의 이치이며 인간의 주된 욕망이라고 보았다.

사마천은 이러한 논지를 펼치기 위해 노자의 관점을 거론하여 물질을 두고 백성과 다투는 행태를 하급이라고 비판한다. 그러고는 자율 경제 정책에 바탕을 두고 인위적인 물가 조절 정책을 비판하며 특히 국가가 백성들의 경제 활동을 방해해서는 안 된다는 관점을 견지하고 있다. 사마천의 이러한 시각은 지역의 특수성과 개인의 역량에 의한 자유로운 경제 활동을 보장하고 시장 경제의 자율에 맡기고 사유 재산을 보장해야 한다는 것이다.

상업은 농업에 대비되어 말업으로 인식되었으나, 사마천은 치부를 위해서는 장사에 바탕을 두고 지역의 특색에 맞는 투자의 극대화 전략을 취해야 한다는 입장을 견지했는데, 이는 문화생태학적 접근에 근거한[56] 것으로 사마천 경제관의 탁월함이다. 특히, 사마천은 전국 각 지역의 농산물이나 수공업 제품, 천연 광산품, 임산물 등 다양한 상품은 수

를 지켜 절개에 죽거나 동굴 속에 숨어 사는 선비가 높은 명성을 얻으려는 것은 결국 무엇을 위해서인가? (그것은 다) 부귀로 귀착된다. 그러므로 깨끗한 벼슬아치도 시간이 오래되면 더욱 부유해지고, 공정한 장사꾼도 마침내 부유해진다. 부라는 것은 사람의 타고난 본성이라 배우지 않아도 누구나 바라는 것이다.(由此觀之, 賢人深謀於廊廟, 論議朝廷, 守信死節隱居巖穴之士設爲名高者安歸乎? 歸於富厚也. 是以廉吏久, 久更富, 廉賈歸富. 富者, 人之情性, 所不學而俱欲者也)"(「화식 열전」)

56) "인문지리학에서 인간–자연 관계 연구의 전개 과정에서 문화 생태적 접근에 근거한 생업 활동 연구는 그 사회의 환경에 대한 문화적 적응을 말한다."(미즈우치 도시오, 앞의 책, 127쪽)

요자의 요구와 사용 가치가 있는 한 유통·판매될 수 있다고 보았다. 이러한 사마천의 경제 지리적 경제관은 각 도시 중심의 경제 지도를 만들고 분석하여 각 지역의 지리적 이점과 유통뿐 아니라 풍속사까지 세밀하게 분석하고 있다. 아울러 사마천은 농업, 공업, 상업 등의 분업은 사회, 경제 생활에서 중요하게 작용하는 필연적인 것으로 생각했으며, 상업 또한 농업, 공업과 함께 중시하는 진보적인 면모를 보였다. 이러한 사마천의 경제관은 한무제 당시의 중앙 통제식 경제 정책과 염철 등의 독점, 세금 정책 등에 대한 대안으로서의 성격도 지닌다.

사마천의 경제관은 개인의 욕망에 대한 확고한 긍정이요, 국가의 부보다 개인의 치부 중요성을 직시한 것으로 상업과 유통을 중심에 두고 역사와 풍속에 대한 식견을 활용하여 '화식'이라는 주제를 전면에 내세운 것이라 하겠다.

인간과 권력, 그 영원한 화두

결론을 겸하여

이상의 검토 과정을 통해 알 수 있듯이 이 책에서 필자는 쓰인 지 2000여 년이 지난 지금까지 수많은 독자를 거느리며 문사 일체의 전형을 보여 주는 『사기』와 그 저자 사마천에 대한 탐색을 시도했다. 역사서이면서도 문학과의 경계나 장벽을 두르지 않은 『사기 열전』을 주축으로 사마천 사상의 연원을 검토하고 사마천의 사가로서의 집필 시각 분석을 통해 필자는 학문의 경계선이 명확하지 않았던 고대 작자의 개념을 다시 한번 상기하게 되었다. 특히 사마천이 세상에 던진 질문에 유의하면서 그의 세계관을 통해 그가 내면에 품고 있는 사상이나 역사와 문학 사이에 공통점 혹은 유사점이 일부분 존재한다는 사실을 염두에 두고 작업했다. 『사기』는 단순히 역사학자의 시각을 드러낸 것이 아니고 다원적이면서 복합적으로 문학의 영역에서 바라봐야 하는 책이라는 것이 연구의 기본적인 입장이며, 이런 입장이 성립될 수 있는 여지를 사마천은 충분히 제공하고 있다고 판단한다.

이 책은 우선 사마천이 인간과 권력, 권력과 인간의 관계에 주목했다는 점에 집중했다. 사마천은 세상의 공정성이 결코 담보되지 않는다는 현실론을 직시하면서도 사가로서의 일가一家를 이루겠다는 생각을 견지하며 궁형의 치욕을 딛고 일어서 세상의 주류로 자리매김해 보겠다는 강력한 메시지를 던지고 있다. 사마천이 보기에 역사의 주류는 제왕과 왕 등 최고 권력자만이 아니다. 그들을 도운 장수와 유세가, 골계가, 자객, 상인 등 수많은 기여자들이 국가를 다스리는 데 홀시될 수 없는 혁혁한 공을 세우고 있다는 것이다.

특히 필자는 사마천이 130편의 장편 대서사를 구축한 근본 동기가 무엇이며 그가 추구한 역사관이 무엇인지 그 이면을 살펴보는 데 논점을 맞추었다. 모두 8장으로 구성되는데 구체적으로 다룬 내용은 대체로 이렇게 요약된다.

1장에서는 인간과 권력에 관한 영원한 고전이요, 동양 역사서의 근간이며, 인간학의 보고인 『사기』에 대한 전반적인 이해를 돕고자 했다. 「태사공 자서」에 나오듯이 사마천은 사관 출신이며, 그의 사상적 계보와 원류는 복합적임을 검토하면서 그의 역사관과 집필 동기는 무엇인지 구체적으로 다루었다. 포괄적으로 사마천은 천天의 절대적 권위에서 인人의 사유 세계로 전환하는 제자백가의 시대적 상황에 주목하면서도 시대의 변화와 역사의 흐름을 알고 글을 쓴 뛰어난 역사가이면서 문학가임을 확인할 수 있었다. 우리가 알고 있는 것과 달리『사기』에는 '태사공서'라는 원제목이 있었다는 점과 사마천이 투철한 소명 의식을 갖춘 인물임을 살펴보았다.『사기』는 사마천이 처음으로 창시한 기전체 역사서로서 그는 역사의 흐름에 주목하면서도 개별 인물과 사건들을 철저한 원칙에 의거해 분류했으니, 제왕들의 역사를 기록한『사기 본기』, 제후왕의 역사를 기록한『사기 세가』, 권력과 인간의 관계를 파헤친 진정한 인간학의 보고인『사기 열전』, 연대학과 계보학의 산물로 기록된『사기 표』, 전장 제도의 이론을 담은 역사 평준서인『사기 서』 등으로 구성되어 있다는 점을 살펴보며 이런 분류가 중국 정사의 원형으로 자리 잡는 계기가 되었다는 점도 아울러 짚어 보았다.

2장에서는 사마천이『사기』를 집필한 이유 및 전편의 해제 성격을 띠고 있는「태사공 자서」를 중심으로 사마천의 기본적인 역사관을 검토해 보았다. 음양학과 천문학 등에 정통한 부친 사마담의 영향이나 황로적 성향이 강한 가학의 수용이 그의 사상과 집필 방식에 어떤 영향을 끼쳤는가 하는 문제를 다루었다. 독존유술을 표방하는 한무제의 통치 지침의 흐름 속에서 사마천이 유가보다는 도가에 중점을 두고 법가 등 제자백가와 초한 쟁패 과정의 격변하는 시대상을 두루 담고자 한 의도 역시 그의 역사관과 접맥되는 주요한 것임을 점검한 것이다.

전통이냐 변화냐 하는 서로 다른 개념을 어떻게 조화시킬 것인가에 초점을 맞추면서 사마천이 구상한 역사관의 핵심을 다룬 이유는 필자가 보기에 사마천의 관점의 핵심이 일차적으로 통변론에 있음을 염두에 두었기 때문이다. 통변론은 "통고금지변通古今之變"이나 "변變"을 주축으로 하면서 "통通"을 홀시하지 않는다는 것으로, 이는 사마천이 과

거보다는 현재의 변화에 중점을 두었음을 알려 준다. 사마천의 역사관은 전통이라는 영원성·항구성과는 상대적인 개념인 "변"이야말로 "통"보다 역사의 진면목을 담고 있다는 데서 출발하고 있다는 것이다. 사마천이 전체 130편 중에서 오제부터 하은주 3대까지 1500여 년의 역사를 다룬 것은 본기 4편에 불과한 데 비해 겨우 100년에 불과한 한 대의 역사는 거의 70여 편으로 전체의 반을 넘는 숫자라는 점이 이런 사실을 말해 준다. 즉 현재를 상세히 다루고 옛것을 소략하게 다룬 사마천의 시각은 현재와 미래에 중점을 둔 안목으로 변혁의 시대에 그 무게중심을 두고 있다고 이해할 만하다.

여기에는 간과할 수 없는 한 지점이 있다. 시대의 변화를 주축으로 역사를 바라보는 사마천의 관점이 기본적으로는 황로 사상과 긴밀히 연관된다는 것을 부정할 수 없다는 점이다. 바로 이 이유 때문에 이 장은 3장과 맥락이 이어지고, 4장에서 다룬 유가와 도가의 회통 가능성의 문제와 연계되며 5장에서 다룬 「백이 열전」의 영원한 화두 "천도시비"론과도 긴밀한 상관관계를 갖는다. 또한 열전의 마지막 편이자 『사기』의 백미이기도 한 「화식 열전」에서의 '부'와 '권력'의 상관관계와도 긴밀한 연계성을 갖게 된다.

요컨대, "통고금지변"이란 말에서 알 수 있듯이 사마천은 거대한 변화의 문제를 인식하는 동시에 고금의 변화에 주목하면서 역사는 어느 시대건 변화를 축으로 움직인다고 인식했다. 이는 유가의 복고주의나 상고주의와는 근본적으로 그 맥을 달리하는 것이다.

이런 맥락에서 볼 때, 변화를 중시한 사마천의 시각이 『사기』의 편목과 서술 방식에 반영된 것은 당연한 귀결이다. 「백이 열전」이나 「오태백 세가」를 열전과 세가의 첫머리에 둔 것이 그러한데, 제왕이 아니라 그 자리에 있지 않았어도 당대까지 영향력을 끼친 인물이라든지 사마천이 지향하는 가치관을 가진 인물의 위상을 재점검하고 그들을 집필 대상 혹은 역사의 영역으로 끌어들인 것이 이 점을 입증한다.

사마천은 전설상의 오제를 비롯하여 수양산에서 굶어 죽은 백이와 숙제 등 시대의 비주류로 전락할 수도 있었던 인물들의 존재 의의를 부각시키면서 재평가하기 위한 기본적인 작업의 일환으로 그들을 역사의 전면에 내세웠다.

결론적으로 사마천은 시대의 흐름에 따라 시각이 변하는 것이야말로 역사의 기본이며, 그 변화 양상을 능동적으로 독자들에게 보여 주는 것이 역사가 본연의 자세라는 인식을 바탕으로, 주류와 비주류, 한족과 이족 등을 구분하기보다 철저히 시대와 현실에 바탕을 둔 살아 있는 역사를 서술하고자 한 것이다.

3장에서는 사마천이 세상에 던진 질문, 세상은 공정한가, 그렇지 않은가라는 "천도시비"론을 가지고 「백이 열전」을 읽기 어렵게 만든 원인이 어디에 있는지 중점적으로 살폈다. 주지하듯 900자가 채 못 되는 「백이 열전」은 학자들뿐 아니라 독자들도 그 행간의 의미를 파악하기 쉽지 않아 논란의 중심에 서 있는데, 그에 대해 적지 않은 담론이 펼쳐져 온 데 주목했다. 이는 「백이 열전」의 문장 구성이 복합적이고, 의문과 반문의 문장이 연속적으로 구사되어 있다는 점에 기인하기도 하지만, 『사기』 130편 중에서 가장 짧은 편폭임에도 그 맥락을 이해하거나 사마천의 의도를 유추하는 것이 어려운 이유는 그가 던진 "혹惑"의 궁극이 어디로 귀착되는가 하는 점에 있다. 불의에 맞서 지식인으로서 추구하는 삶을 살다 간 지조와 소신을 가진 백이와 숙제에 대한 사마천의

인간과 권력, 그 영원한 화두

시각은 유가인 공자가 그들을 바라본 시각과도 다르다는 데서 이 편이 논란의 중심에 서게 된 것이다. 당대 한유의 「백이송」과 송대 왕안석의 「백이론」을 비롯하여 우리나라에서도 왕조 교체나 정권 찬탈에 반대하는 이들이 자신의 처지를 백이에 빗대어 표현하는 일이 적지 않았다. 이는 조선 중후기에 백이 담론으로 확대되어 논의의 차원이 심화되고 다각적인 시각의 등장과 함께 쟁론도 많아졌다. 하지만 결국 백이, 숙제를 어떤 시각에서 바라보느냐에 따라 그 의미가 달라진다는 점을 염두에 두고 검토했다.

필자는 특히 "원야비야"와 "시야비야"라는 반어 의문문에 중점을 두었는데, 사마천이 시종 견지하고 있는 선악 관념에 대한 판단 유보적 태도, 천도가 옳으냐 그르냐 하는 문제에 대해 내면적 혼돈의 총체를 드러내는 의론을 전개하면서 드러나는 매우 복합적이면서도 내밀한 감정의 양상만큼 복잡하게 전개되는 서술 방식을 중점적으로 규명했다. 특히 사마천이 구사하고 있는 다양한 방식의 인용 기법과 공자와 노자, 가의 등 상이한 사상가들을 두루 끌어들여 육경으로 대변되는 경전의 권위에 도전하는 면모 등이 이 편을 읽기 어렵게 만드는 동시에 다의적 혹은 확장된 해석을 가능하게 한 원동력임을 입증했다.

이처럼 사마천 특유의 비판적이면서도 소신 있는 서술 방식이 「백이 열전」이 『사기』 130편 중에서 가장 난해한 편명으로 꼽히게 된 근거라는 점을 밝혔다. 사마천은 춘추필법의 냉철함보다는 반문의 방식과 선택 의문문의 적극적 활용을 통해 본인의 판단을 감추고 독자들에게 행간에 담긴 의미를 파악하거나, 문장과 문장, 단락과 단락 사이의 격절된 공간을 채워 넣도록 유도하는 서술 기법을 구사한 것이다. 여기에서 특히 중요한 것은 「백이 열전」의 중의적 층위 구축을 시도한 사마천의 근본적인 입장이 무엇인가 탐색하는 문제였다.

물론 이러한 의도는 억울하게 겪은 궁형으로 인해 한무제에 대한 원망의 속내를 은연중 드러내고, 치밀한 장법章法을 전개하면서 "의義"와 "명名" 사이에서 갈등했던 백이와 숙제의 이야기를 중심축으로 삼은, 복합적이고 다중적인 사마천 사유의 폭을 보여 주고자 한 것이다.

요컨대, 사마천은 경전의 문장을 천술하는 방식에서 벗어나 의론문의 신유형을 개척하여 「백이 열전」에서 언외言外의 의미를 돋보이게 하려고 했으며, 이는 역사와 문학의 일체를 보여 주는 동시에 언어미를 통한 울림의 미학을 구축하려던 의도에 기인한다.

『사기 열전』의 총서 격인 「백이 열전」을 비롯하여 이어지는 열전들을 통해, 『사기』가 독자와 작자가 함께 호흡하는 살아 있는 텍스트로 재확장되어 생산적인 논의를 끊임없이 만들어 내는 것을 볼 수 있을 것이다.

4장에서는 공자가 노자를 만난 이유는 어디에 있는가라는 주제를 가지고 유가와 도가의 회통 가능성에 대해 검토했다. 사마천이 백이·숙제, 포숙과 관중 및 안영 등을 열전의 맨 앞 두 편인 「백이 열전」과 「관안 열전」에 배치한 것에는 분명한 의도가 있으리라는 추단에 근거를 두고 있다. 검토 결과, 「노자 한비 열전」의 주된 사상적 흐름이 도가이고, "공자문예어노자"의 문제는 단순하게 공자가 노자에게 예를 물었다는 내용에 국한된 것이 아니라, 사마천의 사상 경향과도 관련된 복합적 사안이라는 것, 그리고 이를 통해 사마천이 도가로의 경도를 보여 주고 있음을 알 수 있었다.

거시적 안목의 소유자 사마천은 철저한 문헌 수집과 답사 여행을

인간과 권력, 그 영원한 화두

통해 천하의 유문遺聞도 역사의 영역에 넣으려고 시도했다. 한 사례가 공자와 노자의 만남을 설정한 것인데, 공자가 노자를 만나 예를 물은 상황을 구체적으로 설정한 것은, 공자가 노자를 만났다고 기록된 문헌의 존재 여부는 내버려 둔다고 하더라도, 유가와 도가의 회통 가능성을 염두에 둔 것으로 해석될 충분한 근거가 될 수 있을 것이다.

요컨대, 사마천은 유가와 도가를 회통하지 못하는 대립적 관계로만 파악하려는 경향에 동의하지 않았다. 물론 사마천이 추구하고자 한 것이 진정한 유儒·도道의 회통이었는지는 확언할 수는 없다. 그러나 분명한 것은 그가 인간이 지향하는 삶의 방향이 방법은 달라도 그 길은 통한다는 점을 보여 주고자 했다는 것이며, 「공자 세가」와 「중니 제자 열전」을 통해 알 수 있듯이 노자를 공경하면서도 공자 및 그의 제자를 비중 있게 다룸으로써 결코 유가를 배척하지 않았다는 점이다. 사마천 역시 공자를 배제하고는 중국의 역사 문화를 이야기할 수 없다는 데 충분히 공감했기에 『사기』에 「유림 열전」과 「맹자 순경 열전」 등을 배치하여 유학의 계보학을 자신의 관점에서 재해석하고자 한 것으로 보인다. 다만 황로 사상을 바탕에 깔고 말이다.

5장에서는 사마천이 과연 황로를 앞에 두고 육경을 뒤로하였는가라는 주제를 가지고 사마천의 사상에 대해 살펴보았다. 반고가 『한서』「사마천전」 마지막에 장문의 찬贊을 붙이면서 "선황로이후육경先黃老而後六經"이라는 구절로 『사기』의 사상과 서술 시각을 평가했는데 그 타당성 검토를 한 것이다. 필자는 "선황로후육경"설에 내재된 사상적 연원이나 사마천의 서술 시각 등이 매우 복합적이라는 점을 간과할 수 없다는 인식 아래 반고의 시각과 사마천 시각의 상호 관계에 주목했다. 여기에서 필자는 사마천은 아버지 사마담의 사상을 계승하여 황로 사상의 당대적 위상을 인정했으며, 그러한 인식 수준을 『사기』의 각 편에 투영하는 방식을 택했음을 밝히고자 했다. 「노자 한비 열전」에서 노자와 한비 등의 사상이 황로로 귀속된다는 입장을 확인했으며, 「맹자 순경 열전」의 경우에도 제목만 보면 유가를 다룬 것 같으나 실상은 맹자와 순자의 비중보다 황로 사상을 가진 자들에게 더 큰 비중을 두어 서술한 점 등을 입증하고자 했다. 이뿐 아니라 필자는 「유림 열전」에 무제에게 "파출백가罷黜百家, 독존유술獨尊儒術"의 통치술을 건의한 동중서와 관련된 내용이 있으며, 53명의 유학자를 기술하면서 그들이 조정의 황로 경도 분위기와 직간접으로 얽혀 있는 상황 등을 예시하고 있음을 검토했다. 한 걸음 더 나아가 필자는 사마천이 「여 태후 본기」를 본기의 주요 편명으로 설정한 이유에 대해서도 주목했는데, 여 태후가 황로 학설을 추존해 도가의 무위를 다스림의 근본 정책으로 추진하면서 사회의 안정을 유지하고 경제를 활성화하는 데 적지 않게 공헌한 것을 사마천이 과소평가하지 않았다는 점을 알게 되었다. 물론 『한서』 「동중서전」에도 전해지듯이 황로 사상의 밑바탕에는 전환기 사회의 발전을 주도하기에 유리한 도가가 자리 잡고 있다. 이는 한무제의 대통일 정책으로 제왕 중심의 통치 체계를 세우는 현실적인 측면과 관련되며, 여기에는 단순히 한무제의 정책을 원시 유가 사상과 연계시켜서는 곤란하다는 인식이 자리 잡고 있다. 요컨대, 반고의 "선황로후육경"설은 사마천의 서술 시각과 『사기』에 대한 핵심적인 비평으로서 중요한 개념이며, 이런 반고의 학설은 적지 않은 논란거리를 제공한 면도 있지만, 반고의 비평적 안목은 상당 부분 입증할 만한 논거를 구축하고 있음을 확인했다.

6장에서는 사마천의 자기 치유적 글쓰기라는 주제를 가지고 「굴원 가생 열전」과 「오자서 열전」을 중점적으로 검토했다. 사마천의 『사기』 집필 동기인 발분과, 자신의 처지와 비슷한 인물들에게 느낀 연민의 승화적 차원에서 사마천의 서술 시각을 살펴보았다. 궁형의 치욕을 딛고 일어선 사마천은 역사가로서 춘추필법을 보여 주면서도 이 편에서는 굴원과 가생의 비극적 삶에 초점을 맞추어 그들의 삶의 아픔을 공유하며 그들의 작품인 「이소」「회사」, 「어보」, 「조굴원부」 등을 함께 수록했다. 사마천은 뛰어난 능력의 소유자였던 이들이 정치적 희생양임을 부각시키면서 이 두 인물의 작품을 재평가한다. 굴원에 비해 비중이 덜한 가생이지만, 사마천은 결코 그를 부차적 인물로 서술한 것이 아니며, 굴원과 또 다른 면을 대비적으로 강조하는 방식을 취하고 있는데 그 지점 또한 검토했다. 굴원의 비극적 죽음에 대해 사마천은 그의 처지를 이해하면서 자신의 삶과 동일시했다. 여기에서 의로운 삶을 견지하고 양보와 타협을 귀감으로 하면서도 수양산에서 굶어 죽는 것을 택한 백이와 숙제의 삶의 궤적과 상통하는 면을 그려 낸 사마천의 의도를 파악해 볼 수 있다. 백이와 숙제가 굶어 죽은 반면, 굴원과 가생은 신하로서, 정치가로서 최선을 다했다. 가생은 그의 집안이 손자 대까지 광영을 누리는 등 굴원과는 다른 정치적 입지를 구축했으나, 풍수에 몰입되고 귀신에 빠진 기이한 면모도 갖고 있는데, 사마천은 부엉이가 방 안으로 들어왔다며 자신의 요절을 점치는 가생의 모습을 묘사하면서 나약한 지성인의 한 단면을 보여 주고 있다.

　　유가적 선비상을 보여 주는 굴원의 태도와 대비시키는 글쓰기 전략을 구사한 것이라고 볼 수 있다. 궁형을 당한 사마천이 두 사람에게 동병상련의 감정을 느껴 몰입된 감정을 불어 넣어 치유의 글쓰기를 성공적으로 완수한 것이 바로 「굴원 가생 열전」인데, 굴원과 가생의 공통점이 있다면 섬세한 문학적 내면을 갖고 있었다는 점이다. 이들의 삶의 끝은 비극이었지만, 문학적인 삶은 아름다웠다는 데 사마천은 주목했다. 자신들의 비극을 그들은 자기 치유적 글쓰기를 통해 해소하려 했는데, 그런 방식은 사마천이 두 사람의 전기를 지어 그러한 작품들을 수록하고 그들의 삶에 대해 기술하는 지점으로 확장되었다. 서로 상심과 탄식이 비슷한 두 사람 사이의 100년이라는 시간의 격차를 상쇄하고도 남음이 있는 것은 사마천의 치밀한 글쓰기 전략 덕분이라고 해도 과언이 아닌 것이다. 물론 이런 면모는 오자서의 한과 복수를 그린 「오자서 열전」을 통해서도 확인된다.

요컨대, 이 장에서 검토한 바와 같이 글쓰기를 통한 자기 치유는 굴원과 가생의 대표작에 나타나 있는 글쓰기의 동기와 같은 맥락에서 그들 자신에게는 심리적 위안이자 감정의 기탁이었고, 사마천 자신 또한 그들 못지않은 치유적 글쓰기를 통해 감정의 승화를 보여 준 것이라 하겠다.

7장에서는 '재물을 불리다'라는 의미인 '화식貨殖'이라는 큰 주제를 갖고 사마천이 부富를 권세와 권력의 차원으로 인식하고 있는 점을 밝히고자 했다. 2000여 년 전에 부의 문제를 이토록 직접적이면서도 상세하게 다룬 점은 매우 놀라운데, 사마천의 경제관에서 '부'는 권력인 '세'와 긴밀한 상관성을 지닌다는 데 주목했다. 사마천은 빈부의 문제를 제기하면서 '빈'에서 '부'로 가는 직접적인 동기는 '세', 즉 권세 혹은 권력의 향유라고 보았으니, 상당한 부를 축적한 범려, 자공, 백규와 왕에 버금가는 세를 누린 관중 등을 거론하며 '권력' 역시 '부'에서 비롯된다는

인간과 권력, 그 영원한 화두

점을 거론했다. 특히 '변變'을 주축으로 하는 사마천의 경제관은 지나친 명분론이나 권위주의에 얽매이지 않고 현실적인 대안을 찾아 시대의 흐름과 함께 부를 축적한 자들의 구체적인 방법론에 주목했다. 바로 "시축時逐", "임시任時", "용기用奇"의 전략적 활용을 통한 부의 축적이 그것이다.

사마천이 표면적으로 금기시되었던 '부자'의 이야기를 역사의 주류로 끌어들임으로써, '부'에 대해 편견의 잣대를 들이대지 말고 그 자체의 힘을 알아야 한다고 강조한 이유는 무엇인가 하는 데에 초점을 맞추었다. 돈 50만 전이 없어 궁형을 받을 수밖에 없었던 운명 때문에 그가 재물 불리는 문제를 전면에서 거론하게 되었다는 점을 상기한다. 사마천은 물질의 이익을 추구하는 자들에게 비판적 잣대를 들이대거나 그들을 비난을 해서는 안 된다고 보았으니, 이런 논지는 오늘날 여전히 부의 도덕성과 윤리성 문제 사이에서 갈등하는 우리에게도 시사하는 바가 있다. 사마천은 유가 중에서 특히 공자의 제자 자공에게 주목하여 그가 없었다면 공자도 천하에 이름을 드러낼 수 없었다고 단언하며 자공의 경제력이 그 원동력이 되었다고 강조한다. 사마천의 사유가 파격적인 이유는 여기에 있다. 그는 재산을 축적하는 방법에도 등급과 층위가 존재함을 인지하고, 인간의 물질적 욕망이 국가 안정의 동력이 된다는 점을 피력하면서 '예'도 물질 여부에 따라 달라지며, '인의'도 그에 기반한다고 보았다.

요컨대, 사마천은 개인의 '부'가 국가의 '부'보다 우선한다는 시각을 갖고 있었으므로, 국가에 의한 인위적 경제 질서 확립을 바라지도 않았고, 의식주 문제가 정치를 위한 최소한의 전제 조건이라는 점을 염두에 둔 경제관을 펼쳤다. 그러면서도 사마천은 '부'의 권력화도 중요하지만

'부'를 추구하더라도 거기에는 일정한 도가 있어야 하기에, '인물', 즉 인재 양성이 백년대계라는 점을 주목했다. 결국은 사람이 가장 소중하다는 것이다.

8장은 7장에 이어 사마천의 '화식'에 관한 내용으로, 부를 축적한 자들의 이야기라는 주제를 상세하게 다루었다. 사마천은 자족적이던 경제 단위를 벗어나 도시의 성립과 함께 상업이 활성화되고 권력과 신분에 의한 부의 독점에서 탈피한 새로운 부의 지도를 그려 내고자 하는 측면에서 경제 지리적 관점으로 지리적 여건과 풍속, 유통망을 서술하고, 물산과 상인이 모이는 주요 "도회", 즉 도시를 거론했으며, 벼슬하지 않은 필부부터 현인, 명망 높은 자들까지 그들의 치부 사례를 구체적으로 기술했다.

사마천의 일련의 자료 수집과 사례 기술은 「화식 열전」에서 저술 동기의 핵심으로 그는 "식재부息財富"를 거론하고 평범한 사람들의 치부를 긍정하면서 신분을 초월하여 치부한 자들에게서 배울 점을 취한다는 관점을 드러냈으며, 빈부에 대한 차별화된 반응이야말로 자연의 이치이며 인간의 주된 욕망이라고 보았다. 사마천은 이러한 논지를 펼치기 위해 노자의 관점을 거론하여 물질을 두고 백성과 다투는 행태를 하급이라고 비판한다. 그러고는 자율 경제 정책에 바탕을 두어 인위적인 물가 조절 정책을 비판하고, 특히 국가가 백성들의 경제 활동을 방해해서는 안 된다는 관점을 견지한다. 사마천의 이러한 시각은 지역의 특수성과 개인의 역량에 의한 자유로운 경제 활동을 보장하고 시장 경제의 자율성을 중시하고 사유 재산을 보장해야 한다는 것이다. 사마천은 치부를 위해서는 장사에 바탕을 두고 지역의 특색에 맞는 투자의 극

인간과 권력, 그 영원한 화두

대화 전략을 취해야 한다는 입장을 견지했는데, 이는 문화생태학적 접근에 근거한 탁월한 경제관이다. 또한 사마천은 유통·판매에도 탁견을 발휘하여 전국 각 경제 구역과 각 지역의 생산물 등은 수요자의 요구에 따라 유동적이라는 점을 간파했다.

이러한 경제 지리적 경제관을 가진 사마천은 각 도시 중심의 경제 지도를 만들어 분석하여 지리적 이점과 유통뿐 아니라 각 지역의 풍속사를 세밀하게 분석하고 있다. 아울러 사마천은 농업, 공업, 상업 등의 분업은 사회, 경제 생활에서 중요한 작용을 하는 필연적인 것이라 생각했으며, 상업 또한 농업, 공업과 함께 중시하는 진보적인 면모를 보였다. 이러한 그의 경제관은 한무제 때의 중앙 통제식 경제 정책과 염철 등의 독점, 세금 정책 등에 대한 대안으로서의 성격도 지닌다.

사마천은 절대적 권위를 타파할 수 있는 무기가 바로 '부'라는 시각을 견지했는데, 이는 자신이 겪은 경제적 고통과 맞물려 철저히 시대와 현실에 바탕을 둔 살아 있는 경제관이라 할 수 있다. 이러한 면모는 자칫 배금주의의 단면을 보여 준다는 부정적인 면도 있으나, 고대로부터 사마천 시대에 이르기까지 역사의 흐름 속에서 인간의 인식은 크게 달라지지 않았다는 점을 분명히 보여 주기도 한다. 한가지 더 주목할 점은, 사마천이 추구하고자 한 경제관은 개인의 욕망에 대한 확고한 긍정이자, 국가의 부보다는 개인의 치부 중요성을 직시한 것으로 상업과 유통을 중심에 두고 역사와 풍속에 대한 식견을 활용하여 '화식'이라는 주제를 전면에 내세운 경제관이라는 것이다.

이상에서 검토한 바와 같이, 사마천은 역사가인 동시에 문학가임이 분명하다고 할 것인데, 역사적이라는 말과 문학적이라는 말 사이 배타적 간극의 존재 가능성을 거의 완벽하게 배제하는 인물임에 틀림없다.

물론 이 짧은 편폭의 책으로 사마천의 사유를 정리할 수는 없고, 불과 몇 편의 서설적 논의를 위한 단서를 제공할 뿐이다. 열전의 주요 편으로 논의를 한정하는 것이 필요했으므로 열전을 중심으로 삼고 거론할 수밖에 없었다. 이 편들은 사마천 사유의 핵심을 담고 있다고 판단한다. 물론 이 몇 편의 논의에 『사기』나 사마천을 가둘 수는 없고 범위를 확장하여 전편을 두루 분석하는 연구를 지속해야만 한다.

적어도 사마천의 서술 시각은 열전에서 더욱 두드러지고 다른 편들에서도 대체로 드러나고 있는데, 사마천 스스로 확신이 뚜렷한 역사가요 문학가로서 역사적인 사실뿐 아니라 스스로 답사 여행을 통해 얻은 생생한 현장의 목소리를 소재로 삼았기에 언제 누가 어떻게 읽더라도 흥미진진한 파노라마를 느끼기에 충분할 것이다.

인간과 권력, 그 영원한 화두

참고 문헌

1 자료

司馬遷, 『史記』, 北京中華書局, 1959 초판, 2002 17판.

瞿林東 主編, 『史記研究』(上·下), 中國大百科全書出版社, 2009.

馬持盈 외, 『史記今註』, 臺灣商務印書館, 1979.

安平秋, 『史記通論』, 華文出版社, 2005.

楊燕起, 『『史記』的學術成就』, 北京師範大學出版社, 1996.

———, 『史記全譯』(全9冊), 貴州人民出版社, 2001.

楊樹增, 『史記藝術研究』, 學苑出版社, 2004.

韓兆琦, 『史記通論』, 廣西師範大學出版社, 1996.

———, 『史記箋證』, 廣西: 江西人民出版社, 2004.

張振佩, 『史通箋注』, 貴州: 貴州人民出版社, 1985.

張大可, 『史記研究』, 北京商務印書館, 2011.

———, 『史記新注』4冊, 華文出版社, 2000.

———, 『司馬遷評傳』, 華文出版社, 2005.

———, 『史記文獻硏究』, 民族出版社, 2001.

———, 『史記會注考證』(10卷), 山西: 北嶽文藝出版社, 1998.

———, 『四庫全書總目提要』(卷45) 正史類一, 北京: 中華書局, 1965.

李景星, 『『史記』評議』, 長春: 東北師範大學出版社, 1985.

劉永濟, 『屈賦通箋』, 北京: 中華書局, 2007.

湯炳正, 『屈賦新探』, 濟南: 齊魯書社, 1983.

李大明, 『漢楚辭學史』, 北京: 中國社會科學出版社, 2004.

楊燕起·賴長楊·陳可靑, 『歷代名家評『史記』』, 北京: 北京師範大學出版社, 1986.

洪興祖, 『楚辭補注』, 北京: 中華書局, 1983.

王洲明·徐超, 『賈誼集校注』, 北京: 人民文學出版社, 1996.

費振剛·仇仲謙·劉南平, 『全漢賦校注』, 廣州: 廣東敎育出版社, 2005.

彭毅, 『楚辭詮微集』, 臺灣: 學生書局, 1999.

李勉, 『史記七十列傳評注』(全3冊), 臺北國立編譯館, 1996.

閻崇東, 『史記史學硏究』, 華文出版社, 2005.

王明信, 『司馬遷思想硏究』, 華文出版社, 2005.

馮友蘭, 『中國哲學史新編』 第二冊, 鄭州: 河南人民出版社, 2001.

張新科, 『史記學槪論』, 北京商務印書館, 2003.

可永雪, 『史記文學硏究』, 華文出版社, 2005.

周嘯天 『史記全本導讀辭典』, 四川辭書出版社, 1997.

瀧川龜太郎, 『史記會注考證』, 臺北: 宏業書局, 1974.

逯耀東, 『抑鬱與超越 —— 司馬遷與漢武帝時代』, 北京: 三聯書店, 2008.

敏澤, 『中國文學理論批評史』 上冊, 北京:人民文學出版社, 1982.

劉勰, 陸侃如·牟世金 譯注, 『文心雕龍譯注』, 濟南: 齊魯書社, 1989.

遊國恩 主編, 『中國文學史』, 北京: 人民文學出版社, 1981.

郭慶藩 撰, 王孝魚校, 『莊子集釋』(四), 中華書局, 1985.

王先謙 撰, 沈嘯寰·王星賢 校,『荀子集解』(上), 中華書局, 1988.

韓非著, 張覺 譯注,『韓非子全譯』(下), 貴州人民出版社, 1995.

張品興,『梁啟超全集』第八冊(十六卷), 北京出版社, 1999.

胡適,『胡適學術文集』, 中華書局, 1991.

錢穆,『中國學術通義』, 台灣學生書局, 1976.

徐復觀,『中國思想史論集續編』, 臺北: 九州出版社, 2014.

李長之,『司馬遷之人格與風格』, 三聯書店, 1984.

2 단행본

권영민,『문학의 이해』, 민음사, 2009.

공자, 김원중 옮김,『논어』, 휴머니스트, 2017.

김원중 옮김,『史記列傳』(전 2권), 서울: 민음사, 2015.

──,『사기 열전』(1, 2), 개정 2판, 서울: 민음사, 2020.

──,『사기 본기』, 서울: 민음사, 2015.

──,『史記』(전 6권), 서울: 민음사, 2011.

라오쓰광勞思光, 정인재 옮김,『中國哲學史』, 탐구당, 1990.

미즈우치 도시오, 심정보 옮김,『공간의 정치 지리』, 푸른길, 2010.

박기수 외,『중국 고대 사회경제사』, 청어람미디어, 2005.

박이문,『통합의 인문학』, 知와사랑, 2009.

박홍규,『메트로폴리탄 게릴라 ── 박홍규의 루이스 멈퍼드 일기』, 도서출판 텍스트, 2010.

반고, 안대회 편역,『한서 열전』, 까치, 1997.

범선균,『굴원문학논집』, 신아사, 2001.

송영배 편저,『제자백가의 사상』, 현음사, 1994.

유성준 주해,『초사굴원부주』, 신아사, 2001.

이근식,『애덤 스미스의 고전적 자유주의』, 기파랑, 2006.

이성규,『史記』, 서울대 출판부, 1987.

장기근·하정옥,『신역 굴원』, 명문당, 2015.

장자, 김학주 옮김,『장자』, 연암서가, 2014.

정운채,『문학 치료의 이론적 기초』, 문학과치료, 2006.

존 킹 페어뱅크, 중국사연구회 옮김,『新中國史』, 까치, 1994.

펑유란馮友蘭, 박성규 옮김,『중국철학사』하, 까치, 2001.

──, 정인재 옮김,『중국 철학사』, 형설출판사, 2007.

한주성,『경제지리학의 이해』, 한울아카데미, 2006.

侯外廬 主編, 양재혁 옮김,『중국 철학사』上, 일월서각, 1988.

3 논문

劉興林,「論六家要旨'省不省'新解」,《南都學刊》第1期, 哲學社會科學版, 1995.

屈玉麗,「淺談司馬談「論六家要旨」對儒家的評價」,《現代語文》第3期, 2007.

李長春,「德性, 天命與歷史書寫 ── 司馬遷「伯夷列傳」釋義」,《海南大學學報》, 2019(2).

劉洪仁,「名雖"列傳" ── 實乃雜文讀『史記·伯夷列傳』」,《四川教育學院學報》, 1997(2).

舒大淸,「「伯夷列傳」與司馬遷思想精神」,《湖北師範學院學報》, 2015(6).

蔚華萍,「從「伯夷列傳」看司馬遷列傳的三重意蘊」,《河北科技師範學院學報》, 2014(04).

魏悅如,「「伯夷列傳」窺探司馬遷的儒家思想」,《攀枝花學院學》, 2013(4).

楊昊鷗,「『史記·伯夷列傳』經傳形態研究」,《廣東第二師範學院學報》, 2014(6).

霍建波·李超,「「伯夷列傳」與正史隱士書寫」,《渭南師範學院學報》, 2019(1).

李英霞,「發憤奇文 ── 『史記·伯夷列傳』賞讀」,《美與時代(下)》, 2017(7).

路萌莉,「司馬遷「伯夷列傳」的深層含義」,《渭南師範學院學報》, 2014.

齊效斌,「寓言還是歷史:閱讀野擅變中的「伯夷列傳」」,《海南師院學報》, 1997(3).

舒大清,「「伯夷列傳」與司馬遷思想精神」,《湖北師範學院學報》, 2015(6).

王小磊,「探『史記·伯夷列傳』中的名與怨」,《重慶科技學院學報》, 2013(11).

李銳,「也談『史記·伯夷列傳』的疑天觀念」,《史學史研究》, 2007, 第4期.

虛舟,「從堯舜禪讓到"以暴易暴" ── 讀『史記·伯夷列傳』」,《南京理工大學學報》,
    2000(1).

楊昊鷗,「『史記·伯夷列傳』經傳形態研究」,《廣東第二師範學院學報》, 2014(06).

楊昊鷗,「從「伯夷列傳」到「司馬穰苴列傳」看『史記』列傳文體前期的發展」,《廣東第二師
    範學院學報》, 2015(6).

葉嘉瑩,「神龍見首不見尾 ── 談『史記·伯夷列傳』的章法與詞之若隱若現的美感特質」,
    《中國韻文學刊》, 2009(4).

於麗媛,「透過「伯夷列傳」寫作章法看司馬遷的社會理想」,《黑龍江工業學院學報》,
    2017(11).

張強,「論「伯夷列傳」的文化意義」,《中南民族大學學報》, 2015(6).

張曉琳,「『史記·伯夷列傳』新解」,《甘肅廣播電視大學學報》, 2015(5).

張國剛,「司馬遷感慨什麼 ── 讀『史記·伯夷列傳』」,《中國文化》, 2018(1).

宋超,「"論大道則先黃老而後六經"再評議」,《周口師範學院學報》第1期, 2003.

宋洪兵,「論司馬談之"道家"概念與司馬遷之"黃老"概念」,《國學學刊》第二期, 2016.

孫海洋,「關於史記太史公自序的幾介問題」,《湖南科技大學學報(社會科學版)》第2期,
    1989.

李聖傳,「『論六家要旨』之文本新釋」,《船山學刊》第2期, 2012.

李小成,「司馬遷與黃老思想」,《唐都學刊》第15卷 第1期, 1999.

韓兆琦·陳金霞, 「司馬遷對黃老思想的接受與發展」, 《北京師大學學報(社會科學版)》第4期(總第214期), 2009.

屈玉麗, 「淺談司馬談「論六家要旨」對儒家的評價」, 《現代語文》第3期, 2007.

劉蘊之, 「司馬遷列孔子於『世家』而列老子於『列傳』思想抉微」, 《人文雜志》第1期, 1997.

王德華, 「『葡居』『漁父』: 屈原精神困境的揭示和對自我與社會的雙重固持」, 《中國文學研究》第3期, 2002.

韋愛萍, 「『屈原賈生列傳』嫉妒心理探析 ── 『史記』人物嫉妒心理分析系列之一」, 《渭南師範學院學報》第29卷 第14期, 2014.

洪之淵, 「『屈原列傳』的敘事分析」, 《溫州大學學報(社會科學版)》, 2017.

顏新宇, 「『離騷』寫作時間初探一兼談『史記·屈原列傳』的有關問題」, 《湖南師院學報哲學(社會科學版)》第3期, 1983.

彭久松, 「擧而笑之」不是對待歷史的鄭重態度 ── 讀『史記·六國年表序』」, 《四川師院學報》第2期, 1982.

闊鴻中, 「『史記·秦楚之際月表』論考」, 《臺灣大學歷史學報》第23期, 1999(6).

潘光晟, 「『史記·十二諸侯表, 六國表考異(上)』」, 《中華學苑》第39期, 1989(10).

───, 「『史記·十二諸侯表, 六國表考異(下)』」, 《中華學苑》第40期, 1990(8).

鄭慧生, 「世家解」《史學月刊》, 第1期, 2000.

蔡德龍, 「『史記』世家劄記」, 《文學研究》, 2006(12).

白壽彝, 「司馬遷與班固」《漢書研究》, 北京: 中國大百科全書出版社, 2009.

代瑞娟·邵曉嵐, 「『史記·晉世家』與『左傳』相關記載之比較」, 《科教文化》, 2007.

張筠, 「從『孔子世家』對神話材料的處理看司馬遷的歷史觀」, 《西南民族學院學報·哲學社會科學報》總22卷 第10期, 2001.

蔣意元, 「從師事董仲舒到孔子世家等 看司馬遷獨特的學術思想」, 《安徽文學》第7期, 2008.

金元中,「劉總通變論的復古性向試論」,《中國語文學》第21輯, 1993.

付志宇·繆德剛,「從『貨殖列傳』看司馬遷的理財思想」,《貴州社會科學》, 2009(12).

李倩,「司馬遷經濟思想的深層剖析」,《江漢論壇》, 2006(11).

呂慶華,「論司馬遷的貨殖思想」,《福建師範大學學報》, 2001(2).

魏新民,「從『貨殖列傳』看司馬遷的經濟思想」,《理論導刊》, 2007(4).

鍾放,「『史記·貨殖列傳』中的商人階層」,《歷史教學》, 2008(4).

朱宗宙,「商道中"勢"的認知, "術"的運用和"責"的歸宿 —— 讀司馬遷『史記·貨殖列傳』」,
　　《揚州大學學報》, 2008.

王利器,『鹽鐵論校注』, 上海: 古典文學出版社, 1958.

史念海,「中國歷史地理學區域經濟地理的創始」,《中國歷史地理論叢》第3期, 1996.

鄭志忠,「從『史記·貨殖列傳』看司馬遷經濟思想」,《劍南文學(經典教苑)》第2期, 2012.

黃偉,「『史記·貨殖列傳』中體現的經濟思想探析」,《現代商貿工業》第1期, 2010.

張雯,「簡論『史記·貨殖列傳』中的商人形象」,《安徽文學》第12期, 2011.

鄒其昌·李青青,「『史記』的工匠文化觀 —— 中華工匠文化體系研究系列之八」,《同濟大
　　學學報(社會科學版)》第28卷 第6期, 2017.

塞福闓,「從『貨殖列傳』看司馬遷對社會經濟規律的認識」,《重慶職業技術學院學報》第
　　17卷 第1期, 2008.

雷虹霽,「漢文化形成時期的多樣性與區域性特點 —— 以漢代歷史文獻爲中心的考察」,
　　《南都學壇(人文社會科學學報)》第29卷 第4期, 2009.

朱永康,「司馬遷·班固貨殖論之分野及其歷史價值 —— 兼說『貨殖列傳』非司馬遷原題」,
　　《上海師範大學字報》第3期, 1988.

孫洪升·宋一森,「論司馬遷的經濟思想」,《思想戰線》第1期 第42卷, 2016.

詹朝陽,「司馬遷的經濟思想新論 —— 以『史記·平准書』和『史記·貨殖列傳』爲參照」,
　　《産業與科技論壇》第17卷 第12期, 2018.

鄧皎昱,「論司馬遷的商業經營思想 —— 以『史記·貨殖列傳』爲例」,《蘭州教育學院學

報》第32卷 第9期, 2016.

劉及佳,「勾舳司馬遷的貨殖學說 ― 讀『史記·貨殖列傳』」,《湖北大學學報(哲學社會
科學版)》第5期, 1987.

김성환,「사마천의 경제 사상」,《전주사학》5집, 전주대 역사문화연구소, 1997.

김영인,「사마천 경제 사상 연구」, 경상대 박사 논문, 2009.

김예호,「稷下 黃老學派의 정치철학 연구 ― 稷下 黃老道家와 黃老法家의 道法論를
비교 분석하며」,《시대와 철학》16권 3호, 한국철학사상연구회, 2005.

김원중,「司馬遷의 通變論에 관한 몇 가지 검토」,《중국인문과학》49집, 중국인문학
회, 2011.

―――,「"孔子問禮於老子"句에 나타난 司馬遷의 敍述視覺에 관한 몇 가지 검토」,
《한중인문학연구》63집, 한중인문학회, 2019.

―――,「"先黃老後六經"설을 통해서 본 司馬遷의 黃老思想 수용 양상 ―「老子韓非
列傳」·「孟子荀卿列傳」·「儒林列傳」을 중심으로」,《한중인문학연구》65집, 한중
인문학회, 2019.

―――,「「伯夷列傳」의 "怨邪非邪"와 "是邪非邪"를 통해서 본 行間的 脈絡과 重意的
層位」,《중국인문과학》72집, 중국인문학회, 2019.

―――,「『史記』「屈原賈生列傳」을 통해서 본 司馬遷의 치유적 글쓰기 전략 ― 發憤
과 憐愍의 승화적 차원을 중심으로」,《동북아 문화연구》59집, 2019.

―――,「司馬遷의 경제관에 관한 몇 가지 검토: 경제 지리와 도시 경제에 따른 致富
양상을 중심으로」,《중국학》69집, 대한중국학회, 2019.

―――,「『史記』「貨殖列傳」을 통해 본 富와 權力의 關聯樣相」,《東洋學》66집, 2017.

김원중·류효홍,「『文心雕龍』"通變"之文例考察 ― 兼論劉勰"通變"論體系」,《동북아
문화연구》21호, 2009.

김준희,「글쓰기의 치유 과정에 관한 연구」,《한말연구》26집, 한말연구학회, 2010.

문혜정, 「司馬遷의 蕭何 인물평을 통해 본 '適變' 분석」, 《중국인문과학》 55집, 2013.

박정숙, 「사마천 「論六家要旨」의 학술적 의의」, 《인문학연구》 48집, 조선대 인문학연구소, 2014.

박정희, 「중국 도시 문화 연구 — 충칭을 중심으로」, 《中國學》 62집, 2018.

──, 「貨殖傳 수용의 양태와 경향」, 《한국문화》 38집, 2006.

성민경, 「자기 치유적 글쓰기의 관점에서 본 金浩然齋의 『自警編』」, 《근역한문학회》 53집, 2019.

양중석, 「史記 貨殖列傳의 창작 목적」, 《중국문학》 83집, 2015.

엄찬호, 「인문학의 치유적 의미에 대하여」, 《인문과학연구》 25집, 2010.

유강하, 「司馬遷과 屈原을 통해 본 사회적 생명의 지속과 단절」, 《중국어문학논집》 84호, 2014.

──, 「치유적 관점에서 본 사마천의 글쓰기 — 「태사공 자서」와 「보임안서」를 중심으로」, 《문학치료연구》 28집, 한국문학치료학회, 2013.

이보경, 「魯迅의 글쓰기와 치유 — '환등기 사건'을 중심으로」, 《中國現代文學》 51호, 2007.

이성규, 「계수화된 인간 — 고대 중국의 稅役의 기초와 기준」, 《중국고중세사연구》 24집, 중국고중세사학회, 2010.

이승수, 「공자에 대한 사마천의 의문과 반어적 확신 — 「백이열전(伯夷列傳)」의 독법산론(讀法散論)」, 《한문교육연구》 42집, 한국한문교육학회, 2014.

이인호, 「『史記 · 伯夷列傳』 "其重苦波, 其輕苦此" 考」, 《民族과文化》 7집, 한양대 민족학연구소, 1998.

──, 「司馬遷의 黃老思想」, 《도교학연구》 14집, 한국도교학회, 1996.

──, 「『史記』 백이열전 '재적' 이자한역고」, 《中語中文學》 26집, 한국중어중문학회, 2000.

──, 「文史哲論 『史記伯夷列傳』」, 《중국어문논총》 24집, 중국어문연구회, 2003.

이한조, 「伯夷와 司馬遷: 史記總序로서의 伯夷列傳」,《大東文化研究》8집, 성균관대 대동문화연구원, 1971.

이흥식, 「매월당 김시습의 백이 이해와 그 의미」,《한국고전연구》27집, 2013.

이황진, 「사마천의 苟活과 굴원의 死節에 대한 고찰」,《인문논총》34집, 경남대 인문과학연구소, 2014.

정우봉, 「한문 산문의 분석 방법과 실제 비평 ── 조선 시대 「백이 열전」 비평 자료를 중심으로」,『한국한문학연구의 새 지평』, 소명출판사, 2005.

최순희, 「司馬遷의 士農工商에 대한 인식과 經濟治國觀」,《동양예학》24집, 2011.

최순희·김춘수, 「司馬遷의 貨殖列傳에 나타난 경제 치국관과 경영관」,《경영교육연구》27권 3호, 2012.

홍순창, 「사마천의 문학관에 대하여: 「굴원 가생 열전」을 중심으로」,《중국어문학》3집, 영남중국어문학회, 1981.

황태연, 「서구 자유 시장론과 복지국가론에 대한 공맹과 사마천의 무위 시장 이념과 양민 철학의 영향 ── 공자주의 경제·복지 철학의 보편성과 미래적 함의에 관한 비교철학적 탐색」,《한국학》35집, 2012.

찾아보기

찾아보기

김원중 金元中

성균관대학교 중문과에서 문학박사 학위를 받았다. 대만 중앙연구원과 중국 문철연구소 방문학자와 대만사범대학 국문연구소 방문교수, 건양대 중문과 교수를 지냈고, 현재 단국대학교 사범대학 한문교육과 교수로 재직하고 있으며, 중국인문학회·한국중국문화학회 부회장을 맡고 있다. 동양의 고전을 우리 시대의 보편적 언어로 섬세히 복원하는 작업에 매진하여, 고전 한문의 응축미를 담아내면서도 아름다운 우리말의 결을 살려 원전의 품격을 잃지 않는 번역으로 정평 나 있다. 《교수신문》이 선정한 최고의 번역서인『사기 열전』을 비롯해『사기 본기』,『사기 표』,『사기 서』,『사기 세가』등 개인으로서는 세계 최초로『사기』전체를 완역했으며, 그 외에도『삼국유사』,『논어』,『명심보감』,『손자병법』,『한비자』,『정관정요』,『정사 삼국지』(전 4권),『채근담』,『당시』,『송시』등의 고전을 번역했다. 또한『한마디의 인문학, 고사성어 사전』,『한문 해석 사전』(편저),『중국 문화사』,『중국 문학 이론의 세계』등의 저서를 출간했고 40여 편의 논문을 발표했다.

사기란 무엇인가

인간과 권력, 인간학의 고전『사기 열전』

1판 1쇄 찍음 2021년 8월 6일
1판 1쇄 펴냄 2021년 8월 13일

지은이 김원중
발행인 박근섭, 박상준
펴낸곳 (주)민음사
출판등록 1966. 5. 19. (제16-490호)
주소 서울특별시 강남구 도산대로 1길 62(신사동)
강남출판문화센터 5층 (우편번호 06027)
대표전화 02-515-2000 / 팩시밀리 02-515-2007
홈페이지 www.minumsa.com

ISBN 978-89-374-4459-3 93910